DES AUTRES CODES

DE LA

RÉPUBLIQUE ROMAINE

1804.

J 1604.
S. H. 2.

14697

HISTOIRE
DES GUERRES CIVILES
DE LA
RÉPUBLIQUE ROMAINE.

TOME SECOND.

HISTOIRE
DES GUERRES CIVILES
DE LA
RÉPUBLIQUE ROMAINE,

TRADUITE

DU TEXTE GREC D'APPIEN D'ALEXANDRIE,

PAR J. J. COMBES-DOUNOUS,

Ex-législateur, et membre de quelques sociétés littéraires.

Hæc et apud seras gentes, populosque nepotum,
Sive sud tantùm venient in sæcula famâ,
Sive aliquid magnis nostri quoque cura laboris
Nominibus prodesse potest : cùm bella legentur,
Spesque, metusque simul, perituraque vota, movebunt.
LUCAN. Lib. VII, v. 207 et seq.

TOME SECOND.

PARIS,
DE L'IMPRIMERIE DES FRÈRES MAME,
rue du Pot-de-Fer, n° 14.
1808.

HISTOIRE
DES GUERRES CIVILES
DE LA
RÉPUBLIQUE ROMAINE.

LIVRE TROISIÈME.

CHAPITRE I.

Dans la vue de se concilier le sénat, Antoine fait égorger Amatius, prétendu fils de Marius, qui excitoit le peuple contre les assassins de César. Il propose le rappel de Sextus Pompée. Haine du peuple contre Antoine. Le sénat lui permet de s'entourer d'une garde. Le sénat donne à Brutus et à Cassius, qui s'étoient sauvés de Rome, la commission des approvisionnements publics. Antoine leur fait ôter le commandement des provinces de Syrie et de Macédoine, et leur fait donner la Crète et Cyrène à la place.

I. Ce fut ainsi que Caïus César, après s'être emparé du pouvoir suprême dans la république romaine, fut assassiné par ses ennemis. Ce fut ainsi que le peuple lui rendit les honneurs funèbres. Sa mort

Ans de Rome. 710.

fut vengée d'une manière plus ou moins tragique sur tous ceux qui avoient pris part à la conjuration. Ce livre et le suivant contiendront les détails relatifs à l'histoire de la catastrophe des principaux conjurés. J'y renfermerai en même temps les autres détails concernant la guerre civile que les chefs de parti se firent entre eux.

II. Le sénat en vouloit beaucoup à Antoine à cause qu'il avoit dit de César, dans son oraison funèbre, des choses qui avoient principalement contribué à exaspérer le peuple, à lui faire méconnoître le sénatus-consulte de l'amnistie, et à le faire courir, la flamme à la main, aux maisons des conjurés; mais Antoine (1) regagna la bienveillance du sénat par un seul trait de politique. A Rome étoit alors un nommé Amatius (2), qui se donnoit à faux pour un neveu de Marius, et qui, à la faveur de ce dernier nom, étoit très considéré parmi le peuple. Devenu parent de César, en conséquence de cette imposture, il se montroit excessivement affligé de sa mort. Il lui consacra un autel à côté de son bûcher. Il s'entoura d'un certain nombre d'hommes déterminés, et les conjurés parurent être l'objet continuel des perquisitions de cette redoutable bande. Cependant quelques uns de ces derniers s'étoient déjà sauvés de Rome : ceux à qui César avoit donné des commandements de province s'étoient rendus à leur destination. Décimus Brutus, dans la Gaule limitrophe de l'Italie; Trébonius, dans la partie de l'Asie voisine de l'Ionie; et Tillius Cimber, dans la Bithynie. Cassius et Marcus Brutus, auxquels le sénat prenoit un intérêt tout particulier, avoient bien été nommés par César pour aller commander l'année suivante, le premier dans la Syrie, et le second dans la Macédoine; mais attendu qu'ils se trouvoient investis de prétures urbaines, ils furent forcés de rester à Rome, et, en leur qualité de préteurs, ils s'efforcèrent, par tous les moyens imaginables, d'amadouer les vétérans et de se réconcilier avec eux; ce fut dans cette vue qu'ils leur permirent de vendre chacun son lot respectif dans les colonies, quoique la loi n'autorisât ces ventes que vingt ans après la prise de possession.

III. Le bruit s'étoit répandu qu'Amatius n'attendoit qu'une occasion pour attenter aux jours de ces deux préteurs. A propos de ce bruit, Antoine, usant de son autorité consulaire, fit hardiment arrêter et mettre à mort Amatius, sans nulle forme de procès. La vigueur de cet acte illégal frappa le sénat d'étonnement; mais il ne fut pas fâché de l'effet qui en devoit résulter; car ce n'étoit que par de hardies mesures de ce genre qu'il lui paroissoit possible d'assurer à Cassius et à Brutus quelque sécurité. Les satellites d'Amatius, et beaucoup d'autres plébéiens avec eux, touchés de son sort et remplis d'indignation de ce qu'un attentat de cette force étoit l'ouvrage d'Antoine, à qui le peuple montroit tant de faveur, ne jugèrent pas à propos de se tenir pour battus. Ils coururent s'emparer du Forum en vociférant; ils tympanisèrent Antoine par leurs propos, et demandèrent que les autres magistrats, au lieu d'Antoine, consacrassent l'autel qu'Amatius avoit érigé à César, et qu'ils fussent les premiers à y faire des sacrifices. Antoine envoya des troupes pour les faire chasser de la place publique. Leur indignation et leurs vociférations prirent un nouvel essor. Quelques uns d'entre eux firent remarquer que les statues de César avoient été enlevées de sur leurs piédestaux. Un individu leur ayant dit là-dessus qu'il pouvoit leur indiquer la boutique où ces statues avoient été portées pour être fondues, ils le suivirent, et, témoins de la vérité du fait, ils mirent le feu à la maison. Antoine ayant fait marcher de nouvelles troupes, ils opposèrent de la résistance. On en tua un certain nombre : ceux que l'on arrêta furent mis à mort; savoir, les esclaves, par le supplice de la croix, et les hommes de condition libre, par celui de la roche Tarpéienne (3).

IV. Cette exécution fit cesser le trouble (4). Le peuple passa de son extrême affection pour Antoine à une haine extrême; et le sénat en fut très aise, car il ne croyoit pas que nulle autre mesure pût mettre Brutus hors de tout danger. Au milieu de ces événements, Antoine fit la proposition en plein sénat de rappeler d'Ibérie Sextus Pompée, fils de Pompée le Grand, encore alors singulièrement regretté de tous les Romains; de terminer ainsi la guerre qu'il faisoit encore dans cette province contre les lieutenants de César; de lui faire toucher sur le trésor public, en indemnité du patrimoine de son père qui avoit été confisqué, cinq mille fois dix mille drachmes attiques (5); de lui donner le commandement de toutes les forces navales de la république, ainsi que l'avoit son père, et de mettre sur-le-champ toutes ces forces à sa disposition pour le service public. Le sénat émerveillé adopta toutes ses propositions avec joie. Il ne tarissoit point sur l'éloge d'Antoine. Les sénateurs pensoient en effet que jamais citoyen romain n'avoit montré des sentiments plus populaires que le grand Pompée; aussi donnoient-ils les plus vifs regrets à sa mémoire. Brutus et Cassius qui avoient été l'un et l'autre du parti du grand Pompée, et qui avoient joui d'une grande considération dans tout ce parti, se flattèrent d'être totalement hors d'inquiétude sur leur propre compte, de voir l'opinion se décider avec prépondérance en faveur de la conjuration, de voir le génie républicain reprendre le dessus et finir par ramener le gouvernement populaire. Cicéron, plein de cette espérance, se répandoit en éloges sur le compte d'Antoine en toute occasion; et le sénat s'étant aperçu que le peuple en vouloit à la mort à Antoine, à son sujet, il décréta qu'il auroit la faculté de s'entourer d'une garde pour la sûreté de sa personne, et qu'il pourroit la composer de vétérans ayant servi et fait la guerre sous ses ordres.

V. Soit que ce ne fût que pour en venir là, qu'Antoine eût montré tant de faveur au parti de Pompée, soit qu'il ne fît que saisir une heureuse occasion qui se présentoit, il exécuta le sénatus-consulte; il organisa sa garde, et y ajouta continuellement, jusqu'à ce qu'elle fût forte de six mille hommes; il n'en choisit pas les membres parmi ceux qui n'avoient été que simples soldats; il se flattoit

Ans de Rome. 710.

que ceux-là seroient d'ailleurs assez à sa disposition dans le besoin ; il les prit tous parmi ceux qui avoient été centurions, comme capables de quelque commandement, comme ayant un peu plus d'expérience du métier de la guerre, et comme étant plus connu d'eux à raison des campagnes qu'il avoit faites sous César. Il tira de leur corps, ainsi que l'exigeoient les convenances, ceux qu'il leur donna pour tribuns(6), et ceux-ci, il les honora au point de les admettre à ses conseils ordinaires. La force et le choix de cette garde donnèrent de l'ombrage au sénat : il conseilla à Antoine de la renfermer dans les bornes suffisantes, afin de prévenir tout motif d'inquiétude. Antoine promit de le faire aussitôt que toute fermentation parmi le peuple auroit cessé. D'un autre côté, il avoit été décrété par le sénat que tout ce que César avoit fait, ainsi que tout ce qu'il avoit résolu de faire, seroit maintenu et exécuté. Antoine avoit en son pouvoir tous les documents relatifs à l'administration de César (7). Fabérius, secrétaire de ce dernier, lui étoit singulièrement dévoué, parceque César, sur le point de partir, avoit chargé Antoine de tous ces détails. Dans la vue de se faire des partisans, Antoine ajouta de son chef aux dispositions de César. Il étendit ses libéralités sur les cités, sur les princes, et sur les individus de sa garde (8). Tout cela se faisoit au nom de César; mais c'étoit à Antoine que tous ceux qui étoient l'objet de ces largesses appliquoient leur reconnoissance. Ce fut à la faveur des mêmes moyens qu'il fit entrer beaucoup de ses créatures dans le sénat, à son choix, et que d'ailleurs il s'efforça de se maintenir dans ses bonnes graces, afin qu'il ne lui parlât plus avec inquiétude de sa garde. C'étoit ainsi qu'Antoine disposoit les choses en sa faveur.

<small>Ans de Rom. 710.</small>

VI. Cependant Brutus et Cassius ne trouvoient les sentiments d'une paix sincère à leur égard, ni chez aucun plébéien, ni même chez aucun de ceux qui avoient servi sous leurs ordres; ils ne regardoient pas comme impossible que d'autres osassent ce qu'Amatius avoit comploté contre eux. D'un autre côté, ils n'étoient pas sans sollicitude au sujet du changement de rôle d'Antoine. Déjà ils remarquoient qu'il étoit à la tête d'une armée. Ils ne voyoient pas d'ailleurs que l'on retournât réellement aux formes du gouvernement populaire, et sur ce point les intentions d'Antoine leur étoient singulièrement suspectes; ils avoient plus de confiance en Décimus Brutus, qui étoit à la tête de trois légions dans le voisinage de Rome. Ils firent donc dire clandestinement à Trébonius en Asie, et à Tillius Cimber en Bithynie, de ramasser de l'argent, et de prendre leurs mesures pour lever des troupes; ils se disposèrent eux-mêmes à aller prendre bientôt possession des provinces que César leur avoit assignées. Mais comme le terme de leur préture urbaine n'étoit point encore expiré, et qu'il leur parut aussi indécent d'abandonner leurs fonctions à Rome sans les achever, que dangereux de s'exposer au soupçon de cupidité et d'ambition, à l'égard du commandement de leurs provinces, ils prirent néanmoins le parti nécessaire de passer le temps qui devoit s'écouler encore jusqu'à l'époque où ils devoient prendre possession de leurs gouvernements, dans une condition privée, plutôt que de continuer à remplir les fonctions de préteurs à Rome (9), où ils n'avoient aucune sécurité personnelle, bien loin d'y jouir de la considération que devoit leur attirer ce qu'ils avoient fait pour la patrie. Pendant qu'ils étoient dans ces dispositions, le sénat, qui partageoit leurs sentiments, leur donna la commission de pourvoir aux subsistances de Rome (10), jusqu'à ce que le moment où ils pourroient prendre le commandement de leurs provinces fût arrivé. Il prit cette tournure afin d'épargner à Brutus et à Cassius les apparences de la fuite. Le sénat avoit tant de sollicitude pour ces deux conjurés, et prenoit tant d'intérêt à leur sort, que ce n'étoit que par considération pour eux qu'il s'intéressoit aux autres.

VII. Aussitôt que les deux préteurs furent sortis de Rome, Antoine qui se trouvoit déjà investi d'un pouvoir *monarchique*, songea à y joindre le commandement de quelque province et de quelque armée. Il convoitoit principalement la Syrie; mais il n'ignoroit pas qu'il étoit l'objet de beaucoup de soupçons et de défiances, et que ces soupçons et ces défiances deviendroient plus vifs, si on lui voyoit demander quelque chose. Car le sénat avoit clandestinement pratiqué Dolabella, l'autre consul, pour en faire le contretenant d'Antoine, dont il avoit d'ailleurs été le perpétuel antagoniste; mais Antoine qui connoissoit le jeune Dolabella, et qui le savoit ambitieux, lui persuada de se mettre sur les rangs pour demander le gouvernement de la Syrie à la place de Cassius, et en même temps le commandement de l'armée destinée contre les Parthes, et de le demander, non pas en s'adressant au sénat, car ce n'étoit pas lui qui avoit cette compétence (11), mais en s'adressant à l'assemblée du peuple, et de solliciter une loi à cet effet. Dolabella, tout joyeux, se hâta de convoquer le peuple et de lui proposer cette loi. Le sénat lui reprocha de porter atteinte par cette proposition aux actes de l'administration de César. Dolabella répondit que César n'avoit délégué à personne la commission de la guerre contre les Parthes, et que Cassius, à qui la Syrie étoit assignée, avoit été le premier à porter atteinte aux actes de l'administration de César, en permettant aux vétérans de vendre leur lot respectif dans les colonies avant les vingt ans réglés par les lois. Il ajouta qu'il regarderoit comme une ignominie personnelle si, lorsqu'il demandoit la Syrie, lui, Dolabella, il n'obtenoit pas la préférence sur Cassius. Le sénat engagea un certain Asprénas, tribun du peuple, à en imposer en rendant compte des auspices relatifs à cette élection. Il espéra d'être secondé dans cette tricherie par Antoine, consul et aruspice lui-même; car il le croyoit encore l'antagoniste de Dolabella. Mais lorsqu'au moment de commencer de recueillir les suffrages, Asprenas annonça que les auspices n'étoient pas favorables (c'étoit l'usage de faire rendre compte des augures par d'autres que par un tribun du peuple), Antoine invectiva contre As-

Ans de Rome. 710.

prénas d'une manière violente au sujet de son mensonge, et ordonna sur-le-champ qu'on prît les voix des tribus sur la loi proposée.

VIII. Ce fut ainsi que Dolabella obtint le gouvernement de la Syrie, la commission de la guerre contre les Parthes, et le commandement de l'armée que César y avoit destinée, et qui, ayant pris les devants, s'étoit rendue dans la Macédoine. On vit alors, pour la première fois, Antoine et Dolabella agir d'intelligence. Après ce résultat de l'assemblée du peuple, Antoine demanda au sénat le gouvernement de la Macédoine (12), bien convaincu, qu'après avoir accordé la Syrie à Dolabella, on n'oseroit point lui refuser la Macédoine, sur-tout lorsque cette province étoit entièrement dénuée de troupes. Le sénat lui donna en effet ce gouvernement à contre-cœur, mais non pas sans s'étonner qu'Antoine eût commencé par faire déléguer à Dolabella le commandement des forces qui étoient en Macédoine. Il aima mieux néanmoins que ce commandement fût entre les mains de Dolabella que dans celles d'Antoine. Le sénat profita en même temps des circonstances pour qu'Antoine approuvât que d'autres provinces fussent assignées à Brutus et à Cassius, et on leur assigna en effet Cyrène, et la Crète. Selon quelques auteurs, ce fut à Cassius que ces deux provinces furent décernées, et Brutus eut la Bithynie (13). Voilà ce qui se passoit à Rome.

NOTES.

(1) On verra, dans la suite de cette histoire, avec quelle versatilité Antoine dirigea sa conduite, tantôt dans un sens, tantôt dans un autre, mais toujours dans la ligne de son intérêt personnel; et avec quelle justesse, par conséquent, Florus lui a donné l'épithète de *Varius ingenio.* Liv. IV, chap. 3. Telle doit être, en effet, la marche oblique et tortueuse de ces hommes qui, avec de médiocres talents, veulent, au travers des dissensions de parti, s'élever au pouvoir suprême. Le génie, au contraire, lorsqu'il a marqué une fois son but, y tend avec autant de confiance que de fierté, en écartant sans distinction tous les obstacles qui se trouvent sur son passage, et sans employer l'art pusillanime des ménagements. A quelle distance de Sylla sont restés César, Antoine et Octave!

(2) *C. Amatius humillimæ sortis homo, qui se C. Marii filium ferebat, cùm apud credulam plebem seditiones moveret, interfectus est. Epitome Liviana,* lib. CXVI, *in fine.*

(3) Vertot a évidemment emprunté d'Appien ce qu'il dit d'Amatius dans le quatorzième livre de ses *Révolutions romaines;* mais en comparant l'historien français et l'historien grec, on ne peut se dissimuler à quel point le premier a mutilé l'autre. Il fait *un parti* d'Amatius et de la poignée de brigands qui lui servoient de complices, et certes il n'y avoit pas de quoi : Appien, en effet, ne présente cet Amatius que comme le *meneur d'une bande* de séditieux, ce qui est bien différent d'un *chef de parti.* Vertot a d'ailleurs inséré, dans sa narration, une phrase d'une amphibologie qui saute aux yeux, soit de sa part incorrection de style, soit défaut d'intelligence du texte de l'historien grec. « Ces mutins avoient « élevé un autel à la mémoire de César, dans le lieu même « où son corps avoit été brûlé, *et ils exigeoient des magis-* « *trats et des premiers de Rome, d'y faire des sacrifices.* »

Exiger de faire est un solécisme en français ; *exiger de ne* se construit qu'avec les choses ou les personnes, jamais avec les verbes ; et dans la phrase de Vertot on ne voit point si *ces mutins exigeoient des magistrats et des premiers de Rome qu'ils fissent des sacrifices*, ou s'ils *exigeoient qu'il leur fût permis*, à eux, *de faire des sacrifices* Vertot dit, d'ailleurs, qu'Antoine fit *pendre* des esclaves. Dans le texte d'Appien, il ne s'agit point de *pendre*. La croix étoit le supplice ordinaire des esclaves. *Ex quibus quotquot servi erant, crucibus affixi, ingenui è rupe præcipitati sunt.*

(4) Appien paroît avoir confondu ici deux faits qui doivent être séparés. Le premier, qui appartient à Antoine, celui de la mort d'Amatius et du châtiment de ses complices. Le second, qui appartient à Dolabella, collègue d'Antoine, et gendre de Cicéron, celui qui concerne l'autel consacré à César par ce même factieux et les sacrifices qui s'y faisoient. Dolabella, encore ami du bon ordre et de la république, témoin des troubles journaliers et des mouvements séditieux auxquels cet autel et ces sacrifices donnoient lieu, déploya vigoureusement l'autorité consulaire, fit démolir en entier l'autel érigé en l'honneur de César, fit cesser, par conséquent, les sacrifices que les mutins de la populace venoient y faire ; et, après avoir fait arrêter quelques boute-feux à cette occasion, il fit mettre les uns en croix, et précipiter les autres. Il faut voir en quels termes Cicéron témoigna à Atticus sa satisfaction de cette belle conduite de son gendre. « La belle action que celle de mon cher Dolabella ! faire « précipiter les uns, mettre en croix les autres, arracher « cet autel et n'en laisser aucun vestige ! je ne vois rien « de plus héroïque. Que j'admire le courage de mon cher « Dolabella ! Quel exemple !... je crois qu'à présent Brutus « pourroit paroître au milieu de Rome avec une couronne « d'or. Qui oseroit l'insulter, lorsque les factieux qui se dé- « clarent pour César sont punis du dernier supplice, et que « la plus vile populace applaudit à ces exécutions. » *Litt. ad Attic. lib. XIV, litt.* 15 et 16. Cette joie de Cicéron ne

dura pas long-temps, son gendre se vendit à Antoine, et conjura contre les conjurés.

(5) C'est-à-dire cinquante millions de drachmes attiques. Ce qu'il y a de remarquable dans la conduite d'Antoine, c'est que, quoiqu'il eût envahi tous les immeubles du patrimoine de Pompée, parcequ'il avoit été le seul des citoyens romains qui eût eu l'impudeur de se présenter pour en devenir l'adjudicataire (Dio. Cass. liv. XLV n. 28), il ne songe pas à rendre ces propres biens en nature au fils de Pompée, sauf à se faire indemniser lui-même par le trésor public. S'il faut en croire ce que Dion Cassius met à ce sujet dans la bouche de Cicéron, en se faisant adjuger les biens du grand Pompée, Antoine avoit mis dans ses projets de n'en jamais payer le prix, et il fallut que César usât de son autorité pour le contraindre au paiement.

(6) Voilà le texte d'Appien. Il a été fidèlement rendu par l'interprète latin, *Hisque tribunos præficiebat ex ipsorum ordine lectos, et dignitatis insignibus ornatos.* Je crains donc que Vertot n'ait fait une bévue, lorsqu'il a dit en parlant de ces vétérans dont Antoine composa sa garde, « il donna aux uns le titre de centurions, et aux autres la « qualité de tribuns. »

(7) J'évite, comme on voit, de parler des *papiers* de César, quoique Amyot, dans Plutarque, quoique Ophellot de La Pause, dans Suétone, quoique Vertot, dans ses Révolutions romaines, aient, avec raison à mon avis, employé ce mot. Quant à moi, j'avoue que je m'en suis fait un scrupule, de peur de me voir reprocher cette expression comme une faute *contre le costume*, par les savants et profonds critiques qui m'ont reproché comme telle la liberté que j'avois prise dans une des notes de mon Maxime de Tyr, de dire que du temps d'Homère, on donnoit aux malades *un verre* de vin de Pramnium, au lieu d'avoir dit *une coupe*. Certes, du temps de Jules-César on ne connoissoit pas plus notre papier fait avec des chiffons, que l'on ne connoissoit notre verre du temps d'Homère.

(8) Voici comme s'exprime Plutarque touchant l'abus qu'Antoine fit de ces documents : « Antonius y adjoustoit « tous les jours ce que bon luy sembloit, et par ce moyen « créoit de nouveaux officiers, faisoit de nouveaux séna- « teurs, il rappeloit et restituoit aucuns qui estoyent ban- « nis, il délivroit ceux qui estoyent détenus prisonniers, « et puis disoit que tout cela avoit ainsi été ordonné et ar- « resté par César ; et pourtant les Romains se mocquant de « ceulx qui estoyent ainsi promeuz, les appeloyent *Charo-* « *nites* à cause que quand ils estoyent convaincus, ils n'a- « voyent autres recours sinon à dire, qu'on l'avoit ainsi « trouvé par escript aux papiers et registres de César, lequel « avoit passé en la nasselle de Charon, et estoit décédé. » *Vie d'Antoine*, 18.

(9) Selon ce récit d'Appien, on voit que Cassius et Marcus Brutus, retenus à Rome par leurs fonctions prétoriales, ne s'en étoient point éloignés, de quelque danger que leur vie leur parût y être menacée. Selon la narration de Plutarque, Vie de Brutus, 26, il est constant, au moins quant à Brutus, qu'effrayé de ce qui s'étoit passé au sujet d'Helvius Cinna, que le peuple mit en pièces dans les transports de sa fureur, il se retira d'abord à Antium, ville voisine de Rome, dans l'intention d'y rentrer lorsque la fermentation populaire seroit apaisée ; et qu'ensuite instruit que des vétérans vendus à César entroient à Rome par bandes, décidés à le venger de ses assassins, il n'osa point y reparoître, si bien qu'il ne fut point présent aux jeux magnifiques qu'il fit célébrer au sujet de sa préture, devoir dont il ne s'étoit pas encore acquitté envers le peuple. Au témoignage de Plutarque, au sujet de ce dernier fait, se joint celui de Cicéron, qui paroît péremptoire. Dans la onzième lettre du quinzième livre de ses Lettres à Atticus, il débute par dire : « Je me suis « rendu à Antium avant le six des calendes. Mon arrivée « a fait plaisir à Brutus. » *Antium veni ante VI kal.*, *Bruto jucundus noster adventus*. Dans cette même lettre, Cicéron rend compte de ce qui fut agité entre Brutus, Cassius et lui,

(car Cassius étoit à Antium avec Brutus) en présence de Servilia, mère de Brutus, de Tertia sa sœur, et Porcia sa femme. Il étoit question d'engager les deux chefs des conjurés à accepter la commission que leur déféroit le sénat de se rendre, Brutus en Asie, et Cassius en Sicile, à l'effet d'y pourvoir aux approvisionnements de la république. Ce fut dans cette entrevue avec Cicéron que Brutus résolut de faire célébrer les jeux qu'il devoit au peuple au sujet de sa préture, quoiqu'il ne dût pas y assister. *Constituit igitur, ut ludi absente se fierent suo nomine.*

(10) III *nonas vesperi à Balbo redditæ mihi litteræ, fore nonis senatum ut Brutus in Asiâ, Cassius in Siciliâ frumentum emendum, et ad urbem mittendum curarent.* Tel étoit l'objet de ce sénatus-consulte dont Cicéron déploroit la nécessité. *O rem miseram!* Voyez la neuvième lettre, *ad Atticum, liv. XV*.

(11) Appien est formel ici sur ce point de bruit public, οὐ γὰρ ἐξῆν, dit-il, *Nec enim id licebat.* C'est néanmoins une erreur de la part de cet historien. Lorsque, dès le principe, les pays soumis au peuple romain furent érigés en provinces, une ancienne loi, de l'auteur de laquelle le nom n'a point été conservé, régla que le sénat en nommeroit les gouverneurs. On distingua celles où il y avoit des mouvements à craindre de la part des peuples conquis, ou des hostilités de la part des peuples voisins, de celles qui ne présentoient que l'aspect du calme et de la tranquillité. Les premières, le sénat en donna le commandement aux consuls. Dans les autres on se contenta d'y envoyer des préteurs, et de là la distinction des provinces en *consulaires* et en *prétoriennes*. Dans celles qui formoient l'apanage des consuls, ils y avoient les mêmes attributions, la même autorité que le consulat leur donnoit à Rome. Dans les autres, pour conférer au préteur le commandement des troupes, il falloit un plébiscite rendu dans les comices par curies. Dans la suite Sempronius Gracchus fit passer une loi qui portoit que les tribuns du peuple pourroient s'opposer à la délégation

de toute province prétorienne faite par le sénat, à l'exception des délégations de provinces consulaires. Sylla, pendant sa dictature, abrogea implicitement cette loi, en anéantissant presqu'en entier comme il le fit, les attributions et l'autorité des tribuns du peuple; et l'usage antérieurement observé relativement au plébiscite des comices par curies, pour investir les préteurs de l'autorité militaire, n'eut plus lieu. Ce fut dans cet état que César trouva la législation sur ce point, et il ne paroît pas que, par aucune loi formelle, il eût dépouillé le sénat de cette importante prérogative. On voit, en effet, un peu plus bas, que c'est au sénat, et non pas au peuple, qu'Antoine lui-même s'adressa pour demander le commandement de la Macédoine. Je suis donc sûr qu'il faut lire dans le texte grec ᾗ γὰρ ἔξην, *c'étoit au sénat, en effet, qu'appartenoit le droit de nommer*, au lieu de οὐ γὰρ ἔξην. Les hellénistes savent combien dans les manuscrits les méprises de ce genre-là sont fréquentes parmi les copistes.

(12) Voyez la note précédente.

(13) Mais on a déjà vu que Tillius Cimber en avoit le commandement.

CHAPITRE II.

Octave instruit de la mort de César, son grand-oncle, se rend d'Apollonie à Brindes. Conseils de sa mère Attia, et de Philippus, second mari de sa mère. Il prend le nom de César. Il se rend à Rome. Il se fait déclarer héritier de César et son fils adoptif. Son entrevue avec Antoine. Discours qu'il lui adresse. Réponse qu'Antoine lui fait.

IX. Cependant Octave (1), le petit-fils de la sœur de César, avoit été pendant une année grand-maître de cavalerie de César lui-même, depuis que César, en transmettant successivement cette charge à divers de ses amis, l'avoit rendue annuelle par intervalles. Mais comme Octave étoit encore très jeune (2), César l'avoit envoyé à Apollonie, sur les bords de la mer Ionienne, pour le faire instruire et exercer dans les divers exercices du métier de la guerre, ayant l'intention de l'amener avec lui dans ses nouvelles expéditions. Les différents corps de cavalerie se rendoient tour à tour de la Macédoine à Apollonie pour manœuvrer avec lui. Quelques uns des principaux officiers de l'armée venoient de temps en temps, de leur côté, lui faire leur cour comme au parent de César. Outre que cela le faisoit connoître, cela lui concilioit en même temps la bienveillance de l'armée, parcequ'il accueilloit tout le monde avec beaucoup d'affabilité. Il n'étoit que

Ans de Rome. 710.

depuis six mois à Apollonie, lorsqu'il apprit, sur le soir, la nouvelle que César avoit été assassiné en plein sénat par ses meilleurs amis, par ceux qui avoient auprès de lui le plus de crédit et d'influence. Aucun des évènements ultérieurs ne parvint à sa connoissance ; et ne sachant, ni si cette conjuration étoit l'ouvrage du sénat, ni si elle n'avoit été proprement machinée que par quelques conjurés, ni si la république étoit déjà vengée de cet attentat, ni si les assassins de César triomphoient dans leur impunité (3), ni si le peuple étoit pour eux, la terreur s'empara de lui.

X. Dans cette incertitude de ce qui se passoit à Rome (4), ses amis furent d'avis que, pour la sûreté de sa personne, il allât chercher un asile au milieu de l'armée qui étoit en Macédoine, et que, lorsqu'il auroit appris que la conjuration n'avoit été que le complot de quelques individus, il se montrât avec confiance disposé à venger César de ses ennemis. Il y eut même des principaux officiers de cette armée qui s'offrirent à lui servir d'escorte. Mais sa mère, et Philippus qui l'avoit épousée en secondes noces (5), lui écrivoient de Rome, de ne pas prendre l'essor, de ne pas se trop confier encore aux apparences (6), et de réfléchir à ce que César, après avoir vaincu tous ses ennemis, avoit éprouvé de la part de ses amis mêmes : qu'il valoit mieux qu'il prît le parti, beaucoup moins dangereux dans les circonstances, de s'enfoncer dans l'obscurité de la vie privée, et de se rendre à Rome, auprès d'eux, en diligence, en prenant toute sorte de précautions. Octave, ignorant toujours les évènements postérieurs à la mort de César, suivit le conseil de sa mère. Il remercia les officiers de l'armée de Macédoine, qui lui avoient offert leurs services; et ayant fait le trajet de la mer Ionienne, il vint débarquer, non pas à Brindes, car ne connoissant point encore les dispositions des troupes qui étoient dans cette place, il s'en défioit, mais dans une autre ville peu éloignée de Brindes, qui n'étoit pas un lieu de passage, et qu'on appeloit Lupies. Il y fit quelque séjour.

XI. Cependant il acquit la connoissance de tous les détails de l'assassinat de César, et de la douleur du peuple. Il reçut en même temps des copies des décrets rendus par le sénat dans ces circonstances, ainsi que du testament de César; sa mère lui mandoit qu'il devoit encore plus redouter les ennemis de César, comme étant son fils et son héritier, et elle lui conseilloit de répudier en même temps le titre adoptif et le titre héréditaire. Mais Octave, regardant cette double répudiation, ainsi que toute nonchalance à venger César, comme une ignominie, se rendit à Brindes, après avoir fait préalablement reconnoître par ses émissaires, s'il n'avoit à craindre dans cette place aucun piège de la part des conjurés. Les troupes qui étoient à Brindes vinrent au-devant de lui, et l'accueillirent comme le fils de César. En conséquence, il fit des sacrifices et prit hardiment le nom de César son père. Car c'étoit l'usage chez les Romains, que le fils adoptif prît le nom de celui qui l'avoit adopté; et non seulement il le prit, mais encore il abdiqua son propre nom et son nom pa-

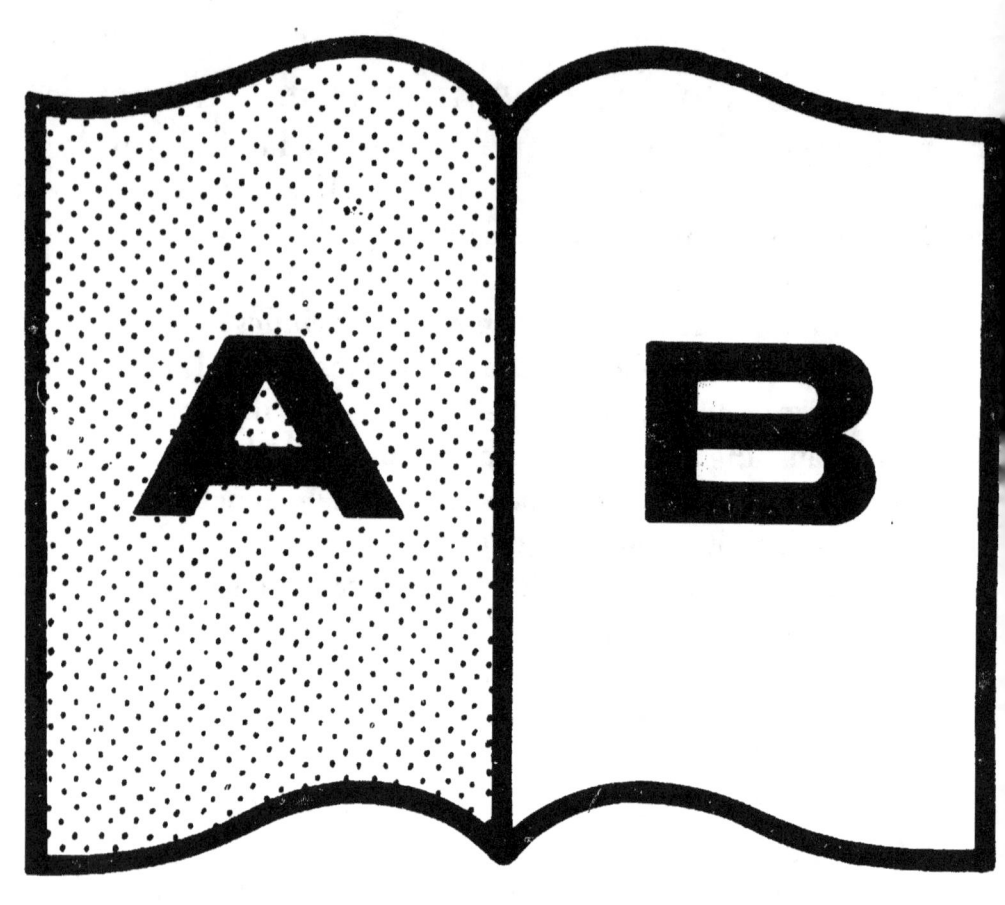

Contraste insuffisant

NF Z 43-120-14

tronimique; et au lieu d'Octavius, fils d'Octavius, il s'appela César, fils de César, et depuis il se nomma constamment ainsi. Aussitôt, de toutes parts on se tourna en foule de son côté, comme vers le fils de César, les uns par l'effet de leur affection pour ce dernier, les autres comme ses affranchis, ou attachés à son service. Les troupes suivirent cet exemple. Les unes amenèrent des munitions et de l'argent à l'armée qui étoit en Macédoine. D'autres apportèrent à Brindes le produit des tributs et des contributions des autres provinces.

XII. Octave, plein de confiance dans le nombreux concours qui l'entouroit, dans la gloire de César, et dans la bienveillance universelle dont il étoit l'objet, prit le chemin de Rome, escorté de ce nombreux cortège (7), qui croissoit chaque jour comme un torrent. La multitude qui l'environnoit le mettoit bien à l'abri d'un coup de main à force ouverte, mais par cela même elle l'exposoit davantage au péril des embûches, parceque tous ceux qui étoient autour de lui n'étoient presque que des connoissances du moment. Les cités ne se déclaroient pas en sa faveur avec le même empressement. Les vétérans qui avoient servi sous César, et qui avoient obtenu des distributions de terres, accouroient de leurs héritages pour faire leur cour au jeune Octave; ils se répandoient en regrets sur le compte de César, en invectives contre Antoine, qui n'avoit point vengé un si grand attentat, et ils ajoutoient qu'ils étoient prêts à le venger eux-mêmes, si quelqu'un vouloit se mettre à leur tête. Octave donnoit des éloges à leur zèle; mais il les renvoyoit, en leur disant que pour le moment il falloit différer. Il étoit à Terracine, à quatre cents stades à peu près de Rome, lorsqu'on lui annonça la nouvelle que les consuls avoient fait ôter à Brutus et à Cassius les gouvernements de la Syrie et de la Macédoine, et qu'en dédommagement on leur avoit donné des gouvernements moins importants, savoir, Cyrène et la Crète; qu'on avoit rappelé quelques exilés, entre autres le fils de Pompée; qu'en vertu des documents écrits de César, on avoit fait entrer quelques individus au sénat, et beaucoup d'autres détails de ce genre.

XIII. Il ne fut pas plutôt arrivé à Rome (8), que sa mère, que Philippus, que tous ceux qui prenoient intérêt à lui, lui témoignèrent de nouveau leurs sollicitudes au sujet de l'esprit d'aliénation du sénat envers César, au sujet du sénatus-consulte qui défendoit d'intenter aucune poursuite judiciaire relativement à son assassinat, au sujet de la conduite d'Antoine, alors armé du pouvoir suprême, et qui avoit l'air de mépriser le fils de César, arrivant à Rome, au point de n'être point allé à sa rencontre, et de ne lui avoir même envoyé personne de sa part, après qu'il y étoit arrivé. Mais Octave atténuoit les conséquences de toutes ces particularités. Il déclara qu'il feroit les premières démarches envers Antoine, ainsi qu'il convenoit que les fît le plus jeune envers le plus âgé, et l'homme privé envers un consul; qu'il rendroit également au sénat les devoirs convenables. Quant au sénatus-consulte, il répondit qu'il avoit été fait dans un moment où personne n'osoit encore se porter pour accusateur des assassins de César; et que, lorsqu'on en auroit le courage, on seroit appuyé par le peuple et par le sénat, comme dans une accusation conforme aux lois; par les Dieux, comme dans une accusation conforme aux règles de la justice, et peut-être par Antoine même : qu'en répudiant la succession et l'adoption de César, il manqueroit à ce qu'il lui devoit, et qu'en même temps il frustreroit le peuple des libéralités que le testament contenoit en sa faveur. Il termina en disant, avec une chaleureuse impétuosité, qu'il lui valoit mieux, non seulement braver les dangers (9), mais même la mort, que d'avoir reçu de César un témoignage si éclatant de prédilection et de préférence, et de se montrer indigne de succéder à celui qui fut d'une intrépidité à toute épreuve; et se tournant du côté de sa mère, comme Achille, en pareille circonstance, se tourna du côté de Thétis, il prononça ces paroles du héros grec, qui s'offrirent sur-le-champ à sa mémoire, « que je meure à l'instant même, puis-« qu'il ne m'est pas loisible de venger la mort d'un « ami », ajoutant, après les avoir prononcées, que ces paroles, et plus encore l'action qu'elles exprimoient, avoient principalement couvert Achille d'une gloire immortelle. Il fit d'ailleurs remarquer qu'en ce qui le concernoit par rapport à César, il s'agissoit, non d'un ami, mais d'un père, non d'un compagnon d'armes, mais d'un général en chef (10), non d'une mort donnée dans un champ de bataille, selon les lois de la guerre, mais d'un assassinat sacrilège commis au milieu du sénat.

XIV. Ce discours fit succéder dans le cœur de sa mère le plaisir à la crainte. Elle l'embrassa comme le seul des Romains digne de César. Elle ne lui permit pas d'en dire davantage. Elle l'excita à l'accomplissement de ses desseins sous les auspices de la fortune. Mais elle lui donna pour conseil de prendre plutôt le chemin de l'artifice, de la patience, de la dissimulation, que celui de l'audace et d'une confiance ouverte. Octave loua la sagesse de ce conseil et promit de s'y conformer (11). Dès le même soir, il fit dire à ses amis de se rendre de bonne heure le lendemain, chacun de son côté, au Forum, pour faire foule autour de lui. Là il se présenta devant Caïus Antonius, le frère d'Antoine le consul, qui remplissoit les fonctions de préteur, et il lui déclara qu'il acceptoit l'adoption de César. Car c'est l'usage chez les Romains que les adoptions se font par-devant les préteurs, en présence de témoins. Aussitôt que les greffiers eurent reçu sa déclaration, il se rendit du Forum chez Antoine, qui étoit alors logé aux jardins que César lui avoit donnés (12), et qui avoient auparavant appartenu à Pompée. On le fit attendre long-temps à la porte (13), et Octave regarda cette circonstance comme un signe de défaveur de la part d'Antoine envers lui. Après qu'il eut enfin été introduit, ce furent d'abord des civilités réciproques et des questions respectivement convenantes. Mais lorsque enfin le moment de faire tomber la conversation sur l'état présent des affaires fut arrivé, Octave parla ainsi :

XV. « Antoine, mon père, (car les bienfaits de

« César envers vous, et la reconnoissance que vous
« lui devez à ce titre, me donnent le droit de vous
« appeler de ce nom) dans la conduite que vous
« avez tenue après la mort de César, il est des
« choses que je loue, et pour lesquelles je vous dois
« même une reconnoissance éternelle. Mais il en est
« d'autres que je condamne. Je vais vous parler
« d'ailleurs avec cette pleine liberté qui naît tout
« naturellement de la juste douleur qui m'anime.
« Vous n'étiez pas auprès de César lorsqu'il fut im-
« molé : ses assassins vous avoient retenu à la porte.
« Autrement vous vous seriez efforcé de le sauver,
« du moins vous vous seriez exposé à être assassiné
« comme lui; et si de ces deux choses, la dernière
« eût dû vous arriver, c'est un bonheur que vous
« vous soyez trouvé éloigné de sa personne. Lorsque,
« dans le sénat, on proposa de décerner à ses assas-
« sins des récompenses, comme aux meurtriers d'un
« tyran, vous vous y opposâtes avec force, et je vous
« en dois la plus haute reconnoissance; quoique vous
« ayez su que ces assassins en vouloient aussi à vos
« jours, non qu'ils craignissent, à mon avis, que vous
« ne fussiez le vengeur de César, mais parcequ'ils
« redoutoient, comme ils le disent eux-mêmes, que
« vous ne devinssiez le successeur de sa tyrannie.
« Mais ils ne furent point les meurtriers d'un tyran.
« Ils ne furent que de vrais assassins; c'est pourquoi
« ils se réfugièrent dans le Capitole, ou comme des
« coupables suppliants qui cherchoient un asile dans
« un temple, ou comme des rebelles qui s'empa-
« roient d'une forteresse. D'où vient donc cette am-

« n...ie, cette garantie d'impunité qu'ils ont obte-
« nue de la part du sénat et du peuple, à moins
« qu'ils n'aient acheté quelques ames vénales dans
« le sénat et dans les comices? Vous, en qualité de
« consul, vous deviez scruter et connoître le vœu du
« plus grand nombre; et, soit pour venger un si grand
« attentat, soit pour éclairer les esprits susceptibles
« d'erreur ou de séduction, les fonctions consulaires
« vous étoient d'un grand secours sous ce double
« rapport, si vous l'aviez voulu. Au lieu de cela,
« vous avez envoyé aux assassins dans le Capitole
« des otages pour gage de leur sécurité, et ces otages
« étoient vos propres enfants. Qu'à tous ces égards
« vous ayez été forcé de céder aux hommes vendus
« à la cause des conjurés, je le veux; mais lorsque,
« après que le testament de César eut été lu, et que
« l'oraison funèbre dans laquelle vous lui rendîtes
« la justice qu'il méritoit eut été prononcée, le peu-
« ple, enflammé par le souvenir de tous les détails
« de sa gloire, courut avec des torches aux maisons
« des conjurés, et que, s'abstenant de les livrer à
« l'incendie par considération pour les voisins, il
« résolut de prendre les armes le lendemain, pour-
« quoi ne l'avez-vous pas secondé? pourquoi ne
« vous êtes-vous pas mis à sa tête, la flamme et le
« fer à la main ? Du moins avez-vous depuis intenté
« une action criminelle contre ces assassins, si toute-
« fois il falloit suivre cette marche contre des cou-
« pables pris en flagrant délit, vous, l'ami de César;
« vous, consul; vous, Antoine ?

XVI. « Cependant, tandis que, d'un côté, vous

Ans de Rome. 710.

Ans
de
Rome.
710.

« avez fait périr Amatius (14), par un coup d'auto-
« rité, en vertu du grand pouvoir que vous avez
« entre les mains, vous avez dissimulé, de l'autre,
« l'évasion des conjurés (15); vous les avez laissé
« aller prendre possession des gouvernements de
« province dont ils sont investis contre toutes les
« lois, puisqu'ils ont assassiné celui qui les leur dé-
« cerna. A la vérité, les affaires n'ont pas eu plutôt
« pris une certaine assiette, que vous deux consuls,
« vous et Dolabella, avez eu la sagesse de vous faire
« investir de la Syrie et de la Macédoine; et je vous
« en saurois grand gré, si vous n'aviez pas, en même
« temps, fait décerner à Brutus et à Cassius les gou-
« vernements de Cyrène et de Crète; si vous n'aviez
« pas ainsi mis ces fugitifs à même d'être toujours
« en mesure contre moi, si vous n'aviez point dissi-
« mulé que Décimus Brutus commande dans la
« Gaule Cisalpine, ce Décimus Brutus, qui, comme
« les autres, a trempé ses mains dans le sang de
« mon père. M'objecterez-vous que tout cela a été
« réglé par des sénatus-consultes? Mais vous avez
« voté pour ces sénatus-consultes. Mais vous prési-
« diez le sénat lorsqu'ils ont été rendus, vous qui
« aviez plus d'intérêt que personne à vous y opposer.
« Accorder une amnistie aux conjurés, ce pouvoit
« être le vœu de ceux qui ne vouloient que les sau-
« ver du supplice. Mais leur décerner de nouveaux
« gouvernements comme à titre de récompense, c'est
« avoir voulu insulter à la mémoire de César (16),
« et neutraliser vos intentions personnelles. Ma dou-
« leur me pousse peut-être, à tous ces égards, au-delà

« des bornes qui conviennent à mon âge et au res- <small>Ans</small>
« pect que je vous dois. Mais je parle au plus so- <small>de Rome.</small>
« lide, au plus vrai des amis de César, à celui qu'il <small>710.</small>
« combla d'honneurs, qu'il éleva au faîte de la puis-
« sance, et qu'il auroit peut-être choisi pour son fils
« adoptif, s'il avoit pensé qu'un descendant d'Hercule
« eût passé volontiers dans la descendance d'É-
« née (17). Car on prétend (18) que lorsqu'il eut à
« faire le choix de son successeur, il fut là-dessus
« long-temps en balance.

XVII. « Désormais, ô Antoine, je vous en con-
« jure, au nom des Dieux qui président à l'amitié,
« au nom de l'attachement que César avoit pour
« vous, changez (19) quelques unes des dispositions
« antérieures. Car vous le pouvez, si vous le voulez.
« Sinon, daignez du moins, dès ce moment, me
« servir, de concert avec le peuple, et ceux des amis
« de mon père qui me restent, et me seconder dans
« le projet que j'ai de venger sa mort. Si vous en
« êtes empêché par des considérations personnelles,
« ou par égard pour le sénat, laissez-moi faire sans
« le trouver mauvais. En voilà suffisamment sur cet
« article. Vous savez, d'ailleurs, dans quelle situa-
« tion sont mes affaires domestiques. Vous savez
« quel est le besoin d'argent où je suis, pour ac-
« quitter les legs que renferme le testament de mon
« père en faveur du peuple, et combien j'en suis
« pressé, afin de ne point m'exposer par des lenteurs
« à paroître manquer de reconnoissance, ni au re-
« proche d'être cause que ceux qui sont déjà des-
« tinés pour des colonies, et qui sont encore à Rome,

« soient forcés d'y prolonger leur séjour. Or, de tout
« le mobilier de César qui fut transporté chez vous,
« comme dans une maison pour le moment plus sûre
« que la sienne, immédiatement après son assassinat,
« je vous prie d'en accepter tout ce qui est chose de
« prix, et d'ornement, sans nulle exception. Si même
« j'ai d'ailleurs quelque chose de ce genre qui puisse
« vous être agréable, vous me permettrez de vous
« l'offrir. Mais je vous prie en même temps de me
« remettre, afin que j'en puisse faire la distribution,
« tout ce qui est or monnoyé (20), que César avoit
« ramassé pour l'expédition militaire qu'il avoit en
« vue, et qui me suffira pour trois cent mille ci-
« toyens. Quant au surplus des fonds qui me sont
« nécessaires, si j'osois, je prendrois la liberté de
« vous les emprunter, en supposant que vous puis-
« siez me les fournir, ou bien, si vous le permettiez,
« je les emprunterois au trésor public, sous votre
« cautionnement, et de suite je mettrois tous mes
« biens en vente. »

XVIII. Après que le jeune César eut achevé de parler, Antoine demeura stupéfait du ton de liberté et de hardiesse de son discours, qui lui parut singulièrement extraordinaire et au-dessus de son âge. Il témoigna son mécontentement du ton de ce langage, qui avoit franchi à son égard les limites de la décence. Il étoit sur-tout fâché qu'Octave lui demandât le trésor. Il prit de son côté le ton de l'autorité, et fit la réponse suivante : « Jeune homme, si, en
« vous laissant son héritage et son nom, César vous
« avoit en même temps laissé les soins du gouverne-

« ment, vous auriez le droit de me demander compte
« de la situation de la chose publique, et je devrois
« vous rendre ce compte-là. Mais si le peuple romain
« n'a jamais permis la transmission du pouvoir su-
« prême par voie de succession, pas même chez ses
« anciens rois, qu'il chassa, avec le serment de n'en
« souffrir jamais d'autre (car c'est ce qui a été l'objet
« principal des griefs des conjurés contre votre père,
« auquel ils reprochoient d'avoir toutes les allures
« de la royauté, et de n'être plus le simple chef du
« gouvernement), je ne dois pas même vous ré-
« pondre en ce qui concerne la chose publique ; et
« par la même raison, je vous tiens quitte, à cet
« égard, de toute reconnoissance. Tout ce qui a été
« fait l'a été, non par rapport à vous, mais dans
« l'intérêt du peuple, à l'exception d'une seule
« chose, qui étoit à la vérité d'une importance ma-
« jeure pour César et pour vous (21). Car, si, par le
« motif de ma propre sécurité et de ma considération
« personnelle, j'avois, sans m'y opposer, laissé dé-
« cerner des récompenses aux conjurés comme aux
« assassins d'un tyran, la mémoire de César demeu-
« roit chargée de cette tache, dans un moment où
« l'on n'avoit encore rien fait pour consacrer sa
« gloire, pour lui décerner des honneurs, pour rati-
« fier les actes de son administration. Son testament
« n'auroit point été ouvert. Il n'auroit laissé ni fils
« adoptif, ni succession. Son corps n'auroit point
« obtenu d'honneurs funèbres, pas même ceux d'un
« simple citoyen. Car les lois portent que les corps
« des tyrans seront privés des honneurs de la sépul-

« turc, que leur mémoire sera couverte d'opprobre,
« que leurs biens seront confisqués.

XIX. « Effrayé de tous ces dangers, je pris la dé-
« fense de César, et bravant les périls personnels
« auxquels je courois risque de m'exposer, ainsi que
« les passions que je pouvois exciter contre moi, je
« parlai pour lui faire décerner une gloire immor-
« telle, et des honneurs funèbres aux dépens des
« deniers publics, quoique j'eusse à redouter des
« hommes capables de tout entreprendre, qui
« avoient leurs mains encore fumantes de sang, et
« qui, comme vous l'avez su, avoient conspiré ma
« perte; quoique j'eusse à craindre le sénat qui en
« vouloit à votre père, à cause de l'excès de son
« pouvoir. Mais je préférai courir spontanément
« tous ces dangers, et souffrir quoi que ce put être,
« que de laisser sans honneurs et sans sépulture le
« corps de celui qui avoit été le plus grand capitaine
« de son temps, que la fortune avoit pris plaisir à
« combler de faveurs presque continuelles, et qui
« avoit singulièrement pris à tâche de me combler
« des siennes. C'est aux dépens de tous ces périls
« auxquels je me suis exposé, que vous recueillez la
« brillante succession de César; sa filiation, son nom,
« son lustre, ses richesses. Il étoit bien plus juste
« que vous me témoignassiez votre reconnoissance
« sous ces rapports, que de vous permettre, dans la
« différence d'âge qui nous sépare, de me reprocher
« les choses auxquelles j'ai dû condescendre, pour
« mitiger l'esprit d'aliénation du sénat, ou pour me
« le concilier dans les choses auxquelles j'avois be-

« soin de mon côté de le faire condescendre lui-
« même, ou par d'autres considérations et d'autres
« motifs. Je n'en dirai pas davantage sur cette ma-
« tière. Vous avez l'air d'ailleurs de me reprocher
« que j'ai convoité le pouvoir suprême, qui n'a nul-
« lement excité mon ambition (22), quoique je ne
« m'en regarde pas comme entièrement indigne, et
« que je trouve mauvais de n'avoir point été par
« le testament de César introduit dans sa famille,
« tout en reconnoissant que je suis satisfait d'appar-
« tenir aux Héraclides.

XX. « Quant à ce que vous me dites, à propos
« de vos besoins, que vous désireriez faire un em-
« prunt au trésor public, je serois tenté de prendre
« cela de votre part pour une ironie, s'il n'étoit pas
« probable que vous ignorez que votre père a laissé
« vide le trésor public. Car, depuis qu'il s'étoit em-
« paré du pouvoir, ce n'étoit point dans le trésor
« public, c'étoit entre ses mains qu'étoient versés
« les revenus de la république, et on les trouvera
« dans sa succession, lorsque la revendication en
« aura été ordonnée. Car il ne sera nullement in-
« juste de les réclamer, même après sa mort, puis-
« que, s'il vivoit encore, il ne pourroit point se
« plaindre de cette réclamation, ni la taxer d'injus-
« tice. Vous apprendrez d'ailleurs, par les préten-
« tions qu'élèveront individuellement un grand
« nombre de citoyens contre vous, que votre suc-
« cession ne sera point exempte de litiges. Quant à
« l'argent comptant qui fut transporté chez moi, il
« n'y en avoit pas une aussi grande quantité que

« vous paroissez l'imaginer; et dans ce moment, il
« ne m'en reste plus rien. Tous ceux qui étoient
« constitués en autorité et revêtus de magistratures,
« à l'exception de Dolabella et de mes frères, s'em-
« pressèrent de se partager tout cet argent, comme
« la dépouille d'un tyran (23); et ce fut en m'y prê-
« tant que je les amenai à voter les sénatus-consultes
« qui furent rendus en faveur de César. Si vous êtes
« sage, au lieu de distribuer au peuple ce qui reste
« de la succession de votre père, vous le distribue-
« rez à ceux qui en veulent à sa mémoire. Si vous
« vous les conciliez, ils vous aideront à vous tirer de
« sur les bras tous ces plébéiens appelés à se rendre
« dans des colonies (24). Quant au peuple, ses affec-
« tions, ainsi que vous devez l'avoir récemment ap-
« pris dans les auteurs grecs que vous avez étudiés,
« ses affections n'ont pas plus de stabilité que les flots
« agités de la mer, dont l'un avance tandis que
« l'autre se retire (25) : c'est ainsi que nos plébéiens,
« après avoir toujours élevé très haut leurs idoles,
« ont fini par les renverser (26). »

NOTES.

(1) Il étoit fils de Caïus Octavius, d'une famille qui appartenoit à l'ordre des chevaliers, et d'Attia, fille de Julie, sœur de César, dont il étoit, par conséquent, le petit-neveu. Paterculus fait un assez bel éloge de son père. *Fuit C. Octavius ut non patriciâ, ita admodùm speciosâ equestri genitus familiâ, gravis, sanctus, innocens, dives.* Lib. II, cap. 59. Suétone le fait descendre d'une ancienne race d'Octaviens, étrangère à Rome, à laquelle Tarquin l'Ancien donna le droit de cité, que Servius Tullius fit entrer dans l'ordre des patriciens, qui déchut ensuite au point d'être confondue parmi les familles plébéiennes, jusqu'à ce que Jules César, pour honorer le mari de sa nièce, le replaça dans le patriciat. Mais ce même historien ne dissimule point qu'Octave, en parlant lui-même dans ses mémoires de son extraction, ne prétend tirer son origine que d'une race de chevaliers romains, et reconnoît que son père C. Octavius fut le premier sénateur de sa maison. S'il falloit en croire ce que Suétone avoit lu dans un recueil de lettres d'Antoine qui existoit encore de son temps, Octave n'auroit eu pour bisaïeul qu'un affranchi d'une profession assez ignoble. *M. Antonius libertinum ei proavum exprobrat restionem, è pago Thurino.* Oct. Cæs. 2. Reste à savoir si ce n'étoit pas une de ces faussetés dont Crémutius Codrus disoit, sous le règne de Tibère, que ces lettres étoient pleines. *Antonii epistolæ falsa quidem in Augustum probra sed multâ cum acerbitate habent.* Tacit. Annal. lib. IV. Suet. Oct. Cæs. 4. Ne dédaignons pas de joindre à tous ces détails ceux que nous fournit Dion Cassius au commencement de son quarante-cinquième livre. Il nous apprend qu'Octave fut en grande partie redevable de la singulière affection que César prit pour lui aux intrigues, et surtout aux jongleries superstitieuses d'Attia sa mère. Elle ne cessoit de répéter à César que son Octave étoit fils d'Apol-

lon, sous prétexte que s'étant endormie dans le temple de ce
Dieu, elle avoit rêvé avoir commerce avec un dragon, et que
διὰ τοῦτο, τῷ ἱκνουμένῳ χρόνῳ ἔτεκε, en conséquence, elle avoit
mis son fils au monde au temps prescrit. Ce grave historien
ajoute qu'avant d'accoucher Attia avoit rêvé également que ses
entrailles montoient au ciel, et qu'ensuite elles descendoient
sur terre en se répandant sur le monde entier, et que cette
même nuit où la grandeur future de son fils lui étoit si visiblement prophétisée, Octavius, son mari, avoit rêvé, de
son côté, que le soleil sortoit du même endroit d'où Octave
devoit sortir peu de temps après : καὶ τῇ αὐτῇ νυκτὶ καὶ ὁ
Ὀκταούϊος ἐκ τοῦ αἰδοίου αὐτῆς τὸν ἥλιον ἀνατέλλειν ἐνόμισεν.
Il ne faut pas s'étonner, sans doute, qu'Octave ait fait une
fortune aussi brillante. On ne peut qu'aller très loin, lorsqu'on a une naissance illustrée par d'aussi rares phénomènes.
Voyez Suétone, Aug. Cæs. 94.

(2) Octave n'étoit, en effet, âgé alors que d'environ dix-
huit ans. Il étoit né sous le consulat de Cicéron, et par conséquent à l'époque de la conjuration de Catilina. Ne semble-
t-il pas que les Dieux, conjurés contre la république romaine, aient voulu envoyer au monde pour la détruire un
Catilina plus heureux que celui qui avoit manqué son coup,
et que, dans l'arrêt des destinées, il en ait été de Catilina et
d'Octave, comme des rameaux du fameux arbre de la Sibylle, *Uno avulso non deficit alter*. Que Paterculus vienne
nous dire ensuite avec le langage de l'adulation qui convenoit sous le règne de Tibère, *Consulatui Ciceronis non
mediocre adjecit decus natus eo anno Divus Augustus omnibus omnium gentium viris magnitudine, suâ inducturus
caliginem.* Lib. II, cap. 36. Y pensiez-vous, Paterculus,
de faire ainsi d'Octave, de cet heureux Catilina qui devoit
arriver au pouvoir suprême à force de lâchetés, d'hypocrisie
et de crimes, un grand homme qui devoit éclipser tous les
grands hommes ses prédécesseurs ! O vérité ! O sainteté de
l'histoire. *Voy.* Suet. Oct. Cæs. 5. Au reste, si l'on juge
que c'est parler d'Octave avec sévérité, j'observerai que j'ai

Montesquieu pour garant. « Je crois qu'Octave est le seul
« des capitaines romains qui ait gagné l'affection des sol-
« dats en leur donnant sans cesse des marques d'une lâcheté
« naturelle.... Peut-être fut-ce un bonheur pour lui de n'a-
« voir point eu cette valeur qui peut donner l'empire, et
« que cela même l'y porta. Il n'est pas impossible que les
« choses qui le déshonorèrent le plus aient été celles qui le
« servirent le mieux, etc. » *Grandeur et Décadence des
Romains*, chap. XIII.

(3) Il est évident, comme l'a judicieusement remarqué Schweighæuser, que le texte est corrompu en cet endroit. On verra que je n'ai suivi que ma propre conjecture en remplacement des mots altérés. Dans la discordance des traducteurs latins et des critiques, j'ai cru avoir la liberté de ne consulter que mon opinion. J'étois cependant bien tenté de traduire, comme si le texte eût porté, εἰ καί τι δοῖεν, c'est-à-dire, εἰ καί τι τῆς δίκης δοῖεν. C'est aux hellénistes à juger.

(4) *Mihi aliud quid in hâc regione turbatum videtur*, dit Schweighæuser. J'ai pensé comme lui, mais j'ai corrigé autrement que lui.

(5) Paterculus nous apprend que le père d'Octave, C. Octavius, se rendoit de la Macédoine, qu'il avoit administrée et où il avoit eu occasion d'être salué *imperator*, à Rome, pour y briguer le consulat, lorsqu'il mourut laissant son fils encore enfant. *Decedens ad petitionem consulatûs obiit prætextato relicto filio.* Sa mère, devenue veuve par cet évènement, se remaria avec Marcius Philippus, de l'ordre des patriciens. *Suet. Oct. Cæs.* 3.

(6) Tels étoient, en effet, les conseils que la mère d'Octave et son beau-père lui donnoient de concert. *Non placebat Attiæ matri Philippoque vitrico adiri nomen invidiosæ fortunæ Cæsaris.* Mais l'empire de la destinée l'emporta. *Sed adserebant salutaria reipublicæ terrarumque orbis fata.* Suétone rapporte que, lorsqu'il reçut la nouvelle de la mort de César, sa première idée fut d'implorer l'appui des

légions qui étoient dans le voisinage d'Apollonie, mais qu'après y avoir réfléchi, il avoit renoncé à ce projet, comme téméraire et prématuré. *Ut primùm occisum eum hæredemque se comperit, diù cunctatus an proximas legiones imploraret, id quidem consilium ut præceps inmaturumque omisit.* Oct. Cæs 8. Suétone ne nous dit pas ce que Paterculus nous apprend, que, dans le parti qu'il prit à cet égard, il suivit sa tête, au lieu de se laisser guider par les conseils de Salvidiénus et d'Agrippa qui étoient auprès de lui. Mais il changea de sentiments, lorsque ayant fait le trajet d'Apollonie à Brindes, il apprit le contenu du testament de César, et sur-tout les nouvelles dispositions du peuple envers les conjurés. L'amnistie décretée par le sénat avoit d'abord entraîné tous les suffrages ; mais les jongleries d'Antoine dans les obsèques de César mirent la populace en fureur, et la firent courir, la flamme à la main, aux maisons des conjurés. Sûr d'avoir un parti pour lui, Octave s'abandonna au conseil de tenter la fortune au milieu des malheurs publics. *Dion Cass. liv. XLV, n. 3.*

(7) Paterculus ajoute à ces détails un fait qui seroit singulièrement remarquable, s'il falloit donner à son texte, dans ce passage, le sens que lui a donné l'abbé Paul, traducteur, d'ailleurs estimable, de cet historien : *Cui adventanti Romam immanis amicorum occurrit frequentia, et cùm intraret urbem, solis orbis super caput ejus curvatus æqualiter rotundatusque in colorem arcûs veluti coronam tanti mox viri capiti imponens, conspectus est.* Lib. II, c. 59. Voici la traduction : « Et à son entrée dans la ville, on vit le globe « du soleil, formant une espèce d'arc-en-ciel, se courber « également sur sa tête (mot à mot, on vit le soleil prendre « la figure et les couleurs de l'arc-en-ciel, et se courber, etc.) « comme pour couronner un homme qui touchoit déjà au « faîte de l'élévation. » C'est bien là le sens du latin de Paterculus, mais je suis convaincu que ce texte est altéré. Comment concevoir, en effet, *Que le disque du soleil se soit formé en arc-en-ciel, et se soit courbé également*, pour

venir couronner la tête d'Octave. Quant à moi, j'ai pensé qu'il s'agissoit ici tout simplement d'un de ces ornements dont on couronnoit la tête des triomphateurs, et qui formoient une auréole aux rayons de laquelle on pouvoit donner les couleurs de l'arc-en-ciel avec plus ou moins d'éclat. Les passages que le docte Boecler a rassemblés dans sa savante note sur cet endroit de Paterculus, ne me permettent pas de douter que ce ne soit là tout ce que cet historien a voulu dire: d'autant que l'on sait que *radiatum caput, divinitatis signum.* Quoi qu'il en soit de ma conjecture, j'aime mieux du moins m'en tenir au langage de Suétone et à celui de Dion Cassius sur cette circonstance de l'entrée d'Octave à Rome. *Reverso ab Apollonia, et ingrediente eo urbem, repente liquido ac puro sereno, circulus ad speciem cœlestis arcûs, orbem solis ambiit.* Oct. Cæs. 95. ἐς γὰρ τὴν Ῥώμην ἐσιόντος αὐτοῦ ἶρις πάντα τὸν ἥλιον πολλὴ καὶ ποικίλη περιέσχεν. Il paroît, d'après le langage de Sénèque, dans ses Questions naturelles, 1, 2, et d'après le langage de Pline l'ancien, 2, 28, que le phénomène se borna à cela, et certes, c'étoit bien assez.

(8) Voyez ci-dessus la note précédente.

(9) « Animé d'un céleste enthousiasme, dit Paterculus,
« son esprit dédaigna ces terrestres conseils; et il aima mieux
« s'abandonner à la périlleuse impulsion de la grandeur d'ame
« que de suivre avec sécurité les suggestions d'une lâche pru-
« dence. » *Sprevit itaque cœlestis animus humana consilia; et cum periculo potiùs summa quàm tutò humilia proposuit sequi.* Ibid. c. 60. C'est fort bien ; mais Dion Cassius me paroît un peu plus judicieux : « Beaucoup de gens pen-
« soient qu'il mettoit dans sa conduite trop de précipitation
» et d'audace; mais le succès ayant depuis couronné son en-
« treprise, on a donné des éloges à son courage. Il arrive
« souvent, en effet, que ceux qui réussissent, quelque té-
« méraire que parût d'abord l'objet de leur ambition, ob-
« tiennent tous les honneurs de la prudence; au lieu qu'on
« regarde comme des insensés ceux qui n'éprouvent que
« des revers, quoique la sagesse ait réglé toute leur con-

« duite. » *Dio. Cass. ibid.*, n. 4. Le même historien dit plus bas, liv. XLVI, n. 34, « on juge communément des « hommes d'après les évènements. Ceux qui ont eu la for- « tune pour eux, ont passé pour des prodiges de sagesse et « de talent; on a préconisé leur amour pour la république. « Ceux, au contraire, dont la fortune a trahi la cause, « ont été regardés, non seulement comme les ennemis, mais « encore comme les fléaux de la patrie. » Ce qui rappelle cette pensée de Démosthène, qu'on trouve dans sa première Olynthienne, πρὸς γὰρ τὸ τελευταῖον ἐκβὰν ἕκαστον τῶν πρυπαρξάντων ὡς τὰ πόλλα κρίνεται.

(10) Si je ne rends pas ici le mot grec αὐτοκράτορα par *empereur*, c'est à cause de la difficulté de restreindre ce mot en français, au sens qu'avoit le mot *imperator* en latin avant l'anéantissement total de la république.

(11) Le conseil étoit bon. Octave, comme on voit, en sentit le mérite, puisqu'il promit à sa mère de s'y conformer, et toutes les actions de sa vie prouvèrent depuis avec quel talent il savoit lui tenir parole.

(12) Le texte d'Appien porte ὁ δὲ ἦν ἐν κήποις οὓς ὁ Καῖσαρ αὐτῷ δεδώρητο, Πομπηίου γενομένους, mots que l'interprète latin a très correctement rendus, *Erat is in hortis Pompeianis, quos à C. Cæsare dono acceperat.* Pourquoi donc Vertot, en copiant ici Appien, comme il l'a fait dans presque tout le cours de son quatorzième livre des Révolutions romaines, a-t-il chargé Antoine d'un crime de plus, en l'accusant de s'être approprié les jardins de Pompée. « Il se rendit aux jardins « de Pompée où Antoine demeuroit, et qu'il s'étoit appro- « priés depuis la mort de ce grand homme. » S'il faut en croire Dion Cassius, Appien n'est pas plus exact ici que Vertot. César n'avoit point donné à Antoine les jardins de Pompée. Antoine ne se les étoit pas appropriés. Ces biens avoient été vendus comme biens du fisc. Aucun citoyen de Rome n'eut le courage de se présenter pour en faire l'acquisition. Antoine seul eut ce courage-là. Il se les fit adjuger ; et comme il ne payoit pas le prix de cette adjudication, César fit

intervenir son autorité pour l'y contraindre. Voilà le langage de Dion Cassius. *Voyez* ci-dessus, note 5, chap. I.

(13) *Vixque admisso in Pompeianos hortos*, dit Paterculus. Vertot prétend que ce fut de la part d'Antoine un trait de mépris envers Octave. Paterculus pense, au contraire, que ce fut la crainte qui agitoit Antoine en cette occasion. *Neque is erat contemptus, sed metus.* La vérité est, je crois, qu'il y avoit autant de l'un que de l'autre.

(14) Le texte porte Marius. C'est le même individu qui se prétendoit issu de Marius, et dont il est question au commencement de ce livre.

(15) Non seulement Antoine avoit dissimulé l'évasion des conjurés, mais encore il s'étoit rapproché d'eux après être parvenu à force d'intrigues séditieuses à les faire sortir de Rome, au point d'avoir avec Brutus et Cassius une conférence dont Brutus et Cassius furent satisfaits. Ce fait est attesté par Cicéron dans une de ses lettres à Atticus, liv. XIV, let. 6. *Antonii colloquium nostris heroibus pro re natâ non incommodum.* Il fallut même que dans cette conférence, qui eut lieu probablement à Antium, dans les premiers jours de l'évasion de Brutus et de Cassius, Antoine, couvert du masque de l'hypocrisie, leur inspirât beaucoup de confiance, puisque quelques jours après ils lui adressèrent du voisinage de Lanuvium, où ils s'étoient retirés dans une terre de Brutus, la lettre qu'on trouve à la tête de la Collection des lettres de Brutus à Cicéron, et de Cicéron à Brutus, publiée par l'auteur de la Vie de Cicéron, dans laquelle lettre on remarque ce passage : *Fallere nemo nos potest nisi tu, quod certè abest à virtute tuâ et fide.* Cette vertu, cette loyauté d'Antoine n'étoit qu'un jeu à l'aide duquel il trompoit Brutus et Cassius. La suite en fit bien foi. Mais vertueux et probes par caractère, comme l'étoient ces deux Romains, ils donnèrent d'autant plus aisément dans le piège que leur tendit Antoine, qu'ils savoient que, quelque temps avant la mort de César, Antoine étoit entré dans une conspiration

qui avoit le même but, et dont Trébonius, le même qui le retint à la porte du sénat le jour des ides, étoit le chef.

(16) Octave parloit ici en jeune homme totalement inexpérimenté; qui ne savoit point ce que c'est que la force des choses dans certaines circonstances. Lorsqu'il reprochoit ainsi à Antoine d'avoir laissé décerner aux auteurs de la conjuration des gouvernements de province, il étoit apparemment loin de s'attendre que des motifs du même genre que ceux qui avoient déterminé Antoine dans cette occasion, le besoin et la nécessité de ménager le sénat et de se le concilier, le feroient marcher lui-même à la tête d'une armée, au secours d'un de ces conjurés, de ce même Décimus Brutus contre lequel il venoit d'invectiver, et devenir l'instrument de la victoire de Décimus Brutus contre Antoine, ainsi qu'on verra bientôt que cela lui arriva devant Modène.

(17) On voit que la douleur d'Octave ne l'empêchoit pas de parler en habile courtisan.

(18) J'ai suivi la conjecture de celui des annotateurs qui a pensé que le mot φασί étoit ici sous-entendu.

(19) Le texte a l'air d'être altéré. Ici, Henry Etienne et Schweighæuser ont imaginé chacun une correction. J'ai cru devoir lire dans les derniers mots de cette phrase, σὺ μὲν τι ᾗ τῶν γεγονότων μεταθέσθαι θέλε, ce dernier mot à l'impératif. Toutefois en y réfléchissant, je crois que le texte a toute la pureté requise, et que c'est ici un exemple d'une de ces ellipses assez familière aux auteurs grecs, et notamment à Platon, dans la traduction duquel j'ai eu occasion de la noter bien des fois. Cette ellipse est celle d'un de ces impératifs, βλέπε, ὅρα, σκόπει, ou autres synonymes. Voyez les ellipses grecques de Lambert Bos. Le sens d'Appien est donc : « Désormais, ô Antoine, songez, examinez, réflé-
« chissez, considérez si vous changerez quelque chose à vos
« dispositions antérieures ». Car μεταθέσται θέλεις est aussi un hellénisme pour μεταθήση tout court.

(20) Quoique Dion Cassius dise le contraire, τὸν τε Ἀντώνιον οὐχ ὅσον οὐκ ἀπῄτει τι τῶν χρημάτων ὧν προυπράκει

ἀλλὰ καὶ ἐθεράπευε, liv. XLV, n, 5, il ne faut pas l'en croire. Octave avoit trop d'intérêt à exécuter les libéralités consignées dans le testament de César au profit des plébéiens, afin de se concilier leur bienveillance, pour qu'il soit permis de penser qu'il ait voulu spontanément laisser entre les mains d'Antoine les trésors de César, lorsqu'il est clair que ce n'étoit qu'avec ces trésors qu'il pouvoit remplir les devoirs que lui imposoit sa qualité d'héritier.

(21) Voilà où commence l'hypocrisie d'Antoine. Il tâche d'insinuer à Octave que s'il a fait tous ses efforts pour empêcher que l'on décernât des récompenses aux conjurés, comme aux assassins d'un tyran, c'est par égard pour la mémoire de César, et par intérêt pour son fils; tandis que son véritable motif fut de mettre obstacle à ce que les conjurés s'emparassent du gouvernement, et que, par une conséquence toute naturelle, en rétablissant la république et en relevant le parti de Pompée, ils ne laissassent que la nullité, le mépris et l'ignominie à tout ce qui avoit appartenu au parti de César. Il eut pour motif secondaire d'écarter par-là les adversaires du plan qu'il avoit formé de recueillir la succession de puissance et d'autorité de César, comme il avoit recueilli sa succession pécuniaire, et d'ouvrir un chemin parfaitement libre à son ambition. Tout ce que cet adroit intrigant avoit fait jusqu'alors, depuis la mort de César, ses discours dans le temple de Tellus, sa conduite aux funérailles du dictateur, son coup de vigueur et de scélératesse vis-à-vis d'Amatius, qui ne fut que son boute-feu le jour des obsèques, l'usage qu'il avoit fait, et qu'il faisoit tous les jours des registres de César, ses conférences et ses négociations secrètes avec les chefs des conjurés; tout tendoit évidemment à ce but; et sa marche ultérieure mit ses intentions à cet égard dans un bien plus grand jour.

(22) N'est-il pas curieux de voir Antoine débiter gravement à Octave, que le pouvoir suprême n'a nullement excité son ambition? Voyez la note précédente. Combien il est malheureux pour Antoine que les faits donnent un dé-

menti si péremptoire à ce beau témoignage de désintéressement personnel !

(23) Antoine ménage ici assez peu, comme on voit, la mémoire de César; il tâche de faire croire à Octave qu'après la mort de son oncle les magistrats se partagèrent l'argent comptant qu'il avoit laissé, *comme la dépouille d'un tyran*; tandis que, s'il faut en croire ce que Cicéron lui reproche dans la seconde Philippique, n° 37, il avoit tourné tout cet argent à son profit, en le faisant servir à se libérer de dettes énormes dont il étoit accablé; *Tu autem quadringenties H. S. quod idibus martiis dabuisti, quonam modo ante kalendas aprilis debere desisti ?* « Comment est-il arrivé « que les quatre cent fois cent mille sesterces que tu devois « le jour des ides de mars, tu t'en sois trouvé quitte avant « le jour des kalendes d'avril ? » D'ailleurs, on voit que ce n'est pas sans raison qu'Antoine parle ici de César à Octave de la même manière que Brutus ou Cassius auroient pu lui en parler. Le ton de vigueur et de prétention avec lequel ce jeune homme venoit de s'énoncer devant lui avoit besoin d'être réprimé. Il étoit de l'intérêt d'Antoine de faire sentir à Octave que les amis même de César n'avoient pas été tout-à-fait ses dupes, et que les conjurés n'étoient pas les seuls qui eussent jugé la dictature de César sous son véritable point de vue. Antoine craignoit et devoit craindre sur toutes choses, ce qu'il eut beau vouloir empêcher, que l'héritier de la fortune de César ne travaillât à recueillir la succession de sa tyrannie, qu'il entendoit se réserver exclusivement; et par conséquent il devoit tenir à Octave le langage le plus propre à retenir son essor dans la carrière de l'ambition.

(24) En traduisant, comme il l'a fait par *Illi enim si ad tuas partes erunt traducti in colonias mittent plebem*, l'interprète latin n'a pas rendu le texte avec précision. En effet, il ne peut être question dans cette phrase que de ces vétérans, de cette partie des plébéiens à qui César avoit déjà

assigné des colonies, et dont le mécontentement étoit le plus à redouter.

(24) Cette idée est empruntée de l'oraison de Démosthène, περὶ παραπρεσβείας, tom. I, p. 383, édit. de Reiske. *Voy.* Schweighæuser dans sa note sur ce passage.

(26) La version latine porte *dejecit in genua.* Il falloit dire *dejacit* tout court. *Voyez* le grand trésor de la langue grecque de Henry Etienne, dans l'appendice du tome premier, sous le mot γονυκλίνης.

CHAPITRE III.

Octave, indigné de la réponse d'Antoine, vend, avec tous ses biens, ceux de sa mère, ceux de son beau-père Philippus, ceux des ses cohéritiers, afin de se concilier la faveur populaire. Il empêche le rappel de Brutus et de Cassius. Adroite manœuvre d'Antoine pour se faire donner le commandement de l'armée qui étoit en Macédoine. Trébonius, complice de l'assassinat de César, est surpris et égorgé par Dolabella en Asie.

Ans de Rome. 710.

XXI. Indigné de plusieurs traits de ce discours qui tendoient à l'outrager, Octave se retira (1), en invoquant à plusieurs reprises son père par son propre nom. Sur-le-champ il mit en vente tout ce qui composoit la succession qu'il venoit de recueillir, espérant d'engager par-là le peuple à le seconder. Tandis que cette précipitation de sa part rendoit manifeste l'esprit d'aliénation qui existoit entre Antoine et lui; tandis que le sénat, d'un autre côté, rendoit un décret portant qu'il seroit fait sans délai un état de situation et une reddition de compte des deniers publics, la position d'Octave excitoit la sollicitude de beaucoup de citoyens. Ils craignoient le souvenir de la bienveillance que son père avoit montrée aux soldats et au peuple, l'influence des libéralités populaires dont il avoit donné le récent exemple par son testament, et l'ascendant des grandes richesses dont son successeur étoit investi, et qui ne paroissoient pas devoir le laisser, d'après l'opinion de beaucoup de gens, dans le cercle étroit d'une condition privée. Mais on redoutoit bien davantage Antoine; on craignoit que, s'emparant, sous les dehors de l'amitié, d'Octave encore jeune, revêtu d'un grand nom et maître d'une énorme fortune, et lui persuadant par ce moyen de s'abandonner à ses conseils, il ne commençât par s'investir lui-même de toute l'autorité, comme César l'avoit fait. D'autres citoyens se réjouissoient de ce qui venoit de se passer tout à l'heure entre Octave et Antoine (2); ils espéroient en même temps que le décret du sénat, touchant la reddition de compte des deniers publics, ôteroit à Octave ses grandes richesses, et qu'aux dépens de cette opulence on rempliroit les coffres de la république; car on s'attendoit à trouver la fortune de César grossie en grande partie des deniers qui appartenoient au peuple romain.

XXII. Sur ces entrefaites, un grand nombre de citoyens engagèrent contre Octave des réclamations judiciaires, relativement à divers immeubles de la succession de César. Ils revendiquoient, tantôt l'un de ces immeubles, tantôt l'autre; ils fondoient leurs réclamations, tantôt sur un motif, tantôt sur un autre; mais le plus communément sur ce que les biens revendiqués étoient le patrimoine des proscrits indûment atteint de confiscation, après que les proscrits avoient été forcés de s'expatrier eux-mêmes, ou après qu'ils avoient été égorgés. C'étoit devant le tribunal d'Antoine lui-même, ou devant celui de Dolabella l'autre consul, que ces actions judiciaires étoient intentées. Si quelques unes de ces contestations étoient portées devant d'autres juges, l'influence d'Antoine l'y faisoit également, la plupart du temps, succomber, quoiqu'il établît par pièces probantes que les biens fonds que son père avoit acquis, il les avoit acquis du domaine public; et quoiqu'il appelât à son secours, subsidiairement, le sénatus-consulte qui ratifioit tous les actes de l'administration de César. Dans les plaidoiries, on se permettoit contre lui toutes sortes d'invectives; et les procès qu'il perdoit faisoient chaque jour de nouvelles brèches à sa fortune; au point que Pédius et Pinarius, qui avoient été institués par César pour une quote de sa succession (3), vinrent faire des représentations à Antoine, concernant le tort que l'on leur faisoit éprouver à eux-mêmes ainsi qu'à Octave, malgré la disposition formelle des sénatus-consultes qu'Octave invoquoit. Ils pensoient qu'Antoine ne devoit annuler que ce qui tendoit à insulter à la mémoire de César, et que tout ce qui étoit son propre ouvrage devoit être maintenu. Antoine convint qu'il étoit possible que dans les jugements qui venoient d'être rendus il y eût quelque chose de contraire à la disposition des sénatus-consultes; il avoua même que les sénatus-consultes avoient été rédigés dans un sens opposé à celui des opinions qui les avoient déterminés; et que, tandis qu'il ne s'agissoit que de décréter une urgente amnistie, si l'on y avoit ajouté qu'il ne seroit porté aucune atteinte aux actes de l'administration de

César, c'avoit été moins par égard pour lui-même, et pour tous ceux qui pouvoient y être intéressés, que par égard pour le peuple, et pour calmer l'effervescence et l'agitation où l'avoit mis ce qui venoit de se passer. Mais il leur fit observer qu'il étoit plus juste de suivre l'esprit que la lettre des sénatus-consultes, afin d'éviter l'inique inconvénient de nuire à un si grand nombre de citoyens, qui avoient perdu pendant les séditions leurs biens patrimoniaux, ou ceux qu'ils avoient acquis eux-mêmes, et cela au profit d'un jeune homme qui recueilloit aux dépens d'autrui, sans s'y attendre, une aussi riche succession, excessive pour un homme privé; d'un jeune homme qui, au lieu d'en faire un bon usage, s'en serviroit avec succès pour former d'audacieuses entreprises. Il finit par leur dire qu'on les ménageroit eux-mêmes personnellement, lorsqu'ils auroient fait avec Octave le partage de la succession. Ce fut ainsi qu'Antoine répondit à Pédius et à Pinarius, qui sur-le-champ firent procéder au partage, de peur que leur part ne devînt la proie des contestations judiciaires, ayant en cela moins en vue leur propre intérêt que celui d'Octave; car ils devoient, peu de temps après, lui abandonner leur portion.

XXIII. Cependant s'approchoit l'époque des jeux publics que Caïus Antonius, frère du consul, devoit donner au nom de Brutus le préteur (4), dont il remplissoit toutes les fonctions pendant son absence. De splendides préparatifs se faisoient, et il étoit probable que le peuple, touché et attendri en faveur de

Brutus, au milieu des jeux, demanderoit son rappel. Mais Octave, pour inspirer au peuple des dispositions contraires, ne cessa point de distribuer aux divers chefs des tribus tout l'argent qui lui venoit du produit de ses ventes, afin qu'ils en fissent eux-mêmes la répartition à ceux qui seroient les plus pressés de recevoir. Il parcouroit en même temps les lieux où se faisoient les adjudications, et il invitoit ceux qui se présentoient pour acheter à n'offrir que le plus bas prix possible, soit parceque ces acquisitions n'étoient point exemptes de chances ni de dangers, à cause des contestations judiciaires dont elles pouvoient devenir l'objet, soit parcequ'il étoit bien aise de saisir cette occasion de se populariser; conduite qui en effet lui concilia la bienveillance du peuple, et qui excita sa commisération au sujet des vexations qu'on lui faisoit éprouver sans qu'il les eût méritées. Et lorsque le peuple vit qu'outre ce qu'il avoit recueilli de César, il fit vendre et son propre patrimoine, c'est-à-dire tous les biens qui lui avoient été transmis par son père Octavius, ou qui lui étoient advenus d'ailleurs, et tous les biens de sa mère, et la portion même de la succession de César échue à Pédius et à Pinarius, auxquels il l'avoit demandée, afin que les dispositions testamentaires de César en faveur du peuple fussent accomplies; car les pertes que lui avoient fait faire les procès qu'on lui avoit intentés avoient rendu sa succession insuffisante même pour ces legs, le peuple envisagea ces libéralités, non comme un don de César, mais comme une largesse d'Octave lui-même. Aussi prit-il le plus grand intérêt à lui, se répandant en éloges (5) à son sujet, s'indignant de la manière dont on le traitoit, et des rivalités dont on cherchoit à le rendre victime. Il finit par faire connoître ouvertement qu'il ne dissimuleroit pas long-temps les outrages dont Antoine affectoit de l'abreuver.

Ans de Rome. 710.

XXIV. Il fit éclater ses sentiments à cet égard pendant la célébration des jeux publics donnés au nom de Brutus, tout magnifiques qu'ils furent. Quelques mercenaires se mirent à demander à grands cris le rappel de Brutus et de Cassius, et tout le reste des spectateurs, entraîné par cet exemple à la commisération en faveur de ces deux individus, se mêloit à cette acclamation populaire, lorsqu'un grand nombre de plébéiens accourut et interrompit le spectacle jusqu'à ce que ces clameurs eurent cessé de se faire entendre. Brutus et Cassius voyant ainsi déjouées par Octave toutes les espérances qu'ils avoient fondées sur la faveur de leurs jeux publics, se décidèrent à se rendre dans la Syrie et dans la Macédoine, provinces qui leur avoient été assignées avant de l'être à Antoine et à Dolabella, et à s'y faire recevoir à force ouverte. Ce projet fut éventé. Dolabella prit en diligence le chemin de la Syrie, en passant préalablement par les autres provinces asiatiques pour y amasser de l'argent (6). Quant à Antoine, qui prévoyoit déjà que des troupes lui deviendroient nécessaires, il songea à mettre dans ses intérêts l'armée qui étoit en Macédoine, et qui passoit pour la plus brave, comme elle étoit la plus nombreuse; car elle étoit composée de six légions, parfaitement pourvue de tous les accessoires nécessaires en archers, en troupes légères, en cavalerie, et fournie d'ailleurs proportionnellement de tous les genres de munitions. On avoit cru convenable de la confier à Dolabella, en lui confiant la Syrie et la guerre contre les Parthes, par la raison que c'étoit avec cette armée que César devoit entreprendre cette dernière expédition; par la raison sur-tout qu'elle étoit dans le voisinage de la mer Ionienne, d'où, par un court trajet, elle pouvoit se porter en peu de temps en Italie.

XXV. Sur ces entrefaites, un bruit soudain se répandit que les Gètes, instruits de la mort de César, avoient fait une irruption dans la Macédoine et la ravageoient. Antoine demanda au sénat le commandement de l'armée pour aller punir ces Barbares, sous prétexte que César lui-même avoit résolu de la faire marcher contre eux avant que d'aller attaquer les Parthes, et que d'ailleurs ce dernier peuple ne bougeoit point pour le moment. Le sénat se défia de ce bruit, et il envoya sur les lieux prendre des renseignements (7). Pour dissiper toute la défiance et tous les soupçons du sénat, Antoine fit passer un décret, portant qu'il étoit défendu à qui que ce fût, sous aucun prétexte, de proposer et de faire voter la nomination d'un dictateur, et à qui que ce fût d'accepter cette magistrature; le décret portoit de plus, que le premier qui contreviendroit à l'une ou à l'autre de ces dispositions pourroit être impunément mis à mort par quiconque le rencontreroit. Ayant capté principalement par cet artifice la confiance du sénat (8), et ayant promis d'un autre côté aux partisans de Dolabella (9) qu'il lui donneroit le commandement d'une légion, il fut nommé général en chef de l'armée qui étoit en Macédoine. Après avoir obtenu ce qu'il désiroit, il s'empressa de faire partir en diligence son frère Caïus pour aller donner connoissance de sa nomination à l'armée, en y apportant le sénatus-consulte. Ceux qui avoient été envoyés pour prendre des renseignements en Macédoine étant de retour, annoncèrent que les Gètes n'avoient rien entrepris contre cette province; mais ils ajoutèrent, soit que ce fût la vérité, soit qu'ils eussent été endoctrinés par Antoine, qu'il étoit à craindre que, si l'armée quittoit cette contrée, ces Barbares n'y fissent une irruption. Voilà ce qui se passoit à Rome.

XXVI. Tandis que Rome étoit ainsi le théâtre des intrigues d'Antoine, Brutus et Cassius levoient des troupes et amassoient de l'argent. Trébonius qui commandoit en Asie leur fortifia des villes. Il refusa d'ouvrir à Dolabella, à son arrivée, les portes de Pergame et celles de Smyrne; mais, par égard pour sa qualité de consul, il lui permit de faire une station dans une sorte de place publique hors des murailles de cette dernière ville. Dolabella, plein de fureur, tenta de s'ouvrir l'entrée de la ville à force ouverte, mais sans succès. Trébonius lui fit dire qu'il le laisseroit

Ans de Rome. 710.

entrer à Éphèse; et Dolabella ayant pris sur-le-champ la route de cette ville, Trébonius le fit suivre par ses troupes, jusqu'à une certaine distance, pour observer sa marche. A l'entrée de la nuit, lorsque les gens de Trébonius virent que Dolabella poursuivoit son chemin, ils n'eurent plus de défiance; et laissant un petit nombre d'entre eux pour continuer d'observer la marche du consul, ils reprirent la route de Smyrne. Dolabella tendit une embuscade au petit nombre des soldats de Trébonius qui étoient demeurés à ses trousses. Il les cerna et en fit une boucherie; et rétrogradant en grande hâte, il arriva à Smyrne pendant qu'il étoit nuit encore. Il la trouva sans défense, et la prit à l'escalade. Trébonius ayant été surpris dans son lit, ordonna à ceux des soldats de Dolabella qui se saisirent de lui de le conduire au consul, vers lequel il étoit disposé à les suivre. Un centurion lui répondit en le goguenardant: « Allez-y en nous laissant ici votre « tête; car c'est votre tête, et non pas votre per- « sonne, que regarde l'ordre qui nous a été donné »; et à ces mots il le décapita. Au point du jour, Dolabella fit clouer la tête de Trébonius au tribunal du haut duquel il remplissoit ses fonctions en qualité de préteur. Trébonius avoit été le complice de la mort de César; car c'étoit lui qui avoit retenu Antoine à la porte du sénat, en l'amusant par quelques discours au moment où on alloit l'assassiner. Aussi l'armée de Dolabella furieuse, ainsi que tous les goujats attachés à son service, chargèrent de toutes sortes d'outrages le corps de Trébonius; et se jetant avec des éclats de rire sa tête les uns aux autres comme une boule, au milieu du pavé de Smyrne, ils la mutilèrent et la défigurèrent totalement. Telle fut la fin tragique de celui des assassins de César qui périt le premier (10).

NOTES.

(1) Pour éviter toute équivoque entre César et Octave, j'ai cru devoir toujours appeler ce dernier de ce dernier nom, quoique Appien ne l'appelle plus que de son nom adoptif.

(2) Antoine avoit manifesté son dessein de tenir le jeune Octave dans la dépression, d'une manière bien plus vive. Le massacre d'Helvius Cinna, tribun du peuple, avoit laissé une place vacante dans le collège des tribuns. L'audacieux Octave, qui avoit plus de vingt ans de moins qu'il ne falloit pour prétendre à cette magistrature, eut l'impudeur de se mettre sur les rangs, et l'on sent qu'il ne fut pas bien difficile à Antoine de le faire éconduire, comme il le fit. *In locum tribuni plebis fortè demortui candidatum petitorem se ostendit, quanquam patricius, necdùm senator, sed adversante conatibus suis M. Antonio consule, quem vel præcipuum adjutorem speraverat.* Suet. Oct. Cæs. 10. Ce passage de Suétone prouve que trois raisons fondées sur les lois empêchoient qu'Octave pût être nommé tribun. Il n'avoit point l'âge requis; il étoit patricien, et il n'étoit pas encore inscrit dans la liste des sénateurs. Je remarquerai en passant une inadvertance qui est échappée à Ophellot de La Pause dans ce passage. Il a rendu les mots *quanquam patricius*, par « cependant il n'étoit encore que patricien », contre-sens manifeste. Il est d'autant plus étonnant que ce traducteur soit tombé dans cette méprise, que, dans la Vie de César, à côté du passage du même historien, où il s'agit de Clodius, que César, pour se venger de Cicéron, fit passer dans l'ordre des plébéiens, afin qu'il pût briguer le tribunat, il a mis une note dans laquelle il reconnoît en propres termes, que, « suivant les lois, il falloit être plébéien pour devenir « tribun du peuple. » (*Voy.* la harangue de Cicéron *pro Domo suâ.*) C'étoit donc *parcequ'Octave étoit patricien*

qu'il ne pouvoit point solliciter le tribunat, et non pas *parcequ'il n'étoit encore que patricien.*

(3) Nous trouvons dans Suétone (*Jul. Cæs.* 83) que César avoit par son testament partagé sa succession entre les trois petits-fils de ses sœurs, Octave, L. Pinarius et Q. Pédius. Octave étoit institué pour les trois quarts, *ex dodrante*, et les deux autres pour le quart restant. Ophellot de La Pause a traduit, *tres instituit hæredes sororum nepotes*, « il partagea « ses biens entre les neveux de ses sœurs. » Je crois qu'il falloit traduire les *petits-fils* et non les *neveux*. Il est très constant du moins qu'Octave, fils d'Attia, fille de Julie, sœur de César, étoit le *petit-fils* et non le *neveu* de Julie. Selon Festus, le sens primitif du mot latin *nepos*, est *qui ex filio, filiâve natus est*. Ophellot n'est pas le seul qui s'y soit trompé. On trouvera la même erreur dans La Harpe, autre traducteur de l'historien des Césars.

(4) Ces jeux furent célébrés le 3 de juillet. Ils étoient donnés en l'honneur d'Apollon. C'étoit un usage dont Brutus, quoique absent, ne pouvoit pas se dispenser; et d'ailleurs il étoit bien aise d'avoir cette occasion de pressentir les dispositions du peuple à son égard. Brutus écrivit à Cicéron pour le prier de se rendre à Rome, afin d'assister à ces jeux; mais Cicéron nous apprend lui-même, par une de ses lettres à Atticus, qu'il eut plus d'une raison de ne pas répondre à la prière de son ami. Du reste, il fit des vœux pour que ces jeux fussent agréablement reçus par le peuple, et le succès passa en effet les espérances des partisans des conjurés. Parmi les représentations dramatiques qui eurent lieu, on fit figurer une tragédie d'Accius, intitulée *Térée.* Cette pièce renfermoit des tirades favorables à la liberté, et dirigées contre la tyrannie. Le peuple les couvrit d'applaudissements. En remerciant Atticus de tous les détails qu'il lui avoit transmis à ce sujet, Cicéron lui dit : « Plus je reçois de « satisfaction et de joie du succès des jeux de Brutus, plus « je suis indigné que le peuple ne fasse usage de ses mains « que pour de vains applaudissements a⋯ ⋯tre, au lieu de

« les employer à défendre avec vigueur la république et sa
« liberté. » *Mihi autem quò lœtiora sunt, eò plus sto-
machi et molestiæ est, populum Romanum manus suas non
in defendendâ republicâ, sed in plaudendo consumere.* Ad
Atticum, lib. XVI, 2.

(5) Le texte offre ici l'exemple d'une enallage assez remarquable, celle des deux verbes ἤλεει et ἐπήνουν, qui se
rapportent l'un et l'autre au substantif singulier Δῆμος, et
dont cependant le second est au pluriel, tandis que le premier est au singulier. Un peu plus bas, section XXVII,
on trouve le verbe ἐδυσχέραινε au singulier, et le verbe
ἤσθοντο au pluriel, dans la même phrase, se rapportant tous
deux au singulier βουλή.

(6) ὡς χρηματιούμενος ἀπ' αὐτῆς. Dans la note 12 du chapitre 13, livre II, j'ai fait une observation sur le verbe χρηματίζειν, et j'ai cru remarquer que Schweighæuser s'étoit
mépris sur l'acception du verbe grec dans ce passage. Si la
leçon est correcte, et qu'il faille lire ἐχρημάτιζε, Svhweig-
hæuser a eu raison de traduire comme il l'a fait. Ce verbe,
en effet, présente un sens bien différent, selon qu'il reçoit la
forme active ou la forme moyenne. Voici ce qu'en dit le Scholiaste d'Aristophane, sur ce vers des θεσμοφοριάζουσαι, prononcé par un des chœurs de la pièce.

Καὶ χρηματίζειν πρῶτα περὶ Εὐριπίδου.

« Commençons par nous occuper de l'affaire d'Euripide. »
χρηματίζειν καὶ χρηματίζεσθαι διαφέρουσι. τὸ μὲν χρηματίζεσθαι δῆλοι τὸ τὰ χρήματα πράττεσθαι, τὸ πλουτεῖν, ἢ χρήματα
πορίζειν, χρηματίζειν δὲ, τὸ πράγμασι χρῆσται, τουτέστι
πράγμασι σχολάζειν. κ. τ. λ. Je pense donc que dans le passage d'Appien, qui a donné lieu à la note 12 ci-dessus énon-
cée, il faut lire ἐχρηματίζετο, au moyen, au lieu de ἐχρημάτιζε, à l'actif, de même qu'ici on lit χρηματιούμενος, au moyen,
au lieu de χρηματίσων, à l'actif.

(7) Le sénat eut raison de se défier. Il étoit bien évident
que le bruit de cette invasion des Gètes étoit une machina-

tion d'Antoine pour se faire donner le commandement d'une armée qui pût lui servir de retraite à l'issue de son consulat, et de moyen pour arriver à son but, celui de devenir le maître. Mais il falloit pousser la sagesse jusqu'à se défier encore du piège que tendit Antoine en proposant l'abolition de la dictature à perpétuité. Ce n'etoit, en effet, que proscrire un mot. Antoine savoit bien qu'avec une armée à ses ordres il feroit le dictateur tant qu'il voudroit, quoique la dictature fût anéantie. Mais le sénat ébloui par le patriotisme de cette proposition, qui fut votée d'enthousiasme, décerna des remercîments solennels à Antoine, avec d'autant plus d'affection, que par ce décret il sembloit flétrir à jamais la mémoire de César. On auroit de la peine à croire que Cicéron, qui avoit les yeux si attentivement ouverts sur la conduite astucieuse d'Antoine, eût été sa dupe dans cette occasion, ainsi que les autres membres du sénat, s'il ne nous apprenoit pas lui-même qu'il étoit présent alors, et qu'il partagea l'aveuglement de ses collègues. *Dictaturam quæ vim jam regiæ potestatis obsederat funditùs è republicâ sustulit. De quâ ne sententias quidem diximus. Eique amplissimis verbis per S. C. gratias egimus.* Philipp. I, n. 13.

(8) Le texte porte littéralement, *de ses auditeurs.*

(9) On a déjà vu que Dolabella, après avoir voulu partager la gloire de la conjuration le jour même de la mort de César, après avoir fait mettre en croix et précipiter du haut de la roche Tarpéienne des factieux dévoués à ce parti, avoit fini par abandonner la cause de la république pour servir Antoine. Ce dernier l'avoit en effet acheté à force d'argent; et Dolabella, oubliant la gloire dont Cicéron, son beau-père, lui avoit dit qu'il s'étoit couvert dans cette dernière conjoncture, s'avilit jusqu'à se rendre l'instrument des manœuvres d'Antoine, lorsqu'il croyoit ne tendre qu'à partager l'empire avec lui. Autant Cicéron avoit applaudi avec transport à ses actes de patriotisme, autant il l'accabla de sa haine après son infâme défection. *Ut illum oderim quòd cùm rempublicam me auctore defendere cœpisset, non modo deseruerit*

emptus pecuniâ, sed etiam quantùm in ipso fuit, everterit.
Ad Attic. lib. XVI, 15.

(10) Trébonius attachoit beaucoup de prix à être compté parmi les assassins de César, quoiqu'il ne fût pas du nombre de ceux sous les coups desquels il étoit tombé. Parcequ'il n'avoit servi qu'à amuser Antoine à la porte du sénat, il craignoit que son nom ne fût pas compris dans l'histoire de cet évènement avec celui des autres conjurés. Pendant qu'il alloit prendre possession de la province dont il avoit le gouvernement, il écrivit d'Athènes une lettre à Cicéron, dans laquelle entre autres choses, il lui rappela l'espérance qu'il lui avoit donnée de le mentionner dans quelqu'un de ses écrits, et il ajouta, « je me flatte qui si vous écrivez sur la « mort de César, vous ne souffrirez point que je n'aye, à « cette action mémorable, qu'une foible part. » *Epist. ad familiares, lib. XII.* 16.

CHAPITRE IV.

Antoine demande au sénat le commandement de la Gaule Cisalpine, qui étoit entre les mains de Décimus Brutus. Le sénat lui refuse ce commandement. Altercations entre Antoine et Octave. Le peuple se déclare en faveur de l'héritier de César. Réconciliation entre Octave et Antoine, qui, secondé par Octave, obtient par un plébiscite le commandement de la Gaule Cisalpine, en dépit du sénat.

XXVII. Cependant Antoine méditoit le projet de faire passer en Italie l'armée de Macédoine dont il avoit le commandement; et, faute d'autre prétexte, il demanda au sénat de lui donner en échange du gouvernement de la Macédoine celui de la Gaule Cisalpine, qui étoit entre les mains de Décimus Brutus Albinus. Il se rappeloit que c'étoit de cette partie des Gaules que César avoit pris son essor pour marcher à la victoire contre Pompée, et il se flattoit d'ailleurs que par ce moyen il auroit l'air de destiner son armée plutôt pour la Gaule que pour l'Italie. Le sénat, qui regardoit la Gaule Cisalpine comme sa forteresse, fut choqué de la demande d'Antoine. Il commença d'apercevoir le piège qu'il lui avoit tendu, et il se repentit de lui avoir donné le commandement de l'armée de Macédoine. Les plus influents des sénateurs firent même dire, de leur chef, à Décimus Brutus de tenir ferme dans son gouverne-

Ans de Rome. 710.

Ans
de
Rome.
710.

ment, d'augmenter ses troupes, d'amasser de l'argent, pour être en état de résister à Antoine, s'il prenoit les voies de la violence; tant ils redoutoient ce dernier! tant ils étoient irrités contre lui! Mais Antoine, au défaut du sénat, mit dans ses projets de demander une loi au peuple pour se faire décerner la province qu'il avoit en vue, de la même manière qu'elle avoit été pour la première fois décernée à César, et que la Syrie venoit récemment d'être décernée à Dolabella; et afin d'en imposer aux sénateurs, il ordonna à son frère de faire passer la mer Ionienne à son armée sans aucun délai, et de la faire débarquer à Brindes; ordre que ce dernier se mit sur-le-champ en mesure d'exécuter.

XXVIII. L'époque où Critonius, l'édile, devoit faire célébrer des jeux publics au sujet de sa magistrature, étoit arrivée. Octave fit préparer à cette occasion un trône d'or et une couronne en l'honneur de son père, en exécution du sénatus-consulte qui avoit consacré cet hommage à la mémoire de César, dans toutes les circonstances de ce genre. Critonius ayant déclaré qu'il ne souffriroit point que la mémoire de César fût honorée à ses dépens, Octave le traduisit devant le tribunal consulaire d'Antoine. Celui-ci déclara qu'il en rendroit compte au sénat. Octave indigné lui dit : « Rendez-en compte au « sénat tant qu'il vous plaira; quant à moi, tant que « le sénatus-consulte sera maintenu, j'en remplirai « les dispositions. » Antoine, indigné de son côté, lui en fit une défense formelle (1), et il la réitéra dans la suite à chaque célébration de jeux, même, ce qui étoit le comble de la déraison, à l'occasion de ceux qu'Octave fit célébrer (2) en l'honneur de Vénus, dont on faisoit descendre son père; jeux que César lui-même avoit consacrés à cette déesse lorsqu'il fit construire le temple dans la place publique qu'il lui dédia en même temps. Cette circonstance contribua plus qu'aucune autre à exciter contre Antoine une haine universelle qui commençoit à se manifester (3). Sa conduite paroissoit moins dirigée par des sentimens de rivalité contre Octave, que par l'intention d'insulter à la mémoire de César au mépris de la reconnoissance qu'il lui devoit. Octave, de son côté, escorté d'une multitude de partisans, comme d'un corps de satellites, parcouroit les quartiers de Rome, s'adressant à ceux des plébéiens qui avoient reçu quelques bienfaits de la part de son père, ou qui avoient fait la guerre sous ses ordres, les suppliant, d'un ton à inspirer l'animosité contre Antoine, de vouloir bien prendre intérêt à lui, et ne pas l'abandonner au milieu des nombreux et des humiliants outrages qu'on ne cessoit de lui prodiguer; de venger César, leur ancien général en chef et leur bienfaiteur, des affronts dont Antoine cherchoit à souiller sa mémoire, et de se venger eux-mêmes en même temps, en considérant qu'ils ne pourroient jouir paisiblement et sans trouble des concessions que César leur avoit faites, qu'autant que les sénatus-consultes rendus en faveur de César conserveroient leur vigueur. Il se répandoit de tous côtés, déclamant publiquement contre Antoine; et du haut des lieux les plus éminents qu'il rencontroit sur son passage, il s'écrioit : « Cesse, ô Antoine, de montrer à cause « de moi de l'animosité à César; cesse d'insulter à sa « mémoire, toi sur qui il a répandu les plus grands de « ses bienfaits. Ma personne, abreuve la d'outrages « tant qu'il te plaira : mais mes biens, arrêtes-en la « spoliation et le pillage, jusqu'à ce que mes conci- « toyens aient reçu les legs qui leur ont été faits et « les autres libéralités portées par le testament de « mon père. Car lorsque toute ma fortune sera épui- « sée, ce sera assez pour moi de la gloire de mon « père si elle demeure intacte, et d'avoir rempli les « dispositions testamentaires de César envers le « peuple, si tu m'en laisses la faculté (4). »

XXIX. Cette conduite d'Octave donna plus de continuité et plus de publicité aux clameurs dont Antoine devint l'objet de la part de tout le monde. Antoine en prit occasion de se porter contre Octave à des mesures plus sérieuses. Ces menaces parvinrent à la connoissance du public, et le déchaînement contre Antoine fit de nouveaux progrès. Les tribuns de sa garde, qui avoient servi sous César, et qui jouissoient auprès d'Antoine de la plus haute consi- dération, lui représentèrent qu'ils pensoient qu'il devoit s'abstenir de ces procédés contuméiieux en- vers la mémoire de César, autant par égard pour eux que par égard pour lui-même, soit parcequ'il avoit combattu sous ses ordres, soit parcequ'il de- voit à ses bienfaits tous les avantages dont il jouissoit présentement. Antoine ayant donc senti la vérité de ces représentations, obligé de montrer de la déférence à ceux qui les lui avoient adressées, commençant d'ailleurs à apercevoir qu'il auroit besoin de l'influence populaire d'Octave même pour la mutation du commandement de province à laquelle il visoit secrètement, il demeura d'accord de tout ce qu'on venoit de lui dire. Il protesta que tout ce qu'il avoit fait jusque-là étoit très contraire à sa volonté; mais qu'il avoit été forcé de changer d'intention pour réprimer l'orgueil d'un jeune homme, qui, à l'âge où il étoit encore, affectoit de très hautes prétentions, qui se montroit absolument étranger aux égards et au respect qui sont dus aux personnes recommandables par leur âge, et sur-tout aux chefs du gouvernement; rapport sous lequel ce jeune homme paroissoit avoir encore grand besoin d'instruction; que d'ailleurs, par égard pour eux, puisqu'ils le jugeoient convenable, il s'abstiendroit désormais de toute animosité, que même il retourneroit à ses premiers sentiments, à ses premières intentions envers lui, si, de son côté, il s'abstenoit de tout écart dans sa conduite.

XXX. Ces tribuns saisirent le moment de ces dispositions d'Antoine pour opérer entre Octave et lui un rapprochement. A leur première entrevue, ils commencèrent par se faire des reproches respectifs, et ils finirent par se lier d'amitié. Sur-le-champ la loi relative à la translation du gouvernement de la Gaule Cisalpine fut présentée; ce qui effraya grandement le sénat, qui avoit mis dans ses projets de combattre la loi si Antoine la lui proposoit, ou bien d'engager les tribuns du peuple à interposer leur *veto*, si, laissant le sénat de côté, Antoine portoit sa loi devant les comices. Il y avoit même des sénateurs qui pensoient qu'il falloit supprimer entièrement ce gouvernement de province, tant il étoit dangereux à cause qu'il étoit trop voisin de Rome! Antoine, de son côté, récriminoit contre les défiances du sénat, et il demandoit si c'étoit parceque Brutus avoit été un des assassins de César, qu'on croyoit pouvoir lui laisser entre les mains ce gouvernement, et si c'étoit parceque lui-même n'avoit pas été du nombre des conjurés, qu'on pensoit ne pouvoir sans danger lui confier une province que César avoit subjuguée; récrimination ouvertement dirigée contre tous les membres du sénat, qui avoient vu avec plaisir le succès de la conspiration (5). Le jour des comices étant arrivé, le sénat demanda que les voix fussent prises par *tribus*. Mais les partisans d'Antoine ayant fait former, avant le jour, l'enceinte du Forum avec des cordes (6), firent faire l'appel par *centuries*, ainsi qu'ils en étoient convenus. Les plébéiens quoique exaspérés contre Antoine, votèrent néanmoins pour lui, en considération d'Octave qui étoit autour des cordes qui formoient l'enceinte, et qui sollicitoit en sa faveur. Octave avoit d'abord pour objet qu'on ne laissât pas entre les mains de Décimus Brutus, l'assassin de son père, une armée et une province si importante; et ensuite qu'on votât pour Antoine avec lequel il s'étoit réconcilié, et de la part duquel il s'attendoit à recevoir en conséquence quelques bons offices. Les tribuns du peuple, qui avoient été achetés par Antoine, gardèrent le silence, et la loi fut adoptée; après quoi Antoine eut un prétexte tout naturel pour faire passer la mer Ionienne à son armée.

NOTES.

(1) On prétend qu'Antoine poussa les choses, à cet égard, jusqu'à le menacer de le faire mettre en prison, s'il continuoit de chercher par de semblables manœuvres à exciter le peuple au désordre et à la sédition. Plutarque, *Vie d'Antoine*, 19.

(2) Les jeux dont parle ici Appien ne sont pas ceux dont Suétone fait mention au chapitre 10 de la Vie d'Octave. *Ludos autem victoriæ Cæsaris non audentibus facere quibus obtigerat id munus, ipse edidit.* Octave fit célébrer ces derniers peu de jours après son arrivée à Rome, et Appien a eu tort de les passer sous silence. C'est un trait de plus de ce caractère de confiance et d'audace avec lequel le jeune Octave avoit mis dans ses projets d'en imposer aux ennemis de César, et même à Antoine. Il voulut d'ailleurs pressentir par-là les dispositions du peuple à son égard. A la vérité, il n'eut pas lieu d'être satisfait de ce premier essai qu'il fit de la faveur populaire. Quoiqu'il eût donné la présidence de ces jeux à deux des premiers favoris de César, à Matius et à Posthumius, les tribuns du peuple ne laissèrent pas de faire enlever du théâtre et du cirque la chaire d'or qu'il avoit fait placer en l'honneur de son père, en vertu du senatus-consulte qui avoit décerné cet hommage à sa mémoire; et cet acte de patriotisme des tribuns reçut des applaudissements publics de la part de tout l'ordre des chevaliers. Nous sommes redevables de ces particularités à la troisième des lettres de Cicéron à Atticus, *liv. XV.*

(3) A l'époque des jeux dont parle Appien, postérieure à celle des jeux mentionnés dans la note précédente, l'insolence d'Antoine, ses procédés envers Octave, et sur-tout l'évidence avec laquelle il affectoit le pouvoir suprême, avoient ramené les esprits du côté de l'héritier de César, dont la marche clandestine couvroit encore les vues ambitieuses dont il étoit animé.

NOTES.

(4) On voit qu'Octave, tout jeune qu'il étoit, avoit fait de grands progrès dans l'art de la jonglerie démagogique.

(5) Les interprètes latins ont rendu les derniers mots de cette phrase par *probantes quæ ibi fiebant*. Le participe grec qui la termine m'a paru se rapporter au passé et non au présent.

(6) Pour peu qu'on soit versé dans l'histoire romaine, on sait qu'il y avoit une grande différence entre les comices par centuries, *comitia centuriata*, et les comices par tribus, *comitia tributa*. Schweighæuser pense que les copistes des manuscrits ont transposé ici les deux mots techniques du texte qui désignent ces deux genres de comices. Je le pense comme lui. Au surplus, ce passage d'Appien nous apprend que dans le Forum, où se faisoient les élections, on formoit avec des cordes une enceinte où se plaçoient ceux qui avoient le droit de suffrage, et qui les séparoit de ceux qui n'assistoient aux comices que comme spectateurs. On voit, en effet, dans la phrase suivante, qu'Octave, trop jeune pour voter, étoit autour des cordes à solliciter les suffrages en faveur d'Antoine.

CHAPITRE V.

Antoine se livre de nouveau à son animosité contre Octave. Les tribuns de sa garde s'efforcent d'opérer une nouvelle réconciliation. Remontrance des tribuns de la garde d'Antoine à ce sujet. Réponse d'Antoine, dans laquelle il met à découvert le secret de toute sa conduite depuis la mort de César. Réconciliation d'Antoine et d'Octave.

Ans de Rome. 710.

XXXI. Un des tribuns du peuple étoit mort. Octave, dans les comices qui devoient avoir lieu pour le remplacer, se déclara en faveur de Flaminius. Le peuple pensant qu'il désiroit lui-même cette magistrature, mais qu'à cause de sa jeunesse il ne se mettoit point sur les rangs, mit dans ses projets de lui donner ses suffrages le jour de l'élection (1). Le sénat vit de mauvais œil cette élévation prématurée, dans la crainte où il étoit qu'Octave, devenu tribun, ne traduisît les assassins de son père devant l'assemblée du peuple. Antoine, sans aucun égard pour les liaisons qu'il venoit tout récemment de contracter avec Octave, et, soit par complaisance pour le sénat, soit qu'il voulût le consoler du déplaisir que lui avoit causé la dernière loi relative au gouvernement de la Gaule Cisalpine, soit de son pur mouvement, fit une proclamation pour défendre à qui que ce fût de donner des suffrages à Octave, au mépris de la disposition des lois, sous peine d'éprouver à toute rigueur le poids de son autorité. Outre que cette proclamation fit éclater l'ingratitude d'Antoine, elle parut également injurieuse à Octave, et au peuple qui en devint furieux, et qui eut l'air de se disposer à braver la défense le jour de l'élection; de manière qu'Antoine, craignant quelque évènement, ne convoqua pas les comices, et qu'il se contenta des tribuns du peuple qui restoient en fonctions. Octave ne pouvant plus se dissimuler la malveillance d'Antoine, envoya plusieurs de ses partisans dans les colonies que son père avoit fondées, pour y faire connoître les traitements qu'on lui faisoit éprouver, et pour sonder les dispositions des esprits. Il envoya des émissaires jusque dans le camp d'Antoine, afin que s'y introduisant en habit de marchands, ils pratiquassent les plus audacieux, et qu'ils répandissent secrètement des libelles au milieu de l'armée. Telle étoit la conduite d'Octave.

XXXII. Sur ces entrefaites, les tribuns de la garde d'Antoine lui ayant demandé une nouvelle audience en particulier, ils lui parlèrent ainsi: « Nous
« tous, Antoine, et tous autres qui, en combattant
« avec vous sous les ordres de César, le portâmes à
« la tête du gouvernement, et qui depuis ne cessâmes chaque jour de le servir avec zèle, nous ne
« pouvons nous dissimuler la haine que nous portent, et le mal que nous veulent en même temps
« ceux qui l'ont assassiné, ainsi que le sénat qui les
« protège. Lorsque le peuple força les conjurés de
« sortir de Rome, nous reprîmes quelque courage
« en voyant que l'on conservoit encore quelque af-

« fection, quelque reconnoissance pour César et
« pour sa mémoire. Depuis, nous plaçâmes notre
« confiance et notre sécurité future en vous, l'ami
« de César, le plus capable après lui de tenir les
« rênes du gouvernement; en vous, qui êtes main-
« tenant notre chef, et le plus digne de l'être. Ce-
« pendant des ennemis se déclarent. Ils ont l'audace
« de tenter des incursions dans la Syrie et dans la
« Macédoine (2). Ils lèvent des troupes, ils amassent
« de l'argent pour nous attaquer. D'un autre côté, le
« sénat caresse Décimus Brutus pour vous l'opposer;
« vous, vous ne vous occupez d'ailleurs que de vos
« dissensions personnelles avec le jeune César. Au
« milieu de ces circonstances, nous avons raison de
« craindre que si, à la guerre extérieure qui nous me-
« nace, et à laquelle il ne reste plus qu'à éclater, vient
« se joindre une autre guerre allumée par ces dis-
« sensions, vous ne fassiez ainsi l'un et l'autre à notre
« détriment ce que nos ennemis communs désirent.
« Nous vous conjurons de réfléchir sérieusement
« là-dessus, par un saint respect pour la mémoire
« de César, par intérêt pour nous, de qui vous
« n'avez jamais eu à vous plaindre, et plus encore
« par votre intérêt personnel, préalablement au
« nôtre. Secondez tant que vous le pourrez, et seu-
« lement autant que vous le jugerez suffisant, se-
« condez Octave dans ses efforts pour se venger des
« assassins de son père. Vous jouirez ensuite du
« pouvoir à votre aise, après avoir pourvu à votre
« sécurité ainsi qu'à la nôtre, après nous avoir déli-
« vrés de toutes les sollicitudes qui nous occupent,
« et dont vous êtes l'objet aussi-bien que nous. »

XXXIII. A ce discours des tribuns de sa garde, Antoine fit la réponse suivante : « Vous qui avez « porté les armes avec moi sous César, et qui avez été « les témoins de toute ma conduite envers lui, vous « savez parfaitement combien d'attachement, com- « bien de zèle j'avois pour sa personne et pour ses « intérêts pendant qu'il vivoit, et avec quelle intré- « pidité j'étois toujours le premier à braver tous les « dangers pour son service. Il ne m'appartient point « de vous rappeler ni combien j'ai reçu de lui de « témoignages de reconnoissance, ni avec quelle « distinction il n'a cessé de me traiter. Pleinement « instruits à ce double égard, les conjurés avoient « d'abord formé le projet de m'immoler en même « temps que lui, parcequ'ils sentoient que, me laisser « la vie, c'étoit laisser subsister un obstacle à leurs « desseins; et celui d'entre eux, quel qu'il soit, qui « les fit changer de résolution (3), eut moins pour « but de me montrer de la bienveillance en s'inté- « ressant à mon sort, que de conserver à la conspi- « ration le caractère de *tyrannicide;* car donner la « mort à plusieurs, c'étoit paroître ne frapper que « ses ennemis personnels. Ne prendre qu'une seule « victime, c'étoit n'immoler qu'un tyran. Qui croira « donc que je sois sans intérêt pour la mémoire de « César qui m'a comblé de bienfaits? Qui croira « que je lui préfère ses ennemis, et que je laisse « spontanément son assassinat impuni aux dépens « de ma propre sûreté, ainsi que le jeune César se « l'imagine? Mais comment s'est-il fait que les con- « jurés aient obtenu une amnistie, et des com-

Ans de Rome. 710.

« mandements de province? car Octave a l'air de « mettre cela sur mon compte, au lieu de s'en pren- « dre au sénat. Apprenez donc comment les choses « se passèrent. »

XXXIV. « César ayant été assassiné à l'impro-
« viste en plein sénat, étant son ami comme je
« l'étois, et n'ayant aucune connoissance du com-
« plot, je dus être saisi de terreur plus que personne.
« Je ne voyois encore de la conspiration ni le motif
« ni le but. Cependant le tumulte étoit parmi le
« peuple. Les assassins de César, soutenus par les
« gladiateurs, s'étoient emparés du Capitole, et s'y
« étoient renfermés. Le sénat étoit pour eux, ainsi
« qu'il l'est encore aujourd'hui avec bien plus d'évi-
« dence. Il alloit décerner des récompenses aux
« conjurés, comme aux assassins d'un tyran ; et si
« César eût été déclaré tyran, nous tous, qui étions
« ses amis, la mort devenoit notre partage. Consi-
« dérez-moi donc dans cette situation, plein de
« trouble, de sollicitudes, de craintes, à un point
« où rien n'étoit plus naturel que de ne savoir quel
« parti prendre, et vous verrez qu'où il ne falloit
« que de la confiance j'ai eu de l'audace, et qu'où
« l'astuce étoit nécessaire je l'ai habilement mise en
« œuvre. Le premier de tous les points, et qui tiroit
« à conséquence pour tout le reste, c'étoit d'écarter
« la proposition faite de décerner des récompenses
« aux assassins de César ; succès que j'obtins en me
« déclarant et contre le sénat, et contre les conjurés
« eux-mêmes, avec une force et une audace non
« moins téméraire que périlleuse. Car je songeai que

« nous, les amis de César, ne pourrions compter
« sur quelque sécurité personnelle qu'autant qu'il
« ne seroit point déclaré tyran. Mais lorsque je
« remarquai que, pleins de terreur à leur tour, le
« sénat et nos ennemis craignoient, dans le cas où
« César ne seroit point déclaré tyran, que ses assas-
« sins ne fussent traduits en justice, et que je vis le
« dissentiment s'établir sur ce point, je cédai. Je
« consentis qu'au lieu de récompenses on leur dé-
« cernât une amnistie, afin d'obtenir de mon côté
« ce que je désirois. Or, en quoi consistoit ce que
« je désirois, et quelle en étoit l'importance? Le
« voici. Je désirois que le nom de César ne fût point
« flétri, chose à laquelle je tenois plus qu'à toute
« autre; que ses biens ne fussent point confisqués;
« que l'adoption dont le jeune Octave paroît tirer
« tant de vanité ne fût point annulée, et que son
« testament ne fût point invalidé. Je désirois que
« l'on rendît à ses restes les honneurs funèbres avec
« une magnificence royale; que les honneurs de
« l'apothéose, qui lui avoient été antérieurement
« décernés, fussent maintenus; que tous les actes de
« son administration fussent ratifiés; que son fils,
« que nous tous ses amis, chefs ou soldats, pussions
« compter sur notre sûreté individuelle, et jouir
« d'une vie honorable, au lieu de tomber dans
« l'ignominie. »

XXXV. « Vous parois-je maintenant avoir fait
« le sacrifice de l'amnistie que je laissai passer, selon
« le vœu du sénat, pour des intérêts d'une mince,
« d'une médiocre importance? Pensez-vous que le

« sénat eût accordé tout cela, si de mon côté je
« n'avois pas donné les mains à son amnistie ? Peut-
« être y avoit-il une sorte de justice et d'équité dans
« ce genre de compensation, qui mettoit d'une
« part, et de bonne foi, l'impunité des assassins de
« César, et de l'autre, la garantie de sa gloire, de
« son immortalité, et de la sûreté de notre per-
« sonne à tous : mais ce n'étoit pas là sérieusement
« mon intention. Je ne voulois que gagner du temps
« pour la vengeance. En effet, après que j'eus rem-
« porté sur le sénat le succès qui m'étoit si impor-
« tant, après que les conjurés se crurent hors de
« danger, je repris courage, et je portai atteinte à
« l'amnistie, non pas par des décrets et des sénatus-
« consultes, car il n'y avoit pas moyen, mais en
« travaillant l'esprit du peuple sans ménagement.
« A propos de ses honneurs funèbres, je fis porter
« le corps de César au milieu du Forum. Je mis à
« découvert ses blessures, j'en rendis le nombre
« facile à compter ; je montrai sa robe encore dé-
« chirée, encore sanglante ; je fis, sous diverses
« formes l'éloge de ses vertus ; je présentai de sa
« popularité le tableau le plus pathétique ; je pleurai
« sa mort avec des torrents de larmes ; je l'invoquai
« comme un dieu. Cette conduite de ma part, ces
« discours échauffèrent l'indignation du peuple ; et,
« la flamme à la main, au mépris de l'amnistie, il se
« porta aux maisons des conjurés, et les força de
« sortir de Rome. Le sénat fit éclater sur-le-champ
« un mécontentement qui attestoit combien peu il
« approuvoit cette conduite du peuple, et à quel

« point il en étoit douloureusement affecté. Il me
« reprocha amèrement d'avoir enflammé les esprits.
« Il fit partir pour leur commandement de pro-
« vince ceux qui en avoient. Il envoya Brutus et
« Cassius en Syrie et en Macédoine, où étoient alors
« les plus puissantes armées de la république, et cela
« avant l'époque où ils devoient légalement en
« prendre possession, et cela sous le prétexte de
« fournir à Rome des approvisionnements (4). De
« nouvelles terreurs, plus sérieuses que les pre-
« mières, s'emparèrent de moi, en songeant que je
« n'avois aucune armée en propre, et au danger
« qu'il y avoit pour nous à demeurer sans res-
« sources militaires contre des hommes qui avoient
« à leur disposition de si puissants moyens de ce
« genre. Mon collègue d'ailleurs m'étoit suspect.
« Nous avions toujours été d'opinion différente; il
« avoit feint d'être complice de la conspiration, et
« il avoit fait la proposition de déclarer que le jour
« de l'assassinat de César avoit été le jour du salut
« de la patrie. »

XXXVI. « Dans l'incertitude où me jetoient ces
« circonstances critiques, je sentis qu'il étoit urgent
« d'ôter à nos ennemis le commandement des trou-
« pes, et de faire passer les armes de leurs mains
« dans les nôtres. En conséquence je fis étrangler
« Amatius (5); je fis prononcer le rappel de Pompée,
« afin que, par cet artifice, le sénat, pris une seconde
« fois dans mes pièges, revînt à moi. Mais sans
« prendre de mon côté plus de confiance en lui,
« j'engageai Dolabella à demander le gouvernement

« de Syrie, non pas en s'adressant au sénat, mais à
« l'assemblée du peuple, et de provoquer à cet
« effet une loi; demande dans laquelle je le secon-
« dai, dans la double vue de rendre Dolabella
« l'ennemi des conjurés, de leur ami qu'il étoit
« auparavant, et de mettre le sénat dans l'impuis-
« sance de me refuser avec pudeur la Macédoine,
« que j'avois le projet de demander pour moi, après
« que Dolabella auroit obtenu la Syrie. Encore ne
« m'auroit-il pas accordé le commandement de cette
« province, même après le succès de Dolabella, à
« cause de l'armée qui l'occupoit, si je n'avois adroi-
« tement fait passer préalablement cette armée sous
« les ordres de mon collègue, comme ayant obtenu
« la commission de la guerre contre les Parthes en
« même temps que le gouvernement de Syrie. D'un
« autre côté, le sénat n'auroit point souffert qu'on
« eût dépouillé Brutus et Cassius de la Syrie et de
« la Macédoine sans la perspective de leur donner
« d'autres provinces en remplacement pour leur
« sûreté. Or, dans cette nécessité, remarquez quelles
« sont les provinces que je leur fis décerner en
« remplacement de celles qu'on leur enlevoit, et
« combien elles sont dénuées de troupes ; c'est
« Cyrène et la Crète, dont Brutus et Cassius ne se
« soucient nullement, parcequ'ils les regardent
« comme une sauvegarde impuissante pour eux,
« d'où vient qu'ils travaillent en ce moment (6) à
« se rendre maîtres, par la voie de la force, des
« provinces qui leur ont été enlevées. Tels furent
« les ruses et les artifices avec lesquels je fis passer

« le commandement de l'armée des mains de nos
« ennemis entre les mains de Dolabella, sous l'ap-
« parence d'un échange; car ne pouvant point agir
« encore à force ouverte, il falloit emprunter le se-
« cours des lois. »

XXXVII. « Au milieu de ces évènements, nos
« ennemis se mirent en mesure d'augmenter leurs
« forces. Je sentis alors le besoin d'avoir le com-
« mandement de l'armée de Macédoine; mais j'étois
« sans prétexte. Là-dessus, un bruit se répandit
« tout à coup que les Gètes ravageoient la Macé-
« doine. Le sénat se défia de ce bruit. Il envoya sur
« les lieux prendre des informations, et dans cet
« intervalle je fis passer un décret portant défense
« à qui que ce fût de faire la proposition de nom-
« mer un dictateur, de voter sur cette proposition,
« et d'accepter la dictature. Entraîné par ce nouveau
« stratagème de ma part, le sénat me donna le com-
« mandement de l'armée. Ce fut alors que, pour
« la première fois, je me jugeai en mesure envers
« nos ennemis, non seulement envers ceux qui le
« sont à découvert, que le jeune César croit être
« les seuls, mais envers ceux qui sont en bien plus
« grand nombre, qui sont bien plus à redouter, et
« qui veulent encore rester inconnus. Après tous
« ces succès, j'avois encore à me délivrer d'un des
« conjurés, voisin de Rome, de Décimus Brutus,
« qui avoit le commandement d'une province avan-
« tageuse par sa situation, et celui d'une nombreuse
« armée. Je savois qu'il étoit plus hardi, plus en-
« treprenant que les autres. Il fut donc question de

« lui ôter la Gaule Cisalpine. Usant encore d'artifice,
« je promis au sénat de céder, par convenance, à
« Brutus la Macédoine où il n'y avoit plus d'ar-
« mée. Le sénat, dont les yeux s'étoient finalement
« ouverts sur mes pièges, fit éclater son indignation.
« Vous savez le nombre, vous connoissez l'objet
« des divers messages secrets que plusieurs de ses
« membres ont adressés à Brutus. Il se mit à cares-
« ser les consuls qui doivent prendre ma place.
« Mais moi, déjà devenu plus confiant et plus in-
« trépide, je résolus de demander directement au
« peuple le commandement de la Gaule Cisalpine,
« au lieu de le demander au sénat, et de provoquer
« une loi à cet effet. En même temps je fis passer
« mon armée de la Macédoine à Brindes, pour agir
« selon les évènements; et j'agirai, sous la protec-
« tion des Dieux, selon que les circonstances l'exige-
« ront. »

XXXVIII. « C'est ainsi que, de l'extrême terreur
« où nous fûmes d'abord livrés, nous sommes passés
« à un état de choses qui nous met pleinement en
« mesure contre nos ennemis, et qui nous rend ca-
« pables de les attaquer avec confiance. A l'aspect de
« ce changement dans notre situation, d'affection,
« le penchant de beaucoup de citoyens en faveur de
« nos ennemis se montrent depuis sans mystère; car
« vous voyez combien on a de regret aux lois qui
« ont été portées. Vous voyez comme on s'agite pour
« me faire enlever la Gaule Cisalpine, dont le gou-
« vernement vient de m'être donné. Vous savez ce
« qu'on écrit à Brutus. Vous connoissez l'intrigue

« entamée auprès des consuls désignés, pour faire
« rapporter la loi relative au gouvernement de la
« Gaule. Mais sous les auspices des Dieux de la
« patrie, sous les auspices de nos pieuses inten-
« tions (7), sous les auspices de votre courage et de
« votre intrépidité avec lesquels César fixa la vic-
« toire, entreprenons de le venger, et consacrons
« toutes nos forces corporelles et toute notre pru-
« dence à cette entreprise. Pendant tout le temps
« que j'ai travaillé à parvenir au point où je suis
« enfin arrivé, j'ai dû, mes braves compagnons
« d'armes, cacher ma marche et m'envelopper de
« secret. Maintenant que mon but est rempli, je
« vous dévoile mes intentions, à vous que je veux
« toujours avoir pour dépositaires de mes pensées,
« et pour compagnons de mes exploits. Mettez dans
« notre confidence tous ceux qui peuvent ne pas pé-
« nétrer nos desseins. N'exceptez que le jeune César
« qui n'a pour nous aucune reconnoissance. » Ce
discours d'Antoine convainquit les tribuns de sa
garde que sa conduite avoit, dans tous ses détails,
été constamment dirigée par une haine active contre
les conjurés, à l'aide des artifices dont il avoit usé
envers le sénat. En conséquence, ils s'occupèrent de
le réconcilier avec le jeune César; et après les y avoir
décidés l'un et l'autre, ils opérèrent cette réconciliation dans le Capitole (8).

Ans de Rome. 710.

NOTES.

(1) Il paroît qu'Appien a placé ce fait un peu loin de sa véritable date. Voyez ci-dessus chap. III, note 1. S'il s'agissoit de remplacer Helvius Cinna, tribun massacré aux obsèques de César, ainsi que l'a judicieusement pensé l'auteur de la Vie de Cicéron, liv. IX, quoique Casaubon ne soit pas de cet avis dans ses annotations sur Suétone, il est probable que ce remplacement eut lieu peu de temps après l'arrivée d'Octave à Rome, et par conséquent avant le plébiscite qui donna à Antoine le commandement de la Gaule Cisalpine. D'un autre côté, Appien semble ménager Octave, en attribuant au peuple l'intention spontanée de le porter au tribunat, dont il avoit, dit-il, la pudeur de se tenir éloigné en considération de son âge. Mais Suétone, dont la fidélité historique mérite les éloges qu'on lui a constamment donnés, dit formellement qu'il se présenta en qualité de candidat pour cette magistrature, *in locum tribuni plebis forte demortui candidatum se ostendit.* On a déjà vu qu'Antoine avoit agi pour réprimer cette précoce ambition d'Octave; et ce qui me paroît une nouvelle preuve de l'anachronisme d'Appien, c'est que Plutarque met au premier rang des actes d'hostilité d'Antoine contre Octave, de l'avoir empêché d'être élu tribun du peuple. *Vie d'Antoine*, 19.

(2) Les chefs de la garde d'Antoine font allusion à Cassius et à Brutus, qui, finalement convaincus des perfides desseins d'Antoine, s'étoient rendus, l'un dans la Syrie, l'autre dans la Macédoine, afin de se mettre en mesure contre lui. Avant que de quitter l'Italie, Brutus et Cassius avoient adressé à Antoine une lettre qui porte la date du 4 août, ou, selon le comput romain, de la veille des nones de sextilis. Le 16 des calendes de septembre (14 août) Brutus étoit encore en Italie avec une flotte, auprès du fleuve Heletès, à trois mille pas au-delà de Vélies. *Cic. ad Attic. lib. XVI.* 7. *Epist. ad*

NOTES.

famil. lib. XII, 85. Ce n'est donc que postérieurement à ce départ que le discours dont il s'agit ici a été adressé à Antoine, et par conséquent à quelque distance des premiers actes d'hostilité personnelle d'Antoine envers Octave.

(3) On a vu plus haut, dans le récit d'Appien, que c'étoit Marcus Brutus qui avoit fait rejeter la proposition faite par Cassius d'égorger Antoine en même temps que César. Mongault, dans la note 5 sur la lettre XI du livre XV des lettres qu'il a traduites, trompé par un passage de Paterculus, qu'il a mal entendu, a jugé que c'étoit Décimus Brutus qui avoit sauvé Antoine, au lieu de Marcus Brutus. Mais l'auteur de la Vie de Cicéron, dans la préface qu'il a mise à la tête du volume des Lettres de Cicéron à Brutus, et de Brutus à Cicéron, dont il a donné une traduction, a victorieusement combattu l'opinion de Mongault et celle de Turnstall, critique anglais qui l'avoit adoptée. Voyez la préface en question, page 63 et suivantes.

(4) Appien manque d'exactitude en cet endroit. Ce n'étoit point en Syrie ni en Macédoine que Cassius et Brutus devoient être envoyés pour fournir aux approvisionnements de Rome. C'étoit en Asie que Brutus étoit envoyé sans désignation spéciale, et Cassius en Sicile, (*ad Attic. lib. XV*, 9.) Cicéron, qui rend compte dans une de ses lettres à Atticus, de ce qui se passa dans une espèce de conseil de famille où il fut appelé, et qui se tint à Antium, pour délibérer sur cette commission du sénat, rapporte que Cassius répondit avec indignation : « Quant à moi, je n'irai point en Si-« cile. »

(5) Nouvelle preuve qu'Appien embrouille ici les faits, et qu'il fait commettre à Antoine des anachronismes. Amatius avoit été certainement égorgé, lorsque Antoine songea à se faire donner le commandement de l'armée de Macédoine et celui de la Gaule Cisalpine.

(6) Καὶ ἐς τὰ ἀφῃρημένα βιάζονται, dit le texte, *et ademptas conantur per vim invadere*. *Conantur*, au présent ; ce qui fixe, ainsi que nous l'avons remarqué, note 2, l'époque

précise où ce discours d'Antoine a été prononcé, et où la négociation conciliatrice des officiers de la garde a eu lieu.

(7) Plutarque rapporte que la nuit qui suivit la réconciliation d'Antoine et d'Octave dans le Capitole, le premier eut en dormant une vision fort singulière. Il rêva que la foudre lui étoit tombée dessus, et qu'elle lui avoit brûlé la main droite. Ce rêve étoit-il une ruse préliminaire de la part d'Antoine, afin d'accréditer le bruit qui devoit incessamment se répandre qu'Octave avoit aposté des satellites pour le faire assassiner.

(8) Σὺν εὐσεβεῖ γνώμῃ. *Les pieuses intentions d'Antoine!* On conçoit bien qu'Antoine ne disoit pas son secret tout entier, même aux chefs de sa garde, quoique assurément il pût bien compter sur eux. Au surplus, les *intentions* d'Antoine étoient évidemment alors ce qu'elles furent après qu'il eut formé le triumvirat avec Lépidus et Octave; et ces *intentions*, Dion Cassius en a ouvertement révélé l'objet dans la première phrase du quarante-septième livre de son Histoire, ταῦτα οὖν συνθέμενοι, καὶ συνομόσαντες, ἐς τὴν Ῥώμην, δόξῃ μὲν ὡς καὶ πάντες ἀπὸ τῆς ἴσης ἄρξοντες, γνώμῃ δὲ ὡς καὶ αὐτὸς ἕκαστος πᾶν τὸ κράτος ἕξων, ἠπείγοντο. « Après avoir
« ainsi traité ensemble et formé leur conjuration, ils prirent
« en diligence le chemin de Rome, ayant l'air de se devoir
« partager l'autorité entre eux trois d'une manière égale,
« mais ayant chacun l'intention particulière de s'emparer de
« tout le pouvoir. »

CHAPITRE VI.

Nouvelles dissensions entre Antoine et Octave. Instruit qu'Antoine est accouru à Brindes pour se mettre à la tête de quatre légions, Octave forme une armée de vétérans avec lesquels il prend le chemin de Rome. Ces vétérans se retirent. Ils reviennent bientôt se ranger sous les ordres d'Octave, qui se met en mesure contre Antoine.

XXXIX. Peu de temps après, Antoine se plaignit à ses amis que quelques uns de ses gardes, qui s'étoient rendus les ministres de l'animosité du jeune César contre lui, cherchoient l'occasion d'attenter à sa personne; soit que ce fût de sa part une calomnie, soit qu'il en fût sérieusement persuadé, soit qu'instruit des manœuvres d'Octave dans son camp, auprès de son armée, il crût réellement que ces manœuvres annonçoient qu'il en vouloit à ses jours. Le bruit de ces soupçons d'Antoine ne fut pas plutôt répandu qu'il en résulta un trouble universel et une indignation générale; car il y avoit peu de gens qui eussent assez de profondeur dans le jugement pour voir qu'il étoit de l'intérêt du jeune César qu'Antoine, quoiqu'il lui montrât des sentiments hostiles, conservât la vie parcequ'il en imposoit aux conjurés; au lieu que s'il venoit à la perdre, ceux-ci auroient beau jeu pour tout entreprendre, assurés comme ils l'étoient sur-tout d'avoir l'appui du sénat. Telle

Ans de Rome. 710.

étoit l'opinion des citoyens les plus clairvoyants. Quant à la multitude, témoin de tous les outrages et des pertes dans sa fortune qu'Antoine lui faisoit éprouver chaque jour, elle ne regardoit pas le bruit comme incroyable; et, en même temps, elle considéroit comme une horreur et une abomination le projet d'attenter à la personne d'Antoine, aux jours d'un consul (1). Octave, de son côté, s'agitant comme un frénétique, couroit après les citoyens qui avoient de lui cette opinion, et il s'écrioit qu'Antoine conspiroit au contraire contre lui, en s'efforçant de lui ôter l'affection du peuple, le seul bien qui lui restoit. Il se rendit devant la maison même d'Antoine, il y répéta les mêmes propos; il prit les Dieux à témoin de la sincérité de ce qu'il disoit; il proféra dans le même but toute sorte d'exécrations, sommant Antoine de le suivre devant les tribunaux; et comme il vit que personne ne se montroit : « Je consens, « dit-il, de prendre vos propres amis pour juges. » A ces mots, il voulut entrer; mais on lui défendit la porte. Il se mit alors à se lamenter de nouveau, à vomir des invectives contre Antoine, et à charger de son indignation ceux qui lui fermoient la porte et qui l'empêchoient de pénétrer vers le consul, pour le sommer de le suivre devant un tribunal. En se retirant, il prit le peuple à témoin de sa conduite, dans le cas où il lui arriveroit d'être mis à mort par quelque satellite d'Antoine. Le ton singulier de chaleur et de pathétique que le jeune César mit dans tout ce qu'il dit en cette circonstance changea la façon de penser de la multitude à son égard, et elle commença de se repentir d'avoir d'abord eu des intentions de ce jeune homme une opinion différente. Il ne laissoit pas d'y avoir des citoyens défiants qui n'ajoutoient foi ni à la conduite d'Antoine, ni à celle du jeune César. Ils pensoient que tout ce qu'ils faisoient l'un et l'autre n'étoit qu'un jeu et que le résultat hypocrite d'une machination dirigée contre les conjurés, en conséquence des arrangements qu'ils avoient pris ensemble lors de leur dernière réconciliation dans le Capitole. D'autres pensoient que tout cela n'étoit qu'un nouvel artifice de la part d'Antoine pour avoir un prétexte de rendre sa garde plus nombreuse, ou pour aliéner d'Octave l'esprit des vétérans qui avoient obtenu des colonies.

XL. Sur ces entrefaites, les émissaires que ce dernier avoit envoyés clandestinement vers l'armée qui étoit à Brindes (2) lui rapportèrent que les troupes, ainsi que les vétérans, étoient en fureur contre Antoine, de ce qu'il avoit négligé de venger la mort de César, et que, s'ils le pouvoient, ils prêteroient leurs bras et leurs armes pour cette entreprise. Pendant qu'on faisoit ces rapports à Octave, Antoine se rendit à Brindes (3). Octave, craignant qu'Antoine arrivant avec son armée ne le trouvât sans défense, se rendit de son côté dans la Campanie, portant de l'argent avec lui, afin de décider ceux qui étoient en possession des colonies fondées par son père à s'armer pour lui. Il entraîna dans cette mesure, d'abord Calatie, et ensuite Casilinum (4), l'une d'un côté de Capoue, l'autre de l'autre côté. Il donna à chaque individu cinq cents drachmes (5), ce qui porta le nombre de ses satellites jusqu'à dix mille hommes, qui n'étoient ni parfaitement armés, ni encore distribués en cohortes, mais qui, rangés sous les mêmes drapeaux, lui composoient une garde pour la sûreté de sa personne. Les citoyens de Rome craignoient l'arrivée d'Antoine à la tête de son armée. Lorsqu'on fut informé que le jeune César en avoit levé une autre de son côté, les terreurs redoublèrent chez les uns, tandis que d'autres virent avec quelque plaisir qu'ils pourroient opposer le jeune César à Antoine. D'autres enfin, qui se rappeloient la réconciliation opérée entre eux dans le Capitole, regardoient toute cette manœuvre comme le résultat de leurs combinaisons et de leur intelligence, et pensèrent que le jeune César laissoit Antoine s'emparer du pouvoir suprême, parcequ'Antoine promettoit au jeune César de venger la mort de son père.

XLI. Pendant que les esprits s'agitoient entre ces sollicitudes publiques, le tribun du peuple Canutius, ennemi déclaré d'Antoine, et par conséquent ami du jeune César, vint au-devant de ce dernier, et ayant appris de lui le secret de ses intentions (6), il revint à Rome annoncer au peuple qu'Octave s'avançoit dans des sentiments d'hostilité manifeste contre Antoine, et qu'il falloit que ceux qui redoutoient que ce dernier n'envahît la tyrannie se déclarassent en faveur d'Octave, et se fissent un appui de son armée puisqu'on n'en avoit point d'autre pour le moment. A la faveur de ce discours il fit ouvrir les portes de Rome à Octave, qui établit son camp audevant de la ville, à quinze stades de distance, auprès du temple de Mars. Il ne fut pas plutôt entré dans la ville, qu'il se rendit au temple de Castor et Pollux, qu'il fit cerner par ses satellites, armés de glaives qu'on ne voyoit pas. Canutius (7) commença par déclamer contre Antoine sur le ton de l'invective. Octave rappela le souvenir de son père, et fit le tableau des vexations de tout genre que lui faisoit éprouver Antoine; ce qui l'avoit mis dans la nécessité, pour sa sûreté personnelle, de lever les troupes qui étoient présentes. Il déclara qu'il ne feroit que servir la patrie, obéir à ses ordres, et qu'il étoit prêt à exécuter ceux qu'elle auroit à lui donner contre Antoine.

XLII. Après qu'Octave eut ainsi parlé, et que l'assemblée eut été dissoute, l'armée qu'il venoit de lever croyant au contraire qu'on ne l'avoit mise sur pied que pour servir les projets communs d'Antoine et d'Octave, agissant d'intelligence après leur réconciliation, ou du moins pour l'unique fonction de garder la personne d'Octave et de seconder ses efforts pour livrer les conjurés à la vindicte publique, cette armée trouva fort mauvais que l'on eût ainsi déclamé et invectivé contre Antoine, sous les ordres duquel chacun des soldats qui la composoient avoit combattu, et qui étoit encore revêtu de la dignité consulaire. En conséquence, plusieurs des soldats de cette armée demandèrent qu'il leur fût permis de s'en retourner chez eux, sous prétexte de s'armer, en déclarant qu'ils ne vouloient porter que leurs propres armes; d'autres s'expliquèrent ouvertement et avec candeur. Octave, que ces circonstances imprévues jetoient dans l'embarras, ne savoit quel parti prendre. Toutefois espérant d'obtenir beaucoup plus par la persuasion que par la violence, il céda à ces prétextes, et il permit aux uns d'aller chercher leurs armes, et aux autres de se retirer définitivement chez eux. Néanmoins, pour dissimuler son secret mécontentement, il leur donna des éloges aux uns et aux autres, au sujet du zèle qu'ils avoient montré à venir le joindre. Il leur fit de nouvelles libéralités, ajoutant qu'il continueroit de les récompenser par de plus amples largesses, toutes les fois que des circonstances urgentes lui rendroient leur service nécessaire, et qu'il les traiteroit plutôt comme les amis de son père, que comme des soldats. Ces belles paroles ne produisirent d'autre effet que de faire rester auprès de lui mille ou trois mille de ces dix mille hommes; car les monuments historiques ne sont pas d'accord sur le nombre : le reste prit le parti de se retirer pour le moment. Mais ils ne se furent pas plutôt mis à réfléchir sur les fatigues inséparables des travaux de l'agriculture, d'un côté, sur les chances de butin à l'armée, de l'autre; ils n'eurent pas plutôt reporté leur mémoire sur ce qu'Octave leur avoit dit, sur la facilité qu'ils auroient à en obtenir ce qu'ils lui demanderoient, sur les libéralités qu'ils en avoient déjà reçues, et sur celles qu'ils espéroient d'en recevoir encore, que, par une suite de cette versatilité si naturelle à la multitude, ils changèrent de résolution; et profitant, pour bien mériter de lui, d'une occasion qui n'avoit été qu'un prétexte, ils s'armèrent et vinrent se replacer sous ses ordres. En attendant, il parcouroit Ravenne et toutes les villes d'alentour, et, à l'aide de nouveaux moyens pécuniaires, il continuoit de faire des levées nouvelles, assignant Arrétium pour rendez-vous commun à toutes ses troupes.

Ans de Rome. 710.

NOTES.

(1) ANTOINE, qui ne croyoit pas qu'il fût de son intérêt de vivre en bonne intelligence avec Octave, ne tarda pas à détruire l'œuvre de la réconciliation qui venoit de s'opérer. Octave indigné, comme on se l'imagine, de se voir ainsi joué par son ennemi, eut recours, pour se venger et se défaire de lui, à la ressource des lâches, à l'assassinat. Mais le complot fut découvert. On arrêta, dans la maison même d'Antoine, les esclaves chargés de faire le coup. Mais le poids de la haine du penple l'accabloit si fort, qu'il n'osa point faire éclater cet attentat, ni en livrer les auteurs à la vindicte publique. *Antonius tanto se odio esse intelligit, ut cùm interfectores suos domi comprehenderit, rem proferre non audeat.* La populace s'imagina que cette tentative d'assassinat n'étoit qu'un crime supposé de la part d'Antoine, pour faire confisquer toute la fortune d'Octave. *Cæsaris Octaviani conatum, de quo multitudini fictum ab Antonio crimen videtur, ut in pecuniam adolescentis faceret.* Mais les citoyens raisonnables, les hommes de bon sens ne doutèrent pas de la réalité du complot, et même ils en louèrent l'intention. *Prudentes autem et boni viri, et credunt factum et probant.* Ce langage de Cicéron, voisin du temps et du lieu de la scène, est bien plus imposant et plus propre à faire autorité que celui d'Appien, qui n'a écrit qu'un siècle et demi après. *Ad famil., lib. XII*, 23. *Ad Cornificium.* Suétone parle de ce fait d'une manière affirmative. *Hortantibus itaque nonnullis percussores ei subornavit.* Mais il paroît que cet historien a commis un anachronisme, en accolant ce fait aux détails du siège de Modène, époque à laquelle Antoine n'étoit plus consul, tandis que la lettre de Cicéron, que nous venons de citer, le place à une époque où Antoine étoit consul encore.

(2) Cette armée étoit forte de quatre légions. La légion

Martiale ou légion de Mars, et la quatrième légion, les deux qui avoient la plus haute réputation de bravoure dans l'armée romaine, en faisoient partie.

(3) Cicéron, dans une de ses lettres à Cornificius, nous a transmis la vraie date de ce voyage d'Antoine. Ce fut le 7 des ides d'octobre qu'il partit pour Brindes. Il espéroit gagner avec de l'argent ces quatre légions, et à leur tête il devoit revenir à Rome, pour mettre les proscriptions en train. *Ad 7 idus octobr. Brundisiam erat profectus obviàm legionibus Macedoniis IIII, quas sibi conciliare pecuniâ cogitabat, easque ad urbem adducere, et in cervicibus nostris collocare.* « Mais étant arrivé à Brindes, il eut le cha-
« grin de trouver trois légions obstinées à rejeter ses offres.
« Cet affront fit monter son ressentiment jusqu'à la rage. Il
« fit appeler tous les centurions qu'il soupçonnoit d'avoir
« inspiré à leurs soldats du dégoût pour son service, et
« n'ayant point manqué de prétexte pour les faire rendre
« chez lui, il les fit massacrer l'un après l'autre au nombre
« de trois cents. Cet affreux excès de vengeance passeroit
« pour un fait incroyable, s'il n'étoit attesté plusieurs fois
« par Cicéron. Les circonstances de cette boucherie ne sont
« pas moins horribles, puisqu'il assure que Fulvie, femme
« d'Antoine, qui prenoit plaisir à repaître ses yeux avec lui
« de ce barbare spectacle, eut le visage couvert du sang de
« ces malheureuses victimes. » *Vie de Cicéron*, liv. IX, tom. III, pag. 531 et 532. Philipp. III, 2. V. 8.

(4) Ces détails d'Appien concordent parfaitement avec ceux que Cicéron donne à Atticus, dans la huitième lettre de son seizième livre. « J'ai reçu, lui dit-il, hier soir des let-
« tres d'Octave ; il médite de grandes choses. Il a fait entrer
« dans son parti tous les vétérans de Casilinum et de Calatie ;
« et ce n'est pas étonnant, *quingenos denarios dat*. Il se
« propose de parcourir les autres colonies. Cette conduite de
« sa part tend évidemment à se faire déclarer chef pour faire
« la guerre à Antoine ; d'où je conclus que sous peu de
« temps nous serons en pleines hostilités. » Cicéron ne se

trompa pas dans sa conjecture. Il demande ensuite à Atticus, *quem sequamur?* « Pour lequel des deux nous déclarerons-« nous ? Considérez les noms et les âges. »

(5) Ce passage d'Appien, rapproché de celui de la lettre de Cicéron que nous venons de citer, prouve que, dans le langage de notre auteur, la drachme attique a la même valeur que le denier romain ; car Appien dit formellement qu'Octave donnoit à chacun de ses vétérans *cinq cents drachmes*, et Cicéron *cinq cents deniers*.

(6) La lettre de Cicéron à Atticus, de laquelle nous venons de parler, est un monument précieux pour nous faire connoître ces intentions d'Octave. Cicéron nous a déjà appris que le but d'Octave étoit de se mettre à la tête d'un parti pour combattre Antoine à force ouverte. *Magna molitur. Veteranos quiqui Casilini et Calatiæ sunt perduxit ad sententiam suam. Nec mirum. Quingenos denarios dat. Cogitat reliquas colonias obire : planè hoc spectat ut, se duce, bellum geratur cum Antonio.* Dans ce début, Octave voulut prendre Cicéron pour son guide et concerter avec lui son plan de campagne. Pour cet effet, il lui fit dire de se rendre à Capoue ou dans les environs, pour conférer *secrètement* avec lui. *A me postulat primùm ut clàm colloquatur mecum vel Capuæ vel non longè à Capuâ.* Ce message donna à Cicéron mauvaise opinion de la tête d'Octave, car il n'y avoit pas moyen qu'ils pussent se réunir pour conférer ensemble, et que cette conférence demeurât dans le secret. *Puerile hoc quidem si id putat clàm fieri posse.* Sur la réponse de Cicéron, que la conférence ne pouvoit avoir lieu, il lui envoya un de ses agents nommé Cécina, qui lui annonça qu'Antoine marchoit sur Rome avec une légion, qu'il mettoit sur son passage les villes à contribution, et que ses troupes marchoient enseignes déployées; et qui lui demanda en conséquence s'il falloit, ou se porter sur Rome avec trois mille vétérans, ou aller prendre poste à Capoue, et barrer le chemin à Antoine, ou se diriger vers les trois légions de Macédoine qui avoient généreusement refusé de passer sous

les ordres d'Antoine, et qui filoient dans ce moment le long de la mer supérieure. Cicéron lui conseilla de prendre le chemin de Rome, dans la persuasion où il étoit que, si Octave mettoit dans sa conduite de la bonne foi, non seulement la populace de Rome, mais encore tous les bons citoyens se déclareroient en sa faveur. *Suasi ut Romam pergeret; videtur enim mihi et plebeculam urbanam, et si fidem fecerit, etiam bonos viros secum habiturus.* Et à ce propos, Cicéron s'écrie dans l'élan de son patriotisme : « O Brutus, « où es-tu? quelle belle occasion tu laisses échapper! Je « n'avois pas précisément prévu ce qui arrive ; mais je sen- « tois que quelque chose de semblable devoit arriver. » *O Brute, ubi es? quantam εὐκαιρίαν amittis! Non equidem hoc divinavi, sed aliquid tale putavi fore.* Si Brutus et Cassius se fussent en effet trouvés là pour profiter des dissensions d'Octave et d'Antoine, il est probable que le parti de la république auroit prévalu sur ces deux chefs de partis contraires.

(7) C'est ce même Canutius dont Cicéron parle dans sa lettre à Cassius, qui est la troisième du douzième livre de ses Épîtres familières. Cette lettre fixe l'époque du fait dont Appien fait ici mention, au sixième jour avant les nones d'octobre, c'est-à-dire, au lendemain des calendes du même mois. Il paroît dans ce passage qu'attaqué par Canutius dans l'assemblée du peuple, Antoine se retira tout couvert de honte et d'opprobre, après avoir amèrement déclamé contre Brutus et contre Cassius, qu'il traita comme les assassins de la patrie, et contre Cicéron, qu'il accusoit ouvertement d'avoir suscité et dirigé la conspiration, et d'être dans ce moment même l'instigateur de Canutius. *Itaque ante diem sext. non. octobr. productus in concionem à Canutio, turpissimè ille quidem discessit, sed tamen ea dixit de conservatoribus patriæ quæ dici deberent de proditoribus. De me quidem non dubitanter quin omnia de meo consilio et vos fecissetis et Canutius faceret.*

CHAPITRE VII.

Cruauté d'Antoine envers les chefs de ces légions. Deux d'entre elles se déclarent en faveur d'Octave. Antoine sort de Rome à l'expiration de son consulat, et va se mettre à la tête de ses troupes. Octave refuse le titre militaire que son armée veut lui décerner sans l'autorisation du sénat. Un sénatus-consulte le déclare propréteur.

Ans de Rome. 710.

XLIII. CEPENDANT Antoine avoit trouvé arrivées à Brindes quatre des cinq légions qui étoient en Macédoine. Ces légions commencèrent par lui reprocher sa négligence à venger la mort de César; et, sans lui donner d'ailleurs le moindre éloge, elles le firent monter sur son tribunal comme pour lui demander compte de sa conduite à cet égard avant toute œuvre. Furieux de leur silence, Antoine ne put pas contenir son indignation; il leur reprocha de son côté de manquer de reconnoissance envers celui qui les ramenoit en Italie au lieu de les faire marcher contre les Parthes, et de ne montrer aucune sensibilité à un bienfait de cette nature. Il leur reprocha ensuite de n'avoir point fait arrêter, pour les lui livrer, les émissaires qui leur avoient été envoyés par un jeune homme plein d'étourderie et de pétulance (car ce fut ainsi qu'il traita le jeune César), pour les porter à la défection; mais il ajouta qu'il trouveroit bien le moyen de faire saisir ces émissaires; et que, quant à son armée, il alloit la conduire dans les heureuses régions de la Gaule Cisalpine dont le gouvernement lui avoit été donné, et qu'il donneroit cent drachmes à chacun des soldats qui étoient actuellement sous les enseignes. Les légions éclatèrent de rire au sujet de sa parcimonieuse libéralité; et cette dérision l'ayant de nouveau mis en colère, les légions s'agitèrent avec tumulte, et l'on se retira. Mais Antoine, en se levant sur son tribunal, s'écria : « Vous apprendrez à « obéir »; et ayant fait signaler sur-le-champ les plus séditieux par les tribuns des légions (car c'étoit un usage dans la discipline militaire des Romains, d'avoir toujours à côté du nom de chaque individu de l'armée une notice de ses mœurs et de son caractère), il fit tirer le sort entre eux conformément à la loi; mais il ne fit pas mettre à mort tous ceux qui, par cette opération, devoient être décimés. Il se contenta d'en faire mourir une partie, dans la pensée qu'un petit nombre suffiroit pour en imposer au reste (1). Cet acte de cruauté, au lieu d'inspirer aux troupes plus de respect pour Antoine, ne servit qu'à les irriter contre lui davantage, et à le rendre plus odieux.

XLIV. Les émissaires que le jeune César avoit envoyés pour débaucher cette armée, témoins de ces résultats, redoublèrent leur activité à répandre des libelles parmi les troupes, les invitant à la défection, en leur présentant, d'un côté, le tableau de la parcimonie et de la cruauté d'Antoine; de l'autre, en leur rappelant le souvenir de César le dictateur, en

Ans de Rome. 710

les excitant à passer au service de son fils, qui étoit à leur égard dans des dispositions plus généreuses, et plus libérales. Antoine eut beau proposer d'amples récompenses à ceux qui lui livreroient ces boutefeux, et menacer des plus rigoureux châtiments ceux qui leur aideroient à rester cachés, il lui fut impossible d'en saisir aucun; ce qui le rendit encore plus furieux, parcequ'il sentit bien que ses troupes leur tenoient la main. Lorsqu'on lui donna la nouvelle de ce qu'Octave avoit fait dans les colonies de la Campanie, et depuis à Rome, il en fut alarmé. Il rassembla de nouveau ses légions, et leur dit qu'il étoit fâché de ce qui venoit de se passer, de la nécessité où il avoit été réduit, par la rigueur de la discipline militaire, de punir un petit nombre d'individus, parmi un plus grand nombre qui étoit atteint par la loi; que d'ailleurs on savoit assez qu'il n'étoit ni cruel ni avare. « Mais, ajouta-t-il, laissons
« toute animosité réciproque de côté. Qu'il n'y ait
« plus ni insubordination ni châtiments. Les cent
« drachmes que vous avez déjà reçues, je ne vous
« les ai point données à titre de libéralité. Ce seroit
« indigne d'Antoine, dans le degré d'élévation où
« il se trouve placé par la fortune; c'est plutôt une
« gratification que j'ai ordonné qu'on vous pré-
« sentât à l'occasion de notre première entrevue et
« de nos premières salutations, qu'une libéralité
« proprement dite; mais il faut se montrer dociles
« aux lois de la patrie, à celles de la discipline mili-
« taire, et à ces dernières sur-tout, dans cette cir-
« constance comme dans toutes les autres. » Après

ce discours, Antoine n'ajouta rien à ce qu'il avoit déjà donné, afin qu'il ne parût point que l'armée eût fait la loi à son chef. Soit repentir, soit crainte, les légions se tinrent contentes de ce qu'elles avoient déjà reçu. Antoine leur donna de nouveaux tribuns, ou par ressentiment de la dernière sédition, ou par des motifs de suspicion qu'il avoit d'ailleurs. Au surplus, il amadoua tout le reste de son armée, pressé par le besoin qu'il en avoit, et il lui fit prendre par détachements la route d'Ariminum, en suivant les bords de la mer.

Ans de Rome. 710.

XLV. Quant à lui, il prit le chemin de Rome à la tête d'une cohorte prétorienne qu'il avoit formée de l'élite de son armée, en hommes les plus vigoureux et les plus fidèles, avec l'intention de se rendre de là à Ariminum. Il fit son entrée à Rome avec un air d'arrogance et d'autorité, et il laissa sa cavalerie stationnée aux portes de la ville; son infanterie, en costume de campagne, il la fit entrer avec lui pour monter la garde en armes la nuit autour de sa maison. Il lui faisoit donner le mot d'ordre, et faisoit relever les sentinelles tour à tour comme dans un camp (2). Il convoqua le sénat pour se plaindre de la conduite d'Octave (3). Comme il entroit dans le lieu de l'assemblée, on lui annonça que, de ses quatre légions, celle qui portoit le nom de *légion de Mars* s'étoit, en route, déclarée pour le parti d'Octave. S'étant arrêté sur la porte du sénat pour réfléchir sur cette nouvelle, il apprit que la légion qu'on appeloit *la quatrième* avoit suivi l'exemple de la légion de Mars. Troublé par ces deux évène-

2.

ments, il ne laissa pas d'entrer dans le sénat. Il eut l'air d'avoir convoqué les sénateurs pour toute autre chose. Il parla fort peu, et, à l'issue de l'assemblée, il s'empressa d'aller joindre sa cavalerie aux portes de Rome, et de là il prit le chemin de la ville d'Albe afin d'engager à rentrer dans son parti ceux qui l'avoient abandonné; mais s'étant vu assaillir du haut des murailles, il rétrograda. Il envoya de quoi compter aux autres légions cinq cents drachmes par tête, et, suivi des troupes qu'il avoit autour de lui, il se rendit à Tibur avec l'équipage accoutumé de ceux qui partoient pour une expédition militaire; car il étoit bien évident que la guerre alloit s'allumer, puisque Décimus Brutus ne vouloit point désemparer de la Gaule Cisalpine.

XLVI. Pendant qu'il étoit à Tibur, presque tous les sénateurs (4), et la plus grande partie des chevaliers, se rendirent auprès de lui pour lui rendre leurs hommages, ainsi que les plébéiens les plus recommandables. Ils le trouvèrent occupé à recevoir le serment des troupes qui étoient là sous ses ordres, et de ceux qui, ayant antérieurement servi sous lui, venoient se ranger sous ses drapeaux; et ces derniers accouroient en grand nombre. Sénateurs, chevaliers, plébéiens, tous jurèrent spontanément qu'ils ne cesseroient point d'être attachés d'affection à Antoine, et de lui rester fidèles. Si bien qu'on eût été fort embarrassé à dire quels étoient ceux qui, peu de temps auparavant, dans l'assemblée tenue par Octave dans le temple de Castor et Pollux, avoient applaudi aux invectives de Canutius contre Antoine. Ce fut sous ces brillants auspices (5) qu'il se mit en marche pour Ariminum, la première place sur les frontières de la Gaule. Son armée étoit composée, outre les hommes de nouvelle levée, de trois légions qui lui étoient venues de la Macédoine; car le reste des troupes de cette province qui étoient demeurées en arrière étoient depuis arrivées. Il en avoit une autre composée d'hommes déjà vieux, et qui avoient déjà été congédiés du service; mais qui paroissoient doublement préférables à ceux qui faisoient leurs premières armes. Antoine avoit donc quatre légions de troupes exercées avec tous les accessoires d'usage en auxiliaires; il avoit de plus les prétoriens qui formoient sa garde personnelle, et les troupes de nouvelle levée; et il étoit probable que Lépidus, qui étoit en Ibérie à la tête de quatre légions, qu'Asinius Pollion et Plancus, qui étoient dans la Gaule Transalpine, le premier à la tête de deux légions, le second à la tête de trois, embrasseroient l'un et l'autre son parti.

XLVII. L'armée d'Octave étoit composée de deux légions également recommandables. C'étoient celles qui avoient quitté Antoine pour passer de son côté; il en avoit une de troupes de nouvelle levée, et deux de vétérans. A la vérité ces deux dernières n'étoient ni au complet ni parfaitement armées; mais avec les recrues il pouvoit en remplir le nombre. Après avoir réuni toutes ces troupes à Albe, il écrivit au sénat, qui se déclara de nouveau en faveur d'Octave, de manière à ne pas permettre, pour le moment, de dis-

Ans de Rome. 710.

tinguer ceux qui étoient venus rendre à Tibur leurs hommages à Antoine (6). Le sénat ne laissoit pas de voir de très mauvais œil que les légions se déclarassent pour Octave au lieu de se déclarer pour lui. Néanmoins, après avoir fait l'éloge de leur conduite et de celle d'Octave, il annonça que bientôt il décréteroit ce qu'il y auroit à faire à l'époque où les affaires de la république auroient passé dans de nouvelles mains (7). Il étoit clair que le sénat se serviroit de ces troupes pour les diriger contre Antoine. Mais n'ayant point d'armée à lui, et ne pouvant en mettre une sur pied que sous l'autorité consulaire, il différoit tout jusqu'à l'installation (8) des nouveaux consuls.

XLVIII. Sur ces entrefaites l'armée d'Octave lui avoit présenté des licteurs armés de haches et de faisceaux, et l'avoit engagé à prendre le titre de propréteur, à s'investir du commandement militaire, et à se déclarer le chef de légions accoutumées à marcher toujours sous les ordres de chefs revêtus d'une magistrature. Octave témoigna sa sensibilité à l'honneur qu'on lui faisoit; mais il renvoya au sénat à en décider. Il empêcha ceux qui, dans cette vue, avoient l'intention de se rendre en foule à Rome, d'exécuter leur projet; il ne voulut pas même envoyer une députation à cet égard. « Le « sénat, leur dit-il, prendra cette mesure de son « pur mouvement, et bien plus volontiers lorsqu'il « sera instruit de votre vœu et de mon refus. » Son armée se paya avec peine de cette raison; les principaux officiers même se plaignirent d'être méprisés à ce point. Il leur rendit compte de ses motifs, en leur faisant considérer que c'étoit moins par bienveillance pour lui que le sénat paroissoit pencher en sa faveur, que par la crainte qu'il avoit d'Antoine, faute d'avoir une armée à ses ordres, « et cela, dit-il, « jusqu'au moment où nous aurons ruiné la fortune « d'Antoine, ou jusqu'à ce que les conjurés, amis « du sénat, et parents du plus grand nombre des « sénateurs, leur aient amené une armée. Instruit « de ces dispositions secrètes du sénat, je fais sem- « blant de le servir. Que je ne sois donc pas le « premier à lever le voile de ma dissimulation. Si « j'acceptois le commandement sans son interven- « tion, le sénat crieroit à l'injure, à la violence. Si « je lui montre au contraire de la déférence, peut- « être me le décernera-t-il de lui-même, dans la « crainte que je ne l'accepte de vous (9). » Après ce discours il eut occasion d'assister au spectacle que donnèrent les deux légions qui, du parti d'Antoine, étoient passées dans le sien. Elles s'étoient mises l'une d'un côté, l'autre de l'autre, pour présenter le tableau d'une bataille à outrance, à l'exception seulement de se donner la mort. Octave témoigna en avoir eu beaucoup de plaisir ; et saisissant avec joie cette occasion, il fit donner de nouveau à ces deux légions cinq cents drachmes par tête, et il promit que si la guerre se déclaroit, et qu'il fallût en venir aux mains, il en donneroit cinq mille après la victoire. C'étoit ainsi que par la largesse de ses libéralités Octave s'affectionnoit les mercenaires qui se vendoient à lui. Voilà ce qui se passoit en Italie.

NOTES.

(1) CETTE manière d'Appien, de présenter sous l'apparence d'un châtiment militaire, conforme aux lois de la discipline chez les Romains, ce que nous avons rapporté ci-dessus, comme un acte d'atrocité de la part d'Antoine, nous met dans la nécessité d'invoquer l'autorité de Cicéron sur la foi duquel nous avons parlé. Or, voici dans quels termes s'exprima Cicéron en plein sénat, dans un moment très voisin de celui où cet horrible évènement venoit d'avoir lieu. « Quel est celui d'entre nous si peu instruit de l'état
« des choses, si étranger à ce qui intéresse la république,
« qui ne sache que si Antoine avoit pu se rendre, ainsi qu'il
« en avoit fait la menace, de Brindes à Rome avec les
« troupes qu'il comptoit y faire marcher sous ses ordres, il
« n'y auroit point eu de genre de cruauté auquel il ne se
« fût abandonné, lui qui, à Brindes, dans la maison
« même de celui qui lui donnoit l'hospitalité, ordonna que
« l'on égorgeât un grand nombre de citoyens qui comptoient
« parmi les plus braves et les plus gens de bien, qui furent
« égorgés en effet à ses pieds, et dont il est très constant que
« le sang rejaillit jusque sur le visage de Fulvie sa femme. »
Quis enim est tam ignarus rerum, tam nihil de republicâ cogitans, qui hoc non intelligat, si M. Antonius à Brundisio cum iis copiis quas se habiturum putaverat, Romam, ut minabatur, venire potuisset, nullum genus crudelitatis eum præteriturum fuisse ? Quippe qui in hospitis tectis Brundisii fortissimos viros, civeis optimos, jugulari jussit, quorum ante pedes ejus morientium sanguine os uxoris respersum esse constabat. Philipp. III. 2. Ce n'est pas seulement dans la troisième Philippique que Cicéron reproche cette abomination à Antoine. On la retrouve dans la Philippique qui fut prononcée peu de temps après. En rappelant le voyage à Brindes, la célérité avec laquelle il l'exécuta, les féroces

mais impuissantes espérances dont il étoit animé, Cicéron ajoute que « les braves légions qui étoient dans cette ville « ayant hautement réclamé ce qui leur avoit été promis par « lui, il fit venir dans sa maison les centurions, qu'il con- « noissoit pour être des zélateurs de la cause de la répu- « blique, et les fit égorger en sa présence et en la présence « de sa femme qu'il avoit gravement amenée à l'armée avec « lui. » *Cùm ejus promissis legiones fortissimæ reclamassent, domum ad se venire jussit centuriones, quos benè de republicâ sen ire cognoverat, eosque ante pedes suos uxorisque suæ quam secum gravis imperator ad exercitum duxerat jugulari jussit.* Philipp. V, n. 8. Il n'est donc pas possible de révoquer ce fait en doute. C'est devant le sénat romain que Cicéron l'a plusieurs fois reproché à Antoine; et Cicéron respectoit trop l'assemblée devant laquelle il portoit la parole, il se respectoit trop lui-même, pour avoir mis à la charge de l'ennemi de la patrie un fait qui n'auroit point été constant. Mais Cicéron, dira quelqu'un, s'étoit déclaré l'ennemi d'Antoine; sans doute; et c'est à la guerre ouverte que faisoit l'orateur romain à l'ennemi de Rome, que nous sommes redevables de savoir la vérité. Le massacre de ces centurions n'est-il pas dans l'ordre des fureurs sanguinaires de celui qui avoit dit, en présence du peuple assemblé dans le temple de Castor, que « le vainqueur ne sauveroit la vie « à personne qu'à ceux qui auroient coopéré à sa victoire. » *Nisi victorem victurum neminem*, ibid. Cicéron étoit son ennemi! Eh! croit-on que ce soit sous la plume des bas valets, des lâches complices des tyrans, que vienne se placer, pour la postérité, la révélation des actes de leur férocité et de leur tyrannie?

Nous ajouterons au témoignage de Cicéron celui de l'Epitome de Tite-Live, qui, faisant évidemment allusion à ce fait, s'exprime ainsi : *Deindè et complures sævitiâ M. Antonii passìm in castris suis trucidati, quia et suspecti erant, ad Cæsarem desciverunt.* Lib. 117.

(2) Furieux de trouver Rome occupée par les troupes d'Octave,

Antoine fit éclater l'emportement et la rage dont il étoit dévoré, dans plusieurs proclamations qui se succédèrent avec rapidité. Dans l'une, il se répandoit en outrages et en infamies contre le jeune César. Il déchiroit le voile qui couvroit ses impudicités et le débordement de ses mœurs. *Primùm in Cæsarem, ut maledicta congess.t deprompta ex recordatione impudicitiæ et stuprorum suorum !* Dans l'autre il l'attaquoit sous le rapport de la bassesse de son extraction, et il lui reprochoit que sa mère étoit sortie d'Aricie. *Ignobilitatem objicit C. Cæsaris filio cujus etiam naturalis pater, si vita suppeditásset, consul factus esset. Aricina mater.* Dans une troisième, il lui donnoit le nom de Spartacus. *Quem in edictis Spartacum appellat.* Ce ne fut pas seulement par des proclamations qu'il manifesta sa fureur. Il fit défendre au tribun du peuple C. Cassius, sous peine de mort, de se rendre à l'assemblée du sénat. Il fit violemment chasser du sénat assemblé Carfulénus, du parti républicain, en le menaçant de le faire traîner au supplice. Il fit prohiber à Canutius, ce tribun du peuple qui l'avoit attaqué, mais avec décence, dans les Comices, non seulement l'entrée, mais l'approche même du Capitole où le sénat étoit par lui convoqué. *L. Cassio, tribuno plebis, fortissimo et constantissimo civi, mortem denuntiare, si in senatum venisset ; D. Carfulenum, benè de repub. sentientem, è senatu vi et minis mortis expellere ; T. Canutium, à quo erat honestissimis contentionibus et sæpè et jure vexatus, non templo solùm, verùm etiam aditu Capitolii prohibere.* Tels étoient les attentats à l'aide desquels Antoine s'avançoit dans la carrière du pouvoir.

(3) C'étoit en effet le motif de la convocation. Cicéron dit même positivement qu'un consulaire avoit apporté, en se rendant à l'assemblée, un discours tout prêt pour déclamer contre la conduite d'Octave. *Scriptam attulerat consularis quidam sententiam.* Mais lorsque Antoine eut appris la défection des deux légions, de la légion Martiale et de la quatrième, et qu'elles étoient venues prendre poste à Albe, dans le voisinage de Rome, il renonça à son projet.

Le découragement s'empara de lui. Afin de ne pas paroître avoir convoqué inutilement le sénat, il demanda quelques honneurs pour Lépidus, à qui le sénat étoit d'ailleurs très disposé à les accorder. Il prit les voix *per discessionem*, ce qui n'avoit plus été pratiqué, selon la remarque de Cicéron, en pareille matière, et au sortir du sénat, il se hâta d'aller chercher la sûreté de sa personne en allant se mettre à la tête de son armée. *Allato nuntio de legione quartâ mente concidit; effugere festinans senatus-consultum de supplicatione (M. Lepidi) per discessionem fecit, cùm id factum esset anteà nunquàm.* Philipp. III, 9. D'après les dates relatées dans cette Philippique de Cicéron, Antoine dut sortir de Rome à peu près vers les calendes de décembre.

(4) Ce langage d'Appien paroît être peu d'accord avec celui de Cicéron. Ce que dit ce dernier auteur des circonstances qui accompagnèrent la fuite d'Antoine, car c'est le nom qu'il donne à sa sortie de Rome, est bien éloigné de rien présenter de semblable au tableau que fait ici notre historien. Ecoutons Cicéron. *Quæ verò profectio posteà? Quod iter paludati? quæ vitatio oculorum, lucis, urbis, fori? quàm misera fuga? quàm fœda? quàm turpis?* Il est difficile de s'imaginer que, dans un discours prononcé très peu de jours après l'évasion d'Antoine (il étoit sorti de Rome vers le premier de décembre, et ce fut le 17 de ce mois, le treize des calendes de janvier, que Cicéron prononça sa troisième Philippique, *Ep. famil. lib. XI*, 6.), l'orateur se fût permis de peindre sous de si honteuses, sous de si ignominieuses couleurs la fuite d'Antoine, si presque tous les sénateurs s'étoient rendus à Tibur pour lui prêter serment de fidélité. Il est aisé de voir qu'Appien n'a pas puisé ici dans les bonnes sources; car si le plus grand nombre des membres du sénat eût été dévoué à Antoine à ce point, il se seroit servi de son autorité pour faire punir Octave d'avoir levé des troupes sans caractère public, et d'avoir voulu entrer dans Rome à main armée, ainsi qu'il en avoit eu l'intention. *Cùm senatum vocâsset, adhibuissetque consularem qui suâ sententiâ Cæsarem hos-*

tem judicaret. Philipp. V, 9. Que le petit nombre des membres du sénat dévoués à Antoine, et complices de ses projets destructeurs de la république, aient osé faire cette démarche, cela pourroit être vrai. C'est en effet ce qu'avoient de mieux à faire ceux qui, ayant levé le masque, n'avoient plus d'asile que sous ses drapeaux. C'est donc à ceux-là seuls qu'il faut restreindre ce que dit ici Appien.

(5) L'interprète latin a traduit, *itaque splendido comitatu deducente*. Il a donc pensé que les sénateurs, les chevaliers et les plébéiens qui étoient venus offrir leur hommage à Antoine, à Tibur, lui firent cortège dans sa marche vers Ariminum. Le sens de ce passage est une raison de plus pour croire qu'il faut entendre ce qu'a dit Appien au commencement de cette section, de ceux de ses partisans seulement, soit sénateurs, soit chevaliers, soit plébéiens, qui étoient attachés à sa fortune, et qui, voyant que le dé étoit jeté, qu'il alloit, lui aussi, passer le Rubicon, allèrent le joindre, pour tenter avec lui et sous lui le sort des armes.

(6) Antoine étoit sorti de Rome vers la fin de novembre; ce fait résulte de la troisième Philippique de Cicéron. En sortant de Rome, il prit le chemin d'Albe pour tenter de faire rentrer dans son parti la légion Martiale et la quatrième légion, qui l'avoient abandonné. Appien l'a dit. Repoussé par ces deux légions, il se porta sur Tibur, où il reçut le serment de la partie de ses troupes qui occupoit cette place, et des vétérans qui vinrent en grand nombre se ranger sous ses enseignes. Appien l'a dit encore. De là il entra en campagne, et se mit en route pour la Gaule Cisalpine. Le moyen donc que les sénateurs qui faisoient cause commune avec lui aient rétrogradé pour assister à une séance du sénat qui se tint le 17 décembre, date précise de Cicéron dans sa lettre à D. Brutus (*Ep. famil. lib. XI*, 6.), et sur-tout qu'après une démarche aussi éclatante que celle que leur prête Appien, ils aient eu l'air de se déclarer pour Octave. Ce fait de notre historien me paroît donc d'autant plus apocryphe que Cicéron n'en dit pas un mot dans la troisième Philippique qu'il prononça à

cette époque, et qu'il paroit, au contraire, que tous les ordres de citoyens, sénateurs, plébéiens, et même les consuls désignés, étoient contre Antoine dans ce moment-là.

(7) C'est-à-dire, lorsqu'on auroit donné le consulat aux successeurs de Dolabella et d'Antoine. L'expression grecque est bonne à noter : ὅταν αὐτοῖς αἱ νέαι ἀρχαὶ ἐς τὰ πράγματα παρέλθωσιν.

(8) J'ai dit jusqu'à l'installation, et non pas jusqu'à la nomination. On a déjà vu que César, avant que de partir pour son expédition contre les Parthes, avoit disposé pour cinq ans de toutes les magistratures curules. Il ne devoit donc point y avoir d'élection pendant cinq ans. Le sénat avoit décrété que tous les actes de l'administration de César seroient exécutés. Les magistratures appartenoient donc de plein droit aux magistrats désignés par lui. Ce fut en vertu de ce décret que C. Pansa, et A. Hirtius, consuls désignés par César, prirent possession des fonctions consulaires à l'expiration de celles d'Antoine. Les deux Brutus et Cassius se trouvoient dans cette liste de consuls désignés, et ils seroient arrivés au consulat à leur tour, si Octave et Antoine, qui sentirent bientôt le besoin de se réunir pour exterminer le parti républicain, n'y avoient mis bon ordre en établissant le triumvirat.

(9) Octave étoit sans doute trop adroit pour accepter, de la part de ses légions, un titre militaire suspect d'illégalité. Il savoit, d'ailleurs, que Cicéron étoit dans ses intérêts. Il étoit d'autant plus sûr de lui, que le favoriser c'étoit nuire à Antoine, contre lequel il avoit rompu toutes les mesures. Il comptoit également sur la bienveillance du sénat, à qui l'intérêt de sa sûreté et la reconnoissance des premiers services d'Octave commandoient quelque confiance à son égard. Il fit donc dire à Cicéron de demander que le sénat fît pour lui ce que ses troupes avoient voulu faire. Il est curieux de lire dans la cinquième Philippique, l'excessive profusion d'éloges que Cicéron répand sur la personne de ce jeune Octave, qui, peu de mois après, devoit abandonner sa tête à la

vengeance d'Antoine. C'étoit peu de tout ce qu'il avoit dit d'honorable à son sujet dans les Philippiques précédentes. *Venio ad C. Cæsarem, P. C., qui nisi fuisset, quis nostrûm esse potuisset?* Voilà Octave présenté comme le sauveur du sénat entier. *Quis tùm nobis, quis populo Romano obtulit hunc divinum adolescentem, Deus qui cùm omnia ad perniciem nostram pestifero illi civi paterent, subitò præter spem omnium exortus, priùs confecit exercitum quem furori M. Antonii opponeret, quàm quisquam hoc eum cogitare suspicaretur?* Voilà Octave présenté comme un jeune homme divin que les Dieux ont envoyé pour le salut du sénat et du peuple romain, dans un moment où le sénat et le peuple ne pouvoient manquer de devenir la proie du destructeur de la république. Pour faire adopter plus facilement ce qu'il va proposer en faveur d'Octave, il le met en parallèle avec le grand Pompée servant dans sa jeunesse les projets de Sylla; et afin de donner, comme de raison, la prééminence à son héros, il fait remarquer que Pompée se rendit l'instrument de la tyrannie de Sylla, au lieu que la ruine de la domination d'Antoine a été l'ouvrage d'Octave. *Illius opibus Sulla regnavit, hujus præsidio Antonii dominatus oppressus est.* Il conclut de cette éloquente comparaison, qu'il faut donner à Octave une autorité légale, sans laquelle on ne peut, ni entreprendre des opérations militaires, ni commander une armée, ni tenir la campagne; qu'il faut lui conférer, au titre le plus légal qu'il soit possible, la qualité de propréteur. *Demus igitur imperium Cæsari sine quo res militaris administrari, teneri exercitus, bellum geri, non potest. Sit proprætore eo jure quo qui optimo.* Infortuné Cicéron! tu ne te doutois pas qu'en armant ainsi ce sauveur du sénat et du peuple romain, ce divin libérateur que les Dieux leur avoient envoyé, tu lui mettois entre les mains le glaive avec lequel il devoit être dans peu de temps le bourreau de l'un et de l'autre, après avoir commencé par être le tien!

Il n'est pas inutile d'ajouter que, tandis que le sénat décernoit à Octave le titre de propréteur, sur la proposition de Cicéron, il décerna à ce même Octave, sur la proposition de Philippus, le mari de sa mère, une statue équestre qui étoit encore dans le Forum du temps de Paterculus; ce qui n'est pas fort étonnant, (*eum senatus honoratum equestri statuâ, quæ hodieque in Rostris posita ætatem ejus scriptura indicat*, Lib. II, 61), et de plus, sur la proposition de Servius au sujet de laquelle Servilius prit la parole pour renchérir, le sénat lui accorda également la faculté de se mettre sur les rangs pour les magistratures avant l'âge requis par les lois. C'est ainsi que les sénateurs de Rome, soit aveuglement, soit corruption, ressembloient à ces infortunés Troyens qui ouvroient l'enceinte de leurs murailles pour faire entrer le cheval des Grecs. Au reste, tous ces détails des honneurs rendus à Octave sont consignés dans la quinzième lettre de Cicéron à Brutus.

CHAPITRE VIII.

Antoine commence les hostilités contre Décimus Brutus pour le chasser de la Gaule Cisalpine. Il l'assiège dans Modène. Le sénat fait marcher les deux consuls Hirtius et Pansa, ainsi qu'Octave, au secours de Décimus Brutus. Antoine battu deux fois, est contraint de lever le siège de Modène. Il est déclaré ennemi de la patrie, à l'instigation de Cicéron. Le sénat confère à M. Brutus et à Cassius le commandement de toutes les provinces audelà de la mer Ionienne.

Ans de Rome. 710.
XLIX. Dans la Gaule Cisalpine Antoine avoit fait sommer Décimus Brutus de se retirer en Macédoine, pour obéir au décret du peuple, et pour s'épargner des désagrémens à lui-même. Décimus Brutus lui répondit en lui envoyant copie des lettres qu'il tenoit du sénat, lui donnant à entendre par-là qu'il ne devoit pas plus de déférence de son chef aux volontés du peuple, qu'Antoine n'en devoit du sien aux volontés du sénat. Antoine lui ayant assigné un délai préfix après lequel il le traiteroit en ennemi, Décimus Brutus l'invita à donner à ce délai plus de latitude pour son propre intérêt, de peur qu'il ne se pressât trop de se faire déclarer lui-même l'ennemi du sénat. Antoine, qui l'auroit facilement vaincu pendant qu'il étoit encore en plate cam-

pagne, préféra commencer par gagner les villes, qui lui ouvrirent leurs portes; de manière que Brutus, craignant de ne pouvoir plus entrer dans aucune, supposa des lettres du sénat qui le mandoit à Rome avec son armée. Il se mit donc en pleine retraite devers l'Italie; tout le monde croyant qu'il se retiroit lui fit bon accueil. Mais arrivé à Modène (1), ville de ressource qui se trouva sur sa route, il en ferma les portes; il s'empara pour nourrir ses troupes des denrées des habitants; il fit égorger et convertir en salaison tout leur bétail, afin de pourvoir à la longueur d'un siège, et il attendit Antoine. Son armée étoit composée de beaucoup de gladiateurs et de trois légions en grosses troupes dont l'une n'étoit à la vérité formée que de recrues sans expérience; mais les deux autres consistoient en vieux soldats qui avoient antérieurement combattu sous ses ordres et qui lui étoient très dévoués. Antoine furieux marcha contre lui, forma autour de Modène ses lignes de circonvallation, et tint Décimus bloqué dans la place.

L. Cependant à Rome, à l'époque des calendes du nouvel an, Hirtius et Pansa avoient été installés dans le consulat; et immédiatement après les sacrifices d'usage, ils convoquèrent le sénat dans le temple même où ils avoient sacrifié, afin de délibérer sur le compte d'Antoine. Cicéron et ses amis prétendirent qu'il falloit sur-le-champ le déclarer ennemi de la patrie, pour avoir envahi à force ouverte la Gaule Cisalpine malgré le sénat, comme pour s'en faire un rempart contre la république, et pour avoir appelé en Italie l'armée qui ne lui avoit été confiée que pour marcher contre les Thraces (2). On lui reprochoit encore de méditer après César les mêmes projets d'ambition que lui, d'avoir étalé au milieu de Rome un corps si nombreux de centurions pour sa garde personnelle, de s'être servi pour la sûreté de sa maison, à l'instar d'une forteresse, de troupes en armes et de mots d'ordre, et d'avoir d'ailleurs montré une arrogance et des airs d'autorité contraires aux convenances imposées à un homme qui n'étoit revêtu que d'une magistrature annuelle. Lucius Pison, qui étoit chargé de veiller sur les intérêts d'Antoine pendant son absence, citoyen de Rome des plus distingués, et tous ceux qui partageoient ses sentiments, soit par considération pour lui, soit par attachement pour Antoine, soit par leur propre opinion, furent d'avis de le mettre en jugement, sous prétexte qu'il étoit contraire aux lois de condamner un citoyen sans l'entendre; et qu'il seroit d'ailleurs indécent d'en agir ainsi envers un consul le lendemain de l'expiration de ses fonctions, sur-tout envers celui dont plusieurs membres de l'assemblée, et Cicéron lui-même, avoient souvent parlé avec les plus grands éloges. Le sénat, alors à peu près également divisé entre les deux sentiments de Cicéron et de Pison, prolongea sa séance jusqu'à la nuit. Le lendemain de bonne heure il se rassembla de nouveau pour traiter la même question; et les partisans de Cicéron ayant parlé avec beaucoup d'énergie et obtenu la prépondérance, Antoine auroit été déclaré ennemi de la patrie, si le tribun du peuple Salvius n'eût demandé que la délibération fût ajournée au lendemain; car c'étoit toujours celle des magistratures qui vouloit empêcher de délibérer, qui en avoit le pouvoir.

LI. Les partisans de Cicéron éclatèrent en véhémentes injures contre Salvius. Ils se répandirent parmi le peuple, s'efforçant de l'exaspérer contre le tribun, et insinuant de traduire en jugement Salvius lui-même. Celui-ci venoit se présenter avec intrépidité; mais il en fut détourné par le sénat, qui craignit qu'en rappelant au peuple le souvenir d'Antoine, le tribun ne ramenât les esprits en sa faveur; car il ne pouvoit ignorer qu'il s'agissoit de condamner un citoyen illustre sans l'entendre; et que d'ailleurs c'étoit en vertu d'un décret du peuple que le gouvernement de la Gaule Cisalpine lui avoit été confié. Mais dans sa sollicitude en faveur des conjurés, le sénat étoit indigné contre Antoine, qui, au mépris de l'amnistie, étoit le premier qui avoit agi contre eux, ce qui l'avoit mis dans la nécessité de se servir contre lui du jeune César. Celui-ci, instruit de son côté de ces dispositions, n'étoit pas fâché lui-même de commencer par se défaire d'Antoine. Tel étoit le motif de l'animosité que le sénat avoit contre lui. Cependant, après avoir ajourné la délibération sur la demande du tribun du peuple, il décréta néanmoins (3) que la conduite de Brutus étoit digne d'éloges, pour n'avoir point évacué la Gaule Cisalpine en vertu de la sommation d'Antoine; et que le jeune César aideroit les consuls Hirtius et Pansa avec l'armée qu'il avoit actuellement sous ses ordres, en partageant leur autorité. Il décréta en outre qu'une statue d'or seroit érigée en son honneur (4), qu'à l'avenir il auroit voix délibérative au sénat, qu'il opineroit parmi les consulaires, qu'il auroit la faculté de se mettre sur les rangs pour le consulat dix ans avant l'âge prescrit par les lois, et qu'aux dépens du trésor public on donneroit aux deux légions qui avoient abandonné le parti d'Antoine pour le parti d'Octave, la même somme qu'Octave avoit promis de leur donner après la première victoire. Lorsque tous ces décrets furent rendus, le sénat leva la séance; il croyoit avoir suffisamment fait connoître à Antoine qu'il étoit déclaré en effet ennemi de la patrie; il croyoit aussi que le lendemain toute contradiction de la part du tribun du peuple deviendroit inutile. Cependant la mère d'Antoine, sa femme, un de ses fils encore enfant, tous ses autres parents et amis passèrent toute la nuit à courir chez les membres du sénat les plus influents. Le jour étant arrivé, ils sollicitèrent avec importunité les sénateurs pendant qu'ils se rendoient au sénat (5); ils se jetoient à leurs pieds avec des gémissements, des lamentations, couverts de vêtements noirs, et ils vinrent pousser leurs vociférations jusqu'aux portes de l'assemblée. Ces cris lamentables, ce spectacle touchant, cette révolution subite qui s'étoit opérée dans la famille d'Antoine, commençoient à fléchir plusieurs membres du sénat, lorsque Cicéron, redoutant l'effet de ces impressions, prit la parole et parla ainsi :

LII. « Hier nous avons décrété sur le compte

« d'Antoine ce qu'il importoit de décréter. En dé-
« cernant des honneurs à ses ennemis, nous l'avons
« par cela même déclaré l'ennemi de la patrie (6).
« Si Salvius seul s'y est opposé, il faut qu'il soit
« plus prudent et plus sage qu'aucun de nous, ou
« que ce soit l'amitié qui le fait agir, ou qu'il n'ait
« aucune connoissance de ce qui se passe. Or, il
« seroit singulièrement honteux pour nous, si nous
« paroissions, à nous tous, avoir moins de pru-
« dence et moins de sagesse qu'un seul; il seroit
« également honteux pour Salvius, de préférer ici
« l'amitié à la patrie; et s'il ne connoît point le vé-
« ritable état des choses, il devoit s'en rapporter aux
« consuls, aux préteurs, aux tribuns du peuple ses
« collègues, et aux autres membres du sénat plutôt
« qu'à lui. Il devoit croire que tant de magistrats
« recommandables par leur dignité, par leur nom-
« bre, par leur âge, par leur expérience, en savoient
« un peu plus que lui, lorsqu'ils prononçoient sur
« le compte d'Antoine. En général la justice est
« toujours, dans les jugements comme dans les élec-
« tions, du côté de la majorité qui emporte la ba-
« lance. Et s'il étoit nécessaire dans le moment de
« lui apprendre les motifs de l'opinion qui a ici la
« prépondérance, il seroit aisé de lui présenter en
« peu de paroles la récapitulation de ceux qui ont
« le plus de poids. Après la mort de César, Antoine
« s'appropria les finances qui nous appartenoient;
« après avoir obtenu du sénat le gouvernement de
« la Macédoine, il se fit donner, à la place, le gou-
« vernement de la Gaule Cisalpine, sans le concours

116 HISTOIRE DES GUERRES CIVILES.

« du sénat (7); après avoir reçu le commandement
« d'une armée pour marcher contre les Thraces, au
« lieu de se diriger contre ces barbares, il a marché
« contre nous en Italie. A la vérité il nous avoit
« demandé l'une et l'autre de ces deux dernières
« choses; mais n'ayant pu les obtenir de nous, il a
« agi de son chef. Il a organisé à Brindes une co-
« horte royale pour l'accompagner, et nous avons
« vu, au milieu de Rome, cette cohorte en armes
« former un corps de satellites autour de lui, et
« monter la garde la nuit autour de sa maison avec
« tout l'appareil militaire. En un mot, méditant les
« projets que César avoit médités lui-même, il donna
« ordre au reste de son armée de Brindes de mar-
« cher sur Rome; mais instruit que le jeune César
« s'étoit hâté de se mettre, de son côté, à la tête
« d'une autre armée, il se dirigea (8) vers la Gaule
« Cisalpine, comme vers un poste avantageux d'où
« il pourroit se lancer sur nous, ainsi que le fit
« César lorsqu'il nous enleva le pouvoir suprême. »

LIII. « Dans cette vue, Antoine chercha à en
« imposer à son armée par des actes de rigueur, afin
« qu'elle ne s'avisât point de se montrer rebelle à
« ses ordres dans ce qu'il alloit entreprendre au
« mépris des lois. Il la décima (9) sans qu'elle se
« fût livrée à la sédition, sans qu'elle eût ou quitté
« son poste ou violé sa consigne en temps de guerre;
« car ce n'est uniquement que dans de semblables
« circonstances que les lois de la discipline militaire,
« sur ce point, sont susceptibles de recevoir leur
« cruelle application; et même on n'a vu qu'un petit

« nombre de chefs, dans les circonstances en ques-
« tion, faire usage de cette loi dans le cas d'un péril
« urgent et d'une nécessité rigoureuse. Mais An-
« toine, pour quelques propos, pour quelques éclats
« de rire, a fait donner la mort à des citoyens ro-
« mains, et cela non à ceux qui avoient encouru sa
« répréhension, mais à ceux qui furent désignés
« par le sort. En conséquence il a été abandonné
« de ceux qui ont pu se livrer à la défection, et
« vous-mêmes vous leur avez décerné hier des ré-
« compenses pour prix de leur bonne conduite à
« cet égard. Mais ceux qui, comprimés par la ter-
« reur, n'ont pas pu se séparer de lui, servent
« d'instrument à ses attentats. Ils ravagent en enne-
« mis votre propre territoire; ils assiègent votre
« propre armée, et votre préteur, à qui vous avez
« donné ordre de rester dans cette province, et à
« qui Antoine a eu l'insolence de donner ordre d'en
« sortir. Est-ce donc nous qui déclarons Antoine
« ennemi de la patrie, ou bien est-ce Antoine qui
« nous a déjà déclaré la guerre? Et le tribun du
« peuple ignore encore l'état des choses! Ce ne sera
« donc que lorsque, après la défaite de Décimus Bru-
« tus, une province aussi importante par elle-même
« et par le voisinage où elle est de Rome, et avec
« elle l'armée de votre préteur, seront tombées au
« pouvoir d'Antoine, et auront augmenté ses moyens
« pour accomplir les projets qu'il médite contre
« nous; ce ne sera donc qu'alors, à ce qu'il paroît,
« que le tribun du peuple pensera qu'il peut y avoir
« lieu à le déclarer l'ennemi de la patrie, c'est-

« à-dire, lorsqu'il se sera rendu plus puissant que
« nous (10). »

LIV. Au moment où Cicéron termina ce discours, ses amis excitèrent par leurs applaudissements un très long tumulte qui ne permit à personne de prendre la parole pour parler contre, jusqu'à ce qu'enfin Pison s'étant mis en avant, tout le sénat, par respect pour lui (11), se mit à faire silence. Les amis même de Cicéron se continrent également, et Pison parla ainsi (12) : « Pères conscrits, il est réglé
« par nos lois qu'un accusé doit connoître par lui-
« même les chefs de l'accusation dont il est l'objet,
« et qu'il ne doit être jugé qu'après avoir été en-
« tendu dans sa défense. Je prends à témoin de la
« vérité de ce principe de notre droit criminel, Ci-
« céron lui-même, le premier de nos orateurs. Mais
« puisqu'il paroît craindre d'accuser Antoine en sa
« présence, et que pendant qu'il est absent il arti-
« cule contre lui quelques chefs d'accusation, entre
« autres, comme les plus graves et d'une incontes-
« table notoriété, je me présente, moi, pour démon-
« trer par de succinctes réponses que ces accusations
« sont sans fondement. Cicéron reproche à Antoine
« de s'être approprié les finances de la république
« après la mort de César; mais si cela est, la loi règle
« qu'Antoine doit être déclaré coupable de péculat,
« et non pas ennemi de la patrie; elle règle encore
« la forme de procédure en tel cas requise. Cela est
« si vrai, que lorsque Brutus, la main fumante du
« sang de César, invectiva contre lui dans sa ha-
« rangue adressée au peuple, il l'accusa spécialement

« de ce crime en l'accusant d'avoir laissé vide le tré-
« sor public; et que peu de temps après Antoine
« proposa de décréter que l'on demanderoit compte
« de ces dilapidations, que vous-mêmes adoptâtes
« cette proposition et la consacrâtes par un décret,
« que vous promîtes la dixième partie des sommes
« qui seroient recouvrées pour récompense à ceux
« qui feroient connoître les auteurs de ces rapines;
« et moi je m'oblige de doubler cette récompense
« envers ceux qui convaincront Antoine d'y avoir
« participé. En voilà suffisamment sur ce qui con-
« cerne l'accusation de péculat. »

LV. « Sans doute ce n'est point un sénatus-con-
« sulte qui a investi Antoine du gouvernement de la
« Gaule Cisalpine. C'est le peuple qui le lui a conféré
« en vertu d'une loi, en la présence de Cicéron même,
« et dans la même forme plusieurs fois pratiquée en
« d'autres circonstances, et notamment à l'époque
« où cette même province fut décernée à César. Or,
« dans cette loi est une disposition qui porte que, si
« Brutus refuse de sortir de la Gaule lorsque Antoine
« se présentera pour en prendre possession, ce der-
« nier traitera l'autre en ennemi, et, qu'à cet effet,
« au lieu de faire marcher l'armée de Macédoine
« contre les Thraces, s'ils ne remuent point encore,
« il la fera marcher vers la Gaule Cisalpine. Mais
« Cicéron ne veut pas regarder comme ennemi
« Brutus qui prend les armes pour résister à l'exé-
« cution d'une loi, et il veut regarder comme tel
« Antoine qui ne prend les armes de son côté que
« pour que la loi soit exécutée (13). Or, s'il accuse là

« loi elle-même, c'est accuser le peuple qui l'a portée,
« le peuple auquel il falloit persuader de ne pas voter
« cette loi, à laquelle il ne falloit pas insulter non plus
« après l'avoir votée soi-même (14); il ne falloit pas,
« d'un autre côté, confier cette province à Brutus,
« que le peuple força de sortir de Rome après l'as-
« sassinat de César, ni manquer de confiance pour
« Antoine, parceque c'est de la main du peuple qu'il
« tient ce commandement. Car lorsqu'on se pique
« de prudence et de sagesse dans les affaires publi-
« ques, il ne faut pas se mettre en état de guerre
« avec le peuple, sur-tout dans les circonstances
« critiques, ni avoir l'air de ne pas se ressouvenir
« qu'anciennement c'étoit une des attributions de
« l'autorité populaire, de décider de la guerre et de
« la paix. Car, d'après nos anciennes lois, au peuple
« seul appartenoit cette attribution, et plût aux
« Dieux, qu'en laissant empiéter sur ses droits, il
« n'eût point été dépouillé (15) de cette prérogative,
« et que le sénat ne lui eût pas ainsi donné lieu de
« se plaindre de lui, et de se choisir un chef. »

LVI. « Antoine a fait donner la mort à quelques
« uns de ses soldats. Mais Antoine étoit investi du
« titre de chef suprême, et c'étoit du sénat qu'il
« tenoit ce titre. Or, jamais le chef suprême d'une
« armée romaine n'a dû rendre compte de sa con-
« duite à cet égard; car jamais nos lois n'ont regardé
« comme important pour la république d'établir
« une responsabilité de ce genre entre le chef d'une
« armée et ses soldats (16). Dans un camp, la dés-
« obéissance est le plus grave de tous les délits, à tel

« point que la victoire même a été incapable de
« dérober des coupables au châtiment, et jamais on
« n'a eu d'action ouverte contre ceux qui les avoient
« fait mettre à mort. D'ailleurs ici aucun des parents
« des soldats en question ne réclame. C'est Cicéron
« qui se porte pour accusateur en leur absence, et
« tandis que c'est une accusation d'homicide qu'il in-
« tente, au lieu d'invoquer contre l'accusé les lois qui
« prononcent des peines contre ce genre de crime,
« il veut qu'on le déclare ennemi de la république.
« Au surplus, la défection des deux légions qui ont
« abandonné Antoine est une preuve assez notoire
« de l'indiscipline qui régnoit parmi son armée, et
« du mépris qu'elle faisoit de son chef. Ces légions,
« vous les aviez fait passer, par un de vos décrets,
« sous les ordres d'Antoine, et lorsque, en violant
« les lois militaires elles se sont tournées, non pas
« de votre côté, mais du côté d'Octave, Cicéron a
« donné (17) des éloges à leur conduite. Hier vous
« avez vous-mêmes décrété des récompenses en leur
« faveur aux dépens des deniers publics. Fassent
« les Dieux qu'un semblable exemple ne tire point
« à de fâcheuses conséquences! D'ailleurs les senti-
« ments de haine dont Cicéron est animé le mettent
« en contradiction avec lui-même; car il accuse
« Antoine de tyrannie pour avoir fait punir son ar-
« mée, tandis que les tyrans qui ont visé à subju-
« guer leur patrie ont tâché de se concilier leurs
« troupes par toutes sortes de complaisances, au lieu
« de les aliéner par la sévérité des châtiments. Mais
« puisqu'il n'a pas craint de faire le même reproche

« de tyrannie à tous les autres actes de l'administra-
« tion d'Antoine depuis la mort de César, je vais
« entrer là-dessus dans quelques détails. »

LVII. « A qui a-t-il fait tyranniquement donner
« la mort (18) sans procédure, celui qui court ac-
« tuellement le danger d'être condamné de cette
« manière? Qui a-t-il chassé de Rome (19)? Qui
« a-t-il calomnié devant nous (20)? ou bien tandis
« qu'il se conduisoit décemment envers chacun de
« nous en particulier, a-t-il conspiré contre nous
« tous à la fois? Quand a-t-il conspiré, Cicéron?
« Est-ce lorsqu'il a voté pour l'amnistie? Est-ce
« lorsqu'il a consenti qu'il ne fût fait aucune pour-
« suite contre les auteurs de la mort de César? Est-
« ce lorsqu'il a fait décréter qu'il seroit rendu
« compte des deniers publics? Est-ce lorsqu'il a
« provoqué le rappel de Pompée, le fils de celui,
« sénateurs, pour lequel vous aviez tant d'attache-
« ment, et qu'il a fait ordonner que le patrimoine
« de son père lui seroit restitué aux dépens du trésor
« public? Est-ce lorsque, après avoir fait arrêter le
« prétendu Marius qui avoit conspiré la mort des
« assassins de César, il l'a fait étrangler, acte de
« vigueur auquel vous avez tous applaudi, et le seul
« contre lequel Cicéron n'a point, par égard pour
« vous, dirigé ses calomnies (21)? Est-ce lorsqu'il
« fit décréter qu'il étoit défendu à qui que ce fût
« de proposer la nomination d'un dictateur, de
« voter sur cette proposition, ou d'accepter cette
« magistrature sous peine d'être mis impunément à
« mort par le premier qui en auroit le courage?

« Tels ont été cependant les actes de l'administra-
« tion d'Antoine dans le cours des deux mois, les
« seuls qu'il ait passés à Rome après la mort de
« César, et dans les circonstances où le peuple faisoit
« ouvertement la guerre aux conjurés (22), où vous
« n'étiez pas vous-mêmes sans de vives inquiétudes
« sur les évènements. Or, si Antoine avoit des in-
« tentions perfides, quelles circonstances plus favo-
« rables auroit-il pu souhaiter? Mais, dira-t-on, il
« n'étoit pas en mesure (23) pour agir autrement.
« Quoi! n'étoit-il pas seul armé du pouvoir lorsque
« Dolabella fut parti pour se rendre dans la Syrie?
« N'avoit-il pas à Rome à sa disposition un corps de
« troupes que vous lui aviez vous-mêmes donné?
« N'étoit-ce pas pour la tranquillité et la sûreté de
« Rome qu'il y faisoit monter la garde pendant la
« nuit? N'étoit-ce pas uniquement pour défendre sa
« personne des pièges que lui tendoient ses enne-
« mis, qu'il se faisoit également, pendant la nuit,
« garder lui-même? N'avoit-il pas, pour prétexte
« l'assassinat de César, son ami, son bienfaiteur, et
« sur-tout l'idole du peuple, s'il avoit voulu remuer?
« N'en avoit-il pas un personnel dans les projets
« meurtriers que les conjurés avoient aussi contre
« lui? Et cependant il n'en fit condamner aucun ni à
« la mort ni à l'exil. Au contraire: n'appuya-t-il point
« leur impunité autant que les convenances le lui
« permirent, et vit-il de mauvais œil qu'ils eussent
« la liberté d'aller prendre possession des provinces
« qui leur avoient été assignées? Voilà néanmoins,
« pères conscrits, à quoi se réduisent les graves, les

« non équivoques chefs d'accusation de Cicéron
« contre Antoine. »

LVIII. « Mais puisque, outre les chefs d'accusa-
« tion, on invoque contre lui les conjectures mêmes,
« et qu'on dit qu'Antoine étoit sur le point de mar-
« cher contre Rome à la tête de son armée, mais que
« la crainte s'empara de lui lorsqu'il se vit gagné de
« vitesse par Octave, à la tête d'une autre armée,
« comment se fait-il donc, si une pareille intention
« suffit pour être déclaré ennemi de la patrie, que
« celui qui a réellement marché contre Rome, et
« qui est venu camper à ses portes sans y être appelé,
« ne paroît point à Cicéron devoir être déclaré tel?
« Et qui auroit empêché Antoine d'arriver à Rome,
« s'il en avoit voulu prendre le chemin? Étant à la
« tête d'un corps d'armée de trente mille hommes (24),
« auroit-il eu à redouter les trois mille qui s'étoient
« rangés sous les ordres du jeune César, sans armes,
« sans discipline, qui n'avoient marché que dans la
« vue de coopérer à sa réconciliation avec Antoine,
« et qui l'abandonnèrent aussitôt qu'ils furent ins-
« truits qu'il ne les avoit appelés que pour le com-
« battre? Mais s'il craignoit de marcher sur Rome à
« la tête de trente mille soldats, pourquoi s'y rendit-
« il n'en ayant que mille à sa suite (25)? Lorsque avec
« cette escorte il se rendit à Tibur (26), combien
« d'entre nous se joignirent à son cortège, combien
« d'entre nous (27) lui prêtèrent spontanément et
« sans y être obligés serment de fidélité? Combien
« d'éloges Cicéron ne prodigua-t-il pas alors à
« son administration et à ses talents? D'ailleurs

« si Antoine a contre Rome les hostiles intentions
« qu'on lui suppose, comment se fait-il qu'il nous
« ait laissé pour gages sa mère, sa femme et son fils,
« qui sont en ce moment à la porte du sénat, à pleu-
« rer, à trembler, non pas à cause de la conduite
« publique d'Antoine, mais à cause de l'influence
« de ses ennemis dans les délibérations du sénat? »

LIX. « Dans ce que je viens de vous dire, pères
« conscrits, j'ai eu pour but de justifier Antoine à
« vos yeux, et de vous montrer la versatilité de Cicé-
« ron. Je continuerai en exhortant ceux d'entre vous
« qui ont le plus de prudence et de sagesse à s'abs-
« tenir de toute injustice, soit envers le peuple, soit
« envers Antoine; à ne point jeter la république
« dans de nouvelles dissensions, dans de nouveaux
« dangers, tandis qu'elle est encore grièvement ma-
« lade, et qu'elle a besoin de secours actifs et puis-
« sants pour se restaurer; à établir dans Rome une
« force suffisante avant d'exciter aucun trouble au-
« dehors; à vous mettre en mesure de parer de tous
« les côtés aux évènements urgents, et de livrer en-
« suite à la vindicte publique qui vous voudrez,
« lorsque vous aurez le pouvoir de faire exécuter
« les jugements. Comment remplirons-nous ce but?
« Nous le remplirons, si par politique, ou par égard
« pour le peuple nous laissons à Antoine le gouver-
« nement de la Gaule; si nous appelons ici Décimus
« Brutus avec les trois légions qu'il commande; si,
« à son arrivée, nous le faisons partir pour la Macé-
« doine, en retenant les trois légions; si les deux
« deux légions qui ont quitté le parti d'Antoine

« pour passer de notre côté, ainsi que le prétend
« Cicéron, nous les appelons à Rome en les ôtant à
« Octave. Car alors, ayant cinq légions sous nos
« ordres, nous décréterons avec confiance ce que
« nous jugerons convenable, sans dépendre des vues
« secrètes d'un individu quelconque. »

LX. « Cette opinion, je l'adresse à ceux qui m'é-
« coutent, sans nul esprit d'animosité, de jalousie,
« de dissension. Quant à ceux qui, sans circonspec-
« tion, sans maturité, ne cherchent qu'à vous faire
« partager la turbulente impulsion de leurs pas-
« sions personnelles, je les exhorte à ne pas tant se
« presser de s'ériger en juges, à s'abstenir de toute
« précipitation envers des citoyens des plus distin-
« gués, qui sont à la tête de forces imposantes, et à
« ne pas les réduire à recourir malgré eux aux voies
« hostiles, à se souvenir de Marcius Coriolan, et
« tout récemment de César, qui étoit également à la
« tête d'une armée lorsqu'il nous fit proposer les
« choses les plus raisonnables et les plus avanta-
« geuses, et que trop de précipitation à le déclarer
« ennemi de la patrie mit dans la nécessité d'agir
« en effet comme tel. Je les exhorte en même temps
« à montrer quelque déférence pour le peuple, qui
« naguère poursuivoit les assassins de César; de peur
« que nous ne paroissions avoir pour but de l'outra-
« ger, en donnant d'une part des commandements
« de province à quelques uns de ces conjurés, et en
« louant, d'autre part, Décimus Brutus qui refuse de
« se soumettre à une loi émanée des comices, tandis
« que nous déclarerions Antoine ennemi de la patrie,

« parceque c'est en vertu d'un plébiscite que le
« commandement de la Gaule lui a été décerné. Il
« importe donc que ceux qui se piquent de pru-
« dence et de sagesse prennent tout cela en sérieuse
« considération, qu'ils obtiennent la prépondérance
« sur ceux que l'erreur ou l'inconsidération entraî-
« nent encore, et que les consuls, ainsi que les tri-
« buns du peuple, redoublent d'activité et de
« vigilance au milieu des périls publics. »

LXI. Ce fut ainsi qu'en défendant Antoine, Pison répandit le sarcasme, et excita en même temps la terreur. Il fut évidemment cause qu'on ne déclara point Antoine ennemi de la patrie; mais il n'obtint point qu'on lui laissât le commandement de la Gaule. Les amis et les parents des conjurés s'y opposèrent, dans la crainte qu'en faisant cesser la guerre, il ne se réconciliât de nouveau avec Octave, et que de concert ils ne travaillassent à venger la mort de César. En conséquence, ils disposèrent les choses de manière à laisser Octave et Antoine dans un état de dissension permanente. Ils firent décréter qu'on déclareroit à Antoine que c'étoit de la Macédoine, et non de la Gaule qu'il avoit le commandement; et le reste des ordres qui devoient lui être transmis, on chargea Cicéron, soit à l'insçu du sénat, soit de son avis, de les rédiger et de les donner aux députés qui devoient se rendre auprès d'Antoine. Celui-ci altérant (28) ce qui avoit été délibéré, rédigea ces ordres dans les termes suivants : « Qu'Antoine lèveroit sur-
« le-champ le siège de Modène, qu'il laisseroit le
« commandement de la Gaule à Décimus Brutus; et

« qu'après être arrivé à un jour préfix au-delà du
« Rubicon, fleuve qui sépare la Gaule de l'Italie, il
« attendroit les ordres ultérieurs du sénat à son su-
« jet (29). » Ce fut ainsi que Cicéron rédigea les
ordres du sénat en contre-sens de ses intentions, et
d'une manière propre à entretenir la mésintelligence,
non que son animosité contre Antoine allât jusqu'à
ce point là; mais il le fit, à ce qu'il paroît, par l'impulsion de cette fatale destinée qui appeloit une révolution dans le gouvernement de la république, et qui
préparoit à Cicéron une fin tragique. A cette époque,
les restes de Trébonius ayant été apportés à Rome,
et les détails de sa mort, ainsi que des avanies dont
son corps avoit été le jouet ayant été connus avec plus
d'exactitude, le sénat n'éprouva point de contradiction à déclarer Dolabella ennemi de la patrie (30).

LXII. Les députés qui furent envoyés vers Antoine, honteux d'être porteurs d'ordres si peu
propres à lui plaire (31), ne lui dirent rien en l'a-
bordant; ils se contentèrent de lui remettre leurs
dépêches. Antoine indigné se livra à beaucoup
d'invectives, et contre le sénat et contre Cicéron. Il
s'étonna qu'on regardât César qui avoit rendu de si
grands services à la république, comme ayant affecté
la tyrannie et la royauté, et qu'on n'eût pas de Cicéron une opinion semblable, de Cicéron à qui
César, après l'avoir fait prisonnier, daigna conserver la vie. Il déclama d'ailleurs contre lui à cause
qu'il préféroit les assassins de César à ses amis; et
que tandis qu'il avoit été en inimitié déclarée avec
Décimus Brutus, pendant que ce dernier avoit eu les

bonnes graces de César, il s'en étoit rendu le partisan depuis qu'il en avoit été l'assassin; à cause qu'il s'intéressoit en faveur de celui qui, après la mort de César, avoit pris le commandement de la Gaule sans le tenir de personne (32), au préjudice de celui qui avoit reçu ce commandement de la main du peuple; à cause qu'entre les légions qui avoient été mises sous ses ordres, Cicéron avoit fait décerner des récompenses à celles qui avoient abandonné ses drapeaux, sans rien accorder à celles qui lui étoient restées fidèles; ce qui étoit pervertir la discipline militaire, non seulement au détriment d'Antoine, mais au détriment même de la république; à cause qu'il fit voter en faveur des assassins de César une amnistie à laquelle lui-même Antoine donna les mains par égard pour deux des conjurés pour qui il avoit de la considération, et qu'actuellement il faisoit déclarer Antoine et Dolabella ennemis de la patrie, uniquement parcequ'ils étoient en possession des provinces où ils avoient été légalement appelés. « Car, ajouta-t-il, voilà la véritable
« raison; et si je sortois de la Gaule, je ne serois plus
« l'ennemi de la république, je n'affecterois plus la
« monarchie. Mais je proteste que je rendrai vaine
« cette amnistie dont on ne veut pas se contenter. »

LXIII. Après beaucoup de déclamations de ce genre, Antoine se mit à rédiger sa réponse au sénatus-consulte, dans ces termes : « J'obéirai toujours
« au sénat comme à l'autorité suprême de la patrie;
« mais voici ce que je réponds à Cicéron, qui a été
« le rédacteur des ordres qui m'ont été transmis. Le

« peuple m'a décerné le commandement de la Gaule « en vertu d'une loi. Je chasserai de cette province « Décimus Brutus qui méconnoît cette loi, et je lui « ferai expier à lui seul, pour tous, l'assassinat de « César, afin que le sénat se trouve ainsi vengé du « crime dont Cicéron lui fait en ce moment suppor- « ter la flétrissure par la protection qu'il accorde « à Brutus. » Ce fut en ces termes qu'Antoine répondit au sénatus-consulte (33). Sur-le-champ le sénat le déclara ennemi de la patrie. La même déclaration fut étendue à l'armée qui étoit sous ses ordres, à moins qu'elle n'abandonnât ses drapeaux. Le sénat donna en même temps à Marcus Brutus le commandement de la Macédoine, même de l'Illyrie, et de toutes les troupes qui restoient dans ces provinces, jusqu'au rétablissement des formes républicaines du gouvernement. Marcus Brutus avoit déjà une armée à lui qui fut renforcée par des troupes qu'un certain Apuléius fit passer sous ses ordres. Il avoit de grands vaisseaux et des vaisseaux de transport; il avoit environ seize mille talents dans ses coffres; il avoit trouvé à Démétriade (34) une grande quantité d'armes que César y avoit mises depuis longtemps en réserve. Le sénatus-consulte mettoit tout cela à la disposition de Marcus Brutus pour le service de la patrie. Un autre sénatus-consulte portoit que Cassius conservoit le commandement de la Syrie, et qu'il étoit autorisé à traiter Dolabella en ennemi. D'ailleurs tous les commandants de provinces, tous les chefs des troupes romaines, depuis la mer Ionienne jusqu'aux provinces de l'Orient, furent mis sous les ordres immédiats de Brutus et de Cassius (35).

NOTES.

(1) Modène étoit une des principales villes de la Gaule Cisalpine. S'il faut en croire ce qu'en dit Cicéron dans la cinquième Philippique, c'étoit une ville forte et considérable. *Circumsedit Mutinam firmissimam et splendidissimam populi Romani coloniam.*

(2) Ce fut dans cette assemblée du sénat, qui se tint le premier janvier, que Cicéron prononça sa cinquième Philippique. Il s'agissoit de savoir si Antoine, qui s'étoit mis en campagne pour chasser à force ouverte Décimus Brutus de la Gaule Cisalpine, seroit ou ne seroit pas déclaré ennemi de la patrie. Les consuls avoient parlé les premiers, et Cicéron avoit été content de leur opinion, dans laquelle il avoit trouvé le désir des consuls et leur espérance, non seulement de conserver la république, mais encore de lui faire recouvrer son ancien lustre. Le premier consulaire à qui les consuls avoient accordé la parole, selon la prérogative qu'ils en avoient, c'étoit Calenus, beau-père de Pansa le consul, et ami chaud d'Antoine. Son opinion se ressentit de ses liaisons avec ce dernier, et il ouvrit l'avis de lui envoyer une députation. *Atque ut oratio consulum animum meum erexit, spemque attulit non modò salutis conservandæ, verùm etiam pristinæ dignitatis recuperandæ, sic me perturbâsset ejus sententia qui primus rogatus est, nisi vestræ virtuti constantiæque confiderem. Legiones decreverunt senatum defendere contra Antonium. Senatus decernit legatos ad Antonium.*

(3) Ce ne fut qu'au bout de trois jours de débats que le sénat prit un parti. L'opinion de Calenus l'emporta, et l'on envoya des députés à Antoine, qui furent chargés d'aller lui notifier l'ordre du sénat de lever le siège d'une place où commandoit un consul désigné, de cesser de ravager la Gaule, de ne plus lever des troupes, et de reconnoître l'autorité du

sénat et du peuple romain. *Mittuntur enim qui nuntient ne oppugnet consulem designatum, ne Mutinam obsideat, ne provinciam depopuletur, ne delectus habeat, sit in senatûs populique Romani potestate.* Philipp. VI, 2.

(4) Nous avons déjà parlé de cette statue dans la note 9 du ch. précéd. Nous ajouterons ce que remarque à ce sujet Paterculus, que depuis trois cents ans cet honneur n'avoit été décerné à nul autre qu'à Sylla, Pompée et César. *Qui honor non alii per* CCC. *annos quàm L. Sullæ, Cn. Pompeio et C. Cæsari contigerat.* Cette remarque de l'historien est une erreur d'autant plus grave qu'à la même époque où l'on avoit érigé une statue d'or à Octave, Cicéron en avoit fait ériger une pareille en l'honneur de M. Lépidus, qui étoit en Ibérie à la tête d'une armée nombreuse, et qu'il croyoit attacher par ce moyen au parti du sénat. On peut voir dans la cinquième Philippique, n° 15, le pompeux éloge que fait Cicéron de la conduite de M. Lépidus, éloge qu'il termine par la demande de l'érection en son honneur d'une statue équestre en or qui seroit placée dans le Forum à l'endroit que Lépidus choisiroit, en ces termes : *Eique statuam equestrem inauratam in Rostris aut quo alio loco in Foro vellet, ex hujus ordinis sententiæ statui placere.* Mais dans la suite ayant appris l'accueil qu'il avoit fait à Antoine fugitif et sans ressource, après ses deux batailles perdues à Modène, il la fit renverser. *At in Lepido reprehendimur, cui cùm statuam in Rostris statuissemus, iidem illam evertimus. Litt. ad Brutum*, 15. Paterculus ne pouvoit point ignorer ces détails si voisins de lui. Mais il falloit flatter Tibère, successeur d'Octave, sous le règne duquel il écrivoit, et mettre sur la même ligne des trois célèbres Romains qu'il avoit nommés, un homme ordinaire qui ne s'éleva que parceque la fortune fit tous les frais de sa grandeur. Ô vérité ! ô sainteté de l'histoire !

(5) Ces paroles d'Appien semblent dire que le lendemain des sénatus-consultes relatifs à la conduite de Brutus, et aux honneurs d'Octave, le sénat s'assembla de nouveau. Il est probable que c'est une erreur de cet historien, d'avoir fait

décider dans deux assemblées du sénat ce qui fut décidé dans la même. On a déjà vu, note 3, que les débats sur les diverses propositions avoient duré trois jours, et il est très-apparent que ce ne fut que le troisième jour que tous les points soumis à la délibération furent arrêtés.

(6) Ces paroles d'Appien fixent l'époque où il suppose que ce discours de Cicéron a été prononcé. C'est celle où fut prononcée la cinquième Philippique, dans laquelle Cicéron demanda des titres et des honneurs en faveur de tous ceux qui s'étoient déclarés contre Antoine, de Décimus Brutus, qui lui avoit refusé l'entrée de la Gaule Cisalpine, d'Octave, qui, après l'avoir empêché d'entrer dans Rome le fer à la main, s'étoit mis en campagne pour aller secourir Décimus Brutus, des deux légions qui avoient abandonné les drapeaux d'Antoine pour venir se mettre à la disposition du sénat.

(7) Nous avons déjà eu occasion de remarquer, note 11, ch. I, ci-dessus, que c'étoit un point constant du droit public de la république, qu'au sénat appartenoit la délégation du commandement des provinces, soit prétoriennes, soit consulaires. Il résulte évidemment de ce passage-ci d'Appien, que cela étoit ainsi, puisque Cicéron érige en chef d'accusation contre Antoine, de s'être fait décerner le gouvernement de la Gaule Cisalpine sans le concours du sénat. On voit de plus que le même auteur s'exprime à ce sujet dans des termes péremptoires, à la fin de la troisième Philippique, entre autres, où s'agissant de confirmer entre les mains de Décimus Brutus et de L. Plancus, consuls désignés, le commandement de leurs provinces, il propose, dans la formule du sénatus-consulte, de décréter qu'ils retiendront ces commandements en vertu de la loi Julia, jusqu'à ce que le sénat leur ait donné des successeurs; *senatum ad summam reipublicæ pertinere arbitrari à D. Bruto et ab L. Planco, imperatoribus, consulibus designatis, itemque à cæteris qui provincias obtinent, obtineri ex lege Juliâ, quoad ex S. C. cuique eorum successum sit. D. L. in fine.*

(8) On voit évidemment qu'Appien altère ici les faits, et

se met, qui plus est, en contradiction avec lui-même. Il vient de dire qu'Antoine se rendit de Brindes à Rome avec une cohorte royale, qu'on le vit à Rome avec cette cohorte, ce qui est très vrai. C'est donc se mettre en contradiction que de dire que, lorsqu'Antoine fut instruit qu'Octave l'avoit prévenu, et qu'il étoit entré dans Rome à la tête d'un corps de vétérans, Antoine avoit changé de direction, et avoit pris le chemin de la Gaule. La vérité est qu'Antoine, encore consul, entra dans Rome après Octave, dont la présence avoit relevé le courage de ses ennemis; qu'il y fit plusieurs proclamations dont nous avons déjà parlé, Philipp. III, n. 6, 7, 8 et 9; qu'il y commit plusieurs violences, et que c'est de Rome qu'il sortit, lorsqu'il se rendit à Albe, et de là à Tibur, ainsi qu'Appien le dit lui-même.

(9) Voyez ci-dessus, note 1, chap. VII.

(10) Dion Cassius a terminé le quarante-cinquième livre de son Histoire romaine par un discours de Cicéron beaucoup plus étendu que celui d'Appien, et qui ne lui cède, ni en énergie, pour le fond des choses, ni en véhémence oratoire. D'ailleurs, ce discours de Dion Cassius n'est pas, ainsi qu'on pourroit le penser au premier coup-d'œil, la traduction en grec de quelqu'une des Philippiques de Cicéron. C'est une Philippique nouvelle dont l'historien grec a emprunté les matériaux à l'ensemble des Philippiques de l'orateur romain.

(11) Appien n'a point voulu entrer dans le long détail des discussions auxquelles donna lieu dans le sénat de Rome l'affaire du siège de Modène. Il s'est contenté de faire un très informe extrait des nombreux discours que Cicéron prononça à cette occasion. Quant au tribun du peuple Salvius, auquel il fait jouer un rôle dans ce discours qu'il prête à Cicéron, je n'ai rien vu de relatif à ce personnage, ni dans les Philippiques de ce dernier, ni dans ses lettres familières. C'est sans doute sur la foi d'Appien que l'auteur de la Vie de Cicéron, tom. 4, liv. X, p. 17, parle aussi de ce Salvius.

(12) Appien ne se seroit-il pas encore trompé ici? N'au-

roit-il pas nommé Pison qu'il fait parler ici, au lieu de Q. Fufius Calenus, qu'on voit dans les Philippiques de Cicéron se déclarer continuellement pour Antoine, et opiner toujours le premier, parceque, étant beau-père du consul Pansa, et consulaire lui-même, c'étoient deux motifs pour qu'on lui accordât la parole avant tous les autres. Ce qui me feroit croire à cette erreur d'Appien, c'est que, quoique de l'aveu de Cicéron, ce L. Pison fût du nombre des partisans d'Antoine, il rapporte aussi deux traits de ce sénateur qui me le font juger peu capable d'avoir prononcé en faveur d'Antoine une apologie aussi pleine de chaleur et de véhémence. Le premier de ces traits est consigné dans la première Philippique. Il y avoit eu une assemblée du sénat le jour des calendes du mois d'août. L. Pison prononça dans cette séance un discours si décidé en faveur des principes républicains, que M. Brutus et Cicéron firent de ce discours un grand éloge, et pensèrent que Pison s'étoit acquis beaucoup de gloire en le prononçant. *Ex quo primùm cognovi quæ calendis sextilibus in senatu fuisset L. Pisonis oratio, qui quanquam parum erat (id enim ipsum à Bruto audieram) à quibus debuerat adjutus, tamen et Bruti testimonio (quo quid potest esse gravius) et omnium prædicatione quos posteà vidi, magnam mihi videbatur gloriam consecutus.* Philipp. I, 4. Le second trait est celui qu'on trouve dans la douzième Philippique, n. 6. L. Pison avoit dit, et il en avoit été loué en plein sénat et dans une assemblée du peuple, par le consul, *in concione* « que si Antoine attentoit à la république, il « s'enfuiroit de l'Italie, il abandonneroit ses dieux domes- « tiques et l'habitation de ses pères. » *L. Pisonis amplissimi viri præclara vox, à te non solùm in hoc ordine, Pansa, sed etiam in concione jure laudata est; excessurum se dixit ex Italiâ, deos penates et sedes patrias relicturum, si (quod Di omen averterint) remp. oppressisset Antonius.* Il ne paroît donc guère probable qu'un sénateur de ce caractère ait parlé d'Antoine de la manière dont le fait parler ici Appien. Pison comptoit sans doute parmi les amis d'Antoine, mais Cicéron ne nous le représente point aussi ardent à rompre des lances en sa faveur, qu'il nous représente Calenus. Au contraire, il dit, entre autres choses, dans une de ses lettres (*ad famil. lib. XII*, 2) que Pison étoit du nombre des trois consulaires qui ne pouvoient, sans se compromettre, paroître au sénat, parcequ'ils avoient eu le courage de parler avec énergie en faveur de la république. *Ita ne Pisoni qui in eum primus invectus est.... tutè in senatum venire licet.* Il n'y a qu'un moyen de concilier Appien avec Cicéron. C'est de supposer, ce qui est très probable qu'il y avoit deux sénateurs de ce nom, l'un à qui appartiennent toutes les particularités que Cicéron a rapportées; l'autre à qui appartient le discours dont il s'agit ici, et qui, sur ce pied-là, doit être le même Pison que celui entre les mains duquel César avoit déposé son testament, ainsi que nous l'avons vu à la fin du second livre. Néanmoins ce qui me paroît rendre cette conciliation suspecte, et donner tort décidément à Appien, c'est que Dion, Cassius, au commencement de son quarante-sixième livre, donne le nom de Q. Fufius Calenus au sénateur qui prit la parole immédiatement après Cicéron pour lui répondre, et pour justifier Antoine.

(13) Cicéron avoit raison. C'étoit au sénat et non au peuple à disposer du commandement de la Gaule Cisalpine. On l'a déjà vu. La loi Julia le régloit ainsi. Antoine, qui n'avoit pour lui qu'un plébiscite, n'étoit donc pas légalement investi de ce commandement.

(14) Voilà encore un fait faux. Il résulte, de la correspondance de Cicéron avec ses amis, qu'il sortit de Rome peu de jours après les obsèques de César, et qu'il n'y rentra que le premier septembre suivant. Or, c'est évidemment dans cet intervalle qu'Antoine se fit décerner le commandement de la Gaule dans une assemblée du peuple, à laquelle il n'est pas permis de supposer que Cicéron ait pu assister.

(15) On verra dans les annotations de Schweighæuser à quel point ce passage a donné de la tablature aux critiques. Au lieu d'adopter leurs conjectures, j'ai cru devoir suivre

celle où le sens m'a paru conduire naturellement, et à la place de ἐπιστήσειε, j'ai lu ἐκπέσειε, par l'aoriste éolique du verbe πέτω, pour πίπτω; ainsi ὧν μεδὲν ὁ δῆμος ἐκπέσειε; « pré-
« rogatives d'aucune desquelles plût aux Dieux que le peuple
« ne fût point déchu, etc. »

(16) Sans doute lorsqu'il s'agit de soldats réellement coupables d'avoir violé les lois de la discipline militaire; mais faire égorger des centurions parcequ'ils ne veulent point devenir les instruments de fureurs atroces, ou même seulement parcequ'on les tient suspects! Or, voilà ce que Cicéron et l'Epitomé de Tite-Live ont reproché à Antoine.

(17) Voyez ci-dessus la note 6.

(18) Outre le massacre des trois cents citoyens immolés à Brindes, Cicéron a reproché à Antoine d'avoir fait égorger également à Suesse des citoyens suspects aussi probablement, dont il ne s'étoit pas suffisamment assuré en les faisant mettre en prison. *At hic et Suessæ jugulavit eos quos in custodiam dederat; et trecentos Brundisii fortissimos viros civesque optimos trucidavit.* Philipp. III, 4.

(19) Les assassins de César.

(20) Cicéron entre autres, qu'il accusa en plein sénat, dans sa réponse à la première Philippique, d'avoir été le chef de la conspiration de César, tandis que tous les monuments historiques attestent qu'il n'y eut aucune part. Antoine n'avoit pour but, dans cette calomnie, que de livrer la tête de Cicéron à la fureur de ses satellites. *Nullamque aliam ob causam me auctorem fuisse Cæsaris interficiendi criminatur, nisi ut in me veterani incitentur.* Ad famil. lib XII, 2.

(21) Sur ce passage, Schweighæuser s'exprime ainsi: *Dubito an satis emendatus ille locus sit.* Je crois, en effet, comme lui, que le texte à souffert ici quelque altération. J'étois tenté de lire, ϰ̓ τι τοῦτο μόνον δι' ὑμᾶς οὐ διέβαλε Κικέρων.

(22) Dans le discours qu'Antoine a adressé à Octave, au commencement de ce livre, et plus clairement encore dans celui qu'il a tenu aux officiers de sa garde, Antoine s'est

fait honneur lui-même de tous ces mouvements, comme du chef-d'œuvre de ses intrigues ; ce qui étoit vrai. D'un autre côté, dans la première Philippique de Cicéron, prononcée le 2 de septembre, on trouve plusieurs faits qui attestent que le peuple, quand il étoit abandonné à lui-même, ne montroit pas des sentiments si contraires au rétablissement de la liberté. Voici son propre langage : *Quid enim gladiatoribus clamores innumerabilium civium ? Quid populi concursus ? Quid Pompeii statuæ plausus infiniti ? Quid iis tribunis plebis qui vobis adversantur ? Parumne hæc significant incredibiliter consentientem populi Romani universi voluntatem ? Quid Apollinarium ludorum plausus vel testimonia potiùs et judicia populi Romani vobis parva videbantur ?* En effet, ces acclamations universelles du peuple romain à l'aspect de ces gladiateurs qui avoient protégé les conjurés dans le Capitole, le jour des ides de mars, ces applaudissements infinis donnés tous les jours à la statue de Pompée, cette animadversion constante contre les tribuns qui se montroient les adversaires du sénat, ces battements de mains qui signalèrent les jeux apollinaires donnés par Brutus quoique absent, tout cela prouvoit que les plébéiens n'avoient pas de si grands regrets de la mort de César.

(23) Ce passage a exercé la sagacité des critiques. Au lieu de ἦρχε par un χ *chi*, j'ai lu ἤρκε par un κ *cappa*, aoriste second du verbe ἀρκέω, ou bien ἤρκησε, aoriste premier du même verbe ; ce qui m'a donné un sens qui m'a paru meilleur que celui qu'ont adopté les interprètes latins.

(24) Et où étoit-il ce corps de trente mille hommes ? Appien auroit dû le dire ; car Antoine ne se rendit à Brindes, pour gagner les quatre légions qui venoient d'y arriver de Macédoine, que parcequ'il n'avoit point d'autres troupes disponibles. Quant au corps d'armée avec lequel il se mettoit en mesure de chasser Décimus Brutus de la Gaule Cisalpine, s'il l'eût dirigé sur Rome, Décimus Brutus se seroit mis à ses trousses, et placé alors entre Décimus Brutus qui se seroit trouvé sur ses derrières, et entre Octave à la

tête de ses vétérans, secondé par les citoyens de Rome qui auroient pris les armes, et par les deux légions qui l'avoient abandonné, Antoine n'auroit certainement pas eu beau jeu.

(25) Antoine se rendit à Rome, croyant en imposer encore par son audace et l'autorité consulaire dont il étoit encore armé. Mais quand il vit que la connoissance des horreurs qu'il avoit commises à Brindes, et que le spectacle des violences auxquelles il se livra après son retour, ne firent qu'exciter une indignation générale contre lui, et que tourner les affections du côté du jeune César, il comprit, en apprenant sur-tout la défection des deux légions qui avoient pris la route de Brindes à Ariminum, qu'il ne lui restoit plus d'autre ressource que d'aller se mettre à la tête de son armée.

(26) S'il faut en croire Cicéron, Antoine, réfléchissant à Tibur sur l'entreprise qu'il formoit d'arborer l'étendard, eut l'air de balancer quelque temps, et Lucius, son frère, témoin de cette hésitation, fut sur le point de l'assassiner pour prendre sa place. *Quid ? ipse si velit (pacem) nunc etiam Lucium fratrem passurum arbitramur ? Nuper quidem dicitur ad Tibur, ut opinor, cùm ei labare M. Antonius videretur, mortem fratri esse minitatum.* Philipp. VI, 4.

(27) Voyez ce que nous avons dit plus haut, notes 5 et 6, ch. VII. Appien ayant déjà donné comme un fait constant que la plupart des sénateurs s'étoient rendus à Tibur pour faire leur cour à Antoine, a dû faire usage de ce fait dans le discours qu'il a mis ici dans la bouche de Pison ; mais c'est pousser un peu loin, je crois, la témérité, que de faire dire à Pison que Cicéron lui-même étoit du nombre. C'est contre toutes les apparences. Cicéron avoit prononcé le lendemain des calendes de septembre un discours où il s'étoit assez fortement déclaré contre Antoine, qui lui avoit fait donner ordre de se rendre à l'assemblée du sénat, en lui faisant dire que, s'il y manquoit, des ouvriers seroient envoyés pour démolir sa maison. *Huc etiam nisi venirem kalendis septembris fabros*

se missurum, et domum meam disturbaturum esse dixit. Veni postridiè, ipse non venit. Locutus sum de rep. minùs equidem liberè quàm mea consuetudo, liberiùs tamen quàm pericula minæque postulabant. Tel est le langage de Cicéron dans sa Philippique V., 7. Il ajoute plus bas, dans le même ouvrage, qu'immédiatement après le départ, ou plutôt après la fuite d'Antoine, lorsqu'il fut possible de convoquer librement le sénat, il s'agita pour provoquer cette convocation, et que, dans la première séance qui eut lieu, il parla du rétablissement de la république avec un zèle et une véhémence qui passèrent les bornes que les circonstances sembloient prescrire. *Ut primùm post discessum latronis, vel potiùs desperatam fugam liberè senatus haberi potuit semper flagitavi ut convocaremur; quo die primùm convocati sumus, cùm designati consules non adessent, jeci, sententiâ meâ, maximo vestro consensu, fundamentum reipublicæ seriùs omninò quàm decuit. Nec enim antè potui.* Il est donc contre toute vérité que Cicéron, qui avoit déjà rompu en visière avec Antoine long-temps avant son départ pour Tibur, et qui aussitôt qu'il en fut instruit ne songea qu'à se rendre à Rome, qu'à faire convoquer le sénat pour faire déclarer Antoine ennemi de la patrie, se soit rendu entre ces deux intervalles à Tibur, auprès d'Antoine, pour lui prêter serment de fidélité. On voit d'ailleurs, par ses lettres du seizième livre à Atticus, qu'il ne savoit où se retirer pour se dérober à la fureur qu'Antoine avoit fait éclater contre lui après son retour de Brindes, vers la fin d'octobre.

(28) Τὴν γνώμην παραφέρων. Voilà, par exemple, un fait singulièrement grave qu'Appien a la témérité de mettre à la charge de Cicéron sans en considérer, non seulement l'invraisemblance, mais encore l'impossibilité. Comment supposer en effet que Cicéron eût osé se permettre une aussi révoltante prévarication, lorsqu'il étoit impossible qu'elle ne fût point découverte, et que par conséquent elle ne le couvrit pas d'infamie? Le sénat nomma trois députés pour porter le sénatus-consulte à Antoine. Cicéron nous a transmis leurs

noms. C'étoient Ser. Sulpicius, L. Philippus et L. Pison.
Ce dernier étoit un des amis d'Antoine; tous les trois étoient
membres du sénat. Ils avoient assisté à la délibération où le
sénatus-consulte dont ils devoient être les porteurs avoit été
arrêté. Est-il concevable que Cicéron ait osé, quand même
il en auroit eu l'intention, le rédiger comme on l'en accuse,
dans un autre sens que celui que le sénat avoit réglé ?

(29) Ce fut en effet dans ce sens-là que le sénatus-consulte
fut adopté. Les délibérations du sénat devenoient à Rome
bientôt publiques. On en connoissoit tous les détails, même
les opinions individuelles. Témoin ce début de la sixième
Philippique. *Audita vobis esse, arbitror, quirites, quæ sint
acta in senatu, quæ fuerit cujusque sententia.* Or, voici ce
que dit Cicéron, en pleins comices, de la contexture du sénatus-consulte, et du sens dans lequel il étoit rédigé. *Quanquam, quirites, non est illa legatio, sed denuntiatio
belli nisi paruerit. Ita enim est decretum ut si legati ad
Hannibalem mitterentur.* Qui croira que Cicéron se fût permis d'altérer le sens d'un acte solennel du sénat qui devoit
acquérir une si grande publicité.

(30) On trouvera dans la onzième Philippique de Cicéron
le détail des horreurs que se permit Dolabella contre Trébonius qu'il surprit dans Smyrne. On y verra que Dolabella
n'envoya point, ainsi que l'a dit Appien, un centurion pour
chercher la tête de Trébonius, mais qu'il la lui fit couper
après l'avoir livré pendant deux jours aux tourments les plus
affreux et les plus barbares. Jamais Cinna dans sa cruauté,
jamais Marius dans sa fureur, jamais Sylla dans son atrocité sanguinaire, n'avoient donné un semblable exemple.
*Ponite igitur ante oculos, P. C., miseram illam quidem et
flebilem speciem, sed ad invitandos animos vestros neces-
sariam, nocturnum impetum in urbem Asiæ clarissimam,
irruptionem armatorum in Trebonii domum, cùm miser
ille priùs latronum videret quàm quæ res esset audisset,
furentis introitum Dolabellæ vocem impuram, atque os illud
infame, vincula, verbera, aculeum, carnificem, tortoremque*

Samiarium, quæ tulisse illum fortiter et patienter ferunt.
Ces détails, comme on voit, sont un peu plus circonstanciés que ceux d'Appien. On y trouve jusqu'au nom du bourreau dont se servit Dolabella. Ce tableau excita une indignation si profonde dans l'ame de tous les sénateurs, qu'ils déclarèrent tout d'une voix Dolabella *ennemi de la patrie.* Calenus, l'infatigable champion d'Antoine, partagea cette indignation comme tous les autres. Ce fut lui qui ouvrit l'avis de déclarer Dolabella ennemi public, et de confisquer tous ses biens, en ajoutant que si quelqu'un de ceux qui devoient opiner après lui ouvroient un avis encore plus rigoureux, il s'y rangeroit. *Itaque non solùm assentior sed etiam gratias ago Qu. Fufio. Dixit enim severam, gravem republicâ dignam sententiam. Judicavit hostem Dolabella, bona ejus censuit publicè possidenda. Quo cùm addi nihil posset, (quid enim atrocius potuit, quid severius decernere) dixit tamen si quis eorum qui post se rogati essent graviorem sententiam dixisset, in eam se iturum.* Philipp. XI, 6.

(31) Dion Cassius dit positivement le contraire : ἄσμενος γὰρ τῶν ἐψηφισμένων λαϐόμενος. Lib. 46, n. 30. S'il est vrai, comme le pense cet historien et comme tout l'annonce, qu'Antoine ayant déjà tiré le glaive, n'auroit pas renoncé à ses projets, il dut être bien aise que le sénat, en sévissant contre lui, parût mettre le tort de son côté, et lui fournît ainsi un prétexte spécieux d'opposer aux sénatus-consultes la puissance de ses armes.

(32) Décimus Brutus tenoit le commandement de la Gaule Cisalpine de César lui-même, dont on avoit solennellement ratifié les actes.

(33) Ceci s'accorde bien peu avec le récit de Dion Cassius. Suivant ce dernier historien, Antoine envoya de son côté une députation au sénat, et, quoiqu'il sentît bien que le parti qui lui étoit contraire ne seroit pas plus disposé à souscrire à ses propositions, qu'il ne l'étoit lui-même à obéir aux ordres qu'on venoit de lui intimer, il fit dire qu'il étoit prêt à sortir de la Gaule pour se rendre en Macédoine, et à

abdiquer le commandement de son armée, à condition que l'on donneroit à ses troupes les mêmes gratifications qui avoient été décrétées en faveur des troupes d'Octave; à condition de plus, que Cassius et M. Brutus seroient appelés au consulat. Il est fort possible qu'Antoine ait fait proposer ces deux choses. Par-là, il se donnoit l'air de n'être pas l'auteur de la guerre, il s'attachoit, il s'affectionnoit davantage les légions qui lui restoient fidèles, et en faisant un pas pour se réconcilier avec les conjurés, il invitoit leurs nombreux amis dans le sénat à abandonner la cause d'Octave. *Dion Cass.* liv. 46, *à la fin.*

(34) C'étoit le nom que l'on avoit donné à la nouvelle ville de Sicyone, en l'honneur de Démétrius, ainsi qu'on le voit dans Plutarque, *Vie de Démétrius.*

(35) La dixième et la onzième Philippique de Cicéron contiennent le texte même des sénatus-consultes qui devoient décerner à Brutus et à Cassius les commandements dont il est ici question; mais il paroît que Cicéron, malgré tous ses efforts, ne parvint point à les faire adopter. On voit, en effet, dans une lettre qu'il adressa à Cassius immédiatement après les deux discours qu'il prononça à ce sujet devant le sénat et l'assemblée du peuple, que le consul Pansa en empêcha l'adoption. *Quanto studio dignitatem tuam et in senatu et ad populum defenderim ex tuis te malo quàm ex me cognoscere. Quæ mea sententia in senatu facilè valuisset, nisi Pansa vehementer obstitisset.* La suite de cette lettre prouve que Pansa fit valoir auprès du peuple que Cicéron avoit agi dans cette affaire contre les intentions de Servilie, sa belle-mère; car Cassius avoit épousé une des sœurs de Brutus. D'un autre côté, on lit dans la lettre de Lentulus à Cicéron (*ad famil. lib. XII,* 14.) « En décer-
« nant aux consuls le commandement de l'Asie, on leur a
« donné la faculté d'envoyer des commissions à ceux qui
« commandent actuellement dans cette province. Je vous
« prie donc de m'obtenir d'eux une de ces commissions avant
« que l'un ou l'autre vienne ici; je ne vois pas de motif qui

« les presse de s'y rendre. Dolabella est dans la Syrie ; et, « suivant votre judicieuse prédiction, Cassius l'aura exterminé avant que les consuls arrivent » , et un peu plus bas , « Pansa m'a fait dire par Verrius, mon ami, « que je ne serois point remplacé durant son consulat. » *Cùm consulibus decreta est Asia, et permissum est iis, dum ipsi venirent, darent negotium qui Asiam obtineant, rogo te, petas ab iis, ut hanc dignitatem potissimùm nobis tribuant, et mihi dent negotium ut Asiam obtineam dùm ipsorum alterutero veni. Nam quod huc properent in magistratu venire, aut exercitum mittere, causam non habent. Dolabella enim in Syriâ est, et ut tu divinâ tuâ mente prospexisti et prædicasti, dùm isti venient Cassius eum opprimet.* Ces passages sont formels, et doivent l'emporter sur l'autorité d'Appien.

CHAPITRE IX.

Quoique Octave ne se dissimule pas la malveillance du sénat à son égard, il ne laisse pas de marcher avec Hirtius, l'un des consuls, contre Antoine, qui faisoit le siège de Modène. Pansa, l'autre consul, et Carsuléius sont battus par les troupes d'Antoine dans un défilé entre Modène et Bologne. Hirtius tombe à l'improviste sur les troupes d'Antoine qui venoient de battre Pansa, et les taille en pièces.

LXIV. Ce fut ainsi que, saisissant l'occasion qui se présentoit, le sénat donna en peu de temps une imposante consistance au parti de Brutus et de Cassius. Cet évènement donna de vives sollicitudes au jeune César. Il pensoit que l'amnistie n'avoit eu pour motif que des considérations de convenance et de philantropie, et un sentiment de commisération en faveur de parents et de collègues; qu'on n'avoit délégué aux conjurés le commandement des plus petites provinces que comme un asile; qu'en adoptant la mesure de maintenir Décimus Brutus dans la Gaule, on n'avoit voulu que se mettre adroitement en garde contre Antoine, que l'on soupçonnoit d'affecter la tyrannie; et que c'étoit par une suite de la même feinte qu'on se servoit de lui contre Antoine. Mais lorsqu'il vit qu'on ne déclaroit Dolabella l'ennemi de la patrie que parcequ'un des conjurés

Ans de Rome. 711.

avoit été égorgé par son ordre; qu'on rendoit à Brutus et à Cassius le gouvernement des plus grandes provinces; qu'on mettoit à leur disposition, tout d'un coup, des troupes nombreuses et beaucoup d'argent, et qu'on leur décernoit une autorité suprême sur toutes les provinces au-delà de la mer Ionienne, il ne douta plus qu'on ne tendît évidemment à relever le parti de Pompée, et à détruire celui de César. Il réfléchit sur l'artifice dont les sénateurs avoient usé à son égard, attendu sa jeunesse, en lui faisant ériger une statue, en lui assignant une place au sénat parmi les consulaires, en lui déférant le titre de propréteur (1), tandis qu'ils lui avoient réellement enlevé sa propre armée. Car du moment que les consuls en partageoient le commandement, le propréteur n'étoit plus rien. Il sentoit que les récompenses décernées exclusivement aux légions qui avoient abandonné le parti d'Antoine tournoient au déshonneur de ses autres troupes; il sentoit aussi que l'ignominie de cette guerre retomboit entièrement sur lui-même, tandis que, en effet, le sénat ne faisoit que se servir de lui contre Antoine, jusqu'à ce qu'il l'eût écrasé.

LXV. Octave ne laissa rien transpirer de ces réflexions. Pendant qu'il faisoit les sacrifices d'usage, au sujet de la magistrature que le sénat venoit de lui décerner, il dit à ses troupes: « C'est à vous, mes com-
« pagnons d'armes, que j'en ai l'obligation, et cela non
« seulement depuis aujourd'hui, mais depuis que vous
« m'aviez vous-même décerné ces fonctions. Car ce
« n'est que pour ratifier votre ouvrage que le sénat m'a

« nommé. Or vous savez combien je suis disposé à « vous donner des preuves de ma reconnoissance, « et si les Dieux daignent nous accorder des succés, « je m'acquitterai tout à la fois. » C'étoit ainsi qu'il travailloit à se concilier par degrés, à s'affectionner son armée. Sur ces entrefaites Pansa, l'un des consuls, levoit des forces en Italie. Hirtius, fit, de concert avec le jeune César, le partage de son armée, et, conformément aux instructions secrètes qu'il avoit reçues du sénat, il demanda pour sa part les deux légions qui avoient abandonné les drapeaux d'Antoine, parcequ'il savoit que c'étoient les deux meilleures. Le jeune César lui laissa spontanément faire tout ce qu'il voulut. Après cette opération, ils hivernèrent chacun de son côté à la tête de ses troupes. Mais à l'approche du printemps, époque où Décimus Brutus commençoit à manquer de vivres, Hirtius et le jeune César se mirent en marche sur Modène, pour empêcher Antoine de faire prisonnière par la famine l'armée qui défendoit cette place. Mais Antoine s'étoit soigneusement fortifié sur tous les passages. Ils n'osèrent point se mesurer contre lui en bataille rangée, avant l'arrivée de Pansa qu'ils attendirent. Ils eurent de fréquentes escarmouches de cavalerie. Antoine étoit beaucoup mieux fourni en troupes de ce genre. Mais la difficulté du terrain, que des coupures de ravins fortifioient naturellement, lui ôtoit tout l'avantage du nombre.

LXVI. Tandis que les choses se passoient ainsi aux environs de Modène, Cicéron, à Rome, en l'absence des consuls, se concilioit le peuple et dirigeoit les affaires. Il tenoit fréquemment les comices. Il faisoit fabriquer des armes, il faisoit travailler les ouvriers gratuitement, il amassoit de l'argent, il imposoit aux partisans d'Antoine de très fortes contributions (2). Ceux-ci supportèrent patiemment ces vexations, afin de ne pas être tympanisés; cela dura jusqu'à ce que Publius Ventidius, qui avoit fait la guerre sous César, et qui étoit l'ami d'Antoine, ne pouvant point tolérer l'insolence de Cicéron, se rendit dans les colonies fondées par César, où il devoit être singulièrement connu, y leva deux légions pour le service d'Antoine, et se hâta de prendre à leur tête le chemin de Rome, pour s'y saisir de la personne de Cicéron. Aussitôt le trouble et la terreur y furent extrêmes (3). Dans leur désespoir, la plupart des citoyens se sauvèrent, à la dérobée, avec leurs femmes et leurs enfants. Cicéron lui-même prit la fuite, et Ventidius, instruit de son évasion, changea de direction, et alla droit à Antoine (4). Hirtius et Octave lui ayant barré le chemin, il se retira dans le pays des Picènes, où il leva une nouvelle légion et attendit les évènements. Dès que Hirtius et Octave furent informés que Pansa s'approchoit avec une armée, ils envoyèrent au-devant de lui Carsuléius, à la tête de la cohorte prétorienne d'Octave, et de la légion de Mars, afin de lui aider à passer les défilés qu'Antoine avoit dédaigné de garder, parcequ'il n'y avoit vu d'autre avantage que celui de fermer le passage à l'ennemi. Mais, impatient de combattre, sans pouvoir rien faire d'éclatant avec sa cavalerie, à cause que le terrain étoit marécageux, et coupé par des ravins, il mit les deux meilleures de ses légions en embuscade dans les marais, dans un endroit où le chemin tracé par les mains de l'art étoit singulièrement étroit, et où des roseaux servoient à cacher le piège.

LXVII. Carsuléius et Pansa s'engagèrent la nuit dans les défilés, et au point du jour, uniquement suivis de la légion de Mars et de cinq autres cohortes, ils entrèrent dans l'étroit chemin dont nous venons de parler. Ce chemin étoit encore libre, et ils faisoient éclairer le marais de chaque côté. A la suspecte agitation des roseaux ne tarda pas à succéder la brillante apparition des boucliers et des casques, et sur-le-champ la cohorte prétorienne d'Antoine se présenta de front. La légion de Mars qui se vit cernée de toutes parts, sans issue quelconque pour rétrograder, fit dire aux recrues, si elles s'avançoient, de ne prendre aucune part à l'action, de peur que par leur défaut d'expérience elles ne portassent le désordre dans les rangs. A la cohorte prétorienne d'Antoine, on opposa la cohorte prétorienne d'Octave, et les deux divisions dans lesquelles la légion de Mars fut distribuée entrèrent chacune de son côté dans le marais, l'une sous les ordres de Pansa, l'autre sous les ordres de Carsuléius, car il y avoit deux marais (5), et il y eut par conséquent deux batailles. Les combattants ne pouvoient connoître les résultats respectifs, à cause de l'élévation du chemin qui les séparoit. Les deux cohortes prétoriennes établirent pour se combattre leur propre champ de bataille sur le chemin même. Les troupes d'Antoine étoient animées par le désir de se venger contre la légion de Mars, de sa défection, qu'elles regardoient comme une trahison qui leur étoit personnelle. La légion de Mars de son côté vouloit se venger contre les troupes d'Antoine, de la nonchalance avec laquelle elles avoient laissé immoler à Brindes leurs compagnons d'armes. Dans la conscience qu'avoient les combattants de chaque côté qu'ils étoient l'élite des deux armées, ils espéroient que cette seule action décideroit du sort de la guerre; et tandis que les uns sentoient la honte qu'il y auroit à être vaincus, étant deux contre un, les autres, par la même raison, s'enflammoient d'autant plus du désir de vaincre.

LXVIII. Telles furent les dispositions avec lesquelles ils en vinrent aux mains. Personnellement pressés par l'ardeur de la vengeance et l'ambition de la victoire, plus que par l'intérêt de leurs chefs respectifs, ils regardèrent ce combat comme leur propre affaire. Ils se connoissoient trop bien les uns les autres, pour ne pas s'abstenir de ces vociférations militaires destinées à s'effrayer réciproquement. Dans la chaleur de l'action, aucun d'eux, ni vainqueur ni vaincu, ne poussa un cri. La situation marécageuse et retranchée du champ de bataille ne leur permettant aucun mouvement ni à droite ni à gauche, ils se tenoient de pied ferme. Ne pouvant ni les uns ni les autres se mettre en déroute, ils se battoient glaive contre glaive et corps à corps, comme à la lutte. Aucun coup ne portoit à faux. Ce n'étoit que blessures, que carnage, et on n'entendoit pour tout bruit que les soupirs des mourants. Celui qui tomboit étoit sur-le-champ enlevé, et un autre prenoit incontinent sa place. Ils n'éprouvoient nul besoin d'être exhortés ni aiguillonnés. Ils avoient une si grande expérience du métier des armes, que chacun se commandoit à lui-même. Lorsqu'ils étoient excédés de fatigue, ils s'éloignoient un moment les uns des autres pour respirer, comme on le pratique dans les jeux gymniques, et ils retournoient à la charge. Les troupes de nouvelle levée qui étoient accourues admiroient le bon ordre et le silence qu'elles voyoient régner dans cette bataille.

LXIX. Dans ce rude combat, où tous firent des choses au-dessus des forces humaines (6), la cohorte prétorienne d'Octave périt en entier. La portion de la légion de Mars qui étoit sous les ordres de Carsuléius obtint quelque avantage. Si elle ne mit pas son ennemi en pleine déroute, elle le força du moins à abandonner peu à peu le champ de bataille. L'autre portion, qui étoit sous les ordres de Pansa, eut du dessous dans la même proportion. Néanmoins le choc fut soutenu avec une égale intrépidité, jusqu'à ce que Pansa, blessé au ventre d'un coup de flèche, fut transporté à Bologne (7). Car alors on commença à plier, d'abord pied à pied; mais ensuite tournant le dos à l'ennemi, on précipita la retraite, comme lorsqu'on prend la fuite. A ce spectacle, les recrues se débandèrent, et gagnèrent en vociférant les retranchements que le questeur Torquatus avoit fait préparer, au moment même de la bataille, dans la pensée qu'on pourroit en avoir besoin. Ces soldats de nouvelle levée s'y réfugièrent en foule et en désordre, quoiqu'ils fussent des Italiens aussi-bien que les soldats de la légion de Mars. Tant, en fait de vertu militaire, est grande la différence entre l'habitude du métier des armes et l'influence locale du pays d'où l'on tire son origine! Les restes de la légion de Mars n'entrèrent point dans les retranchements, de peur de se déshonorer. Mais ils se postèrent tout à côté, avides, quelque fatigués qu'ils fussent, de combattre encore, si l'ennemi se présentoit, jusqu'à la dernière extrémité. De son côté, Antoine s'abstint de poursuivre les débris de la légion de Mars, contre laquelle il n'étoit pas aisé de vaincre; mais il se jeta sur les recrues et en fit un grand carnage.

LXX. Hirtius, qui étoit auprès de Modène, instruit de cette bataille donnée à soixante stades de distance, accourut en diligence avec la seconde des légions qui avoient abandonné le parti d'Antoine. On étoit déjà sur le soir. Les troupes d'Antoine se retiroient triomphantes, en chantant les hymnes de la victoire, lorsque au milieu de leur désordre Hirtius se présenta rangé en bataille, avec une légion au complet, et qui étoit toute fraîche. La nécessité les força de se rallier sur-le-champ; les soldats d'Antoine se signalèrent dans ce nouveau combat par plusieurs traits brillants de valeur. Mais épuisés de lassitude, ils furent vaincus par un ennemi qui avoit toutes ses forces, et il en périt la plupart dans cette action contre Hirtius, qui n'osa point toutefois se mettre à leurs trousses, de peur de s'engager dans les marécages. La nuit survint d'ailleurs, et les sépara. Les marais se trouvèrent couverts d'armes, de cadavres, de blessés, et d'hommes à demi morts. Il y eut même des soldats qui n'avoient aucun mal, et qui néanmoins étoient fatigués à tel point qu'ils dédaignèrent de chercher aucun moyen de salut. Antoine envoya à leur secours tous les gens de cheval qui étoient en ce moment autour de lui. Ils passèrent toute la nuit à recueillir leurs compagnons d'armes. Ils les faisoient monter les uns avec eux, les autres à leur place, sur leurs chevaux. Quelquefois ils les invitoient à empoigner la queue des chevaux pour leur aider à marcher, et se sauver plus vite de cette manière. Ce fut ainsi qu'Antoine, après avoir vaillamment combattu, se vit enlever le fruit de sa victoire, par l'attaque imprévue que lui livra Hirtius. Il passa la nuit en plate campagne, sans retranchements, dans un bourg qu'on appelle *Forum-Gallorum* (8). En résultat, Antoine et Pansa perdirent à peu près chacun la moitié de leurs légionnaires; la cohorte prétorienne de César fut taillée en pièces; mais Hirtius ne laissa sur le champ de bataille que fort peu des siens (9).

NOTES.

(1) Ophellot de La Pause s'est gravement trompé en traduisant le passage de Suétone relatif à ce titre déféré à Octave par le sénat. *Jussusque*, dit l'historien des Césars, *comparato exercitui proprætore præesse.* Ophellot a traduit, « on lui en confia le commandement à la place du pré-« teur. » Ce traducteur n'a pas vu que les mots du texte latin *pro prætore* étoient l'expression d'un titre extraordinaire que le sénat conféroit à Octave. S'il eût rapproché de son texte celui d'Appien, et ce que dit Cicéron dans sa cinquième Philippique, il auroit probablement évité cette méprise. Puisque l'occasion s'en présente, nous en relèverons une de Florus. Dans le chapitre de son quatrième livre, où il parle de la guerre de Modène, il dit qu'Octave n'étoit qu'un homme privé lorsqu'il attaqua le consul Antoine. *Revocatis ad arma veteranis, privatus (quis crederet) consulem aggreditur.* Or, au moment où Octave se mit en campagne contre Antoine pour aller débloquer Décimus Brutus enfermé dans Modène, Octave avoit été investi par le sénat du titre de Propréteur. Il n'étoit donc pas alors un homme privé, *privatus*. Lorsque Antoine fut attaqué par Octave devant Modène, son consulat étoit expiré depuis plus de trois mois. Octave n'attaqua donc pas un consul.

(2) Pourquoi mettre tout cela sur le compte de Cicéron? Qu'il eût pris part aux senatus-consultes ou au plébiscite en vertu desquels tout cela s'exécutoit, à la bonne heure ; mais l'exécution même étoit l'ouvrage de Pansa, revêtu de l'autorité consulaire, et qui étoit alors seul à Rome, Hirtius, son collègue, s'étant déjà mis en campagne avec Octave pour aller délivrer Modène.

(3) On trouve le mot ἄπλετος, illustré par beaucoup d'érudition dans le petit Lexique de Mœris l'Atticiste, publié par J. Pierson.

NOTES.

(4) Cicéron, dans aucune de ses Philippiques, ne dit rien de cette tentative de Ventidius, quoiqu'il le nomme plusieurs fois parmi les complices d'Antoine, et entre autres au commencement de la treizième. *Cum Antoniis pax potest esse? cum Censorino, Ventidio, Trebellio, etc?* D'ailleurs, ce Ventidius devoit en vouloir particulièrement à Cicéron, qui l'avoit empêché d'arriver au tribunat, en déclamant contre lui comme contre un ennemi de la patrie. *Idem Ventidium cùm alii tribunum plebis voluissent, non ego semper hostem?* Philipp. XIV, 7.

(5) C'est-à-dire, que le marais étoit partagé par le chemin pratiqué au travers pour le passage.

(6) ὑπὲρ φύσιν ἀνθρωπίνην. Voilà un exemple de plus pour attester que, dans ce sens, l'adjectif ἀνθρώπινος est au moins aussi bon, s'il n'est meilleur que l'adjectif ἀνθρωπέιος. Voyez le petit Lexique de Mœris l'Atticiste, publié par J. Pierson, *verbo* ἀνθρωπείᾳ φύσει.

(7) Il avoit été blessé deux fois au lieu d'une; témoin ce passage de la quatorzième Philippique de Cicéron, qui fut prononcée immédiatement après la lecture des dépêches des consuls qui annoncèrent l'évènement de cette bataille. *Cùm ipse in primis Pansa pugnaret duobus periculosis vulneribus acceptis sublatus è prælio, reipublicæ vitam reservavit.* Philipp. XIV, 7.

(8) *Forum Gallorum*, qu'on appelle aujourd'hui Castel-Franco, étoit une petite ville située entre Modène et Bologne.

(9) Dans une des lettres familières de Cicéron, la trentième du livre X, on trouve une relation de cette bataille plus succincte que celle d'Appien; mais qui paroît mériter la préférence sous le rapport de la fidélité. Cette relation est en effet de Galba, officier de l'armée de Hirtius. Ce Galba commandoit ordinairement la légion Martiale, et il paya, comme on va le voir, de sa personne dans cette journée.

« Galba à Cicéron : J'étois venu le 17 des calendes de mai au-
« devant de Pansa, à environ mille pas de distance, afin de

« lui faire accélérer sa marche. Le même jour nous devions
« arriver au camp de Hirtius. Antoine avoit mis en campa-
« gne deux de ses légions, la seconde et la trente-cinquième,
« et deux cohortes prétoriennes, une à lui, et l'autre de
« Silanus, lesquelles faisoient partie des vétérans rappelés.
« Dans la pensée où il étoit que nous n'avions avec nous que
« quatre légions de nouvelle levée, il vint à notre rencontre.
« Mais la nuit précédente, Hirtius avoit détaché la légion
« Martiale que je commande ordinairement, et deux co-
« hortes prétoriennes pour assurer notre marche. La cava-
« lerie d'Antoine ne se fut pas plustôt montrée, qu'il devint
« impossible de retenir la légion Martiale et nos deux co-
« hortes prétoriennes; ce qui nous mit dans la nécessité de
« les suivre pour les soutenir. Antoine se tenoit coi dans
« *Forum - Gallorum.* Il ne vouloit pas que nous sussions
« qu'il étoit là avec des légions. Il ne laissoit voir que sa
« cavalerie et ses troupes légères. Lorsque Pansa vit que la
« légion Martiale engageoit l'action malgré lui, il fit avan-
« cer deux de ses légions. Aussitôt que nous fûmes dégagés
« des marais et des bois, nous mîmes douze cohortes en ba-
« taille. Les deux légions de Pansa n'étoient pas encore ar-
« rivées. Tout à coup Antoine sortit de Forum-Gallorum
« avec ses troupes, les mit en bataille, et courut sur nous.
« Le combat fut d'abord aussi rude de part et d'autre qu'il
« étoit possible. L'aile droite où j'étois avec huit cohortes de
« la légion Martiale commença par enfoncer la trente-cin-
« quième légion d'Antoine, et par s'avancer à une certaine
« distance du lieu sur lequel elle avoit combattu. Quand je
« m'aperçus que la cavalerie ennemie cherchoit à m'enve-
« lopper, je rétrogradai, et j'opposai nos troupes légères à
« la cavalerie composée d'Africains, de peur qu'elle ne tom-
« bât sur nos derrières. Cependant je m'aperçus que j'étois
« cerné par les troupes d'Antoine, et qu'Antoine lui-même
« étoit assez près de moi. A l'instant je couvris mon dos de
« mon bouclier, et je m'élançai à bride abattue vers celle
« de nos légions qui venoit du camp. Les troupes d'Antoine

NOTES.

« me poursuivirent. Les nôtres étoient sur le point de lancer
« des traits, et j'ignore par quel miracle j'échappai au
« danger. Heureusement que les nôtres me reconnurent
« aussitôt. L'action fut longue et chaude sur la voie Emi-
« lienne, où combattoit la cohorte prétorienne de César.
« Notre gauche, où nous n'avions que deux cohortes de la
« légion Martiale et une cohorte prétorienne se trouvant trop
« foible, commença de plier, au moment où elle vit qu'elle
« alloit être tournée par la cavalerie d'Antoine, en quoi
« consiste sa supériorité. Après que nos troupes eurent fait
« leur retraite en bon ordre, je finis par reprendre moi-même
« le chemin de notre camp. Antoine, qui se regardoit comme
« vainqueur, s'imagina pouvoir nous forcer dans notre camp
« même. Il vint le tenter, mais il perdit beaucoup de
« monde sans obtenir aucun avantage. Hirtius, qui avoit
« été informé qu'une action avoit été engagée, étant ac-
« couru avec vingt cohortes de vétérans, rencontra An-
« toine qui s'en retournoit, et l'attaqua. Il le tailla en
« pièces, et le mit en fuite auprès du même endroit où la pre-
« mière action avoit eu lieu, dans le voisinage de *Forum-Gal-*
« *lorum*. Antoine regagna son camp devant Modène avec
« sa cavalerie, et il y entra vers la quatrième heure de la nuit.
« Hirtius se dirigea vers le camp, où Pansa avoit laissé les
« deux légions qu'Antoine étoit venu assaillir. Le résultat
« de cette journée a été qu'Antoine a perdu la plus grande
« partie de ses vétérans. De notre côté, nous avons à re-
« gretter quelques braves de nos cohortes prétoriennes et de
« la légion de Mars. Nous avons pris à l'ennemi deux aigles
« et soixante drapeaux. La victoire nous est restée. » *Ad XII
Kalend. Maii, ex castris.*

CHAPITRE X.

Après la seconde victoire contre Antoine, et la mort de Hirtius, Antoine lève le siège de Modène. Octave refuse de voir Décimus Brutus et de se réconcilier avec lui. Grandes démonstrations de joie à Rome au sujet de cette victoire. Le sénat affecte de ne faire aucune mention d'Octave. Il donne à Décimus Brutus seul le commandement de la guerre contre Antoine. Mort de Pansa.

Ans de Rome. 711.

LXXI. Le lendemain chacun reprit de son côté le chemin de son camp devant Modène. L'intention d'Antoine, après le vif échec qu'il venoit d'éprouver, étoit de n'avoir plus de grande action avec l'ennemi, même de s'abstenir de combattre s'il venoit lui présenter la bataille, et de se borner à le harceler tous les jours avec sa cavalerie, jusqu'à ce que Décimus Brutus, déjà réduit à l'extrémité par la famine, eût capitulé. Par cette même raison, Hirtius et Octave s'efforçoient d'en venir à une action générale. Mais ayant vu Antoine refuser la bataille qu'ils lui présentèrent, ils se rendirent vers les points des environs de Modène qui étoient gardés avec moins de vigilance à cause de l'aspérité du terrain, comme pour se frayer un passage avec toutes leurs forces réunies jusque dans la place. Antoine ne fit alors marcher contre eux que sa cavalerie; mais lorsqu'il vit que l'ennemi se contentoit également de son côté d'engager l'action avec sa cavalerie seule, et qu'il continuoit à faire filer le reste de l'armée vers la place, il craignit qu'il n'y pénétrât en effet, et en conséquence il fit avancer deux légions. Hirtius et César se détournèrent avec plaisir, et on en vint à une bataille. Antoine se hâta de faire approcher d'autres légions de ses autres postes. Mais ces légions ne s'avançant que lentement, soit parceque l'ordre avoit été donné à l'improviste, soit parcequ'elles étoient éloignées du champ de bataille, Antoine fut battu. Hirtius pénétra jusque dans son camp; mais il périt en combattant auprès de la tente prétorienne. Octave (1) étant accouru, fit enlever le corps de Hirtius (2), et demeura maître du camp jusqu'à ce que, peu de temps après, Antoine l'en chassa. L'un et l'autre, ils passèrent la nuit sous les armes (3).

LXXII. Après avoir éprouvé ce second échec, Antoine se hâta d'assembler ses amis en conseil de guerre (4). Il y en eut qui furent d'avis qu'il persévérât dans son entreprise, et qu'il continuât le siège de Modène, en s'abstenant de livrer de nouvelle bataille. On motivoit cette opinion sur ce que, dans les actions précédentes, la perte avoit été à peu près égale de part et d'autre; sur ce que Hirtius avoit péri, et que Pansa étoit malade; sur ce qu'on avoit beaucoup plus de cavalerie que l'ennemi, et que la place réduite par la famine à l'extrémité ne pouvoit pas tarder à se rendre. Tel étoit le sentiment de quelques amis d'Antoine, et c'étoit le meilleur. Mais Antoine, à qui la fortune commençoit à faire éprouver des revers, craignit qu'Octave n'entreprît, comme il l'avoit tenté la veille, de se frayer à force ouverte un passage vers la place, ou que, par la grande facilité que lui donnoit la multitude de ses travailleurs, il ne le cernât lui-même, par des lignes de circonvallation. « Dans ce cas-là, ajouta-t-il, « ma cavalerie me deviendra inutile; et vaincu, je « serai dédaigné par Plancus et par Lépidus. Si au « contraire nous levons le siège de Modène, Venti- « dius nous amènera sur-le-champ trois légions de « renfort, du pays des Picènes. Lépidus et Plancus « viendront se joindre à nous avec confiance. » Ce fut ainsi qu'Antoine motiva sa détermination, en homme qui d'ailleurs ne manquoit point d'intrépidité dans les circonstances critiques; et à ces mots, ayant donné les ordres pour lever le siège, il prit son chemin du côté des Alpes.

LXXIII. Décimus Brutus n'eut pas été plutôt dégagé, que ce fut Octave qui devint l'objet de ses sollicitudes. Les deux consuls ayant succombé, il craignit de ne trouver en lui qu'un ennemi. Après avoir fait couper avant le jour le pont du fleuve qui le séparoit de lui, il envoya vers lui dans une petite barque quelques personnes, pour lui témoigner ses remercîments comme à l'auteur de son salut, et en même temps le désir qu'il auroit qu'il voulût bien se rendre sur le bord du fleuve pour conférer avec lui, ayant le fleuve entre eux deux, en présence de leurs communs concitoyens; car il espéroit le convaincre que c'étoit par la funeste impulsion d'un mauvais génie qu'il avoit été entraîné par les autres conjurés à prendre part à la conjuration contre César. Octave répondit aux envoyés de Décimus Brutus, avec le ton de la colère et de l'animosité, que Brutus ne lui devoit aucune reconnoissance; « Car je ne suis point venu, dit-il, « pour le sauver. Le but de mon expédition étoit « de combattre Antoine, avec qui je peux d'ailleurs « me réconcilier un jour. Au surplus, mon carac- « tère ne me permet ni de voir Brutus, ni d'entrer « en conférence avec lui. Mais qu'il pourvoie à sa « sûreté tant que les dépositaires de l'autorité à « Rome le trouveront à propos (5). » Décimus Brutus, instruit de cette réponse, se rendit sur le bord du fleuve, et appelant Octave par son nom, il lui notifia à haute voix le décret du sénat qui le maintenoit dans le commandement de la Gaule, il lui défendit en conséquence de passer le fleuve sans avoir avec lui des consuls. Il lui défendit également de poursuivre ultérieurement Antoine, lui déclarant que dans ce cas il se mettroit lui-même à la tête de ses troupes pour l'en empêcher. Sans doute Octave n'ignoroit pas que c'étoit à la faveur de l'appui du sénat que Brutus montroit tant d'audace. Quoique, pour se rendre maître de sa personne, il n'eût qu'à en donner l'ordre, il s'en abstint toutefois; et ayant pris la route de Bologne pour y aller joindre Pansa, il écrivit au sénat pour lui rendre un compte fidèle de tous les évènements. Pansa en fit autant de son côté.

LXXIV. A Rome, Cicéron fit la lecture en plein Forum, en présence du peuple, de la relation du consul. Celle d'Octave, il n'en donna connoissance qu'au sénat seul. Il fit décréter que l'on rendroit pendant cinquante jours des actions de graces aux Dieux, pour les remercier de la victoire remportée sur Antoine; chose qu'on n'avoit jamais faite au sujet des victoires remportées contre les Gaulois ni contre aucun autre peuple à qui les Romains eussent déclaré la guerre; il fit donner à Décimus Brutus le commandement de l'armée des consuls, quoique Pansa vécût encore; car déjà on désespéroit de lui, et il le fit charger seul en chef de la guerre contre Antoine. Des prières publiques furent ordonnées pour demander aux Dieux des succès en faveur de Décimus, tant la fureur de Cicéron contre Antoine étoit excessive et indécente. Il demanda d'un autre côté qu'on fît réellement toucher aux deux légions qui avoient abandonné les drapeaux d'Antoine, les cinq mille drachmes par tête qu'on leur avoit antérieurement promises sur les fonds du trésor public, en récompense de leurs exploits, comme ayant déjà remporté des victoires; et il leur fit décerner le privilège de ceindre leurs fronts, tous les jours de fête, de couronnes d'olivier. Dans les sénatus-consultes qui furent rendus à ce sujet, il ne fut nullement question d'Octave : il n'y fut pas même nommé, tant on se hâtoit de lui montrer du mépris, comme si Antoine étoit déjà exterminé. On écrivit enfin à Lépidus, à Plancus et à Asinius de combattre Antoine lorsqu'ils se seroient rapprochés de lui (6). Voilà ce qui se passoit à Rome.

LXXV. Pansa, sur le point de mourir de sa blessure à Bologne, fit venir Octave auprès de lui, et il lui tint le discours suivant. « J'aimois César votre « père autant que moi-même: lorsqu'il fut assassiné « il me fut impossible de le venger, et de ne pas « paroître abonder dans le sens du plus grand « nombre des membres du sénat, aux vues desquels « vous avez vous-même très bien fait de vous « montrer docile, quoique vous eussiez une armée « à vos ordres. Le sénat vous redouta d'abord, « vous et Antoine, sur-tout ce dernier, qui parois- « soit avoir hérité des projets et de l'ambition de « César. Il vit avec une secrète satisfaction vos dis- « sensions personnelles; il espéra qu'elles serviroient « à vous perdre réciproquement. Lorsqu'il vous vit « à la tête d'une armée, il chercha à vous éblouir par « des honneurs spécieux et sans importance pour « un jeune homme comme vous (7). Mais lorsqu'il « s'aperçut que vous mettiez dans votre conduite « plus de mesure, que votre ambition étoit plus mo- « dérée qu'il ne l'avoit imaginé, ce qui résulta du « refus que vous fîtes d'accepter la magistrature que « vos troupes vous décernoient, l'inquiétude s'em- « para de lui, et il vous fit partager avec nous « l'honneur du commandement, afin que nous pus- « sions vous ôter les deux légions les plus importantes « et les plus expérimentées. Il espéroit qu'Antoine « ou vous, étant vaincus, le vainqueur resteroit « seul, et beaucoup affoibli, de manière qu'en le « perdant ensuite lui-même, le parti de César se « trouveroit anéanti; ce qui feroit revivre celui de « Pompée; car c'est à quoi il tend principalement. »

LXXVI. « Quant à Hirtius, et quant à moi, nous
« nous sommes chargés d'exécuter les ordres du
« sénat dans ce qu'il falloit pour réprimer l'excessive
« insolence d'Antoine. Mais après l'avoir vaincu,
« notre intention étoit d'opérer entre vous et lui une
« réconciliation, afin d'acquitter ainsi la dette de
« notre reconnoissance envers César, en devenant les
« négociateurs d'un rapprochement qui seul doit
« désormais faire le plus grand bien à son parti. Il
« m'a été impossible jusqu'à ce moment de vous
« tenir ce langage. Mais à présent qu'Antoine est
« vaincu, à présent que Hirtius est mort, et que je
« vais moi-même payer à la nature le même tribut,
« je saisis cette occasion de m'ouvrir à vous, non pour
« recevoir à mon heure suprême des témoignages
« de votre reconnoissance, mais afin qu'heureuse-
« ment né (8), comme l'annonce votre début dans la
« carrière, vous connoissiez vos vrais intérêts, et
« qu'instruit de l'impérieuse nécessité à laquelle
« Hirtius et moi fûmes obligés de céder, vous ren-
« diez quelque justice à nos intentions. J'ai un beau
« prétexte de vous rendre l'armée que nous re-
« çûmes de vous, et je vous la rends. Je vous livre-
« rai également les troupes de nouvelle levée, si
« vous pouvez les retenir sous vos ordres. Si au
« contraire leur extrême affection pour le sénat s'y
« oppose, car les chefs qui leur furent donnés re-
« çurent l'ordre secret d'espionner notre conduite,
« si d'ailleurs il est dangereux que cela ne vous
« rendît suspect, et ne servît à vous aliéner pré-
« maturément les esprits, je les mettrai sous les

« ordres du questeur Torquatus (9). » En achevant ce discours, il remit entre les mains du questeur le commandement des troupes de nouvelle levée, et il rendit l'ame (10). Le questeur, selon l'ordre qu'il en avoit du sénat, envoya ces troupes à Décimus Brutus. Octave fit rendre avec splendeur les honneurs funèbres à Hirtius et à Pansa, et fit transporter leurs restes à Rome avec beaucoup de solennité (11).

NOTES.

(1) Suétone rapporte avoir lu dans des mémoires laissés par Antoine, que le jour de la première bataille, Octave prit la fuite au commencement de l'action, et qu'il ne reparut que deux jours après, sans cheval et sans cotte d'armes. *Priore Antonius eum fugisse scribit, ac sine paludamento equoque post biduum demùm apparuisse.* Oct. Cæs. 9. A la vérité, Cicéron dans sa quatorzième Philippique, donne un démenti formel à Antoine. D'après le contenu des dépêches de Hirtius, il dit au sénat qu'Octave avoit montré une valeur au-dessus de son âge. *An verò quisquam dubitabit appellare Cæsarem imperatorem? Ætas ejus certè ab hâc sententiâ neminem deterrebit, quandoquidem virtute superavit ætatem.* Hirtius avoit annoncé dans son message, qu'Octave, à la tête de quelques cohortes, avoit bien défendu le camp contre des forces supérieures, et qu'il s'étoit vaillamment conduit dans la seconde action. *Cæsar adolescens maximi animi, ut verissimè scribit Hirtius, castra multarum legionum paucis cohortibus tutatus est, secundumque prœlium fecit.* Phil. XIV. 10.

(2) S'il faut en croire Suétone, la précipitation de la mort de Pansa (il mourut à Bologne, de ses blessures, le lendemain de la seconde bataille) fit soupçonner que cet évènement étoit un crime d'Octave. Glaucon, le médecin du consul décédé, fut si violemment suspect d'avoir empoisonné l'appareil de ses blessures, qu'on sévit contre lui, et qu'il fut mis en prison. Ce n'est pas seulement de l'historien des Césars que nous tenons ce fait. *Pansæ quidem adeò suspecta mors fuit, ut Glyco medicus custoditus sit, quasi venenum vulneri indidisset.* Oct. Cæs. 10. On voit dans une lettre de Brutus à Cicéron (*Epist. ad Brutum*, 6.) que Torquatus, un des officiers de Pansa, fit arrêter ce médecin et le tint assez long-temps en prison, puisque Brutus écrivit à Ci-

céron, de la Macédoine où il étoit à cette époque, pour l'inviter à faire rendre la liberté à Glaucon, qui ne lui paroissoit pas capable d'avoir commis un attentat si contraire à sa moralité et à ses intérêts. *Tibi Glaucona, medicum Pansæ, qui sororem Achilleos nostri in matrimonio habet diligentissimè commendo. Audimus eum venisse in suspicionem Torquato de morte Pansæ, custodirique ut parricidam. Nihil minùs credendum est. Quis enim majorem calamitatem morte Pansæ accepit? Prætereà est modestus homo et frugi, quem ne utilitas quidem videatur impulsura fuisse ad facinus.* Telle est en effet la confiance des hommes aussi profondément vertueux que l'étoit Brutus ! Parcequ'ils se sentent incapables de commettre un crime pour tout l'or du monde, ils se figurent que tous les hommes leur ressemblent. Torquatus, qui étoit sur les lieux, qui probablement reçut les derniers soupirs de Pansa, et qui n'avoit pas de l'incorruptibilité de Glaucon l'aveugle opinion qu'en avoit Brutus, dut bien avoir ses raisons, puisqu'il crut devoir jeter dans les fers le médecin du consul. Quant à Hirtius, Suétone cite un historien, Aquilius Niger, qui, en accusant Octave d'avoir corrompu le médecin de Pansa pour empoisonner ce consul, l'accuse en même temps d'avoir tué Hirtius de sa propre main. *Adjecit his Aquilius Niger alterum è consulibus Hirtium in pugnæ tumultu ab ipso interemptum.* Le but de ces attentats étoit évident. Octave avoit calculé, qu'en faisant disparoître les deux consuls, au milieu de la victoire, non seulement il resteroit seul chef d'une armée victorieuse, mais encore il recueilleroit seul tous les fruits de cette journée. Glaucon lui avoit répondu de Pansa; et pour se délivrer de Hirtius, il choisit le moment et le lieu avec une sagacité qui atteste la profondeur de son talent en ce genre. Hirtius, après avoir mis en déroute l'armée d'Antoine, enleva son camp à la pointe de l'épée, et ce fut au moment où la victoire étoit complètement décidée en sa faveur, qu'il reçut le coup de la mort dans le camp même, à côté de la tente prétorienne, et au milieu de la bagarre qui devoit régner en ce moment autour de lui. *A. Hirtius, qui post victoriam ipsis in hostium castris ceciderat.* C'est le langage de l'Epitome de Tite-Live, liv. CXIX. Or, que Octave ait trempé lui-même ses mains dans le sang du consul, ainsi que Suétone paroît le penser sur la foi d'Aquilius Niger, c'est ce que je me garderai d'affirmer. Mais qu'il ait aposté un Glaucon pour assassiner Hirtius, ainsi qu'il avoit aposté l'autre pour empoisonner Pansa, c'est un chef d'accusation dont sa conduite ultérieure démontre la vérité.

(3) Antoine ne chassa point Octave de son camp, qui lui avoit été enlevé. Il ne s'amusa pas non plus à tenir un conseil de guerre. Il prit la fuite sur-le-champ, et avec tant de célérité, que Décimus Brutus, pour se justifier du reproche qu'on lui fit à Rome de ne s'être pas mis incontinent à ses trousses, fait remarquer à Cicéron les raisons qu'il eut de ne pas bouger dans les deux premiers jours qui suivirent la victoire, et ajoute que, lorsqu'il s'occupa du projet de poursuivre Antoine, il y renonça, parcequ'il avoit deux jours de chemin, et qu'il fuyoit d'ailleurs avec plus de vitesse qu'on n'en pouvoit mettre à le suivre. *Biduo me Antonius antecessit, itinera multò majora fugiens, quàm ego sequens. Epist. ad famil.* Lib. XI, 13. Ce témoignage est un peu plus digne de foi que celui d'Appien.

(4) Voyez la note précédente.

(5) Je crains bien que ce ne soit encore dans des sources suspectes qu'Appien ait puisé ce refus d'Octave de voir Décimus Brutus et de conférer avec lui. Le contraire paroît résulter de la lettre de Décimus Brutus à Cicéron que nous avons citée tout à l'heure, note 2. « Voici, dit-il à Cicéron, les raisons pourquoi je n'ai pu sur-le-champ me mettre aux trousses d'Antoine. J'étois sans cavalerie, sans bêtes de somme; j'ignorois la mort de Hirtius. Je ne croyois pas devoir me fier à Octave avant que nous ne nous fussions vus, et que je n'eusse conféré avec lui; ce qui absorba tout le temps de cette journée. » *Sequi confestim Antonium his de causis, Cicero, non potui: eram sine equi-*

tibus, sine jumentis : Hirtium perîsse nesciebam : Cæsari non credebam priùs quàm convenissem et collocutus essem : hic dies hoc modo abiit. Ces dernières paroles sont péremptoires. *Hic dies hoc modo abiit.* D'ailleurs, si Décimus Brutus eût reçu de la part d'Octave, à qui il avoit fait demander une entrevue, l'indécente réponse dont parle ici Appien, il est évident que Brutus n'auroit pas manqué de saisir cette occasion de s'en plaindre à Cicéron. Cela me paroît sans réplique.

(6) Appien paroît avoir confondu ici ce qui se passa dans le sénat après la nouvelle de la première victoire, avec ce qui s'y passa après la nouvelle de la seconde. Les résultats de la première nouvelle, on les trouve en assez grand détail dans la quatorzième Philippique de Cicéron, qui fut prononcée à cette occasion; et l'on y remarque que bien loin de montrer à Octave un mépris insultant, en affectant de ne point parler de lui dans les sénatus-consultes, il fut question, au contraire, de lui décerner, malgré sa jeunesse, le titre d'*imperator*, ainsi qu'aux deux consuls. *Quid ? Cæsarem, Deorum beneficio procreatum reipublicæ, dubitemne appellare imperatorem !* Plus bas, dans le même discours, Cicéron relève l'éclat des actes de valeur d'Octave, *cùmque C. Cæsar imperator, consilio, diligentiâque suâ castra feliciter defenderet, copiasque hostium quæ ad castra accesserant, profligârit, occiderit,* et il conclut, en conséquence, à lui faire partager les honneurs des deux consuls, ses collègues. Quant aux résultats de la nouvelle de la seconde victoire, on les trouve en raccourci dans une des lettres de Cicéron à Brutus (*ad Brutum, Epist. 15.*) C'étoit le jour même de l'anniversaire de la naissance de Décimus Brutus que la bataille avoit été gagnée. Cicéron tira parti de cette fortuite coïncidence pour faire décréter que le nom de Décimus Brutus seroit inscrit dans les fastes. *Ego enim Decimo Bruto liberato cùm lætissimus ille civitati dies illuxisset, idemque casu Bruti natalis esset, decrevi ut in fastis ad eum diem Bruti nomen adscriberetur.* Il fit répandre les honneurs avec

profusion sur Pansa, sur Hirtius, et même sur Pontius Aquila, un des assassins de César, qui avoit reçu la mort en combattant. *Eos per ipsos dies effudit (si ita vis) honores in mortuos, Hirtium et Pansam, Aquilam etiam.* Il fit décerner à Octave les honneurs de l'ovation. *Suspicor illud tibi minùs probari quòd ut ovanti introire Cæsari liceret decreverim.* Il fit décerner d'autres honneurs en faveur de Décimus Brutus et de Plancus qui commandoit une armée dans la Gaule Transalpine. *Decimo Bruto decrevi honores, decrevi L. Planco.* Un sénatus-consulte déclara ennemis de la patrie tous ceux qui avoient embrassé le parti d'Antoine. Ventidius fut enveloppé dans cette disposition, et l'on fit passer, à la faveur de ces évènements, le décret que Pansa avoit fait rejeter de son vivant, et qui tendoit à donner à M. Brutus et à Cassius la conduite de la guerre contre Dolabella et le gouvernement de toutes les provinces au-delà des mers. *Hostes autem omnes judicat qui M. Antonii sectam secuti sunt (ad Brut. Epist. 3.) ad V. calendas maias cùm de iis qui hostes judicati sunt bello persequendis sententiæ dicerentur dixit, Servilius etiam de Ventidio, et ut Cassius persequeretur Dolabellam. Cui cùm essem assensus decrevi hoc ampliùs ut tu si arbitrarere utile, æque republicâ esse, persequerere Dolabellam.*

(7) Pour un enfant comme vous. οἶα μειράκιον. C'étoit en effet de cette expression de mépris que Cicéron, Antoine et les autres meneurs de ce temps-là, se servoient communément à cette époque, en parlant d'Octave. Il étoit effectivement si jeune qu'on n'avoit jamais vu jusqu'alors des légions romaines sous les ordres d'un chef si peu avancé en âge.

(8) σὺν δαιμονίᾳ μοίρᾳ γενόμενος. C'est une expression proverbiale dans la langue grecque. On dit en français, dans le même sens, *né sous une heureuse étoile.* Cette locution vient du temps où les astrologues attribuoient aux *astres* la même influence que les païens attribuoient anciennement à leurs *démons*, ou *esprits familiers.*

(9) Il est évident que dans ce discours qu'Appien a prêté au consul mourant, il n'a fait que mettre en action ce que la fidélité historique auroit dû lui faire mettre en récit, et qu'il s'est donné la licence de faire parler Pansa, au lieu de faire réfléchir Octave. Non seulement il fut impossible qu'Octave arrivât assez tôt de Modène à Bologne pour y recevoir le testament de mort du consul; mais encore il est prouvé que ce fut de Décimus Brutus, et non de lui, que le consul mourant s'occupa à sa dernière heure. Nous avons déjà vu, note 3, que le lendemain de la seconde bataille de Modène, Décimus Brutus eut une conférence avec Octave, et que toute la journée y fut employée. *Cæsari non credebam priusquàm convenissem et collocutus essem, hic dies hoc modo abiit. Epist. ad famil.* lib. XI. 13. Or la même lettre nous apprend deux faits bien précis; le premier, que le lendemain matin du jour où Décimus Brutus conféra avec Octave dans son camp auprès de Modène, Décimus Brutus reçut un courrier de Pansa, qui l'invitoit à se rendre auprès de lui à Bologne; le second, que Décimus Brutus étant parti sur-le-champ pour se rendre auprès de Pansa, il apprit en route qu'il étoit mort, et rétrograda. *Postero die manè à Pansâ sum accersitus Bononiam. Cùm in itinere essem, nuntiatum mihi est eum mortuum esse. Recurri ad meas opiolas.* Il est donc physiquement impossible de concilier ces deux faits avec le prétendu discours d'Appien. Écoutons à ce sujet le judicieux auteur de la vie de Cicéron, tome IV, liv. XII, page 182. Il parle de la lettre de Décimus Brutus que nous venons de prendre à témoin : « Cette relation détruit deux
« faits rapportés par un ancien historien (il nomme Appien
« dans sa note), et généralement reçus de tous les histo-
« riens modernes (il nomme Catrou et Rouillé ; j'y ajoute
« Vertot) : l'un, qu'Octave, après la victoire, refusa d'en-
« trer en conférence avec Décimus Brutus; et que celui-ci,
« piqué de cette conduite, lui défendit l'entrée de sa pro-
« vince, et par conséquent la liberté de poursuivre Antoine :
« l'autre, que Pansa, dans les derniers moments de sa vie,

« fit appeler Octave, et lui conseilla de s'unir contre le sénat
« avec Antoine. *Ces deux circonstances* furent sans doute
« inventées dans la suite pour sauver l'honneur d'Octave, et
« donner une couleur plus favorable au changement qu'il fit
« éclater tout d'un coup dans ses principes. » *Ces deux circonstances* furent imaginées pour détruire le soupçon de l'empoisonnement de Pansa, qui pesoit sur la tête d'Octave. Voyez comme les circonstances se prêtent du jour l'une à l'autre, pour changer le soupçon en certitude. C'est à Décimus Brutus que Pansa adresse un courrier, au lieu de l'adresser à Octave. C'étoit donc à Décimus Brutus, qui combattoit de bonne foi pour la république, et non à Octave, qu'il avoit des conseils à donner. Pansa avoit encore assez de forces pour espérer de survivre à l'arrivée de Décimus Brutus, et Brutus n'a pas le temps d'arriver..... Glaucon, vil scélérat qui vous étiez vendu à Octave, voilà votre ouvrage! Aussi le questeur Torquatus vous fait-il arrêter et jeter sur-le-champ dans les fers. Ajoutons l'induction de la médaille originale dont parle l'auteur de la Vie de Cicéron, dans sa note sur le passage cité, médaille qui atteste la sincérité avec laquelle Pansa combattoit pour la même cause que Décimus Brutus, et que ses derniers sentiments furent pour la république..... Appien, est-ce parceque vous écriviez sous des empereurs successeurs d'Octave que vous avez cru devoir faire de Pansa mourant un lâche apostat de la cause républicaine, et repousser par cette fiction l'horreur d'un crime dont des monuments, plus autheniques que vos écrits, ne montrent que trop la vérité!

(10) Il est curieux de voir dans Dion Cassius par combien de prodiges la fin tragique de Pansa lui fut annoncée. Un épileptique tomba dans l'accès de sa maladie, pendant que le consul prêt à partir pour la guerre haranguoit le peuple. La statue d'airain de Pansa, qui étoit placée dans le vestibule de sa maison, se jeta à terre d'elle-même. Il fut impossible aux aruspices de distinguer les entrailles des victimes, à cause de l'affluence du sang qui les inondoit. Un tailleur, apparem-

ment, qui lui apportoit un vêtement de pourpre, fit une chute et teignit de sang ce vêtement. La statue de la mère des Dieux, qui jusqu'alors avoit été tournée du côté du soleil levant, se tourna du côté opposé. A Modène même, la statue de Minerve éprouva une expansion de sang et de lait. La réflexion de Dion Cassius sur tout cela n'est pas moins curieuse. « Si Pansa n'eût été qu'un simple particulier, ces pronostics « n'auroient regardé que lui seul. Mais comme il étoit con- « sul, ces prodiges s'appliquoient à tout le monde. » *Liv.* XLV, *n*. 33.

(11) Il faut croire que, dans le nombre des honneurs que Cicéron nous a dit avoir fait rendre aux deux consuls, fut compris celui des funérailles publiques. L'Epitome de Tite-Live, liv. CXIX, nous apprend qu'ils furent inhumés dans le Champ-de-Mars, *in Campo Martio sepulti sunt*. Or on sait que l'honneur de la sépulture dans le Champ-de-Mars n'alloit point sans celui des funérailles publiques.

CHAPITRE XI.

M. Brutus et Cassius, maîtres de la Syrie et de la Macédoine, réunisssent une armée de vingt légions sous leurs ordres. Octave instruit de leurs progrès, et de la faveur que le sénat leur accorde, prépare les voies de réconciliation avec Antoine. Octave fait ses efforts pour obtenir le consulat par le crédit de Cicéron. Il est éconduit.

Ans de Rome. 711.

LXXVII. Voici ce qui se passoit à la même époque dans la Syrie et dans la Macédoine. En traversant la Syrie, Caïus César, qui méditoit dès-lors son expédition contre les Parthes, y avoit laissé une légion. Tandis que tous les détails du commandement de cette légion étoient entre les mains de Cécilius Bassus, c'étoit Julius Sextus, jeune homme parent de César, qui en avoit le commandement en titre. Ce jeune homme abandonné aux plaisirs, se faisoit indécemment escorter par-tout par ses légionnaires. Bassus osa se permettre quelques représentations à ce sujet. Julius Sextus le traita avec indignité. Dans une autre circonstance, Bassus qu'il avoit fait appeler, tardoit à paroître; il ordonna qu'on le traînât d'autorité devant lui. Un tumulte s'étant élevé, on en vint aux mains; et les soldats ne pouvant plus supporter l'insolence de leur jeune chef, le tuèrent à coups de flèches. Le repentir et la crainte de la vengeance de César ne tardèrent pas à succéder. Alors ils se promirent par serment les uns aux autres de se défendre réciproquement jusqu'à la mort, si César refusoit de leur accorder le pardon de cet attentat, et de les rétablir dans sa confiance. Ils forcèrent Bassus à se lier avec eux par le même serment; et, après avoir levé une nouvelle légion, ils se hâtèrent de la dresser à tous les exercices du métier de la guerre. Tel est le rapport de quelques historiens au sujet de Bassus. Mais Libon (1) raconte qu'après avoir suivi le parti de Pompée, il se retira après la bataille de Pharsale à Tyr, où il vécut en homme privé; et qu'ayant trouvé le moyen de gagner quelques uns des soldats de la légion de Sextus, il les porta à l'égorger et à le prendre pour chef à sa place. Quoi qu'il en soit, César fit marcher contre eux Statius Murcus (2) à la tête de trois légions qui furent vigoureusement repoussées. Murcus appela à son secours Marcius Crispus (3) qui commandoit en Bithynie, et ce dernier se mit en effet en campagne, et lui amena trois légions.

LXXVIII. Pendant que Bassus étoit assiégé par ces forces réunies, Cassius arriva en diligence et fit passer sous ses ordres les deux légions assiégées, ainsi que les six légions qui faisoient le siège. Les chefs, qui étoient de ses amis, se firent un plaisir de lui en livrer le commandement, de le reconnoître, et de lui obéir en qualité de proconsul. Car j'ai déjà dit que ce titre avoit été décerné à Brutus et à Cassius en vertu d'un sénatus-consulte (4). D'un autre côté, Alliénus avoit été récemment envoyé par Dolabella en Égypte. Il ramenoit de cette contrée quatre légions (5) formées des débris des armées de Crassus ou de Pompée, ainsi que des troupes romaines que César avoit laissées à Cléopâtre. Cassius marcha à sa rencontre et l'atteignit à l'improviste dans la Palestine. Il le força de se joindre à lui plutôt que de courir la chance d'un combat inégal entre quatre légions contre huit. Ce fut ainsi que Cassius se trouva tout d'un coup, et sans s'y attendre, à la tête de douze légions. Avec ces forces réunies il marcha contre Dolabella, qui venoit de l'Asie avec deux légions, et il l'assiégea dans Laodicée, dont les habitants, par affection, lui avoient ouvert les portes. Ces progrès rapides de Cassius furent une agréable nouvelle pour le sénat.

LXXIX. Quant à la Macédoine, Caïus Antonius, frère d'Antoine, la disputoit à Brutus les armes à la main, quoiqu'il n'eût qu'une légion de grosses troupes. Inférieur en nombre à Brutus, il lui tendit un piège. Brutus échappa à cette embuscade, et en tendit une de son côté à Caïus, qui s'y laissa prendre; mais on n'en vint point aux mains. Brutus ordonna au contraire à ses troupes de saluer amicalement leurs ennemis. Mais ceux-ci n'ayant voulu ni répondre à cette salutation, ni en avoir la démonstration pour agréable, Brutus les laissa sortir de l'embuscade, sans leur faire aucun mal. A quelque distance de là, il parvint à les cerner de nouveau et à les resserrer dans un lieu entouré de précipices; et encore un coup, au lieu de les traiter avec hostilité, il les fit saluer de nouveau par ses troupes.

Alors pleins d'admiration pour la générosité avec laquelle il épargnoit le sang de ses concitoyens, et voyant qu'il justifioit ainsi la réputation de sagesse et de clémence qu'il s'étoit acquise, ils répondirent à ses salutations, et se tournèrent de son côté; Caïus Antonius lui-même eut l'air d'embrasser le parti de Brutus, et il jouissoit auprès de lui d'une haute considération (6). Mais ayant été convaincu d'avoir fait plusieurs tentatives pour porter l'armée à la défection, il fut mis à mort. De cette manière Brutus se trouva à la tête d'une armée composée de six légions, en y comprenant ses premières troupes. Il donna des éloges aux qualités guerrières des Macédoniens, qui lui formèrent deux légions de plus en s'enrôlant sous ses enseignes, et il les fit exercer selon les principes de la tactique des Romains.

LXXX. Tel étoit l'état des choses en Syrie et en Macédoine. En Italie, Octave regardant comme un outrage que Décimus Brutus eût obtenu (7) à son préjudice le commandement en chef de la guerre contre Antoine, il prit le parti de dissimuler son ressentiment. Il demanda les honneurs du triomphe (8) au sujet des succès auxquels il avoit concouru. Le sénat n'accueillit qu'avec mépris cette demande, qui lui parut beaucoup trop au-dessus de son âge. Octave craignit alors qu'après la ruine d'Antoine le sénat ne lui fît sentir le poids de son mépris d'une manière encore plus outrageante (9). Il désira donc de traiter avec Antoine, selon le conseil que Pansa lui en avoit donné (10) en mourant. Il commença donc à montrer beaucoup d'humanité à ceux des chefs et des soldats de l'armée d'Antoine qui étoient ses prisonniers de guerre. Il les incorpora dans ses propres troupes, et il laissa pleine liberté de rejoindre leurs drapeaux à ceux qui le préférèrent, ce qui annonçoit qu'il ne nourrissoit pas contre Antoine une haine implacable. Il vint camper auprès de Ventidius, l'ami d'Antoine, lequel étoit à la tête de trois légions. Après lui avoir inspiré de la terreur, il s'abstint de toute hostilité contre lui, et il lui laissa le choix, ou de se joindre à lui, ou d'aller se réunir en toute sécurité à Antoine avec son armée, en l'invitant à lui reprocher en même temps de ne pas voir ce que ses intérêts avoient de commun avec ceux d'Octave. Ventidius, éclairé par cette ouverture, se rendit auprès d'Antoine. Octave permit à Décius, un des chefs d'Antoine, qui avoit été fait prisonnier à Modène, et qu'il traitoit avec beaucoup de distinction, de retourner s'il vouloit auprès d'Antoine; et Décius ayant essayé de le pressentir sur ses dispositions envers Antoine, Octave lui répondit qu'il en avoit déjà beaucoup fait si l'on vouloit l'entendre, et que, dans le cas contraire, tout ce qu'il pourroit faire de plus seroit inutile.

LXXXI. Telles étoient les avances qu'Octave faisoit à Antoine. Il s'exprima plus ouvertement dans sa correspondance avec Lépidus et Asinius sur les outrages dont il étoit lui-même l'objet de la part du sénat, et sur le rapide et subit accroissement de puissance des conjurés. Il s'efforça de leur faire craindre que, par une suite de la faveur que le sénat accordoit au parti de Pompée, chacun des amis de

César ne fût particulièrement traité comme l'étoit Antoine, qui s'étoit jeté lui-même par son imprudence et par son orgueil dans la situation critique où il se trouvoit. Il leur donna pour conseil d'avoir l'air de demeurer soumis aux ordres du sénat; mais de se concerter en même temps dans l'intérêt de leur sûreté réciproque pendant qu'ils en avoient le pouvoir, et de reprocher à Antoine de ne pas suivre cette marche. Il ajouta qu'il falloit prendre pour exemple la conduite de leurs propres soldats, qui ne se séparoient pas les uns des autres, lors même qu'ils étoient licenciés, de peur d'être en butte aux faciles agressions de leurs ennemis personnels, mais qui aimoient mieux aller s'établir ensemble dans un pays étranger, et se maintenir en force de cette manière, que de se dissoudre en regagnant chacun leurs foyers. Tandis qu'Octave pratiquoit ainsi par ses messages Lépidus et Asinius, les vieilles troupes de Décimus Brutus, après avoir long-temps souffert de la famine, se livrèrent à des excès, en devinrent malades, et périrent par la dyssenterie. Quant à ses recrues, elles n'étoient point encore aguerries; mais lorsque Plancus fut venu le joindre avec les troupes qu'il commandoit (11), il écrivit au sénat qu'il alloit donner la chasse à Antoine qui erroit à l'aventure, et qu'il le feroit prisonnier, quoiqu'il eût déjà préparé des vaisseaux (12).

LXXXII. Les partisans de Pompée, en apprenant ces nouvelles (et l'on fut étonné du nombre de citoyens qui se déclarèrent pour tels), s'écrièrent avec des transports de joie, qu'enfin la patrie venoit de recouvrer sa liberté. Chacun faisoit à l'envi des sacrifices. On nomma une commission de décemvirs (13) pour faire rendre compte à Antoine de tous les actes de son administration. Cette nomination n'étoit qu'un moyen spécieux pour arriver au renversement de tous les actes de l'administration de César; car Antoine n'avoit rien fait de lui-même, ou du moins que très peu de chose : il s'étoit à peu près contenté d'accomplir les volontés écrites de César. Le sénat étoit parfaitement instruit de cela. Mais en renversant sous diverses prétextes quelques uns de ces actes, il espéroit de finir par les renverser en totalité. En conséquence les décemvirs firent une proclamation, portant que quiconque avoit reçu quelque chose sous l'administration d'Antoine viendroit sur-le-champ le déclarer et faire enregistrer sa déclaration. On effraya par des menaces ceux qui refuseroient d'obéir. Les partisans de Pompée se mirent sur les rangs pour solliciter le consulat, pour le reste de l'année, en remplacement de Hirtius et de Pansa. Octave s'y mit aussi, et il s'adressa pour cet effet, non pas au sénat en corps, mais à Cicéron en particulier. Il l'engagea à devenir lui-même son collègue, en lui représentant qu'il auroit à lui seul toute l'autorité, comme le plus âgé et le plus versé dans les affaires; que quant à lui, il se contenteroit du titre de consul, qu'il ne recherchoit que pour avoir un prétexte décent de poser les armes, unique motif pour lequel il avoit quelque temps auparavant demandé les honneurs du triomphe. Cicéron, dont cette proposition flattoit les penchants ambitieux, dit au sénat qu'il étoit instruit de quelque projet de rapprochement entre les divers chefs qui étoient à la tête des provinces; il fut d'avis de montrer des égards et de la considération à un citoyen qu'on avoit jusqu'alors abreuvé d'outrages, et qui commandoit encore une armée nombreuse; il insinua qu'il valoit mieux souffrir qu'il remplît à Rome les fonctions de consul avant l'âge prescrit par les lois, que de le laisser avec des sentiments d'hostilité à la tête des troupes; mais que, pour éviter qu'investi du consulat il n'agît en sens contraire des volontés du sénat et de ses intérêts, il falloit lui donner pour collègue un homme recommandable par son âge et par sa prudence, et qui pût mettre un frein vigoureux aux écarts de sa jeunesse (14). Mais le sénat ne fit que rire de l'ambition de Cicéron, et ce dernier eut principalement pour antagonistes les parents des conjurés, qui craignoient qu'une fois consul, Octave ne voulût les livrer à la vindicte publique. Plusieurs causes concoururent par de légitimes motifs à faire surseoir à cette élection.

NOTES.

(1) IL paroît par l'Epitome de Tite-Live, liv. CXIV, que ce Cécilius Bassus étoit un chevalier romain du parti de Pompée, et que le vrai nom du parent de César mentionné ici par Appien, étoit Tullius Sextus César. *Bellum in Syriâ Cæcilius Bassus eques Romanus Pompeianarum partium excitavit, relicto à legione Sexto Cæsare, quæ ad Bassum transierat occisoque eo.* Vid. Freinsh. Supp. CXIV, c. 1, 3. Au reste, Schweighæuser n'a pu découvrir quel étoit ce Libon, historien, qu'Appien citoit ici. *Libo hic quisnam sit, ad cujus auctoritatem Appianus provocat, doctiores viderint.* Il est évident que ce ne peut point être ce L. Scribonius Libo que Vossius a placé parmi les historiens latins. Il résulte en effet d'une lettre de Cicéron à Atticus (*liv.* XII, *epît.* 5), que ce L. Libon fut tribun du peuple sous un consulat qui remonte à l'an 604 ou 605 de la république. *Vide, quæso, L. Libo, ille qui de Ser. Galbâ, Censorinone et Manilio, an T. Quintio et M. Acilio, Coss. tribunus plebis fuerit.* Or il est impossible que dans les Annales de ce Libon, si antérieur à Cicéron, ait pu se trouver un fait postérieur à la bataille de Pharsale. Il n'est pas non plus apparent que ce puisse être ce Libon ami du grand Pompée, qui commanda une de ses flottes, qui depuis devint le beau-père de Sextus Pompée, le dernier de ses fils, et qui avoit en même temps des liaisons de parenté avec Octave, car on ne le trouve mentionné nulle part en qualité d'historien. Cet embarras a fait soupçonner au docte annotateur dont je viens d'extraire cette note, qu'il falloit lire Λιβίῳ, Tite-Live, au lieu de Λίβωνι.

(2) Dans la lettre que C. Cassius écrivit à Cicéron après son arrivée, et ses premiers succès en Syrie, il donne d'autres prénoms à ces deux chefs. *In Syriam me profectum esse scito, ad L. Murcum et Q. Crispum imperatores. Viri*

fortes, optimique cives, postquàm audierunt quæ Romæ gererentur, exercitus mihi tradiderunt. Ad famil. lib. XII, 11. Ce témoignage me paroît plus authentique que celui d'Appien, quoique ce dernier puisse avoir été copié de Paterculus. *C. Cassius acceptis à Statio Murco, et Crispo Martio, prætoriis viris imperatoribusque prævalidis in Syriâ legionibus;* à moins que le vrai nom de ces deux Romains ne fût L. Statius Murcus, et Q. Crispus Marcius, ce qui est très apparent.

(3) Voyez la note précédente.

(4) Voyez ci-dessus la note dernière, ch. VIII, et la note 6, ch. X.

(5) Appien est ici d'accord avec la lettre de Cassius à Cicéron, que nous avons citée. *Quatuorque legiones quas A. Allienus ex Ægypto eduxit, traditas ab eo mihi esse scito.*

(6) On voit dans une lettre de Cicéron à Brutus, que ce dernier portoit l'indulgence envers Caïus Antonius, son prisonnier, jusqu'à lui permettre d'écrire au sénat, et de prendre dans les lettres qu'il lui adressoit le titre de *Proconsul.* Mais Caïus Antonius ayant abusé de cette indulgence pour préparer une sédition à son profit dans la quatrième légion, les soldats indignés l'égorgèrent. C'est au moins ce qu'on peut conjecturer d'une autre lettre de Cicéron à Brutus. *Quod scribis de seditione quæ facta est in legione quartâ de C. Antonio (in bonam partem accipies) magis mihi probatur militum severitas quàm tua.* Litt. *ad Brutum,* 2. Il est vrai que, s'il faut en croire Dion Cassius, Brutus usa d'artifice pour dérober à la fureur des soldats C. Antonius et ses complices dans cette tentative de sédition, sous prétexte de les faire jeter à la mer, et qu'il les laissa en prison pour le moment à Apollonie, sous la garde de C. Clodius. *Dion Cass. liv.* XLVII. Quelque temps après, lorsque M. Brutus, qui étoit déjà parti de Macédoine pour se rendre en Asie, apprit les détails des proscriptions, la mort de Décimus Brutus et celle de Cicéron, il envoya ordre à Hortensius, son lieutenant, qu'il avoit laissé en Macédoine, d'immoler Caïus

Antonius pour apaiser les mânes de Cicéron, son ami, et de Décimus Brutus son parent. Plutarque, *Vie de M. Brutus*, 36.

(7) Décimus Brutus étoit du nombre des *consuls désignés* par César. L. Plancus, qui commandoit une armée dans la Gaule Transalpine, étoit également *consul désigné*, et il devoit entrer en fonctions l'année suivante avec Décimus Brutus à qui il avoit été associé. Il importoit donc à Octave de se hâter, pour empêcher que Décimus Brutus ne mît les mains sur les faisceaux consulaires.

(8) Ceci n'est point exact. On a déjà vu que Cicéron avoit fait décerner à Octave les honneurs de l'ovation. Il le déclare lui-même dans une de ses lettres à Brutus, que nous avons eu occasion de citer. *Quod ut ovanti introire Cæsari liceret decreverim. Epist ad Brutum*, 15. Octave n'eut donc pas la peine de demander ce qui fut voté pour lui dans l'enthousiasme de la victoire de Modène; mais il est très apparent que lorsque le calme de la réflexion eût pris la place de l'ivresse du succès dans l'esprit du sénat, on sentit qu'il ne falloit pas laisser aller jusque-là un jeune ambitieux que la mort des deux consuls et la part qu'on l'accusoit d'y avoir prise rendoient si évidemment à craindre. Il résulte en effet, d'un passage de Suétone (Oct. Cæs. 22), qu'il ne reçut que deux fois les honneurs de l'ovation, une fois au sujet de la bataille de Philippes, et la seconde fois au sujet de ses succès en Sicile : *Bis ovans ingressus est urbem, post Philippense, et rursùs post Siculum bellum.* Le sénat s'opposa donc à ce qu'il reçût ceux qui lui avoient été décernés à l'occasion de la journée de Modène.

(9) C'étoit l'époque, dit Paterculus, « où Cicéron, ré-
« chauffant avec zèle le courage du parti de Pompée, insi-
« nuoit que, tout en donnant des éloges à Octave, il falloit
« travailler à sa ruine, et entendre dans un sens contraire
« ce qu'il en disoit. » *Hoc est illud tempus quo Cicero, insito amore Pompeianarum partium, Cæsarem laudandum et tollendum censebat, cùm aliud diceret, aliud intelligi vellet.* Lib. II, c. 62.

NOTES.

(10) Voyez ci-dessus, note 7, du chapitre précédent.

(11) L. Plancus, ainsi que nous l'avons déjà vu, avoit un commandement dans les Gaules. Il étoit à la tête de bonnes troupes. Consul désigné pour la même année que Décimus Brutus, qui devoit être son collègue, il obéit d'abord à l'ordre qui lui fut donné par le sénat de réunir ses forces à celles de Décimus Brutus. Mais lorsqu'il apprit qu'Antoine avoit rétabli ses espérances en s'emparant de l'armée de Lépidus, il tourna le dos à Brutus, et se mit sous les ordres d'Antoine. Ainsi s'évanouirent les effets de ces belles protestations de fidélité à la république qu'il avoit consignées dans des lettres à Cicéron, qui se trouvent dans le recueil des épîtres familières de ce dernier. Voici ce que dit Paterculus de la conduite de ce déserteur de la cause républicaine. *Plancus deindè dubiâ, id est, suâ fide, diù quarum esset partium luctatus ac sibi difficile consentiens, et nunc adjutor Decimi Bruti designati consulis collegæ sui senatuique litteris se venditare, mox ejusdem proditor.* Lib. II, cap. 63.

(12) Les quatre derniers mots de la phrase grecque ont donné ici de la tablature aux critiques. On peut voir dans l'édition de Schweighæuser sa conjecture sur ce passage. Fidèle à mon principe, de ne point tourmenter le texte lorsque j'en peux tirer un sens raisonnable, je me suis contenté de sous-entendre le relatif αὐτῷ et de le faire rapporter à Antoine.

(13) J'ai grand peur qu'Appien ne se soit trompé sur l'objet de la nomination de ces décemvirs. Dans quelques unes des lettres familières de Cicéron, (dans la 20e et la 21e, liv. XI) il est question de décemvirs qui furent nommés à cette époque pour distribuer des terres publiques aux vétérans qui avoient vaincu à Modène. *Quibus rebus potest occurri veteranis occurras. Primùm quod desiderant de decemviris facias, deindè de præmiis.... Quatuor legionibus iis, quibus agros dandos censuistis video facultatem fore ex agris Sillani et agro Campano. Æqualiter aut sorte agros legio-*

nibus assignari puto oportere. Cicéron fut nommé dans ce décemvirat, et instruit que les vétérans trouvoient très mauvais que, ni Décimus Brutus, ni Octave n'eussent été compris dans cette commission, il annonce au premier que les efforts qu'il avoit faits pour les y faire comprendre avoient été rendus vains par ceux qui étoient en possession de combattre toutes ses mesures. *Nam quod idem Segulius veteranos quæri quòd tu et Cæsar in decemviris non essetis, utinam ne ego quidem essem. Quid enim molestius? sed tamen, cùm ego sensissem de iis qui exercitus habèrent sententiam ferri oportere, iidem illi qui solent reclamârunt. Itaque excepti etiam estis me vehementer repugnante.* Quant aux décemvirs nommés pour éplucher la conduite d'Antoine, je n'en ai vu aucune trace.

(14) C'est encore ici une inexactitude d'Appien, qu'on doit reprocher également à Plutarque, *Vie de Cicéron.* Ecoutons l'historien de la vie de ce dernier, tom. IV, liv. XI, p. 212. « Quelques anciens auteurs, que les modernes ont suivis
« sans précaution, assurent que s'étant laissé tromper par
« Octave, il favorisa ses prétentions au consulat, dans l'es-
« pérance de devenir son collègue, et de le gouverner pen-
« dant leur administration. Mais plusieurs de ses lettres
« prouvent la fausseté de cette imputation, et que de tous
« les Romains il étoit, non seulement le plus opposé aux
« desseins d'Octave, mais encore le plus ardent à l'en dé-
« tourner. Cicéron écrivoit en effet à cet égard à M. Brutus : *Sed Cæsarem adhuc meis consiliis gubernatum præclarâ ipsum indole admirabilique constantiâ, improbissimis litteris quidam, fallacibusque interpretibus ac nuntiis impulerunt in certissimam spem consulatûs : quod simul atque sensi neque ego illum absentem litteris monere destiti nec accusare præsenteis ejus necessarios qui ejus cupiditati suffragari videbantur; nec in senatu sceleratissimorum consiliorum fonteis aperire dubitavi.* Est-il concevable qu'après un passage aussi formel, Appien et Plutarque aient donné dans l'erreur que nous venons de combattre. C'étoit de la part d'Oc-

tave un attentat contre les lois de prétendre au consulat. Il se fit nommer l'épée à la main. Dans la suite, ses flatteurs ont imaginé de pallier cette violation des lois de la république, en lui donnant pour complice un citoyen aussi recommandable que Cicéron; et les historiens du siècle suivant ont pris sans examen le langage de la flatterie pour celui de la vérité.

CHAPITRE XII.

Antoine parvient à s'emparer du commandement de sept légions qui étoient sous les ordres de Lépidus. Le sénat commence à craindre qu'Octave ne se réconcilie avec Antoine. Octave envoie quelques centurions à Rome au nom de toute l'armée. Il fait demander au sénat les récompenses militaires promises à ses troupes, et le consulat pour lui. N'ayant rien obtenu, il harangue son armée, l'excite contre le sénat, et prend le chemin de Rome.

Ans de Rome. 711.

LXXXIII. Dans cet intervalle Antoine passa les Alpes, après avoir mis dans ses intérêts Culléon, à qui Lépidus avoit confié la garde de ces montagnes. Il se rendit auprès du fleuve où Lépidus étoit campé; il ne s'entoura ni de lignes de circonvallation ni de retranchements; il se regarda comme campé auprès d'un ami. Ils s'envoyèrent de fréquents messages l'un à l'autre. Antoine rappeloit à Lépidus l'ancienne amitié qui les unissoit, et les divers services qu'il s'étoit fait un plaisir de lui rendre; il lui faisoit envisager qu'après sa ruine, tous ceux qui avoient été comme lui les amis de César éprouveroient le même sort. De son côté, Lépidus étoit partagé entre la crainte de méconnoître l'autorité du sénat qui lui ordonnoit de traiter Antoine en ennemi de la patrie, et la crainte de violer la promesse qu'il avoit faite à Antoine de ne point agir de lui-même hostilement contre lui. Mais les soldats de Lépidus, soit respect pour les dignités dont Antoine étoit revêtu, soit connoissance de ses communications avec Lépidus, soit goût naturel pour la simplicité qui régnoit dans son camp, commencèrent par communiquer eux-mêmes clandestinement avec ses troupes; bientôt ils le firent ouvertement, en les regardant comme leurs concitoyens et leurs compagnons d'armes. Ce fut en vain que les tribuns de l'armée donnèrent des ordres pour empêcher ces communications. Afin de les rendre plus faciles, les troupes jetèrent sur le fleuve un pont de bateaux; et les soldats de la dixième légion, qu'Antoine lui-même avoit primordialement levée, disposoient en sa faveur les esprits dans le camp de Lépidus (1).

LXXXIV. Latérésius (2), un des sénateurs les plus illustres, instruit de toutes ces manœuvres, en prévint Lépidus, qui n'y ajouta aucune foi. Alors il lui donna le conseil de diviser son armée en plusieurs détachements, comme pour les employer à diverses opérations, et d'éprouver par ce moyen si ses troupes lui étoient fidèles, ou si elles avoient l'intention de le trahir. Lépidus en forma en effet trois divisions, et donna ordre qu'on se préparât à se mettre en marche la nuit suivante pour aller servir d'escorte aux questeurs qui s'avançoient. Les soldats ayant pris les armes vers la dernière veille (3), comme se disposant à sortir du camp, ils en occupèrent les postes les plus importants, et en ouvrirent les portes à Antoine qui se rendit à grands pas dans la tente de Lépidus, escorté par toute l'armée de ce dernier qui demandoit la paix d'un côté, et de l'autre de la commisération en faveur de leurs malheureux concitoyens. Lépidus sauta de son lit, et tel qu'il se trouvoit, sans s'habiller, il vint se présenter à ses troupes; il promit de faire ce qu'on lui demandoit; il embrassa Antoine, et s'excusa envers lui sur la nécessité des circonstances. Quelques historiens rapportent que cet homme, sans capacité et sans caractère, poussa la lâcheté jusqu'à tomber aux genoux d'Antoine; mais tous les historiens n'ont pas ajouté foi à cette infamie, et moi-même je ne la crois pas probable (4); car Lépidus ne s'étoit jamais porté contre Antoine à aucun acte d'hostilité qui pût lui faire rien craindre. Par cet événement, Antoine se trouva élevé de nouveau à un haut degré de puissance, et en mesure d'en imposer encore à ses ennemis; car il avoit l'armée avec laquelle il avoit levé le siège de Modène, et la brillante cavalerie qui en faisoit partie. Ces forces s'étoient accrues des trois légions avec lesquelles Ventidius étoit venu le joindre en route, et Lépidus étoit devenu son auxiliaire avec sept légions, un grand nombre de gens de service, et des munitions considérables. Lépidus conservoit bien sous son nom le commandement de ses troupes; mais c'étoit toujours Antoine qui donnoit les ordres (5).

LXXXV. Le bruit de cet événement s'étant répandu à Rome, il se fit une étonnante et soudaine révolution dans les esprits. La terreur s'empara de ceux qui, peu de temps auparavant, parloient d'Antoine avec le plus profond mépris, et ceux de ses partisans que la terreur avoit entièrement glacés montrèrent un air de joie et de confiance. La proclamation des décemvirs fut ignominieusement conspuée, et de nouveaux délais retardèrent les comices pour l'élection des consuls. Le sénat étoit dans le plus grand embarras. Il craignoit qu'Antoine et Octave ne traitassent ensemble. Dans cette crainte, il envoya secrètement vers Brutus et Cassius deux de ses membres, Lucius et Pansa, qui se donnèrent l'air de n'avoir d'autre objet qu'un voyage de curiosité en Grèce. Il les invitoit à venir à son secours autant que possible (6). Il fit rappeler de la Libye deux des trois légions qui y étoient sous les ordres de Sextius; il fit passer le commandement de la troisième entre les mains de Cornificius (7), chef de l'autre Libye, et qui étoit dévoué au sénat. Ce n'est pas que le sénat ne fût bien instruit que ces troupes avoient servi sous César, et que par conséquent elles ne dussent, sous tous les rapports, être disposées en faveur de son parti (8). Mais tel étoit pour lui l'empire du besoin et la crise de sa situation. Il fit plus : dans la crainte qu'Octave ne se déterminât à unir ses intérêts à ceux d'Antoine, il lui redonna, pour comble d'inconvenance, le commandement de la guerre contre ce dernier, et l'associa pour cet effet à Décimus Brutus.

LXXXVI. Cependant Octave commençoit à aigrir son armée contre le sénat, soit à son propre sujet, en rappelant les outrages dont le sénat ne cessoit de l'abreuver, soit au sujet de ses propres troupes, en se plaignant qu'on leur donnoit une nouvelle guerre

Ans de Rome. 711.

à entreprendre, sans leur faire compter les cinq mille drachmes qui leur avoient été promises pour la première. Il leur suggéra d'envoyer des députés au sénat pour en faire la réclamation. Les troupes députèrent en effet leurs centurions. Le sénat sentit fort bien qu'ils avoient été instigués à cette démarche : il leur dit que, de son côté, il transmettroit aussi sa réponse par des députés; il en envoya en effet, auxquels il donna pour instructions de s'adresser aux deux légions qui avoient abandonné le parti d'Antoine, sans qu'Octave fût présent, de leur insinuer de ne pas placer leurs espérances dans la personne d'un seul individu, mais de les mettre dans le sénat, seul dépositaire d'une autorité permanente; et de les inviter à aller joindre Décimus Brutus, dans le camp duquel l'argent destiné à leur gratification arriveroit avant eux. Après avoir ainsi réglé les instructions de ses députés, le sénat fit disposer la moitié de la somme qui devoit être comptée, et il nomma pour en faire la distribution dix commissaires auxquels il ne voulut pas qu'Octave fût adjoint (9) pour être le onzième. Les deux légions refusèrent de voir les députés hors de la présence d'Octave (10); ceux-ci s'en retournèrent sans rien faire. Dès ce moment Octave cessa de se servir d'intermédiaires auprès de ses soldats, dans ce qu'il avoit à leur dire. Il pensa d'ailleurs qu'il n'avoit pas un moment à perdre. Il fit convoquer son armée, et la haranguant lui-même, il entra dans tous les détails des humiliations, des outrages que le sénat avoit accumulés contre lui; il l'accusa d'avoir conspiré la perte de tous les amis de César, et de vouloir les faire périr l'un après l'autre ; il fit sentir à ses troupes qu'elles avoient à craindre pour elles-mêmes ; qu'en les faisant passer sous les drapeaux du chef ennemi du parti de César, en les employant, tantôt dans une guerre, tantôt dans une autre, le sénat avoit pour objet de les exterminer tous, ou de les armer les uns contre les autres ; et que c'étoit pour cette raison que, tandis que les succès obtenus devant Modène étoient l'ouvrage de tous, on ne récompensoit que deux légions, afin que cette préférence devînt un germe de rivalité, de querelle et de sédition.

LXXXVII. « Or vous savez, ajouta-t-il, quelles
« sont les causes qui ont provoqué la dernière dé-
« faite d'Antoine ; vous vous rappelez de ce qu'on
« vous a dit de la conduite des partisans de Pompée
« à Rome, envers ceux qui avoient reçu des libéra-
« lités de la part de César (11). Quelle confiance
« pouvons-nous donc avoir, vous, au sujet de ce
« que vous avez reçu, soit en argent soit en conces-
« sions de terres, et moi, au sujet de ma sûreté per-
« sonnelle, tant que les parents des conjurés domi-
« neront, comme ils le font, dans le sénat ? Quant
« à moi, je recevrai la mort sans nul regret, de
« quelque côté qu'elle me vienne ; car il est beau
« de mourir en poursuivant la vengeance du sang
« d'un père. Mais c'est pour vous que je crains,
« pour d'aussi braves gens, pour tant de soldats qui
« ne devront leurs dangers qu'à leur attachement
« pour mon père et pour moi. Car vous savez assez
« combien je suis exempt d'ambition (12), depuis

« que je refusai la magistrature que vous voulûtes
« me décerner, avec les signes extérieurs qui en
« sont l'apanage. Je ne vois qu'un moyen unique de
« salut commun, c'est que vous me portiez à la di-
« gnité consulaire. Je vous affermirai dans la pro-
« priété de tout ce qui vous a été donné par mon
« père; je consommerai les concessions de terre
« qui sont encore dues; j'acquitterai toutes les ré-
« compenses promises; et en livrant les assassins de
« César à la vengeance des lois, je vous délivrerai de
« tous les ennemis qui vous restent. »

LXXXVIII. L'armée applaudit à ce discours avec transport. Sur-le-champ les centurions furent chargés de se rendre à Rome pour y solliciter le consulat en faveur d'Octave. Le sénat ayant répondu qu'il n'avoit pas l'âge requis, les centurions répliquèrent, conformément aux instructions qui leur avoient été données, qu'anciennement Corvinus (13) avoit été nommé consul quoiqu'il fût encore au-dessous de l'âge porté par les lois, que le même exemple avoit été réitéré dans la personne du premier et du second Scipion, et que la patrie, malgré la jeunesse de ces consuls, n'avoit pas laissé de recueillir de leurs consulats beaucoup d'avantages. Ils alléguèrent des exemples encore plus récents, celui du grand Pompée, et celui de Dolabella, celui d'Octave même à qui l'on avoit accordé la faculté de demander le consulat dix ans plus tôt que la loi ne le permettoit. Les centurions firent valoir ces considérations avec un ton de franchise et de fermeté extraordinaire (14). Quelques sénateurs trouvèrent mauvais que de simples centurions prissent un ton semblable envers le sénat, et ils les menacèrent, pour avoir eu l'audace de dépasser la ligne des convenances que des soldats devoient respecter. Ces détails connus de l'armée l'exaspérèrent encore davantage. Elle demanda qu'on la menât sur-le-champ à Rome, où elle sauroit bien faire assembler extraordinairement les comices pour déférer le consulat au fils de César. Elle ne cessoit de se répandre en éloges sur le compte de ce dernier. Témoin de ces énergiques et impétueuses dispositions, Octave, après avoir harangué ses troupes, se mit sur-le-champ en marche avec huit légions, un assez bon nombre de cavalerie, et une quantité considérable de ces auxiliaires qui étoient ordinairement à la suite des légions (15). Passant de la Gaule Cisalpine en Italie, il traversa le Rubicon de la même manière que son père l'avoit traversé lorsqu'il alluma les premiers brandons de la guerre civile ; il divisa son armée en deux corps ; il ordonna à l'un de ces corps de le suivre à son aise ; et avec l'élite de ses troupes, il se hâta d'arriver à grandes journées afin de surprendre Rome au dépourvu. Ayant appris que le sénat envoyoit au-devant de lui une partie de l'argent que l'on destinoit à être distribué aux troupes, à titre de récompense, Octave craignit que l'appât de ces libéralités ne tentât quelques esprits mercenaires. Il envoya clandestinement des détachements pour épouvanter ceux qui étoient chargés de la commission, et ils rétrogradèrent en effet avec leur argent.

NOTES.

(1) ANTOINE ne s'approcha à ce point de Lépidus que parcequ'il étoit bien sûr de ses dispositions à son égard, et les manœuvres à la faveur desquelles le premier fut appelé et reçu dans le camp de l'autre, étoient entre eux une affaire d'arrangement et d'intelligence. Lépidus, homme nul sous tous les rapports, n'avoit eu de sagacité que pour n'être pas tout-à-fait dupe des honneurs que le sénat lui avoit décernés avant la bataille de Modène. Avide de jouer un rôle à quelque prix que ce fût, il avoit aperçu que ce n'étoit qu'au milieu des discordes civiles qu'il pouvoit se soutenir, et qu'il lui valoit mieux courir les chances de la fortune sous les drapeaux d'Antoine, que de se montrer fidèle au sénat, dont il savoit qu'il étoit personnellement méprisé. Il est curieux de voir dans la dernière lettre du dixième livre des *Familières* de Cicéron, avec quel ton hypocrite et perfide il rendit compte au sénat et au peuple romain, de la violence qui lui avoit été faite par ses soldats, au sujet de la prise de possession de son camp par Antoine; il protesta de son amour pour la paix, et de son attachement à la république. *Voy.* Plutarque, *Vie d'Antoine*, 22.

(2) Appien s'est mépris sur le nom de ce sénateur. Il se nommoit *Juventius Laterensis*, au lieu de *Latérésius*. Paterculus nous apprend qu'ayant fait de vains efforts auprès de Lépidus pour l'empêcher de faire cause commune avec Antoine, et de se séparer du parti de la république, il se poignarda quand il vit que Lépidus avoit méprisé ses conseils. *Sub Antonii ingressum in castra Juventius Laterensis, vir vitâ ac morte consentaneus, cùm acerrimè suasisset Lepido ne se cum Antonio hoste judicato jungeret, inritus consilii, gladio se ipse transfixit*. Lib. II, c. 63.

(3) Les Romains avoient partagé la nuit en quatre veilles de trois heures chacune: ils les distinguoient par première,

seconde, troisième et quatrième. Témoin ces deux passages de Cicéron, le premier, de la troisième Catilinaire, *tertiâ ferè vigiliâ exactus*, et le second, de ses Epîtres familières, *cùm puer tuus ad me secundâ ferè vigiliâ venisset*. Végèce, dans son troisième livre, chap. VIII, donne la raison de cette distribution. *Quia impossibile videbatur in speculis per totam noctem vigilantes singulos permanere. Ideò in quatuor partes ad Clepsydram sunt divisæ vigiliæ, ut non ampliùs quàm tribus horis nocturnis necesse sit vigilare.* Lucain dit, dans le cinquième chant de sa Pharsale,

. . . . *Jam castra silebant*
Tertia jam vigiles commoverat hora secunda.

(4) Tout doit être croyable de la part d'un misérable tel que Lépidus, qui, par l'odieux motif de la plus ridicule ambition, détruisit tout l'effet de la victoire de Modène. Plutarque rapporte que lorsqu'Antoine fut entré dans son camp, il l'embrassa, et l'appela son père. *Vie d'Antoine* 22.

(5) Voyez Plutarque, *ibidem*.

(6) Dans la correspondance de Cicéron avec Brutus et Cassius, on voit qu'effrayé par la coalition de Lépidus et d'Antoine, Cicéron pressa leurs deux adversaires, à plusieurs reprises, de se hâter de passer en Italie. Dans sa neuvième lettre à Brutus, il lui écrivit, *nos te tuumque exercitum expectamus, sine quo, ut reliqua ex sententiâ succedant, vix satis liberi videmur fore*. Dans sa douzième lettre, il lui marque, *itaque maximam spem hoc tempore habemus in te, atque exercitu tuo. Cùm ad reipub. summam tueri ad gloriam, et dignitatem tuam, vehementer pertinet te in Italiam, ut antè scripsi, venire quamprimùm*. Il annonça à Cassius que la veille des calendes de Quintilis, Lépidus avoit été unanimement déclaré l'ennemi de la patrie, ainsi que tous ceux qui avoient abandonné avec lui la cause de la république, « en conséquence, lui dit-il, nous désirons « de vous voir arriver au plutôt en Italie. Nous ne croi-

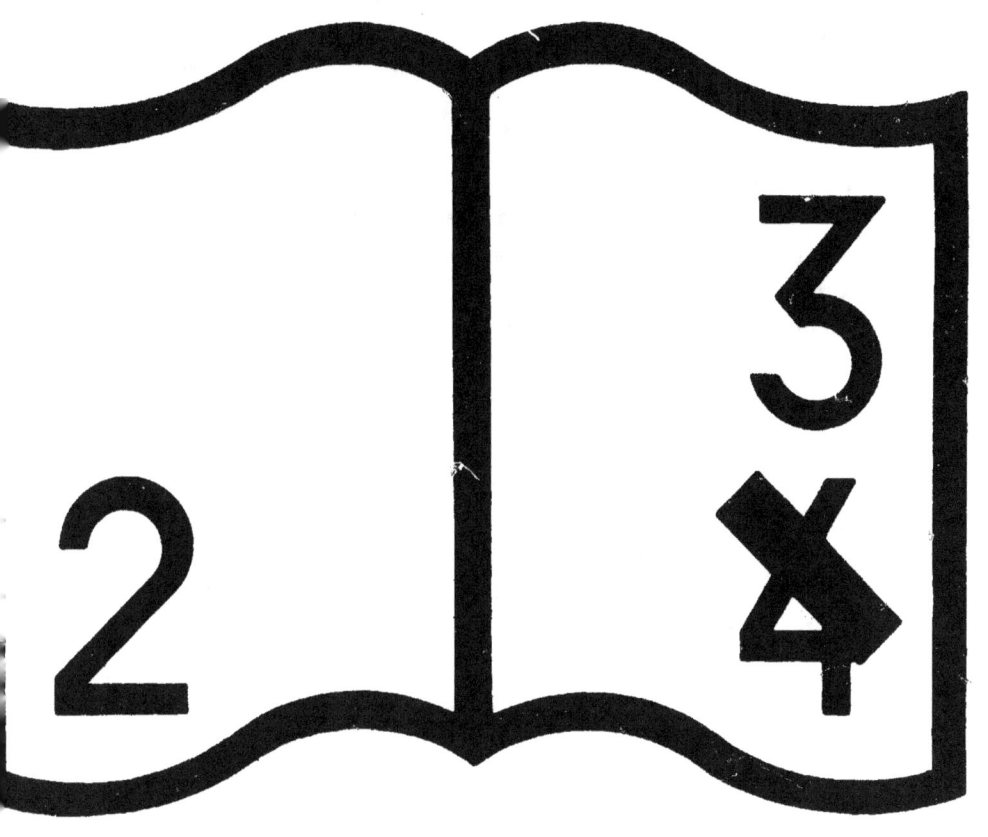

Pagination incorrecte — date incorrecte

NF Z 43-120-12

« rons la république sauvée que lorsque nous vous possé-
« derons, Brutus et vous. » *Ad familiares*, lib. XII,
Epist. 10.

(7) C'est ce Cornificius, ami de Cicéron, dont on trouve
des vestiges de correspondance avec ce dernier, à la fin du
douzième livre des *Familières*.

(8) L'évènement le prouva. L'arrivée de ces deux légions
qui vinrent débarquer sur les bords du Tibre, dans le voisinage de Rome, excita une grande joie dans le parti républicain, qui les regarda comme un renfort d'autant plus important qu'il étoit plus nécssaire : mais cette joie ne fut pas
de longue durée. Octave fit pratiquer ces deux légions par
des émissaires, et aussitôt elles se déclarèrent pour lui.

(9) Ceci a l'air de se rapporter à la nomination des décemvirs dont nous avons parlé ci-dessus, note 13, ch. précéd.
Voyez cette note.

(10) Paterculus rend compte de cette particularité. *Cæsaris adeò nulla mentio habita, ut legati qui ad exercitum
ejus missi erant juberentur summoto eo milites adloqui.
Non fuit tàm ingratus exercitus quàm fuerat senatus.
Nam cùm eam injuriam dissimulando Cæsar ferret, ne-
gavêre milites sine imperatore suo ulla se audituros mandata.*
Comme ils sont perfides ces mots de Paterculus, « l'armée
« fut moins ingrate que ne l'avoit été le sénat ! » Quelle
tournure pour mettre la séditieuse volonté d'une soldatesque
mercenaire au-dessus de la légale volonté de la première autorité du peuple romain ! Mais c'étoit le langage qu'il falloit
parler sous le règne de Tibère, de ce monstre qui eut pour
constante politique de tenir le sénat romain dans la dépression et l'ignominie, et qui resta toujours armé du glaive sanglant des proscriptions.

(11) Appien fait peut-être allusion ici à ce qu'avoit fait
la commission décemvirale nommée pour faire rendre compte
à Antoine des actes de son administration. Il est probable
que ces décemvirs, attendu l'état de déconfiture où Antoine sembloit être alors, avoient manifesté l'intention de
remplir leur devoir.

(12) Octave exempt d'ambition ! Octave étoit bien sûr que ses troupes, qui connoissoient de lui tant de manœuvres clandestines, tant de jongleries, tant d'attentats, ne le prendroient pas au mot. Le moyen de croire exempt d'ambition, par exemple, celui que les plus vives présomptions, que les plus fortes probabilités accusoient de la mort des deux consuls Hirtius et Pansa, pour avoir eu seul le commandement qu'il partageoit avec eux. Au surplus, Octave y met bon ordre, pour que son armée ne se laisse pas tromper à ce désintéressement hypocrite. Dans la phrase suivante, il déclare à son armée qu'il ne voit d'autre moyen de salut commun que sa promotion au consulat. N'est-ce pas là, en effet, le langage d'un homme tout-à-fait exempt d'ambition ?

(13) Corvinus n'avoit en effet que vingt-trois ans lorsqu'il fut nommé consul, l'an de Rome 406.

(14) Suétone dit quelque chose de plus. Il rapporte en effet que le chef de la députation, le centurion Cornélius, ayant relevé son manteau, et mis le manche de son glaive à découvert, eut l'insolence de dire en plein sénat, en montrant son glaive, « si vous refusez le consulat à Octave, « voilà qui le nommera. » *Cùm quidem cunctante senatu, Cornelius centurio, princeps legationis, rejecto sagulo, ostendens gladii capulum, non dubitâsset in curiâ dicere, hic faciet, si vos non feceritis.* Suet. Oct. Cæs. 26. Ce trait d'audace ne fut que la répétition de ce qui s'étoit passé lorsqu'il fut question de proroger à César son commandement des Gaules.

(15) Le nombre d'hommes dont les légions romaines étoient composées varia selon les temps. Le corps fondamental de la légion consistoit uniquement en citoyens romains, auxquels étoient adjoints, sous le titre d'auxiliaires, un plus ou moins grand nombre de soldats fournis par les alliés de la république. *Altera pars exercitûs auxilia erant. Sic autem dicebantur ii milites qui à sociis vel fœderatis gentibus mittebantur.* Antiquit. Rom. Rosini. Lib. X, cap. 4. Polybius, lib. VI.

CHAPITRE XIII.

La nouvelle de la marche d'Octave répand dans Rome l'effroi et la consternation. Le sénat lui envoie des députés avec un décret qui contenoit plusieurs dispositions à son avantage. Un faux bruit ayant fait reprendre courage au sénat, Octave entre dans Rome, enseignes déployées. Il est nommé consul. Il fait confirmer l'adoption de César en sa faveur, par un plébiscite.

Ans de Rome. 711.

LXXXIX. La nouvelle de la marche d'Octave s'étant répandue à Rome, le trouble et la terreur y furent au comble. On couroit de tous côtés avec le plus grand désordre. Quelques citoyens emmenoient leurs femmes, leurs enfants, et leurs effets les plus précieux, soit aux champs, soit dans les endroits de la ville les plus sûrs; car on ne savoit point encore avec certitude qu'Octave n'avoit d'autre ambition que d'être nommé consul. On étoit instruit qu'il s'avançoit avec une armée ennemie et exaspérée, et l'on redoutoit tout de sa fureur. Le sénat étoit lui-même dans une consternation profonde, parcequ'il n'avoit point de forces à sa disposition. Ses membres s'imputoient réciproquement les malheurs présents, ainsi que cela se pratique dans les temps d'alarme; ils se reprochoient les uns aux autres, tantôt d'avoir injurieusement ôté à Octave le commandement de la guerre contre Antoine; tantôt, de lui avoir refusé les honneurs du triomphe qui lui étoient dus (1); tantôt, de n'avoir pas voulu qu'il distribuât lui-même les gratifications destinées à une partie de ses troupes; tantôt, de ne l'avoir pas adjoint aux décemvirs qu'on avoit chargés de cette fonction (2). D'autres disoient que l'armée ne s'étoit hostilement déclarée contre le sénat, que parcequ'on n'avoit point fait payer de suite, et en entier, les récompenses promises; d'autres se plaignoient de ce qu'on avoit suscité ces dissensions dans des circonstances aussi désavantageuses. Ils représentoient que Brutus et Cassius étoient trop éloignés, et qu'ils n'étoient pas encore dans une situation assez imposante (3); que d'un autre côté on avoit sur les bras (4) Antoine et Lépidus qui agissoient en ennemis; et lorsqu'on songeoit qu'il étoit possible qu'ils se réconciliassent et qu'ils fissent cause commune avec Octave, la terreur devenoit extrême. Au reste, Cicéron, qui jusqu'alors avoit assisté constamment à chaque séance du sénat, ne se montroit plus.

XC. Cependant une révolution universelle s'opéra tout à coup dans les esprits des sénateurs. Il fut décrété qu'au lieu de deux mille cinq cents drachmes, on donneroit les cinq mille qu'on avoit promises; qu'au lieu de borner cette gratification aux deux légions qui avoient abandonné le parti d'Antoine, on l'étendroit aux six autres; que César en feroit lui-même la distribution, au lieu des décemvirs nommés à cet effet; et que, quoiqu'absent, il pouvoit se mettre sur les rangs pour le consulat. Une députation fut chargée de se rendre en diligence auprès de lui pour lui apporter ces nouvelles. Mais à peine la députation fut sortie de Rome, que le sénat eut regret de ce qu'il venoit de faire : il sentit qu'il n'auroit pas dû se laisser si lâchement épouvanter; ouvrir ainsi la porte, sans coup férir, à une nouvelle tyrannie; accoutumer ceux qui ont l'ambition du consulat à s'en frayer le chemin par la voie des armes, ni souffrir que les légions commandassent d'autorité à la patrie : qu'il falloit faire prendre les armes à tous les citoyens qui en étoient capables, et opposer les lois à l'armée qui s'avançoit; qu'on devoit s'attendre qu'après une semblable mesure, l'armée n'auroit point osé agir avec hostilité contre la république, et que, dans le cas où elle l'auroit osé, il falloit soutenir un siège jusqu'à ce que Décimus Brutus ou Plancus fussent venus au secours; qu'enfin il valoit mieux se défendre jusqu'à la mort, que de recevoir spontanément le joug d'une servitude, qui, par la nature de son début, deviendroit absolument sans ressource. On rappeloit à cette occasion l'énergie, l'intrépidité, la prudence avec lesquelles les anciens Romains avoient défendu leur liberté, sans jamais rien céder de préjudiciable aux intérêts de sa cause.

XCI. Ce même jour on apprit que les deux légions qui venoient de la Libye étoient entrées dans le port le plus voisin de Rome. Le sénat regarda cet événement comme un signe de la part des Dieux pour 'exciter à la défense de la liberté publique. Ses regrets prirent plus de consistance. Cicéron commença de se remontrer, et l'on révoqua tout ce qui avoit été décrété. On enrôla tous les citoyens qui étoient en âge de porter les armes. Les deux légions qui venoient d'arriver de la Libye, les mille hommes de cavalerie qui en faisoient partie, une troisième légion que Pansa avoit laissée, on distribua ces forces en deux corps, avec l'un desquels on fit garder le poste éminent du Janicule, où le trésor public fut mis en sûreté; l'autre corps fut chargé de défendre le pont du Tibre. Les préteurs, qui commandoient les citoyens de la ville, se partagèrent entre eux ces deux corps; d'autres citoyens faisoient disposer tous les vaisseaux grands et petits qui étoient sur le Tibre, afin de se sauver par mer avec leur argent en cas de déconfiture. Le sénat se flattoit, par ce rapide retour aux mesures de vigueur, d'en imposer à Octave, et de l'engager à lui demander à lui-même le consulat, au lieu de le demander à son armée; sinon on devoit lui résister à force ouverte. Il s'attendoit également que les citoyens du parti contraire à celui d'Octave se déclareroient pour le sénat, du moment qu'il s'agiroit de combattre pour la cause de la liberté. Il avoit donné ordre de s'assurer, soit clandestinement, soit à découvert, de la mère et de la sœur d'Octave. Mais lorsqu'il fut informé qu'on ne les trouvoit nulle part, sa terreur redoubla en apprenant que d'aussi précieux otages lui avoient été enlevés; et ayant remarqué que les partisans d'Octave ne se rangeoient point de son côté, le sénat se douta bien que c'étoient eux qui recéloient ces deux femmes avec tant de soin.

XCII. La députation du sénat étoit encore au-

Ans de Rome. 711

Ans de Rome. 711.

près d'Octave, lorsqu'on lui annonça la révocation du sénatus-consulte qu'elle venoit de lui remettre. Les députés se retirèrent tout honteux, et reprirent le chemin de Rome. Octave se hâta de se mettre à la tête de son armée, dont cet incident venoit d'augmenter encore l'exaspération. Il craignoit pour sa sœur et pour sa mère. Le peuple étoit à Rome dans le trouble et dans l'agitation. Octave se fit devancer par de la cavalerie, qui eut ordre d'aller inviter les plébéiens au calme et à la sécurité. Au milieu d'une stupeur universelle, il vint en avant jusqu'en-deçà du mont Quirinal, sans que personne se présentât pour en venir aux mains, ou pour l'arrêter. Tout à coup s'opéra de nouveau une révolution non moins étonnante que la première. Les patriciens accoururent en foule vers lui pour le saluer. Les plébéiens en firent autant de leur côté; ils applaudirent à la bonne discipline et aux intentions pacifiques qu'ils virent régner parmi les soldats. Le lendemain Octave laissa là son armée, et entra dans Rome accompagné d'une garde suffisante. Il rencontra tout le long du chemin beaucoup de monde qui venoit au-devant de lui pour lui faire accueil, en lui prodiguant les plus affectueuses démonstrations de joie, et les plus serviles adulations. Sa mère et sa sœur le reçurent dans le temple de Vesta, au milieu même des prêtresses. Les trois légions qui étoient du côté du sénat lui envoyèrent des députés, malgré leurs chefs, et se déclarèrent pour lui (5). Cornutus, un des préteurs qui les commandoit, se donna lui-même la mort; les autres traitèrent avec Octave, et il leur accorda sa confiance. Cicéron, instruit qu'on pouvoit rentrer en grace avec lui, chargea quelques amis d'Octave de lui demander pour lui une entrevue ; Octave la lui accorda. Cicéron fit l'apologie de sa conduite personnelle envers lui, faisant principalement valoir ce qu'il avoit tenté pour ses intérêts, lorsqu'il s'étoit mis en avant, et qu'il avoit demandé (6) pour lui, au sénat, la dignité consulaire. Octave lui répondit, en lui reprochant par manière de raillerie, qu'il étoit le dernier de ses amis qui fût venu au-devant de lui.

XCIII. Sur ces entrefaites, un bruit soudain se répandit, durant la nuit, que deux des légions d'Octave, la légion de Mars et la quatrième, avoient abandonné son parti, et s'étoient déclarées pour la république, indignées du piège qu'Octave leur avoit tendu en les faisant marcher contre la patrie. Les préteurs et le sénat crurent avec trop de légèreté à cette nouvelle, malgré la proximité de l'armée d'Octave. Comme ces deux légions étoient les meilleures, ils pensèrent qu'elles suffiroient pour résister au reste de l'armée ennemie, jusqu'à ce qu'ils eussent fait venir d'ailleurs des renforts. Cette même nuit ils chargèrent Manius Aquilius Crassus de se rendre dans le pays des Picènes, pour y lever des troupes. Ils donnèrent ordre en même temps à l'un des tribuns du peuple, nommé Apuléius, de parcourir les divers quartiers de Rome et d'y répandre cette bonne nouvelle. Le sénat sur-le-champ se rendit à son poste au milieu des ténèbres. Cicéron étoit à la porte, où il touchoit la main aux sénateurs à mesure qu'ils entroient; mais aussitôt que la nouvelle fut démentie il se sauva dans une litière (7).

XCIV. Octave sourit de pitié à cette conduite, et donna ordre qu'on fît avancer son armée plus près de Rome, jusque dans le Champ-de-Mars. Il s'abstint pour le moment de sévir contre aucun des préteurs; il dédaigna même de faire aucun mal à Aquilius Crassus, qui se rendoit dans le pays des Picènes, et qu'on lui amena tel qu'on l'avoit saisi en habit d'esclave. Il leur fit grace à tous afin de se faire une réputation de clémence. Mais peu de temps après il fit inscrire leurs noms sur la liste des proscrits. Il se fit apporter tout ce qu'il y avoit en argent comptant dans le trésor public, soit au Janicule, soit ailleurs; et il distribua à son armée, en exécution du sénatus-consulte que Cicéron avoit fait rendre auparavant, deux mille cinq cents drachmes par tête à-compte, et il promit de payer le reste. Cela fait, il se retira à quelque distance de Rome (8), jusqu'à ce qu'on eût procédé à une élection de consuls. Il fut élu avec Pédius (9) qu'il avoit désigné, le même qui avoit été son cohéritier dans la succession de César. Après son élection il rentra dans Rome avec tout l'appareil de la dignité consulaire. Il fit les sacrifices d'usage, et douze vautours s'offrirent à ses regards, le même nombre qui avoit apparu, dit-on, à Romulus lorsqu'il jetoit les fondements de Rome (10). Après cette cérémonie religieuse, il exécuta la loi *curiata* (11), en faisant ratifier son adoption dans la famille de César. Or, un plébiscite étoit nécessaire pour cette formalité; car à Rome les *curies* étoient une des distributions politiques du peuple romain, ainsi que les *phratries* (12) l'étoient chez les Grecs. Ce mode d'adoption étoit en effet, chez les Romains, le plus solennel et le plus légal pour ceux qui avoient perdu leur père, et il donnoit aux adoptés envers les parents de leur père adoptif, et même envers leurs affranchis, les mêmes droits que les enfants légitimes recevoient de la nature. Or, parmi les brillants accessoires de son existence, Caïus César avoit un grand nombre d'affranchis, hommes riches, et peut-être est-ce là la raison pourquoi Octave voulut joindre à l'adoption testamentaire l'adoption des comices.

NOTES.

(1) Voyez ci-dessus, note 8, chap. XI.

(2) Voyez ci-dessus, note 13, chap. XI.

(3) Le texte porte κ͒ συνισταμένων ἔτι. Il m'a semblé que la négation ὐ avoit disparu, ou par l'inadvertance des imprimeurs, ou par celle des copistes des manuscrits; et ce qui m'a fortifié dans ma conjecture, c'est que cette négation existe dans les versions latines que j'ai été à portée de consulter.

(4) Cette locution me paroît parfaitement correspondante à celle du texte, ἐν πλευραῖς.

(5) Voyez ci-dessus, note 8, chap. XII.

(6) Voyez ci-dessus, note 14, chap. XI.

(7) Il n'est pas difficile de juger que ce fut ici une jonglerie d'Octave. Il avoit vu presque tous les grands de Rome venir à sa rencontre, l'accueillir avec les plus vives démonstrations de joie. Mais ces démonstrations étoient-elles sérieuses ? Y avoit-il de la sincérité dans cette rapide métamorphose des affections à son égard ? C'est de quoi il voulut s'assurer ; et le moyen qu'il imagina de faire répandre le bruit de la défection de ces deux légions fut aussi prompt qu'infaillible. Le piège étoit grossier sans doute ; mais dans la situation où étoient alors les sénateurs, il étoit bien malaisé qu'ils ne fussent pas la dupe d'une machination au succès de laquelle les partisans d'Octave furent les premiers, apparemment, à se donner l'air de se laisser prendre.

(8) Dion Cassius dit que ce fut dans le Champ-de-Mars qu'il se retira. C'est tout simple, c'étoit là qu'étoient ses légions. Il ajoute qu'il regarda avec orgueil, comme d'un heureux augure, de voir six vautours le premier jour de l'assemblée des comices, et d'en voir douze autres, pendant qu'il haranguoit son armée. Liv. XLVI, n° 46. Dion Cassius auroit dû ajouter qu'Octave sortit de Rome pour avoir

NOTES.

l'air de laisser régner la plus grande liberté de suffrage dans les comices consulaires qui alloient avoir lieu, à l'exemple de la même conduite que Sylla avoit tenue lorsqu'il se fit nommer dictateur. *Voy.* ci-dessus, liv I, sect. XCVIII, p. 183.

(9) Il falloit régulièrement avoir plus de quarante ans pour être nommé consul, témoin un passage de Cicéron, dans la cinquième Philippique, n. 17. A en croire Solinus, Octave César étoit âgé de vingt ans à l'époque de sa première nomination au consulat. D'après ce qu'on lit *in Epitome Liviand*, 119, il n'avoit que dix-neuf ans. Mais Suétone dit, en propres termes, qu'il avoit vingt ans, *consulatum vigesimo ætatis anno invasit.* Octav. 26; et Velléius Paterculus confirmé cette autorité en disant qu'il fut élu consul la veille du jour qui accomplissoit sa vingtième année, *consulatum iniit pridiè quàm viginti annos impleret*, X calend. octob. Vell. II, 45. Plutarque dit en propres termes, « il « n'avoit encore que vingt ans, ainsi comme luy mesme « l'escrit en ses Commentaires. » *Vie d'Antoine*, 33.

(10) Dion Cassius rapporte le même pronostic. Liv. XLVI, n. 46.

(11) Dion Cass. XLV, 5, confirme ce que dit ici Appien de l'effet de cette loi, et il ajoute qu'Antoine, par ses intrigues auprès de quelques uns des tribuns du peuple, avoit empêché que cette formalité ne fût plus tôt remplie. Je remarquerai en passant que l'interprète latin de Dion Cassius n'a pas donné au verbe ἀνεϐάλλετο l'acception qu'il doit avoir. *Voyez* d'ailleurs Dion Cassius, liv. XLVI. n. 47.

(12) Le mot grec φατρία ou φρατρία, qui est le même, signifioit, dans le droit politique des républiques de la Grèce, la même chose que le mot *curia*, dans le droit public de la république romaine. Un étymologiste a dérivé ce mot du génitif φρέατος, sur le fondement que les citoyens qui composoient la même distribution politique venoient puiser leur eau au même puits. Je ne sais si l'on ne pourroit pas dire

de cette étymologie ce que Ménage a plaisamment dit de celle d'*Alphana* touchant le mot *equus*.

> « *Alphana* vient d'*equus* sans doute ;
> « Mais il faut convenir aussi,
> « Qu'en venant de là jusqu'ici,
> « Il a bien changé sur la route. »

CHAPITRE XIV.

Octave, devenu consul, fait rétracter le décret qui déclare Dolabella ennemi de la patrie. Il forme un tribunal, et fait condamner par contumace les assassins de César. Réconciliation d'Antoine et de Lépidus avec Octave. Antoine marche contre Décimus Brutus, qui, abandonné par Plancus, et ensuite par tous ses soldats, prend la fuite, est arrêté et mis à mort.

XCV. Il provoqua une nouvelle loi pour faire abroger celle qui déclaroit Dolabella ennemi de la patrie, et ensuite une autre pour faire faire le procès aux assassins de César. Aussitôt les accusations furent intentées. Les amis de César accusèrent les uns comme coupables du fait, les autres seulement comme complices. On enveloppa dans cette dernière accusation plusieurs citoyens, parmi lesquels quelques uns n'étoient pas même à Rome lorsque César fut assassiné (1). On les fit tous citer, à cri public, à comparoître en jugement le même jour (2); mais ils se laissèrent tous condamner par contumace (3), parcequ'ils ne virent parmi leurs juges que les créatures d'Octave, dont aucun ne paroissoit disposé à voter pour l'absolution. Un seul patricien en eut le courage (4). Il n'en fut pas puni pour le moment; mais, peu de temps après, son nom fut inscrit avec celui de beaucoup d'autres sur les

Ans de Rome. 711.

tables de proscription. Il paroît qu'à cette même époque Quintus Gallius, frère de Marcus Gallius, attaché au parti d'Antoine, demanda à Octave de lui donner le commandement de la Libye en remplacement de la préture urbaine dont il étoit revêtu, et qu'à la faveur de cette demande s'étant approché de lui, il tenta de lui arracher la vie (5). Les préteurs, ses collègues, le dégradèrent ignominieusement de ses fonctions : le peuple mit sa maison sens dessus dessous; et le sénat porta contre lui un décret de mort. Mais Octave lui ayant permis de se retirer auprès de son frère, il s'embarqua, et depuis, dit-on, on ne le vit plus reparoître.

XCVI. Après tout cela, Octave s'occupa de son rapprochement avec Antoine. Il étoit déjà informé que Brutus et Cassius étoient à la tête de vingt légions; il avoit besoin d'Antoine contre de si grandes forces. Il partit de Rome pour se rendre sur les bords de la mer Ionienne; il n'alloit avec ses troupes qu'à petites journées, impatient de connoître les secrets sentiments du sénat. Après son départ en effet, Pédius invita le sénat à ne pas rendre les dissensions incurables, et à se réconcilier avec Lépidus et Antoine. Le sénat vit fort bien que ce n'étoit par intérêt ni pour lui, ni pour la patrie, qu'on lui parloit de réconciliation; mais que c'étoit dans la vue de procurer à Octave des auxiliaires contre Cassius et Brutus. Néanmoins il loua les intentions de Pédius; il céda à l'empire de la nécessité; il révoqua les sénatus-consultes qui déclaroient Antoine, Lépidus, et l'armée qui étoit sous leurs ordres, ennemis de la patrie. On leur adressa le nouveau sénatus-consulte rédigé dans des dispositions pacifiques. Octave écrivit à Antoine pour lui témoigner sa joie au sujet de ces nouveaux sentiments du sénat à son égard, et il lui offrit ses services, s'il avoit besoin de secours pour combattre Décimus Brutus. Le sénat, changeant d'affection à cet égard, s'empressa de manifester à Octave sa satisfaction, et de louer son dévouement. Antoine répondit qu'il vengeroit l'assassinat de César sur Décimus Brutus, qu'il se vengeroit personnellement de Plancus, et que, cela fait, il iroit se joindre à Octave.

XCVII. Après ces communications épistolaires, Antoine étoit en pleine marche contre Décimus Brutus, lorsqu'Asinius Pollion (6) lui amena deux légions de son chef; et ce dernier ayant négocié avec Plancus (7), celui-ci embrassa le parti d'Antoine avec les trois légions (8) qu'il commandoit, de manière qu'Antoine se trouva dès-lors à la tête d'une puissante armée. Quant à Décimus Brutus, il avoit dix légions; savoir, quatre (9) des plus aguerries, mais qui avoient beaucoup souffert de la famine à Modène, et qui en étoient encore malades, et six composées de troupes de nouvelle levée, sans cœur et sans expérience. N'ayant donc aucun espoir de succès à tenter le sort des armes, il prit le parti de se réfugier en Macédoine auprès de Brutus. Au lieu de prendre sa route en-deçà des Alpes, il prit par Ravenne et Aquilée (10). Mais Octave étant venu à sa rencontre, il songea à prendre un chemin beaucoup plus long et plus difficile, ce fut d'aller passer

Ans de Rome. 711.

le Rhin, et de traverser le pays des peuples les plus barbares. Il en résulta que ses troupes de nouvelle levée, excédées de fatigue, et en butte à tous les besoins, furent les premières à l'abandonner et à passer du côté d'Octave. A leur exemple, les quatre légions composées de vétérans, et tout ce qui leur étoit attaché comme auxiliaire, l'abandonnèrent également et allèrent se réunir à Antoine, à l'exception de la cavalerie gauloise qui formoit sa garde personnelle. Brutus permit alors à ceux de ces Gaulois qui voudroient retourner chez eux de suivre leur inclination; et, après leur avoir distribué l'argent qui lui restoit encore, il prit la route du Rhin avec les trois cents hommes qui lui demeurèrent fidèles. Les difficultés qu'il éprouva pour passer le Rhin avec si peu de monde furent cause que tous ces Gaulois, dix exceptés, finirent par l'abandonner. Alors il se déguisa sous un habit de Gaulois; il savoit d'ailleurs parler la langue de ce peuple. Avec ce costume, ce langage et ces dix compagnons, il prit la route d'Aquilée, sans chercher alors le plus long chemin, espérant échapper à tous les regards en si petit équipage.

XCVIII. Mais il fut pris et garrotté par une bande de brigands. Il demanda sur le territoire de quel chef des Gaulois il se trouvoit; et, sur la réponse qu'on lui fit qu'il étoit dans la partie des Gaules gouvernée par Camillus, comme il avoit rendu beaucoup de services à ce Camillus, il se fit amener à lui (11). En le voyant, Camillus lui fit de grandes démonstrations d'amitié, en apparence, et

il témoigna son indignation à ceux qui, en le gar- Ans.
rottant sans le connoître, avoient fait cet outrage à de
un si grand homme. Mais, sous main, il envoya un Rome,
message à Antoine. Celui-ci touché d'un tel chan- 711.
gement de fortune, ne voulut point que ce malheureux fût amené devant lui. Il envoya ordre à Camillus de le faire égorger et de lui faire passer sa
tête. Lorsqu'elle lui eut été apportée et qu'il y eut
jeté un coup d'œil, il ordonna qu'on l'inhumât.
Telle fut la fin de Décimus Brutus, dont César avoit
fait son *maître de cavalerie*, à qui il avoit donné, de
son vivant, le commandement de l'ancienne Gaule,
et à qui il avoit destiné, pour l'année qui suivit son
assassinat, le consulat et le commandement de
l'autre province des Gaules. Il fut le second des
conjurés qui, à compter de Trébonius (12), porta
la peine de cet attentat, environ dix-huit mois après
qu'il eut été commis. A la même époque, Minucius
Basillus, un autre des assassins de César, fut égorgé
par ses esclaves, pour avoir voulu faire infliger à
quelques uns d'entre eux le supplice de la castration.

NOTES.

(1) Dion Cassius affirme ce fait, et il ajoute que cette mesure inique, contre les absents de Rome à l'époque de la mort de César, fut adoptée afin d'avoir l'occasion de faire comprendre dans la condamnation par contumace Sextus Pompée, le seul des fils du grand Pompée qui vécût encore, et dont le nom, comme on le sent bien, étoit un titre de mort aux yeux d'Octave. *Dion Cass. liv.* XLVI, n. 46.

(2) Voici, à ce sujet, des particularités remarquables que Plutarque nous fournit. « Et tout incontinent commeit des
« juges pour faire le procès criminel à Brutus et à ses com-
« plices, pour avoir occis le premier et le plus grand per-
« sonnage de Rome, tenant le plus hault rang, et le plus ho-
« norable magistrat d'icelle, sans avoir été jugé, ouy, ni
« condamné judiciellement, faisant accuser Brutus de ce
« crime par Cornificius, et Cassius par Agrippa. Si furent les
« accusés condamnés par contumace, pourceque les juges
« *furent contraints* d'ainsi juger. Et dit on qu'ainsi comme un
« huissier, suyvant la coustume des jugements, montant sur
« la tribune aux harangues appellast à haute voix Brutus,
« l'adjournant à comparoir en personne devant les juges,
« tout le peuple assistant soupira manifestement, et les gens
« d'honneur baissèrent la tête sans oser dire mot, entre les-
« quelz on veit les larmes tumber des yeux de Publius Si-
« licius, à l'occasion de quoy tantost après il fut au nombre
« de ceulx qui par affiches furent proscritps et abandonnez
« à estre tuez. »

(3) Du nombre des accusés fut un tribun du peuple, nommé Servilius Casca, qui, se doutant d'avance de ce que feroit Octave lorsqu'il seroit entré dans Rome à la tête de ses légions, sortit prudemment de la ville et se sauva. On a déjà vu que les tribuns du peuple ne pouvoient passer une nuit hors de Rome, durant le cours de leur tribunat. En conséquence, un des collègues de Servilius Casca, nommé Ti-

tius, le dénonça, le fit destituer et condamner à raison de son évasion. Dion Cassius fait, à ce sujet, une observation historique assez piquante. C'est que Titius ne survécut pas un an à cet acte d'iniquité contre son collègue, à l'exemple de tous ses prédécesseurs, qui, auteurs comme lui de la destitution d'un collègue, étoient morts dans moins d'une année; témoin J. Brutus, qui mourut peu de temps après avoir fait destituer du consulat Collatin son collègue; Tibérius Gracchus, qui mourut dans moins d'un an après avoir fait destituer le tribun du peuple Octavius; Helvius Cinna, dont la mort suivit de près sa lâche conduite envers Marcellus et Flavius. *Dion Cass. liv. XLVI*, n. 49.

(4) Il se nommoit Sicilius Coronas; il étoit membre du sénat. Dion Cassius remarque, à son sujet, qu'on regarda comme un trait de clémence de la part d'Octave de ne l'avoir point fait mettre à mort sur-le-champ. Dion Cassius, liv. XLVI. Voyez ci-dessous, liv. IV, sect. XXVII. Mais son nom fut mis des premiers, après l'organisation du triumvirat, sur la liste des proscrits. A cette époque, Octave n'avoit garde d'oublier de convertir en crime digne de mort, un pareil acte de courage, ce qui rappelle assez heureusement ce vers de Virgile tant de fois cité,

. . . . *Manet altâ mente repostum*
Judicium Paridis.

(5) On ne trouve pas cette conjuration dans le nombre de celles dont Suétone a présenté le tableau raccourci dans le chap. 19 de la vie d'Octave. C'est tout simple; il ne récapitule en cet endroit que celles qui furent tentées contre la personne d'Octave, postérieurement à la bataille d'Actium.

(6) C'est ce même Asinius Pollion qui, sorti de l'obscurité, s'éleva, par la faveur de César, jusqu'au commandement des provinces; qui, après la mort de César, son bienfaiteur, et l'auteur de sa fortune, écrivoit à Cicéron, « que

« tout ce qu'il avoit fait du temps de César, il l'avoit fait
« de manière à rendre sensible qu'il le faisoit à contre-
« cœur, *quòd jussus sum eo tempore, atque ita feci, ut*
« *appareret invito imperatum esse*, qu'il se déclaroit l'en-
« nemi de quiconque travailleroit à remettre le pouvoir su-
« prême entre les mains d'un seul, et qu'il n'étoit point de
« péril qu'il ne fût résolu de braver pour la cause de la li-
« berté. » *Ita si id agitur ut rursùs in potestate omnia*
unius sint, quicumque is est ei me profiteor inimicum : nec
periculum est ullum quod pro libertate aut refugiam aut
deprecer. C'est, en un mot, ce même Asinius Pollion, qui,
après avoir manifesté à Cicéron dans celles de ses trois lettres
qui nous restent (*ad Familiar.* lib. X.) les sentimens d'un
ami de la liberté, d'un zélateur de la cause de la république,
eut la bassesse de passer sous les drapeaux d'Antoine, lorsqu'il fut informé de l'union de ce dernier avec Lépidus. Après
la bataille d'Actium, cet homme habile dans la science des
courtisans s'attacha à Octave, qui, comme César, *modò*
cognitum, vetustissimorum familiarium loco habuit. Ce fut
dans ces circonstances que Virgile composa sa quatrième
Eglogue, pour célébrer la naissance d'un des fils de ce Pollion. « Virgile promet de si grands biens à la terre par la
« naissance de ce fils, que plusieurs auteurs chrétiens ont
« cru qu'il avoit copié les prétendues prophéties de la Sibylle
« sur la naissance de Jesus-Christ. » *Voy.* Lett. de Cicéron
à Atticus, traduites par Mongault. *Liv. XII, lett. II,*
note 3.

(7) Plancus, qui avoit tenu à Cicéron, dans sa correspondance avec lui, le même langage que Pollion; qui lui avoit
montré le même zèle pour la république; qui avoit traité
de brigands Lépidus et Antoine, après leur coalition, *ut, non*
miles ullus, non eques, non quidquam impedimentorum
amitteretur, aut ab illis ferventibus latronibus intercipere-
tur; qui avoit dit à Cicéron que si Antoine et Lépidus vivoient encore, s'ils étoient encore à la tête d'un corps de
troupes imposant, c'étoit la faute d'Octave, *quòd vivit An-*

tonius hodiè, quòd Lepidus unà est, quòd exercitus habent non contemnendos, quòd sperant, quòd audent, omne Cæsari acceptum referre possunt; qui avoit blâmé la conduite d'Octave, foulant aux pieds toutes les convenances, employant tous les moyens de terreur pour envahir quelques mois de consulat, au lieu de se maintenir dans le chemin de la véritable gloire; *quæ mens eum aut quorum consilio à tantâ gloriâ sibi verò etiam necessariâ ac salutari avocârit, et ad cogitationem consulatûs bimestris, summo cum terrore hominum et insulsâ cum efflagitatione transtulerit, expectare non possum;* Plancus se vendit, comme Pollion, à ceux qu'il avoit traités de brigands, à celui qu'il avoit peint comme l'usurpateur de l'autorité consulaire. Ce fut la vénalité de ces deux chefs qui, dans ce moment critique, porta le coup mortel à la liberté romaine. *Epist. ad famil. lib. X, litt.* 23, 24.

(8) Il en avoit quatre, trois de vétérans et une de tirons, ou soldats de nouvelle levée. *In castris meis legiones sunt veteranæ tres, tironum vel luculentissima omnibus una.* Ibid. litt. 24.

(9) Décimus Brutus avoit en effet dix légions, mais il n'en avoit qu'une de vétérans; le reste consistoit en une légion de troupes enrôlées pour deux ans seulement, et en huit légions de tirons, *in castris Bruti una veterana legio, altera bima, octo tironum.* Ibid. Or, on sait que les généraux romains ne faisoient pas grand cas de cette dernière espèce de troupes, *quantùm autem in acie tironi sit committendum, nimiùm sæpè expertum habemus.* Ibid.

(10) Pline l'ancien place cette ville dans ce qu'il appelle la dixième région de l'Italie, auprès du fleuve Tergeste, qui vient se jeter dans le golfe Adriatique, non loin des parages de Venise moderne.

(11) Paterculus fait une autre version. *D. Brutus desertus primo à Planco, post etiam invidiis ejusdem petitus, paulatim relinquente eum exercitu fugiens, in hospitis cujusdam nobilis viri, nomini Camilli, domo, ab iis quos mi-*

serat *Antonius, jugulatus est.* Il ne s'agit pas là d'un prince Gaulois : on voit d'ailleurs que ce fut par les émissaires d'Antoine que D. Brutus fut égorgé. L'Epitome de Tite-Live confirme ce dernier fait, et nomme le propre assassin de Brutus ; *cùm D. Brutus relictus à legionibus suis profugisset, jussu Antonii, in cujus potestate venerat, à Capeno Sequano interemptus est.* Paterc. lib. II, c. 64. Epit. Liv. lib. CXX. Valère Maxime rend compte de la mort de Décimus Brutus avec d'autres circonstances ; et s'il faut l'en croire, Brutus fit, pour livrer sa tête à Furius, le bourreau qu'Antoine avoit chargé de l'expédition, des façons bien indignes d'un Romain. *Liv. IX*, c. 13. Mais Dion Cassius, liv. XLVI, rapporte qu'en effet, se voyant entre les mains d'Antoine, et s'attendant à être égorgé, Décimus Brutus montra de la pusillanimité ; mais qu'un certain Helvius Blasio, son compagnon d'armes, qui lui étoit singulièrement attaché, se poignarda lui-même sous ses yeux, pour lui donner du courage, de la même manière qu'on le raconte d'Arrie, cette illustre Romaine, qui, en circonstance pareille, se poignardant en présence de son mari, lui donna le poignard tout sanglant en lui disant : « Mon ami, il ne m'a « fait aucun mal. » *Pœte, non dolet.*

(12) En supposant que Trébonius ait été égorgé à Smyrne par Dolabella, avant l'époque de la bataille de Modène, ainsi que cela paroît constant, ce fut Pontius Aquila, un des conjurés, tué à cette bataille, qui périt le second. Décimus Brutus ne périt que le troisième. C'est ce même Pontius Aquila, qui, tribun du peuple à l'époque où César reçut les honneurs du triomphe, fut le seul du collège des tribuns qui ne se leva pas lorsque César passa devant lui ; ce qui indigna le triomphateur au point que, depuis toutes les fois qu'on lui demandoit queque chose, il répondoit avec un malin sarcasme, « Je vous l'accorde, pourvu que Pontius « Aquila ne s'y oppose pas, » *si tamen per Pontium Aquilam licuerit.* Suet. Jul. Cæs. 78.

FIN DU TROISIÈME LIVRE.

HISTOIRE
DES GUERRES CIVILES
DE LA
RÉPUBLIQUE ROMAINE.

LIVRE QUATRIÈME.

CHAPITRE I.

Sommaire des matières contenues dans ce livre. Antoine, Lépidus et Octave se réunissent dans une petite île au milieu d'une rivière, entre Bologne et Modène. Ils se partagent le pouvoir et les provinces de la république, sous le titre de triumvirs. Divers pronostics de cet événement.

I. On a déjà vu de quelle manière deux des meurtriers de César, vaincus par la voie des armes, au milieu des provinces dont ils avoient le commandement, expièrent cet attentat; savoir, Trébonius en Asie, et Décimus Brutus dans la Gaule. Je vais raconter actuellement comment périrent Marcus Brutus et Cassius, qui avoient été les principaux instigateurs de la conspiration contre César, qui étoient maîtres de toutes les provinces romaines

Ans de Rome. 710.

depuis la Syrie jusqu'à la Macédoine, qui avoient réuni de grandes forces en cavalerie, en troupes de mer, en troupes de terre excédant vingt légions, et qui étoient en même temps pourvus de vaisseaux et d'argent. Ce sera la matière de ce quatrième livre des guerres civiles. Ce fut pendant ces évènements qu'eurent lieu à Rome les tables de proscription des triumvirs, les perquisitions des proscrits, et les cruautés épouvantables dont ils étoient les victimes après qu'on les avoit découverts; atrocités inouies dont on ne se rappeloit point d'avoir jamais vu d'exemple, ni chez les Grecs ni chez les Romains, au milieu des horreurs de la guerre, au milieu des fureurs des séditions, excepté sous Sylla, qui fut l'inventeur de cette manière de dévouer ses ennemis à la mort (1). Car Marius faisoit rechercher ceux dont il désiroit la mort, et lorsqu'on les découvroit il les faisoit égorger. Mais Sylla excita les assassins contre les proscrits par de riches récompenses, et il menaça de la même fin tragique que les proscrits ceux qui les déroberoient à sa fureur. Je suis entré ci-dessus dans des détails suffisants sur le compte de Marius et de Sylla. Je vais reprendre le fil de ma narration.

II. Octave et Antoine, cessant d'être ennemis, se rendirent, pour traiter ensemble, dans une île petite et unie au milieu du fleuve Lavinius (2), dans les environs de Modène (3), suivis chacun de cinq légions. Après les avoir fait camper les unes en regard des autres, ils s'avancèrent chacun de son côté avec trois cents hommes jusqu'aux deux ponts qu'on avoit jetés sur le fleuve. Lépidus entra le premier dans l'île pour s'assurer qu'il n'y eût rien à craindre (4), et en agitant son vêtement il fit signe à l'un et à l'autre d'avancer. Ils laissèrent chacun leurs trois cents hommes et tous leurs amis à la tête des ponts, et se placèrent à égale distance de ces deux points, dans un endroit pleinement découvert, et tous trois prirent séance, Octave au milieu, par égard pour la dignité consulaire dont il étoit revêtu. Leur conférence dura deux jours (5), et chaque jour depuis le matin jusqu'au soir. Ils arrêtèrent qu'Octave donneroit sa démission du consulat; que Ventidius seroit nommé (6) en remplacement pour le reste de l'année; qu'il seroit nommé un nouveau triumvirat entre Lépidus, Antoine et Octave, pour faire cesser tous les désordres et toutes les calamités de la guerre civile; que l'autorité des triumvirs seroit égale à l'autorité consulaire, et qu'elle seroit conférée pour cinq ans, tournure imaginée pour éviter de prendre le titre de dictateur, par égard peut-être pour le sénatus-consulte qu'Antoine lui-même avoit provoqué, et qui prohiboit la nomination d'un dictateur pour cause quelconque; que les triumvirs nommeroient sur-le-champ pour cinq années à toutes les magistratures annuelles de Rome; qu'ils se partageroient les gouvernements des provinces; qu'Antoine auroit celui de toute la Gaule, à l'exception de la partie de cette contrée voisine des monts Pyrénées, connue sous le nom spécial d'ancienne Gaule; que Lépidus auroit le gouvernement de cette dernière ainsi que de l'Ibérie qui la touche, et qu'Octave auroit la Libye, la Sardaigne, la

Sicile, et toutes les autres îles qui avoisinent ces deux-là.

III. Tel fut le partage de l'Empire romain que firent entre eux ces trois individus. Ils n'exceptèrent que les provinces qui étoient au-delà de la mer Ionienne, parceque M. Brutus et Cassius les avoient encore en leur pouvoir. Il fut réglé en outre que Antoine et Octave demeuroient chargés de la guerre contre M. Brutus et Cassius; que Lépidus seroit investi du consulat l'année suivante (7), qu'il resteroit à Rome, parceque sa présence y seroit nécessaire pour y parer aux évènements, et qu'il se feroit représenter en Ibérie par des lieutenants; que, pour cet effet, il conserveroit trois des légions de son armée, et qu'Antoine et Octave se partageroient les sept autres, dont trois pour Octave et quatre pour Antoine, afin que par cet ordre ils se trouvassent chacun à la tête de vingt légions pour entreprendre la guerre; qu'on exciteroit le zèle de l'armée en lui faisant espérer pour récompense de ses victoires, outre les libéralités ordinaires, la distribution en colonies de dix-huit villes d'Italie, qui, distinguées par leur opulence, par la fécondité de leur sol, par la beauté de leurs édifices, lui seroient assignées en toute propriété de maisons et de territoire, comme si elles étoient pour elle pays de conquête. Les principales de ces villes étoient, entre autres, Capoue, Rhégium, Vénuse, Bénévent, Nucérie, Ariminum, et Hippone. Ce fut ainsi qu'ils destinèrent à leurs troupes les plus belles régions de l'Italie. Il leur parut d'ailleurs convenable de commencer par

exterminer leurs ennemis personnels, de peur que
pendant qu'ils seroient occupés eux-mêmes d'une
guerre étrangère, ces ennemis ne contrariassent
toutes leurs dispositions. Après être ainsi convenus
de leurs mesures, ils les rédigèrent en forme de
décret (8), et Octave, en sa qualité de consul, en
donna connoissance aux deux armées, à l'exception
de ce qui concernoit les proscriptions, qu'il passa
sous silence. A cette lecture, les troupes firent
éclater leurs acclamations et leurs chants d'allégresse,
et vinrent se féliciter réciproquement de cette réconciliation (9).

IV. Au milieu de ces évènements, on vit à Rome
plusieurs signes effrayants, plusieurs prodiges épouvantables. On entendit des chiens hurler parfaitement à l'instar des loups, ce qui étoit regardé
comme un sinistre pronostic. On vit à Rome des
loups, espèce d'animal qui ne hante point les villes,
se promener dans le Forum. On entendit un langage
d'homme sortir de la bouche d'un bœuf; et un enfant nouveau-né parler dès le sein de sa mère. On
vit de la sueur sur quelques statues; quelques unes
mêmes suèrent du sang. On entendit de grandes
clameurs de voix humaines, des fracas d'armes, et
un bruit de cavalerie, quoique d'ailleurs on ne vît
ni troupes, ni armes, ni chevaux. Beaucoup de sinistres phénomènes se montrèrent autour du soleil.
Il tomba du ciel une pluie de pierres, le tonnerre
ne cessa de frapper les temples et les statues (10).
A l'occasion de tous ces présages, le sénat réunit à
Rome les aruspices et les devins de l'Étrurie (11).

Le plus âgé d'entre eux répondit : « Que le gouver- « nement monarchique qu'avoit autrefois le peuple « romain étoit sur le point d'être rétabli, et que « tous les hommes alloient tomber sous le joug de « la servitude, à l'exception de lui seul. » Après avoir proféré ces paroles, il ferma sa bouche et retint sa respiration jusqu'à ce qu'il fût étouffé.

NOTES.

(1) Témoin Paterculus, qui, en parlant des proscriptions, les appelle *instauratum Sullani exempli malum.* Lib. II, c. 66.

(2) Voici le langage de Plutarque : « César envoya semondre Antonius par ses amis de traiter appointement, « et pour ce faire s'assemblèrent ensemble ces trois, Cæsar, « Antonius et Lépidus, en un eislette, environnée tout à l'en-« tour d'une petite rivière, là où ils furent sans en bouger par « l'espace de trois jours. » *Vie d'Antoine*, 23. Paterculus donne le détail des considérations qu'Antoine fit valoir pour engager Octave à négocier avec lui. *Cùm Antonius et subindè Cæsarem admoneret quàm inimicæ ipsi Pompeianæ partes forent; et in quod jam emersissent fastigium; et quanto Ciceronis studio Brutus Cassiusque attollerentur; denuntiaretque se cum Bruto Cassioque, qui jam decem et septem legionum potentes erant juncturum vires suas, si Cæsar ejus aspernaretur concordiam; diceretque plus Cæsarem patris quàm se amici ultioni debere.* Antoine, comme on voit, menaçoit Octave de traiter avec Brutus et Cassius, s'il refusoit de traiter avec lui, et cette menace le décida, ainsi qu'elle devoit le faire. Paterc. *liv. II*, c. 65.

(3) D'après Dion Cassius, liv. XLVI, cette île devoit être située dans la partie du fleuve en question qui se trouvoit entre Modène et Bologne.

(4) Dion nous apprend qu'ils ne se contentèrent pas de cette précaution. Ἀλλήλους τε διηρεύνεσαν μὴ κ ξιφίδιόν τις ὑπὸ μάλης ἔχοι, « Ils se tâtèrent l'un l'autre pour s'assurer « qu'ils n'eussent pas de poignard caché sous leur vêtement. » Ils avoient, comme on voit, une grande confiance l'un en l'autre, ces trois hommes qui alloient se partager l'Empire du monde!

(5) On a déjà vu, note 2, que la conférence dura trois

jours au rapport de Plutarque. Il confirme le même fait dans la vie de Cicéron. Dion Cassius n'en dit rien.

(6) Cette nomination de Ventidius au consulat, Paterculus la confirme. Il en parle comme d'un des évènements les plus extraordinaires de cette époque; *vidit hic annus Ventidium per quam urbem inter captivos Picentium in triumpho ductus erat, in eâ consularem prætextam jungentem prætorio.* Lib. II, c. 65. Pline l'ancien mentionne ce trait de la fortune de Ventidius dans le même chapitre, où il rapporte que Cicéron avoit débuté dans la carrière des armes par les fonctions de préposé à la conduite des mulets; et l'on trouve en effet dans les fastes consulaires que Ventidius fut nommé en remplacement de Q. Pédius, le collègue d'Octave.

(7) Dion Cassius, à la fin de son quarante-sixième livre, dit en effet que Lépidus, quoique triumvir, fut nommé consul à la place de Décimus Brutus, consul désigné par César. L. Munatius Plancus, en vertu de la même désignation, prit possession des fonctions consulaires, quoiqu'il eût reconnu l'autorité du sénat après la bataille de Modène, quoiqu'il eût réuni ses drapeaux à ceux de Décimus Brutus, quoiqu'il fût un transfuge de la cause de la république. Octave s'annonçoit comme le vengeur de la mort de César. Il devoit donc respecter ses actes.

(8) Tel est le sens que j'ai cru devoir donner dans ce passage au verbe grec συνεγράψαντο. Dion Cassius ajoute qu'ils se lièrent par des sermens réciproques, et que, pour rendre les troupes en quelque façon intéressées à l'exécution du traité, on leur adressa la harangue la plus spécieuse et la plus propre à en assurer le succès.

(9) Il est étonnant qu'Appien passe ici sous silence le fait qui termine le quarante-sixième livre de Dion Cassius; savoir, que les soldats d'Antoine, afin de cimenter plus fortement la bonne intelligence entre Octave et lui, firent épouser à Octave, la belle-fille d'Antoine, c'est-à-dire une fille que Fulvie, sa femme, avoit eue en premières noces de Clo-

dius, l'ancien ennemi de Cicéron, et le provocateur de son exil. Octave avoit déjà une femme ; mais cette raison ne fut pas un obstacle ; les soldats d'Antoine avoient manifesté leur vœu. Tous les scrupules, tous les sentiments contraires devoient disparoître ; quand même Dion Cassius ne nous apprendroit pas que cette conduite des soldats d'Antoine étoit une intrigue de leur chef, on n'auroit eu aucune peine à le deviner. Lorsqu'on connoît la marche des passions humaines, on perce aisément le voile derrière lequel croient se cacher les mobiles qui les mettent en jeu. Cet historien pouvoit également se dispenser de nous dire qu'Octave se prêta sans façon à cet arrangement, parcequ'il savoit que ce mariage ne seroit pour lui, envers Antoine, que ce qu'avoit été pour César son union avec la fille de Pompée. Voyez Paterculus, liv. II, c. 65.

(10) On diroit que notre auteur a voulu faire ici le poëte, et prendre pour modèle les beaux vers qui terminent le premier livre des Géorgiques de Virgile. Au surplus, ces prodiges étoient pour tout le monde. On trouvera dans Dion Cassius, au commencement de son quarante-septième livre, ceux qui furent personnels à chacun des triumvirs.

(11) La réputation des aruspices de cette contrée étoit faite depuis long-temps. Ce fut en effet en Étrurie que fut envoyé, pour se perfectionner dans son art, le célèbre Attius Navius, le plus renommé des augures romains, dont Tite-Live, liv. I, n. 26, *Variorum*, dont Cicéron, liv. I, *de Divinatione*, et dont Denys d'Halicarnasse, liv. III, parlent avec tant d'éloge. Le sénat fit dans cette circonstance ce que Lucain dans sa Pharsale, liv. I, dit qu'il avoit fait antérieurement dans une circonstance non moins critique,

Hæc propter placuit Thuscos, de more vetusto,
Acciri vates.

Puisque l'occasion s'en présente ici, faisons remarquer que le théologien Bulenger commence le second livre de l'ouvrage qu'il nous a laissé *de sortibus, de auguriis et aus-*

ploiis, qui se trouve dans la précieuse collection des *Antiquités Romaines* de Grævius, par ces mots, *sacræ litteræ omnibus augurandi generibus interdicunt, quas secuti veteris ecclesiæ patres auguria oppugnant et falsi damnant*. Ce théologien n'avoit donc jamais fixé son attention sur le texte du verset 5 du chap. XVIII du livre des Juges, qui nous apprend que les envoyés des enfants de Dan, dirent au jeune Lévite qui étoit aux gages de Mica pour faire les fonctions de sacrificateur, « nous te prions que tu consultes « Dieu, afin que nous sachions si le voyage que nous entre- « prenons sera heureux. » Il existoit donc chez les Hébreux dans ces temps reculés, *genus quoddam augurandi*, un mode de consulter l'Éternel pour connoître le succès des entreprises; et rien ne le prouve, à notre avis, plus péremptoirement que la réponse du jeune Lévite, qui, après avoir pris les augures usités chez sa nation, répond aux envoyés des enfants de Dan ce qui est contenu dans le verset immédiatement suivant, « Allez en paix; l'Éternel a devant ses « yeux le voyage que vous entreprenez. »

CHAPITRE II.

Après avoir fixé tous les détails de leur plan, les triumvirs adressent au consul Pédius, à Rome, les noms de quelques proscrits, par le meurtre desquels commence le massacre de leurs victimes. Ils se rendent à Rome. Effroi et consternation que répand leur arrivée. Ils font proclamer l'acte constitutif du triumvirat. Ils font publier ensuite l'acte préliminaire, et les tables des proscriptions.

V. Aussitôt que les triumvirs se furent emparés du pouvoir, ils se réunirent pour faire les listes de proscriptions sur lesquelles ils inscrivirent ceux des citoyens qui leur étoient suspects par leur influence dans les affaires, et ceux contre lesquels ils avoient des motifs d'inimitié personnelle (1). Ils s'abandonnèrent réciproquement leurs propres parents, leurs propres amis; et cela, non seulement alors, mais encore dans la suite; car ils n'inscrivirent les proscrits qu'à la longue, et les uns après les autres, tantôt par des considérations de haine, tantôt pour n'avoir fait que les choquer, tantôt sur le simple prétexte qu'on étoit ou ami d'un ennemi, ou ennemi d'un ami, tantôt parcequ'on avoit une grande fortune (2). Ils avoient en effet besoin, pour faire la guerre, de beaucoup d'argent; car c'étoit à M. Brutus et à Cassius qu'étoient apportées toutes les contributions de l'Asie, ainsi que tout ce qui étoit fourni par les

Ans de Rome 71.

princes et par les Satrapes; tandis que les triumvirs ne savoient où prendre en Europe, et principalement en Italie, où l'on étoit épuisé par les malheurs de la guerre et par des subventions de tout genre. Cette pénurie finit par les obliger d'établir sur les plébéiens eux-mêmes, et sur les femmes d'onéreux impôts, et par songer à tirer une rétribution de tous les contrats ou de vente, ou de louage (3). On vit des infortunés figurer sur les listes de proscription, parcequ'ils avoient ou une belle maison à Rome, ou un beau lieu de plaisance à la campagne (4). Le nombre total de ceux qui furent abandonnés au glaive, ou dont les biens furent confisqués, s'éleva à près de trois cents parmi les sénateurs, et à deux mille parmi les chevaliers. Les frères, les oncles (5) des triumvirs eux-mêmes y furent compris, et même ceux de leurs lieutenants à qui il étoit arrivé de les choquer d'une manière quelconque, lorsqu'ils étoient sous leurs ordres, ou d'offenser leurs autres compagnons d'armes.

VI. Pour s'occuper du grand nombre de ceux dont les noms devoient être inscrits sur les tables de proscription, ils attendirent qu'à l'issue de leur conférence ils se fussent rendus à Rome. Ils n'arrêtèrent, avant que de se séparer, que la mort de douze, d'autres disent dix-sept, individus des plus influents, du nombre desquels fut Cicéron (6). Les ordres en conséquence furent dépêchés sur-le-champ. Il y en eut quatre de ces individus que les satellites des triumvirs rencontrèrent par hasard sur leurs pas, ou qu'ils découvrirent dans des festins; ils furent sur-le-champ massacrés. Pour trouver les autres, on fit des recherches, des perquisitions dans les temples, dans les maisons. Il en résulta un tumulte et une agitation effroyable pendant toute la nuit. On vociféroit, on couroit, on se lamentoit, comme dans une ville prise d'assaut; car on savoit qu'on faisoit saisir et égorger des citoyens, mais on ne savoit point quels étoient ceux contre lesquels cette mesure violente étoit ordonnée; chacun par conséquent croyoit que c'étoit lui-même qu'on cherchoit. Dans leur désespoir, les uns se disposoient à mettre le feu à leur propre maison, les autres à incendier les édifices publics, déterminés au milieu de leur égarement à commettre quelque action atroce avant que d'être immolés; et peut-être que ces projets sinistres auroient été exécutés, si le consul Pédius, parcourant les quartiers de Rome avec des hérauts, n'eût invité les citoyens à attendre le jour avec confiance, en faisant observer qu'on apprendroit avec exactitude de quoi il étoit question. Au point du jour, en effet, Pédius proclama la proscription des dix-sept individus dont les triumvirs lui avoient envoyé la liste; mais, contre leur intention, il annonça que c'étoient les seuls qui eussent été dévoués à la mort, parcequ'ils étoient regardés comme les seuls auteurs des malheurs publics. Dans l'ignorance où il étoit du secret des triumvirs, il promit sécurité à tous les autres citoyens, au nom de la foi publique. Du reste, Pédius s'étoit tellement fatigué la nuit précédente, qu'il en mourut ce même jour (7).

VII. Les triumvirs firent leur entrée à Rome,

chacun à son tour, pendant trois jours consécutifs. Octave entra le premier, Antoine entra le second, et Lépidus le troisième. Ils étoient chacun à la tête de leurs cohortes prétoriennes et d'une légion. Aussitôt qu'ils furent entrés, Rome fut remplie de troupes, qui furent distribuées dans les postes les plus avantageux. Ce fut au milieu de cet appareil militaire qu'on se hâta de faire convoquer les comices, et de faire présenter, par le tribun du peuple Publius Titius, une loi qui établit, sous le nom de triumvirat, une nouvelle magistrature destinée à rétablir le bon ordre dans la république, et décernée pour cinq ans à Lépidus, à Antoine et à Octave, avec une autorité égale à l'autorité consulaire. Chez les Grecs, et spécialement à Lacédémone, on donnoit un nom analogue (8) à ceux qui, dans de pareilles circonstances, étoient investis d'un pouvoir suprême pour atteindre le même but (9). Cette loi fut votée sans égard aux formalités ordinaires pour l'examen préalable du projet, et sans avoir fait annoncer d'avance le jour de la convocation de l'assemblée. Elle fut votée sur-le-champ, et la nuit suivante, cent trente proscrits furent ajoutés aux dix-sept premiers. Leurs noms inscrits sur des tables furent mis sous les yeux du public dans différents quartiers de la ville. Peu de jours après on en ajouta cent cinquante autres; et l'on vit même continuellement reparoître sur les listes de proscription les noms de quelques individus antérieurement inscrits, ou antérieurement égorgés par quelque méprise, dans la vue de paroître justifier leur fin tragique par ces inscriptions simulées. Il fut réglé qu'on n'obtiendroit le salaire promis à l'assassin de chaque victime, qu'autant qu'on se présenteroit aux trois triumvirs, sa tête à la main. Le salaire d'un homme de condition libre étoit de l'argent; celui d'un esclave, étoit la liberté et de l'argent. Tout le monde étoit obligé de tout ouvrir chez lui pour aider aux perquisitions. Celui qui avoit donné asile à un proscrit, celui qui l'avoit recélé, celui qui refusoit de faciliter les recherches, étoit traité comme un proscrit lui-même (10). Le délateur qui révéloit quelqu'une de ces circonstances recevoit le même salaire que celui qui avoit trempé sa main dans le sang de quelque victime.

VIII. Voici dans quelle forme étoit rédigé le préambule des tables de proscription : « Marcus
« Lépidus, Marcus Antonius, Octavius César, élus
« par le peuple pour rétablir l'harmonie et ramener
« le bon ordre dans la république, proclament ce
« qui suit : Si les méchants, par une suite de la dé-
« loyauté qui leur est naturelle, ne s'efforçoient point
« d'exciter la commisération en leur faveur, lors-
« qu'ils en ont besoin, et si, devenant d'abord les
« ennemis de leurs bienfaiteurs, ils ne finissoient point,
« lorsqu'ils ont été sauvés par eux, par conspirer
« contre leur personne, Caïus César n'auroit point
« été assassiné par ceux auxquels il eut la générosité
« de conserver la vie, après les avoir faits prison-
« niers de guerre, et par ceux qu'il combla de di-
« gnités, d'honneurs et de largesses, après les avoir
« mis au rang de ses amis les plus distingués; et nous-
« mêmes, nous ne serions point forcés de sévir ainsi

« avec tant de rigueur contre la multitude de ceux
« qui, non contents de nous abreuver d'outrages,
« nous ont encore déclarés ennemis de la patrie.
« Maintenant donc que l'expérience nous a convaincus
« de l'impossibilité de désarmer par la clémence la
« méchanceté de ceux qui ont conspiré notre perte,
« et qui ont trempé leurs mains dans le sang de
« César, nous avons préféré prévenir nos ennemis
« que de nous exposer à devenir leurs victimes.
« Personne ne nous regardera ni comme injustes,
« ni comme cruels, ni comme exagérés dans nos
« mesures, si l'on considère ce qu'a éprouvé César,
« ce que nous avons souffert nous-mêmes. Ceux que
« César avoit faits prisonniers les armes à la main,
« ceux auxquels il avoit fait grace de la vie, ceux
« qu'il avoit appelés par son testament à recueillir
« sa succession, l'ont assassiné en plein sénat, à la
« face des Dieux, en lui donnant vingt-trois coups
« de poignard, quoiqu'il fût revêtu de la suprême
« magistrature, quoiqu'il fût investi du suprême
« pontificat, quoiqu'il eût subjugué et soumis à la
« domination du peuple romain les nations les plus
« formidables, quoique, le premier des mortels, il
« eût franchi les colonnes d'Hercule, en traversant
« une mer qui n'avoit point encore vu de naviga-
« teurs, et qu'il eût découvert une région jusqu'alors
« inconnue aux Romains (11). Les autres, après cet
« horrible attentat, au lieu de livrer les coupables à
« la vengeance des lois, leur ont laissé prendre pos-
« session de magistratures et de gouvernements de
« provinces; ce qui les met en mesure d'envahir les

« trésors de la république, de lever des troupes
« contre nous, de demander et d'obtenir des ren-
« forts chez les peuples barbares, irréconciliables
« ennemis de Rome et de son Empire. En consé-
« quence, ils ont incendié, ravagé, saccagé de fond
« en comble les villes fidèles au peuple romain,
« qu'il leur a été impossible de porter à la défec-
« tion ; et celles dont ils se sont rendus maîtres par
« la terreur, ils les ont armées contre nous et contre
« la patrie. »

IX. « Déjà le fer de la vengeance a fait justice de
« quelques uns de ces malheureux. Vous verrez bien-
« tôt, avec l'assistance des Dieux, que les autres subi-
« ront le même sort. Nous avons déjà avancé, nous
« achevons d'accomplir tous les jours la plus grande
« partie de notre tâche, en Ibérie, dans la Gaule, en
« Italie ; il ne nous reste qu'une seule chose à faire,
« c'est de nous mettre en campagne contre ceux
« des assassins de César qui sont au-delà des mers.
« Or, tandis que nous nous disposons, citoyens (12),
« à entreprendre pour vous cette guerre étran-
« gère, il nous a paru également dangereux, et
« pour vous et pour nous, de laisser ici derrière
« nous le reste de nos communs ennemis, qui
« pourroient abuser de notre absence, en se mettant
« à l'affût des évènements de la guerre, pour en
« profiter selon les chances. Il nous a paru, en même
« temps, qu'attendu l'urgence de cette expédition,
« au lieu d'user de lenteur, il falloit se hâter d'exter-
« miner ceux qui ont été les premiers à nous déclarer
« la guerre, lorsqu'ils ont déclaré dans leurs décrets

« que nous étions, nous, et les armées qui servoient
« sous nos ordres, ennemis de la patrie. »

X. « De quel immense nombre de citoyens ils
« avoient résolu la perte, en même temps que la
« nôtre, sans craindre ni la vengeance des Dieux,
« ni la vengeance des hommes! Quant à nous, ce ne
« sera point sur une aussi grande multitude de vic-
« times que nous étendrons notre bras vengeur. Nous
« ne ferons même point immoler tous ceux de nos
« ennemis qui se sont déclarés, ou qui ont conspiré
« contre nos personnes. Nous ne comprendrons point
« dans nos tables de proscription tous ceux qui sont
« distingués, ou par leur fortune, ou par les grands
« biens qu'ils possèdent, ou par les hautes magis-
« tratures qu'ils ont exercées, ainsi que le fit le ma-
« gistrat armé du pouvoir suprême, qui, avant nous,
« et comme nous, fut chargé, au milieu des dissen-
« sions civiles, de rétablir le calme dans la républi-
« que, et auquel, en considération de ses grands suc-
« cès, vous décernâtes le surnom d'*Heureux*. Nous
« n'imiterons pas son exemple, quoiqu'il soit dans
« l'ordre des choses, quoiqu'il soit de toute nécessité,
« que trois individus aient plus d'ennemis que ne
« devoit en avoir un seul (13). Nous ne nous venge-
« rons que des plus scélérats et des plus coupables,
« et cela dans la vue de votre propre intérêt autant
« que du nôtre; car, au milieu de nos dissensions,
« vous seriez tous nécessairement en proie à toute
« sorte de calamités. Il est également nécessaire de
« donner quelque satisfaction à l'armée, qui a été
« offensée, exaspérée par tous les genres d'outrages,

« et qui a été proclamée ennemie de la patrie par
« ceux-là même qui étoient les vrais ennemis de
« la république. Nous pourrions sans doute faire
« saisir et égorger ceux dont nous avons résolu la
« mort, à mesure qu'on les rencontreroit, mais nous
« préférons inscrire leurs noms sur des tables de pros-
« cription, que de les faire arrêter à l'improviste; et
« cela encore par égard pour nos concitoyens, afin
« d'éviter que nos soldats, animés par leurs res-
« sentiments, ne dépassent les bornes que nous nous
« sommes prescrites, en se jetant sur ceux qu'il est
« dans notre intention d'excepter; et que connoissant
« par leurs noms ceux dont la mort est déterminée,
« et qui leur sont abandonnés, ils s'abstiennent,
« ainsi que nous l'ordonnons, d'immoler les au-
« tres (14). »

XI. « Fassent donc les Dieux que personne ne
« donne asile à aucun de ceux dont le nom est inscrit
« sur le présent tableau, que personne n'en recèle
« aucun, ne se laisse corrompre par l'argent d'aucun.
« Quiconque sera convaincu d'avoir aidé à sauver
« quelqu'un d'entre eux, ou de l'avoir secouru, ou
« d'avoir été le complice de l'une ou de l'autre de ces
« actions, nous le plaçons, sans avoir égard à aucune
« excuse quelconque, et sans nulle commisération,
« dans la liste des proscrits. Quant à ceux qui leur
« auront donné la mort, et qui viendront nous
« en présenter les têtes, nous donnerons pour chaque
« tête, à l'homme de condition libre, vingt-cinq
« mille drachmes attiques (15); à l'esclave, dix mille
« drachmes attiques, et de plus la liberté et les

« mêmes droits de cité dont son maître se trouvera
« jouir. Ceux qui feront connoître le lieu où sera
« caché un proscrit obtiendront la même récom-
« pense. Au reste, les noms de ceux qui auront reçu
« ces récompenses ne seront écrits sur aucun re-
« gistre, afin qu'ils demeurent totalement incon-
« nus (16). » Tel étoit le préambule de l'acte de
proscription des triumvirs, autant que la langue
grecque peut rendre la langue latine (17).

NOTES.

(1) Dion Cassius remarque, à ce sujet, qu'il y eut cette différence entre les proscriptions de Sylla et celles du triumvirat, que, dans les premières, il y eut deux tables, une pour les sénateurs, et l'autre pour tous les autres citoyens, et que, dans les secondes, il n'y en eut qu'une où tous les noms furent inscrits sans distinction. « Ce seroit, ajoute-t-il, une « erreur de croire que cette unité de table prouve que le « nombre des proscrits du triumvirat fût moindre que celui « de Sylla. Il fut beaucoup plus grand, au contraire, quoi- « que le nombre des morts fût à peu près le même. » A ce compte, il se sauva plus de proscrits du temps des triumvirs que du temps de Sylla. Cela devoit être pour deux raisons. La mémoire des proscriptions de Sylla étoit encore récente. On connoissoit d'avance la férocité des triumvirs, et beaucoup de ceux dont les noms furent inscrits avoient pris antérieurement leurs mesures. D'un autre côté, Sextus Pompée, qui étoit maître de la mer et de la Sicile, avoit fait proclamer à Rome et dans toute l'Italie, qu'il donneroit à celui qui sauveroit un proscrit une récompense double de celle que promettoient les triumvirs à qui en apporteroit la tête. Dion Cassius, livre 47. Au reste, il faut lire dans Dion Cassius les détails étendus et curieux dans lesquels il est entré à cet égard. C'est le tableau de tout ce que la méchanceté et la scélératesse peuvent offrir de plus révoltant et de plus horrible. On y trouvera ce trait entre autres, que, quoique les abominations commises contre les proscrits de Sylla parussent impossibles à égaler, elles furent néanmoins grandement surpassées en beaucoup de circonstances. *Alia non pauca acerbissima tùm successerunt mala, quantumvis Syllana tanta fuisse viderentur, ut addi posset nihil.* Je me suis servi de la version de Xylander, liv. 47.

(2) On verra plus bas le trait de ce chevalier romain qui, voyant son nom inscrit, s'écria : « Ah ! ma belle maison « d'Albe ! c'est à cause de toi que je suis proscrit. » Dion Cassius rapporte le trait suivant. Les lois défendoient de faire périr de mort violente les jeunes Romains qui n'avoient point pris la robe virile. Les triumvirs firent prendre cette robe avant l'âge requis à un adolescent qu'ils vouloient inscrire, et qu'ils inscrivirent, en effet, sur les tables, afin d'envahir son opulent patrimoine. Liv. XLVII.

(3) Desmares n'a pas le moins du monde entendu le texte dans ce passage. Il n'a fait que du gachis.

(4) Voyez ci-dessus, note 2.

(5) Octave, soit par reconnoissance, soit par affection, fit, à ce qu'on prétend, tous ses efforts pour sauver Cicéron, de la proscription duquel Antoine ne voulut jamais démord e. Réduit à céder, il déclara qu'il ne le feroit néanmoins qu'à condition qu'Antoine lui abandonneroit L. César qui étoit son oncle, et que Lépidus, de son côté, lui abandonneroit également son propre frère Paulus. Étoit-ce une adroite ruse de la part d'Octave pour sauver plus sûrement Cicéron, de mettre sa tête à ce prix ? En tout cas, il en fut la dupe; car Antoine et Lépidus acceptèrent cet épouvantable marché.

(6) L. César, oncle d'Antoine, et Paulus Lépidus, frère du triumvir de ce nom, furent inscrits en effet sur les tables de proscription. Ils furent même mis à la tête; mais le premier fut sauvé par Antoine, qui se laissa fléchir par les instantes prières de Julie sa mère, qui étoit la sœur de L. César; et le second fut sauvé par son frère, qui lui fournit les moyens de fuir et de s'aller réfugier à Milet. *Dion. Cass. liv. XLVII.*

(7) Les interprètes latins, ainsi que Seyssel, ont traduit que « *fatigué du travail de cette journée, Pédius mourut la nuit suivante. Sequenti nocte morbo, ex nimiâ defatigatione contracto, extinctus est.* J'ai mieux aimé rendre les mots du texte ἐκ καμάτου τῆς νυκτὸς, selon la règle de *liber*

petri. Ce fut à sa place que Ventidius fut nommé. *Voyez* ci-dessus, chap. I, note 6.

(8) Ἢν ἄν τις Ἑλλήνων Ἁρμοστὰς ὀνομάσειεν. En grec on leur donneroit le nom d'*Harmostes*, c'est-à-dire, *magistrats destinés à rétablir l'harmonie dans le corps politique.*

(9) *Triumviris istis ut et dictatoribus similes apud Græcos fuére, qui, turbato intestinis malis reipublicæ statu, ad eam constituendam soliti creari; hos Thessali,* ἀρχούς, *Lacedæmonii* Ἁρμοστὰς *appellárunt,* φοβούμενοι βασιλεῖς ἢ τυράννους καλεῖν, *ait Dionysius Halicarnassæus, etsi reverá tyrannicá aut regiá potestate erant præditi.* C'est ainsi que s'exprime le savant Casaubon, dans sa note sur ces mots de Suétone, *triumviratum reipublicæ constituendæ,* lib. II, D. Oct. Cæs. n° 27.

(10) Il étoit défendu, sous la même peine, de donner des larmes à la mémoire d'un proscrit. *Occisos ne lugere quidem cuiquam licebat, sed multi ob eam rem quoque perierunt.* Dion Cassius, liv. XLVII, version de Xylander. On le verra plus bas, note 8, chap. III.

(11) Ceci fait allusion à l'expédition de Jules-César contre la Grande-Bretagne. On regardoit alors cette contrée comme les limites du monde, témoin ces paroles de Virgile.

. . . . *extremos orbe Britannos.*

(12) Quoique ce mot ne soit pas dans le texte, il nous a paru convenable de l'ajouter.

(13) C'est exactement la raison que Dion Cassius donne, lorsqu'il dit que le nombre de ceux qui furent proscrits par les triumvirs fut plus grand que le nombre de ceux qui le furent par Sylla. πολλῷ γὰρ πλείους ἅτε καὶ ὑπὸ πλειόνων ἐσεγράφησαν. Lib. XLVII, n. 3. *Longè enim plures, quippè à multis inscripti sunt.* Mais Dion Cassius a dit la vérité en historien ; au lieu que les triumvirs la dissimuloient, comme le font toujours les tyrans lorsqu'ils s'arment du glaive de la vengeance.

(14) « Ce qui rendit les malheurs du triumvirat plus épou-
« vantables, ce qui les aggrava, c'est que, du temps de

« Sylla, on n'égorgeoit du moins que par son ordre, à l'ex-
« ception de ceux que leurs grandes richesses faisoient égor-
« ger, et qu'il est impossible que l'autorité, malgré toute
« sa puissance, soit capable de préserver en pareil cas; au
« lieu que du temps des triumvirs, non seulement on égor-
« geoit leurs ennemis, les citoyens riches, mais encore leurs
« plus intimes amis y périrent quelquefois contre leur inten-
« tion. » Tel est le langage de Dion Cassius, liv. XLVII.

(15) Cent mille sesterces.

(16) Dion Cassius donne la raison de cette mesure. Il paroît qu'après la mort de Sylla, Caton, le vertueux Caton,
pendant qu'il étoit questeur, avoit fait rendre gorge à tous
les brigands qui avoient servi d'instrument aux fureurs sanguinaires du dictateur, et qui avoient reçu le salaire de
leurs brigandages. On ne devoit pas moins attendre en effet
de l'austère vertu de cet illustre citoyen de Rome, qui, n'ayant
encore que quatorze ans, à l'époque de la proscription de
Sylla, voyant les satellites du dictateur porter les têtes sanglantes des proscrits d'un air de triomphe, et entendant tous
les citoyens gémir et étouffer ensuite leurs gémissements autour de lui, demanda à son précepteur, pourquoi personne ne
va-t-il égorger Sylla? — C'est, lui répondit le précepteur,
parceque tout le monde le craint encore plus qu'on ne l'ab-
horre. — Donnez-moi donc un glaive, répondit le jeune Caton
et j'irai l'égorger moi-même. Plutarque, *Vie de Caton*. Les
triumvirs donc, craignant que l'exemple donné par Caton,
ne diminuât l'ardeur et le zèle des assassins, sentirent la nécessité de les rassurer, en leur promettant qu'on ne laisseroit consigner nulle part aucun monument écrit de leurs attentats.

(17) Appien est le seul des historiens romains qui nous
ait transmis ce monument authentique de la plus atroce
scélératesse dont l'histoire des crimes de l'espèce humaine
fasse mention. Rien n'est plus ordinaire sans doute, dans
l'histoire, que des tableaux de massacres et de meurtres or-
donnés par des brigands armés du pouvoir; mais jamais ces

abominations ne furent accompagnées de circonstances aussi effroyables, aussi propres à exciter toutes les puissances de l'indignation. Il ne faut que lire cet horrible manifeste pour être convaincu qu'il fut l'ouvrage d'Antoine. Il respire en effet cette froide férocité qui fut le caractère dominant de ce misérable, qui se complaisoit, selon le rapport de Dion Cassius, à se faire apporter les têtes sanglantes des proscrits pendant qu'il étoit à table, et à se rassasier de ce spectacle hideux. En ce qui concerne Octave, nous remarquerons que les historiens disent assez unanimement que d'abord il ne fut pas d'avis d'employer l'horrible mesure des proscriptions; mais Suétone, dont on connoît et dont on loue avec raison la véracité, dépose que, la mesure une fois adoptée, il en poursuivit l'exécution avec encore plus de rage qu'aucun de ses deux collègues, qui se laissèrent fléchir quelquefois, au lieu qu'il se montra constamment inexorable. *Restitit quidem aliquandiù collegis ne qua fieret proscriptio, sed inceptam utroque acerbiùs exercuit. Namque illis in multorum sæpè personam per gratiam et preces exorabilibus, solus magnopere contendit ne cui parceretur.* Ajoutons ce que, Suétone ajoute, sur la foi de Junius Saturninus, que lorsqu'on crut les proscriptions terminées, Lépidus ayant annoncé dans le sénat que les jours de la clémence étoient arrivés, Octave se leva pour contredire son collègue, et pour déclarer que, « quant à lui, il ne cesseroit de proscrire que « lorsqu'il n'auroit plus d'ennemis à craindre; » *ita modum se proscribendi statuisse, ut omnia sibi reliquerit libera.* Quant à Lépidus, il n'eut d'autre part à ces horreurs que celle que le força d'y prendre la société de pouvoir, que, dans sa manie de jouer un rôle, il avoit formée avec ces deux monstres.

CHAPITRE III.

Divers détails des proscriptions. Particularités remarquables de la mort ou du salut de quelques uns des proscrits.

Ans de Rome. 710.

XII. Lépidus étoit le premier dans la nomenclature des triumvirs, et son frère Paulus Lépidus étoit le premier dans la liste des proscrits; Antoine étoit le second dans la même nomenclature, et Lucius César, son oncle, étoit le second dans la même liste(1). Leur crime étoit d'avoir été les premiers à déclarer, l'un son frère, l'autre son neveu, ennemis de la patrie (2). Le troisième proscrit et le quatrième étoient Plotius, le frère de Plancus (3), et Quintus, le beau-père d'Asinius Pollion, lesquels Plancus et Asinius étoient inscrits sur un autre tableau, comme candidats désignés pour le consulat de l'année suivante. Si l'on mit ces quatre individus à la tête des tables de proscription, ce ne fut pas en considération seulement de l'élévation de leur rang, ce fut plutôt pour imprimer la terreur et pour ôter à qui que ce fût l'espérance de sauver quelqu'un (4). Dans le nombre des proscrits fut mis C. Toranius, qui, selon quelques historiens, avoit été l'un des tuteurs d'Octave (5). Au moment où les tables (6) de proscription furent publiées, on fit fermer les portes de Rome, ainsi que toutes les issues du côté des ports, du côté des marais, ou de tout autre côté suspect, par où on pouvoit s'échapper de la ville, soit pour prendre la fuite, soit pour aller se cacher. Il fut ordonné à des centurions de battre la campagne tout autour des murailles, et de faire les plus sévères perquisitions. Toutes ces mesures furent exécutées en même temps.

XIII. Aussitôt on vit dans les environs de Rome, dans l'intérieur de la ville, plusieurs individus tomber à l'improviste entre les mains des satellites des triumvirs, qui les égorgeoient sur la place, à l'endroit même où ils étoient rencontrés. On vit les uns périr d'une manière, les autres périr d'une autre. On vit les bourreaux couper les têtes de leurs victimes, pour obtenir en les présentant la récompense promise. On vit fuir avec ignominie et sous d'ignobles déguisements des personnages revêtus auparavant des habits les plus magnifiques. Les uns cherchèrent un asile dans des puits, les autres dans des creux souterrains au milieu des immondices; ceux-ci se cachèrent dans les conduits par où s'échappoit la fumée, ceux-là allèrent se tapir dans les combles de leur maison, s'abstenant de remuer le moins du monde. Car les satellites des triumvirs n'étoient pas toujours ce que les proscrits avoient le plus à redouter; ils avoient encore plus à craindre, les uns leurs femmes et leurs enfants qui avoient contre eux des dispositions de haine; les autres leurs affranchis ou leurs esclaves; ceux-ci leurs débiteurs; ceux-là les voisins de leur héritage qui en convoitoient la propriété. Les querelles et les ressentiments par lesquels les ames avoient été jusqu'à ce moment ulcérées éclatèrent alors à la fois, et l'ordre des conditions fut si horriblement renversé, que des membres du sénat, des consulaires, des personnages qui avoient déjà rempli, qui remplissoient actuellement les fonctions de préteurs ou de tribuns du peuple, ou qui étoient déjà dans la liste des candidats pour ces magistratures, se jetoient aux pieds de leurs propres esclaves, les larmes aux yeux et les supplications à la bouche, les implorant comme leurs sauveurs, comme les arbitres de leurs destinées : spectacle d'autant plus digne de pitié que le salut des victimes ne fut pas toujours le prix de ces humiliations.

XIV. Ces épouvantables événements offrirent l'image de tous les genres de calamité. Il n'en étoit pas comme des horreurs des séditions, ou des surprises inopinées en temps de guerre; car alors on n'a à redouter que les antagonistes du parti opposé, que la rencontre de l'ennemi, et du moins on peut compter sur le secours de ses domestiques ou de ses proches. Mais dans ces terribles circonstances, les proscrits avoient à les redouter encore plus que les assassins des triumvirs, d'autant que leurs parents et leurs domestiques n'ayant rien à craindre pour leur propre compte, à l'inverse de ce qui a lieu d'ordinaire dans les temps de guerre ou de sédition, ils devenoient leurs ennemis sur-le-champ, soit par l'effet d'un ressentiment dissimulé jusqu'alors, soit par la cupidité de la récompense promise, soit par le désir de s'emparer de l'or et de l'argent qu'ils avoient dans leur maison (7). Il en résulta que l'on vit éclater de toutes parts les trahisons et les infidélités de chacun envers son parent et son maître. L'amorce de la récompense promise l'emportoit sur la commisération. Ceux qui se sentoient portés à la bienveillance, à la fidélité, étoient retenus par la crainte de l'identité de peine prononcée contre quiconque aideroit à un proscrit à se sauver ou à se cacher, ou contre quiconque seroit complice de l'une ou de l'autre de ces deux choses (8). Ce fut un tout autre genre de terreur que celui dont les esprits avoient été d'abord frappés à l'aspect de ce qui avoit eu lieu au sujet des dix-sept premiers proscrits. En effet, comme alors nulle proclamation du nom des proscrits n'avoit été faite, et qu'on se contenta de faire saisir et égorger à l'improviste quelques individus, chacun craignit pour soi le même sort, et tous se prêtèrent un secours réciproque. Mais, après la publication des tables de proscription, les proscrits furent sur-le-champ livrés à la perfidie et à la trahison de tout le monde; tandis que ceux qui virent qu'ils n'avoient rien à craindre pour eux-mêmes, et qu'on les excitoit par des récompenses, amorcés par cet infâme salaire, ils se livrèrent, semblables à des chiens de chasse, à la perquisition des victimes, pour les indiquer aux bourreaux. Parmi le reste des citoyens, les uns alloient piller les maisons de ceux qui avoient été égorgés, et le sordide profit qu'ils y trouvoient les empêchoit d'ouvrir les yeux sur les calamités présentes; les autres, ceux qui avoient plus de lumières et plus de moralité, é*o...t dans l'effroi et dans la consternation; et ... .10se leur paroissoit contrarier le cours ordinaire des évènements, lorsqu'ils y réfléchissoient avec attention, c'est que dans les autres républiques autant les séditions leur étoient funestes, autant l'harmonie et la concorde des citoyens leur étoient avantageuses, au lieu qu'à Rome la concorde et l'harmonie des chefs ne faisoient que consommer sa ruine commencée par les dissensions de ses magistrats.

XV. Quant aux proscrits, les uns périrent en vendant leur vie à leurs assassins; les autres, considérant que ce n'étoit point aux satellites des triumvirs qu'ils devoient imputer leur mort, se laissèrent égorger sans se défendre. Il y en eut qui prirent spontanément le parti de mourir de faim; il y en eut qui se pendirent eux-mêmes; il y en eut qui allèrent se précipiter dans les flots; il y en eut qui se jetèrent la tête en bas du haut de leurs maisons; il y en eut qui s'élancèrent au milieu des flammes; on en vit qui présentèrent la poitrine à leurs assassins; on en vit même qui envoyèrent vers eux pour les inviter à accélérer leur marche. D'autres, au contraire, eurent beau se cacher, s'abaisser à de honteuses supplications, faire des efforts pour échapper au glaive ou chercher à corrompre leurs bourreaux avec de l'argent, ils n'en furent pas moins immolés. Quelques citoyens, qui n'avoient point été couchés sur la liste des proscrits par les triumvirs, furent égorgés contre leur intention, soit par inadvertance, soit par l'effet de quelque inimitié personnelle (9). Dans ces cas-là, l'on distingua les cadavres de ces infortunés à cette circonstance, c'est que leur tête étoit encore attachée au tronc ; car les têtes des proscrits on les suspendoit dans le Forum, à la tribune aux harangues, et c'étoit là qu'il falloit les porter pour y recevoir son salaire. On vit également d'un autre côté de nombreux exemples d'un zèle, d'une émulation et d'une vertu admirables dans des femmes, dans des enfants, dans des frères, dans des esclaves, qui imaginèrent toute sorte d'expédients pour sauver des personnes qui leur étoient chères, ou qui moururent avec elles lorsque le succès trompa leur attente. Il y eut des individus qui se poignardèrent eux-mêmes sur le corps de leurs parents égorgés. De ceux qui prirent la fuite, quelques uns périrent par des naufrages, qui attestèrent l'acharnement avec lequel la fortune avoit conspiré leur perte : quelques autres échappés à tous les dangers, furent rappelés à Rome, malgré tout ce qui sembloit en avoir détruit la possibilité, rentrèrent dans les magistratures, furent mis de nouveau à la tête des armées, et obtinrent les honneurs du triomphe ; tant il étoit réservé à ces temps affreux de présenter le tableau de tous les contrastes !

XVI. Or, ce ne fut point dans une petite république isolée, ce ne fut point dans les petits et foibles États d'une monarchie, que ces évènements eurent lieu ; ce fut dans la plus puissante des républiques que ces évènements furent suscités par les Dieux ; dans celle qui dominoit sur tant de nations du continent, sur tant de peuples maritimes ; dans celle dont ils avoient depuis long-temps préparé cette splendeur que nous lui voyons étaler encore aujourd'hui. Des évènements du même genre y avoient eu lieu sous Sylla, et avant Sylla sous C. Marius; et dans les détails historiques où nous sommes entrés sur le compte de ces deux Romains, nous avons succinctement rappelé ce qu'eurent de plus remarquable les proscriptions qui furent leur ouvrage; et cette circonstance entre autres, que les restes des proscrits demeuroient sans sépulture. Mais ces évènements-ci eurent un plus grand caractère de célébrité, et furent plus importants dans leurs résultats, soit par la nature du pouvoir dont les triumvirs étoient revêtus, soit encore plus par le talent et par le bonheur qu'eut l'un d'entre eux d'asseoir son autorité sur un fondement solide, de transmettre l'Empire à ses descendants, et le titre de son autorité ainsi que son nom à ses successeurs actuels. Je rappellerai ici ce qu'ils eurent de plus remarquable d'un côté, et de plus horrible de l'autre, et par conséquent de plus mémorable, d'autant que ce sont les derniers évènements de ce genre. Je ne parlerai point sans doute de tous les détails; car il ne peut pas être fort intéressant de mentionner les individus dont la mort ou la fuite n'ont été marquées par aucun trait digne d'être rapporté, ceux qui, après avoir ultérieurement obtenu leur grace des triumvirs, rentrèrent à Rome, et qui, après leur retour, vécurent dans l'obscurité. Je me bornerai à ceux de ces évènements qui sont les plus propres à étonner par les particularités extraordinaires qui les ont signalés, et à faire ajouter foi aux détails dans lesquels nous sommes déjà entrés.

Ces évènements sont en grand nombre, et plusieurs historiens romains en ont présenté le tableau, chacun de son côté. Nous n'en retracerons sommairement, et pour éviter les longueurs, qu'un petit nombre dans chaque genre (10); nous n'en dirons même que ce qui sera nécessaire pour constater la certitude de chacun de ces genres d'évènements, et pour faire apprécier le bonheur dont on jouit de nos jours.

Ans de Rome. 711.

NOTES.

(1) Ecoutons Florus. « Comment déplorer d'aussi horribles attentats d'une manière proportionnée à leur atrocité, lorsqu'on voit Antoine proscrire Lucius César son oncle, et Lépidus inscrire sur les tables fatales, le nom de Lucius Paulus son frère ? » *Pro quibus quis pro dignitate rei ingemiscat, cùm Antonius Lucium Cæsarem avunculum suum, Lepidus Lucium Paulum fratrem suum proscripserit ?* Lib. IV, cap. 6. Paterculus indique l'épouvantable motif qui, dans ces terribles circonstances, étouffa dans le cœur de Lépidus et d'Antoine la voix du sang et de la nature. *Ne quid ulli sanctum relinqueretur, velut in dotem invitamentumque sceleris Antonius L. Cæsarem avunculum Lepidus Paulum fratrem proscripserant.* Lib. II, n. 67.

(2) Les Philippiques de Cicéron, la huitième entre autres, font foi que L. César, oncle d'Antoine, étoit un des membres du sénat les plus ardents à défendre la cause de la liberté, et que, lorsqu'il étoit question de son neveu, il ne se modéroit dans ses opinions que par des motifs de bienséance pour les liens du sang. *Atque ipse tamen Cæsar præcepit vobis quodammodò, P. C., ne sibi assentiremini, cùm ita dixit, aliam sententiam se dicturum fuisse, eamque se ac repub. dignam, nisi propinquitate impediretur.* Phil. 8, in princ.

(3) S'il faut ajouter foi au récit de Paterculus, ce fut Plancus lui-même qui fit inscrire Plancus Plotius, son frère, sur la liste des proscrits : *Nec Planco gratia defuit ad impetrandum ut frater ejus Plancus Plotius proscriberetur :* et à propos de cet acte d'atrocité de Plancus, qui étoit le même que celui de Lépidus, cet historien nous a conservé un calembourg latin que firent les soldats, de ces deux fratricides en célébrant leurs triomphes, ils chantèrent :

De Germanis, non de Gallis, duo triumphant consules ;

« Ce n'est pas des Gaulois que les deux consuls triomphent ;
« c'est des Germains ou de leurs frères germains. »

(4) Voyez ci-dessus, note 1.

(5) Suétone ajoute que ce Toranius avoit été le collègue du père d'Octave, dans les fonctions d'édile. *Proscripsitque etiam C. Toranium tutorem suum eumdemque collegam patris sui Octavii in œdilitate.* n. 27.

(6) Du temps de Sylla, les noms des proscrits sans distinction furent inscrits sur un seul et même tableau. Du temps des triumvirs, il y en eut deux, un pour les sénateurs, et un autre pour le reste des citoyens. C'est Dion Cassius qui nous apprend cette particularité : « Pourquoi cela se
« fit-il ainsi, dit cet historien, je n'en sais rien ; je n'en ai
« trouvé la cause dans l'ouvrage de qui que ce soit, et je
« n'ai pu la deviner. Ce seroit d'ailleurs se tromper que de
« prétendre que les triumvirs n'inscrivirent le nom de leurs
« victimes que sur une table unique, et d'en donner pour
« raison qu'ils proscrivirent moins de monde que Sylla n'en
« avoit proscrit ; car ce fut le contraire. Le nombre des pros-
« crits fut plus grand, parceque les proscriptions étoient
« l'ouvrage de plusieurs ; mais si le nombre des morts fut
« moindre, ce fut, entre autres causes, parceque les noms
« des sénateurs étant séparés du nom des autres citoyens,
« on eut moins à se tromper sur l'indication personnelle des
« victimes désignées. » Je remarquerai en passant que dans la version latine de Reimar, cette dernière phrase est bien plus nette qu'elle ne l'est dans la version de Xylander.

(7) Ces motifs spoliateurs firent en effet peut-être encore plus de victimes que la haine fondée sur les ressentiments de l'esprit de parti. Rien ne le prouve mieux que le fait consigné dans Dion Cassius, savoir que des proscrits obtinrent que leurs noms seroient rayés des tables fatales, lorsque les triumvirs furent certains qu'en épargnant leur victime il leur en reviendroit plus d'argent que s'ils s'en faisoient apporter la tête. Καὶ οὗτοι δ᾽ οὖν ὅμως ἔσωσάν τινας παρ᾽ ὧν γε καὶ

πλείω χρήματα ἔλαϐον, ἢ τελευτησάντων εὑρήσειν ἤλπισαν. Lib. XLVII, n. 8.

(8) Dion Cassius observe que les proscriptions du triumvirat offrirent des traits de barbarie et d'atrocité dont celles de Sylla n'avoient point présenté d'exemple. En effet, dans l'ordre des passions humaines, le crime a son émulation comme la vertu ; et par conséquent ceux des citoyens de Rome qui avoient servi de bourreaux du temps de Sylla, et qui vivoient encore, ceux qui savoient par ouï dire ce qui s'étoit passé alors, durent naturellement se faire un point d'honneur de renchérir sur le passé : ἐκεῖνοί τε πλεῖστον ἀτοπίαν τῇ τε ζηλώσει τῶν προτέρων ἔργων, καὶ τῇ ἀπ' αὐτῶν ἐς τὸ καινῶσαί πως τὰ ἐπιϐουλεύματα ἐξ ἐπιτεχνήσεως παρεῖχον. Lib. XLVII, n. 4. Les triumvirs eux-mêmes la connurent cette émulation exécrable, s'il faut en croire le même historien ; car il ne paroît pas que Sylla ait songé à convertir en crime capital, d'avoir montré des témoignages d'affliction à l'assassinat de ses proches ; tandis que les triumvirs poussèrent l'horreur jusqu'à ce point-là : Dion Cassius le déclare en propres termes : καὶ αὐτοὺς οὐδὲ πενθεῖν τισιν ἐξουσία ἦν, ἀλλὰ πολλοὶ καὶ ἐκ τούτου παραπώλοντο. « Il y eut plu-
« sieurs personnes qui ne purent pas impunément donner des
« larmes aux proscrits : plusieurs ne durent leur mort qu'à
« une semblable cause : » liv. XLVII, n. 13. Il ne paroît pas non plus que Sylla ait fait des proclamations pour enjoindre d'assister aux fêtes publiques avec un visage riant et joyeux, et pour déclarer à ceux qui laisseroient lire sur leur physionomie quelque sensibilité aux malheurs publics, que leurs noms seroient inscrits sur les tables de proscription. *Ibid.* Ce dernier trait n'a point échappé à Appien, comme ou le verra plus bas.

(9) Fulvie, l'atroce Fulvie, la digne épouse d'Antoine, profita des circonstances pour proscrire aussi de son chef. Elle fit des victimes, par esprit de vengeance, par esprit de cupidité. Ce monstre femelle étoit insatiable d'argent. Elle

fit égorger des citoyens que son mari ne connoissoit pas ; il le déclara froidement une fois à l'aspect d'une tête qui lui fut présentée. Dion Cassius, *liv. XLVII.*

(10) Καθ' ἑκάστην ἰδέαν. Ce dernier mot, employé ici dans la pureté de l'acception étymologique qu'il a communément dans la philosophie de Platon, me feroit penser qu'Appien n'étoit pas totalement étranger à la lecture des œuvres de ce philosophe.

CHAPITRE IV.

Suite du même sujet. Enfants qui font égorger leurs pères. Femmes qui font égorger leurs maris. Esclaves qui font égorger leurs maîtres.

XVII. Le hasard fit que le massacre commença par des citoyens qui étoient encore dans les magistratures. Le premier égorgé fut Salvius, le tribun du peuple. Cette magistrature étoit, d'après les lois, inviolable et sacrée : elle jouissoit des attributions les plus imposantes. Les tribuns du peuple avoient le droit, dans certains cas, de faire arrêter les consuls et de les faire conduire en prison. Ce Salvius étoit celui qui, en sa qualité de tribun du peuple, avoit empêché d'abord qu'Antoine ne fût déclaré ennemi de la patrie (1); mais depuis il avoit secondé en tout Cicéron. Lorsqu'il eut appris que le triumvirat étoit formé, et que les triumvirs se hâtoient de se rendre à Rome, il réunit dans un festin sa famille et ses amis, avec lesquels il pressentoit qu'il n'auroit pas souvent l'occasion de se réunir encore. Les satellites des triumvirs étant arrivés dans le lieu même du festin, tous les convives se levèrent en tumulte et pleins de terreur pour se sauver; mais le centurion qui étoit chargé de l'expédition leur ordonna de se tenir tranquilles, de ne pas bouger de place, et saisissant le tribun du peuple dans la situation où il étoit, il le prit par la chevelure, il lui inclina la tête sur la table autant qu'il le falloit pour la lui trancher; et cela fait, il ordonna de nouveau aux convives de continuer à se tenir tranquilles, de peur que s'ils occasionnoient du trouble, il ne leur en arrivât tout autant. Les convives consternés et glacés d'effroi, même après que le centurion se fût retiré, demeurèrent pétrifiés jusqu'au milieu de la nuit, auprès du tronc sanglant du tribun du peuple. Le préteur Minutius fut la seconde victime. Il présidoit à quelque assemblée des comices dans le Forum (2), lorsqu'il apprit que des satellites le cherchoient. Il s'élança sur-le-champ, et pendant qu'il couroit, occupé de trouver un refuge, il changea de costume, et se jetant dans la boutique d'un artisan, il ordonna à ses appariteurs de se retirer, avec les attributs de sa dignité. Mais ceux-ci ayant resté par respect et par commisération pour le préteur, furent cause, sans le vouloir, que les satellites des triumvirs eurent moins de peine à le découvrir.

XVIII. Un autre préteur, L. Villius Annalis (3), couroit de tous côtés avec son fils qui s'étoit mis sur les rangs pour la questure, invitant les citoyens à lui donner leur suffrage (4). Aussitôt que ceux de ses amis qui l'accompagnoient, ainsi que les appariteurs qui portoient devant lui les marques de sa magistrature, furent instruits qu'il étoit inscrit sur les tables de proscription, ils prirent la fuite. De son côté, il se sauva chez un de ses clients qui n'avoit qu'une méchante petite maison dans un des faubourgs de Rome, asile méprisable sous tous les

Ans de Rome. 711.

rapports, et dans lequel il fut caché par conséquent avec d'autant plus de sécurité, jusqu'à ce que son fils, qui conjectura que c'étoit dans la maison de ce client qu'il s'étoit réfugié, y conduisit lui-même les bourreaux. En récompense de cette scélératesse, les triumvirs lui laissèrent tous les biens de son père, et en même temps ils le nommèrent édile. Mais les mêmes soldats qui avoient égorgé son père l'égorgèrent lui-même, à l'occasion d'une rixe qu'il eut avec eux, en retournant chez lui pris de vin (5). Thoranius, qui, à cette époque, n'étoit plus préteur, mais qui avoit antérieurement rempli cette magistrature, avoit un fils, mauvais garnement d'ailleurs, mais qui jouissoit d'un grand crédit auprès d'Antoine. Il supplia les centurions de ne point le frapper encore, et de lui accorder le peu de temps qu'il falloit à son fils pour aller chez Antoine demander sa grace. Les centurions lui répondirent en riant que c'étoit au contraire son fils lui-même qui étoit venu demander qu'il fût proscrit. A ces mots, le vieillard demanda qu'on lui accordât encore un très court moment de plus pour avoir le temps de voir sa fille; et lorsqu'elle fut devant lui, il lui défendit de faire valoir ses droits héréditaires sur sa succession, de peur que son frère n'allât aussi chez Antoine demander sa tête. Il arriva aussi également à ce fils impie de dilapider sa fortune dans de honteuses débauches, et d'être condamné à l'exil comme coupable de vol (6).

XIX. Cicéron, qui après la mort de César avoit obtenu une prépondérance, et comme une sorte d'autorité suprême dans les comices, fut mis sur la liste de proscription ainsi que son fils, ainsi que son frère, ainsi que le fils de son frère. Tous ses amis (7), tous les hommes influents de son parti eurent le même sort. Il fuyoit dans une nacelle (8); mais il lui fut impossible de supporter l'agitation de la mer. En conséquence il se fit mettre à terre, auprès d'une de ses possessions, que j'ai visitée par un motif de curiosité, né de cette circonstance (9), et qui étoit en Italie aux environs de Capoue (10). Rendu là, il s'y tint tranquille. Lorsque les satellites des triumvirs, qui le cherchoient (car c'étoit à lui qu'Antoine, et tous ceux de son parti, en vouloient avec plus de fureur), s'approchèrent de son asile, des corbeaux entrèrent dans sa chambre, l'éveillèrent par leurs croassements, et becquetèrent le manteau dont il étoit couvert (11). Ses esclaves regardant cet événement comme un avertissement de la part de quelqu'un des dieux, qui étoit le présage du danger qui le menaçoit, le placèrent dans une litière, et le reportèrent, à la faveur d'une épaisse forêt, du côté de la mer, se flattant d'échapper à tous les regards. Plusieurs détachements de soldats rôdoient les uns d'un côté, les autres d'un autre, s'informant si l'on avoit vu Cicéron. L'on répondoit qu'on l'avoit emmené, et que déjà il naviguoit. Mais un cordonnier (12), client de Clodius, et qui par cette raison étoit devenu un des plus cruels ennemis de Cicéron, indiqua au centurion Lénas (13), qui n'avoit avec lui que fort peu de monde, le sentier que Cicéron avoit pris. Lénas enfila ce sentier, et voyant que des esclaves en beaucoup plus grand nombre que sa petite troupe se disposoient à résister, et se mettoient sur la défensive, il s'écria d'une voix très forte, et avec le ton du commandement militaire : « A moi, centurions, qui êtes sur mes derrières. » Alors les esclaves qui entendirent appeler du renfort, se laissèrent pétrifier de terreur (14).

XX. Cependant Lénas, quoique Cicéron l'eût autrefois servi dans un procès qu'il avoit gagné, lui ayant fait sortir la tête hors de la litière, la lui coupa à trois reprises, ou plutôt la lui scia, faute de savoir mieux faire. Il lui coupa en même temps la main (15) avec laquelle Cicéron avoit écrit contre Antoine, qu'il avoit traité de tyran, des discours qu'il intitula *Philippiques*, à l'instar de ceux que Démosthène écrivit dans le même genre. Aussitôt les assassins de Cicéron se hâtèrent à l'envi, les uns à cheval, les autres par mer, d'apporter à Antoine cette heureuse nouvelle. Antoine étoit dans le Forum sur son tribunal (16), lorsque Lénas arrivant, lui montra de loin la tête et la main de Cicéron, en les brandissant (17) entre ses mains. Antoine en fut comblé de joie. Il décerna une couronne au centurion (18), et il ajouta à la récompense ordinaire deux cent cinquante mille drachmes attiques (19), comme ayant mis à mort le plus grand, le plus acharné de tous ses ennemis. La tête et la main de Cicéron demeurèrent long-temps attachées dans le Forum à cette même tribune aux harangues, d'où il parloit auparavant au peuple avec tant d'éloquence, et il vint plus de monde pour voir sa tête, qu'il n'en venoit communément pour entendre ses discours. On raconte qu'Antoine se fit apporter la tête de Cicéron pendant qu'il étoit à table, et qu'il la laissa placée devant lui jusqu'à ce qu'il se fût rassasié de cet horrible spectacle (20). Telle fut la fin tragique de Cicéron, dont on célèbre encore aujourd'hui les talents oratoires (21), et qui avoit rendu de si grands services à sa patrie pendant qu'il avoit été consul. Après qu'il eut été égorgé, on se permit contre lui tous les genres d'outrage (22). Il avoit pourvu à la sûreté de son fils, en l'envoyant en Grèce auprès de Brutus. Quintus son frère fut arrêté en même temps que son fils par les satellites des triumvirs. Il les supplia de l'égorger avant qu'ils égorgeassent son fils. Celui-ci, de son côté, leur demanda de l'égorger avant qu'ils égorgeassent son père. Les assassins leur répondirent qu'ils leur donneroient satisfaction à tous deux. En effet, ils se distribuèrent en deux pelotons, et prenant les uns le père et les autres le fils, ils les égorgèrent en même temps.

XXI. Les deux Egnatius, le père et le fils, se tuèrent du même coup, en se tenant étroitement embrassés. On leur coupa la tête à l'un et à l'autre, et leurs troncs ne furent point séparés. Balbus, fuyant avec son fils le long de la mer, le faisoit marcher en avant, de peur de se déceler en marchant ensemble, et il le suivoit éloigné de lui d'une certaine distance. Soit à mauvaise fin, soit par inadvertance, quelqu'un lui annonça que son fils étoit tombé entre les mains des satellites des triumvirs; alors il rétrograda, et vint lui-même se présenter aux bourreaux. Son fils périt depuis dans un naufrage. C'étoit ainsi que la fortune joignoit sa meurtrière influence à tant de calamités. Arruntius eut toutes les peines du monde à persuader à son fils, qui ne vouloit point fuir sans son père, de se sauver, lui qui étoit encore un jeune homme. Sa mère l'ayant accompagné jusqu'aux portes de Rome, rentra dans la ville pour rendre les honneurs funèbres à son mari qui avoit été égorgé. Elle apprit depuis que son fils, de son côté, avoit péri sur mer; alors elle se laissa mourir de faim. Tels furent les exemples de scélératesse et de piété filiale dont ces temps affreux offrirent l'exemple.

XXII. Deux frères qui portoient le nom de Ligarius, et qui avoient été proscrits en même temps, s'étoient cachés dans une *fournaise* (23), où ils furent découverts par leurs esclaves. L'un d'entre eux ne tarda pas à être égorgé; l'autre, qui avoit pris la fuite, n'eut pas plutôt reçu la nouvelle de la mort de son frère, que, du haut d'un pont, il se jeta dans le Tibre. Des pêcheurs, qui crurent qu'il étoit tombé par accident, au lieu de s'être précipité lui-même, accoururent à son secours. Il leur résista long-temps, se repoussant toujours lui-même dans le fleuve. Les pêcheurs furent enfin les plus forts; et lorsqu'il l'eurent retiré de l'eau, il leur dit: « Vous ne me sauverez « point; vous ne ferez que vous perdre vous-mêmes, « car je suis du nombre des proscrits. » Les pêcheurs, touchés de commisération, persévérèrent malgré cela à vouloir le sauver; mais quelques uns des soldats qui étoient chargés de garder ce pont, ayant vu ce qui se passoit, accoururent et tranchèrent la tête à Ligarius. De deux autres frères, l'un s'étoit également jeté dans le Tibre; un de ses esclaves passa cinq jours à chercher son corps. Il le trouva, et voyant que le visage n'étoit point encore défiguré au point qu'on ne pût le reconnoître, il coupa la tête pour aller demander la récompense promise aux assassins des proscrits. L'autre frère, qui s'étoit caché dans une fosse à fumier, fut trahi par un autre esclave. Les bourreaux, qui ne voulurent point se salir en entrant dans le fumier, le tuèrent à coups de lances, et l'ayant ensuite retiré du fumier, ils lui coupèrent la tête, dans l'état où elle étoit, sans la laver. Un autre frère qui ignoroit qu'il avoit été mis en même temps que son frère sur les tables de proscription, et qui vit celui-ci entre les mains des bourreaux, accourut et leur dit: « Tuez-moi, avant que de tuer mon frère. » Le centurion, qui avoit sur lui une copie exacte de la liste des proscrits, lui répondit: « Ce que vous demandez « est juste; car votre nom est inscrit avant celui de « votre frère. »; et à ces mots, il les égorgea l'un et l'autre selon l'ordre de leur inscription. Tels furent les exemples de piété fraternelle.

XXIII. Une femme avoit caché Ligarius son mari (24), et n'avoit mis dans sa confidence qu'une seule servante. Cette servante l'ayant trahie, l'épouse suivit, en poussant des lamentations et des cris, le centurion qui emportoit la tête de son mari égorgé: « C'est moi, s'écrioit-elle, qui avois caché mon mari; « or, quiconque a voulu sauver un proscrit doit être « égorgé comme lui. » Quand elle vit que personne ne se présentoit pour lui donner la mort, et ne dirigeoit contre elle les satellites des triumvirs, elle vint s'accuser elle-même devant les triumvirs en personne. Touchés de cet exemple de piété conjugale, les triumvirs eurent l'air de ne faire aucune attention à elle; alors elle se laissa mourir de faim. Je n'ai parlé de ce Ligarius que pour rappeler le trait mémorable de sa femme, qui, ayant fait sans succès tout ce qu'elle avoit pu pour lui conserver la vie, se donna elle-même la mort (25); car je parlerai des femmes qui eurent le bonheur de sauver leurs époux, lorsque je ferai mention de ceux qui furent assez heureux pour échapper à la proscription. Il y en eut d'autres qui eurent la scélératesse de conspirer contre leurs maris. De ce nombre étoit la femme de Septimius, qui vivoit dans un commerce adultère avec un des amis d'Antoine. Impatiente de devenir la femme de son corrupteur, elle le fit agir auprès d'Antoine, et sur-le-champ Septimius fut inscrit sur les tables de proscription. Il en fut prévenu par sa femme, dont il ne connoissoit pas d'ailleurs l'inconduite domestique. Il voulut se sauver en prenant la fuite; mais sa femme lui prodiguant toutes sortes de tendresses, eut l'air de barricader sa maison, et de veiller pour lui jusqu'à ce que les satellites des triumvirs arrivèrent. Septimius fut égorgé, et ce même jour, sa femme fit les sacrifices d'usage en l'honneur de ses secondes noces.

XXIV. Salassus (26) s'étoit sauvé en fuyant; ne sachant que devenir, il rentra de nuit dans Rome, lorsqu'il lui parut que la fureur des proscriptions étoit un peu amortie. Sa maison avoit été vendue. Il fut reconnu par le portier, son esclave, qui avoit été vendu en même temps que la maison, qui le reçut dans sa loge, qui lui promit de le cacher et de le nourrir de son mieux. Salassus invita son hôte à aller chercher sa femme dans la maison qu'elle habitoit actuellement. La femme de Salassus répondit qu'elle étoit prête à se rendre sur-le-champ auprès de son mari, mais que craignant d'aller la nuit, et d'éveiller par cette démarche les soupçons de ses servantes, elle remettroit la partie au lendemain matin. Dès le point du jour, elle fit appeler les satellites des triumvirs, pendant que le portier s'étoit de nouveau rendu chez elle pour la presser de ne pas tarder plus longtemps. Salassus instruit que le portier étoit sorti, craignit que ce ne fût pour aller chercher des bourreaux. Il gagna les combles pour s'y cacher, et pour épier ce qui en arriveroit. Quand il vit que c'étoit sa femme, et non pas le portier, qui amenoit les assassins, il se précipita lui-même du haut de la maison. Fulvius s'étoit réfugié chez une de ses esclaves qu'il avoit aimée, qu'il avoit affranchie, qu'il avoit mariée en lui faisant une dot; malgré tant de bienfaits, cette femme trahit Fulvius, par jalousie contre celle que Fulvius avoit épousée au lieu d'elle. Tels furent les exemples de scélératesse donnés par des femmes.

XXV. Statius le Samnite, qui avoit rendu de grands services à ses compatriotes dans le cours de la guerre sociale, et qui, soit à raison de ses exploits pendant cette guerre, soit en considération de sa fortune et de sa naissance, étoit devenu à Rome membre du

Ans de Rome.
711.

sénat, fut proscrit à cause de ses grandes richesses, quoiqu'il eût déjà quatre-vingts ans; il ouvrit sa maison au peuple et à ses esclaves, il leur permit de prendre tout ce qu'ils voudroient. Lui-même il abandonna plusieurs choses au pillage. Lorsque sa maison fut vide, il en ferma les portes, il y mit le feu et périt lui-même dans les flammes: cet incendie se communiqua à beaucoup d'autres maisons (27). Capiton laissa la porte de sa maison entr'ouverte; et en se défendant, il donna la mort à plusieurs des satellites des triumvirs, qui se présentèrent l'un après l'autre. Il en avoit déjà tué un bon nombre, lorsque les soldats forçant la porte, se jetèrent en foule sur lui et l'égorgèrent. Vétulinus réunit à Rheggium un nombre considérable de proscrits auxquels vinrent se joindre des bandes de fugitifs des dix-huit villes d'Italie, qui trouvoient très mauvais que ce fût aux dépens de leurs propriétés que les triumvirs eussent promis de récompenser leurs troupes. Vétulinus, à la tête de tous ces braves, tailla en pièces tous les centurions qu'il rencontra battant l'estrade. On fit marcher contre lui des troupes en force; mais il ne cessa point, malgré cela, de se défendre jusqu'à ce qu'il passa en Sicile, où il vint se réunir à Pompée qui y commandoit, et qui accueilloit les proscrits. Peu de temps après il reporta la guerre en Italie, et s'y battit avec vigueur (28). Mais, enfin après plusieurs défaites, il embarqua pour Messine, et son fils et tous ceux des proscrits qui étoient auprès de lui; et lorsqu'il vit que le vaisseau qui les portoit avoit fait la moitié de la traversée, il fondit sur l'ennemi pour se faire tuer (29).

XXVI. Nason ayant été trahi par un affranchi dont il avoit fait ses délices (30), arracha le glaive des mains d'un des satellites que cet affranchi avoit amenés pour le faire égorger; et après avoir frappé à mort le traître qui l'avoit décelé, il s'abandonna à ses assassins. Un esclave dévoué à son maître, l'avoit laissé sur un tertre tandis qu'il étoit allé sur les bords de la mer pour lui louer une barque. A son retour il trouva son maître égorgé; mais il respiroit encore. « Un moment, mon maître, s'écria-t-il, at-« tendez un moment. » En disant ces mots, il s'élança comme un trait sur le centurion et le tua. Il se donna ensuite la mort à lui-même, et dit à son maître : « Vous avez du moins la consolation de « mourir vengé. » Lucius, après avoir chargé de son argent deux de ses plus fidèles affranchis, gagna le chemin de la mer (31); mais ces deux affranchis ayant pris la fuite, il retourna sur ses pas, n'ayant plus aucun espoir de sauver sa vie, et il alla se mettre lui-même sous le glaive des bourreaux. Labiénus (32), qui, dans le temps des proscriptions de Sylla, avoit arrêté et mis à mort plusieurs proscrits, se seroit sans doute déshonoré, si, proscrit lui-même, il ne s'étoit pas courageusement conduit; il se plaça sur un siège devant sa maison et attendit les assassins. Cestius s'étoit caché à la campagne parmi des esclaves qui lui étoient dévoués. Il voyoit les satellites des triumvirs rôdant sans cesse autour de son asile, avec leurs armes ou des têtes de proscrits à la main. Il lui fut impossible de supporter long-temps le poids de la crainte; il persuada à ses

Ans de Rome. 711.

esclaves d'allumer un bûcher afin de pouvoir dire que Cestius étoit mort, et qu'ils lui rendoient les honneurs funèbres. Sans se douter du piège, ils allumèrent le bûcher, et Cestius vint s'élancer au milieu des flammes. Aponius s'étoit caché dans un lieu où il étoit en pleine sécurité; mais ne pouvant supporter la mauvaise chère qu'on lui faisoit, il vint lui-même présenter sa gorge aux bourreaux. Un autre proscrit se plaça volontairement très à découvert, et quand il vit que les assassins tardoient à paroître, il s'étrangla sous les yeux de tout le monde.

XXVII. Lucius, le beau-père d'Asinius (33), qui étoit alors consul (34), s'étoit sauvé en s'embarquant; mais ne pouvant supporter la tourmente dans un moment de tempête, il se jeta dans les flots. Sisinius avoit pris la fuite. Arrêté par les satellites qui s'étoient mis à ses trousses, il s'écrioit qu'il n'étoit point du nombre des proscrits, et qu'on ne conspiroit contre sa vie qu'à cause de ses richesses. On l'amena en face des tables de proscription; on lui fit lire son nom, et, après l'avoir lu, il fut égorgé. Æmilius ignoroit qu'il fût du nombre des proscrits; il vit un centurion qui poursuivoit un de ces infortunés; il lui demanda : « Quel est donc ce « citoyen qui est proscrit? » Le centurion ayant reconnu Æmilius à ces mots, lui répondit : « C'est « vous aussi bien que lui », et ils les égorgea tous deux. Cillon et Décius sortoient du sénat lorsqu'ils apprirent que leurs noms étoient inscrits sur les tables fatales. Quoiqu'ils ne vissent point encore d'assassins, ils prirent la fuite d'un air effrayé du côté des portes de Rome, et cela les fit reconnoître à des centurions qu'ils rencontrèrent sur leur chemin. Sicilius, celui qui avoit été nommé pour servir de juge (35) contre Brutus et Cassius, et qui, quoique Octave entourât lui-même le tribunal avec un corps de troupes, avoit eu le courage, tandis que les autres juges avoient voté dans le secret la mort de ces deux conjurés, de voter seul, et à découvert, leur absolution, oublia sa grandeur d'ame et l'intrépide liberté de son caractère. Ayant vu des *nécrophores* (36) qui emportoient un cadavre, il se joignit à eux, et eut l'air d'être du nombre de ceux qui portoient le lit funéraire. Les gardes qui étoient aux portes de Rome remarquèrent que les *nécrophores* étoient plus nombreux qu'à l'ordinaire, puisqu'il y en avoit un de plus; mais sans se défier d'aucun d'eux, ils se contentoient de fouiller dans le lit funéraire, pour s'assurer qu'un proscrit, contrefaisant le mort, n'y fût pas caché, lorsque les *nécrophores* prenant querelle avec Sicilius, lui reprochèrent de n'être pas de leur métier. Cet incident le fit reconnoître, et les soldats l'égorgèrent.

XXVIII. Varus ayant été trahi par un de ses affranchis, prit la fuite, et après avoir erré de montagne en montagne, il arriva dans les marais de Minturne où il s'arrêta pour se reposer. Les habitants de Minturne eurent occasion de faire une battue autour de leurs marais, pour donner la chasse à des brigands. L'agitation du feuillage des roseaux fit découvrir et saisir Varus. Il déclara qu'il étoit un brigand. On le condamna à la mort, et il s'y résigna ; mais lorsqu'il fut question de le mettre à la torture pour lui faire révéler ses complices, il ne voulut point supporter cet excès d'humiliation. « Citoyens de Minturne, dit-il, je vous déclare que « j'ai été consul, et qu'à la honte de ceux qui ont « actuellement à Rome le pouvoir suprême, je suis « du nombre des proscrits. Je vous défends donc de « me mettre à la torture, et de me faire désormais « conduire à la mort; car si toute voie de salut m'est « fermée, j'aime mieux périr de la main de mes « égaux en rang et en dignité. » Les citoyens de Minturne refusoient d'ajouter foi à ce discours; mais un centurion qui survint reconnut Varus, lui coupa la tête, et laissa le tronc aux citoyens de Minturne. D'autres satellites découvrirent Largus caché dans une maison des champs, pendant qu'ils cherchoient un autre proscrit. La singularité de cette rencontre excita leur commisération, et ils permirent à Largus de se sauver à travers les bois. Pendant qu'il fuyoit, Largus se vit poursuivi par d'autres satellites, et alors il rétrograda vite vers les premiers, et leur dit : « Vous qui avez eu d'a- « bord pitié de moi, donnez-moi la mort, afin que « ce soit vous, et non pas les autres, qui recueilliez « la récompense qui en doit être le prix. » Ce fut ainsi qu'il leur témoigna sa reconnoissance de leur générosité.

XXIX. Rufus possédoit dans le voisinage de la maison de Fulvie, femme d'Antoine, une maison que Fulvie avoit autrefois voulu lui acheter, et qu'il avoit refusé de lui vendre. Quoique dans ces circonstances il lui offrît de lui en faire présent, il ne laissa pas d'être mis sur la liste des proscrits. Lorsqu'on apporta sa tête à Antoine, il répondit que cette tête ne le regardoit pas, et il dit au centurion d'aller la présenter à sa femme. Fulvie ordonna d'attacher cette tête à la maison de Rufus, au lieu de l'aller attacher aux rostres. Un autre citoyen possédoit une belle maison de campagne, où étoient de très beaux ombrages, une grotte délicieuse et profonde ; et probablement ce fut la cause de sa proscription. Il étoit à prendre le frais dans sa grotte, lorsqu'un de ses esclaves voyant venir de loin les bourreaux des triumvirs, le fit cacher dans les profondeurs de la grotte, se vêtit lui-même de la petite tunique de son maître, et fit semblant par ses terreurs d'être le maître en personne. Il auroit peut-être été égorgé, si quelqu'un de ses compagnons d'esclavage n'eût révélé la supercherie. Le maître fut donc égorgé par l'effet de cette révélation. Mais le peuple fut si indigné de la conduite de cet esclave, qu'il assiégea les triumvirs jusqu'à ce qu'il eût obtenu d'eux, à force d'instances, que l'esclave qui avoit décelé son maître fût mis en croix, et que celui qui avoit voulu le sauver fût affranchi. Atérius, qui s'étoit caché, périt également par la scélératesse de son esclave, qui, devenu libre sur-le-champ, eut l'audace de se présenter aux enchères qui furent faites pour vendre les biens de sa victime, de se mettre en concurrence avec les propres enfants du proscrit, et même de les accabler d'outrages. Ces enfants se contentèrent de s'attacher silencieusement à ses pas, les yeux continuellement inondés de larmes. Le peuple en fit également éclater son indignation, et les triumvirs, pour punir ce misérable d'avoir ainsi fait plus qu'il ne devoit, le firent rentrer dans la servitude, et le rendirent comme esclave aux enfants du proscrit. Tels sont les détails des proscriptions, en ce qui concerne les hommes faits.

NOTES.

(1) Voyez l'histoire de Cicéron, tome IV, liv. X, pag. 17.

(2) C'étoit apparemment l'assemblée des comices pour la nomination des questeurs qu'Appien va mentionner tout à l'heure. Valère Maxime parle du Champ-de-Mars, tandis qu'Appien parle du Forum ; mais il est possible que l'un ou l'autre de ces historiens se soit trompé à l'égard du lieu où se tenoient ces comices. Il est difficile d'entendre ce qu'à voulu dire le traducteur italien, lorsqu'il a dit : *Dopo Salvio fu morto Minutio pretore essendo nel tribunale per render ragione*, etc.

(3) Valère Maxime, liv. IX, n. 6, dit que c'étoit au milieu même du Champ-de-Mars, et pendant qu'on y tenoit les comices pour la nomination des questeurs, que L. Villius Annalis reçut la première nouvelle de sa proscription. Cet historien ajoute deux circonstances qui aggravent l'horreur de ce parricide, la première, que ce fut le fils de ce malheureux proscrit, qui servit lui-même de guide aux bourreaux ; la seconde, qu'il poussa la scélératesse jusqu'à être témoin de l'assassinat de son père : *Siquidem per ipsa vestigia patris militibus ductis, occidendum eum in conspectu suo objecit; parricida, consilio prius, iterum spectaculo.* Lib. IX, cap. 11, n. 6.

(4) Voyez ci-dessus, note 2.

(5) Le traducteur italien a inséré à ce sujet, dans le texte de sa traduction, une réflexion de son crû, qui fait bien connoître dans quel siècle et dans quel pays il écrivoit. *Et io credo che fusse giudicio di Dio, in punizione del suo gravissimo peccato*.

(6) Valère Maxime fait une narration différente. Il raconte que Toranius s'étoit caché, et que son fils indiqua, non seulement son asile, mais encore qu'il donna son âge

et les traits de son signalement, pour que les centurions pussent aisément le reconnoître. Il ajoute qu'au moment d'être égorgé, Toranius montra beaucoup de sollicitude pour son fils, et demanda à ses assassins si du moins son fils étoit dans les bonnes graces des triumvirs. « Ce fils, lui répondit-« on, auquel vous témoignez un intérêt si paternel, c'est lui-« même qui nous a dit où vous étiez caché, et c'est parce-« qu'il nous a bien indiqués, que vous allez périr. » *Liv. IX, chap. 11, n. 5.*

(7) A l'exception de Pomponius Atticus, celui de ses amis pour lequel il avoit encore plus d'attachement que pour son propre frère. Lorsque Antoine fut entré dans Rome avec le titre de triumvir, Atticus ne douta pas un moment que les étroites liaisons qu'il avoit eues avec M. Brutus, et sur-tout avec Cicéron, ne le fissent envelopper dans la catastrophe de ce dernier. En conséquence, il prit ses mesures, et alla se cacher avec Gellius Canus, son vieil ami et son condisciple, dans la maison de P. Volumnius, à qui il avoit eu occasion de rendre d'importants services. Quoique Antoine fût tellement irrité contre Cicéron, qu'il avoit résolu sa mort et celle de tous ses amis, néanmoins touché par le souvenir des services que Pomponius Atticus avoit rendus à Fulvie sa femme, à l'époque du siège de Modène, et après sa défaite devant cette place, il résista aux instances de ceux qui, avides de l'énorme fortune dont jouissoit Atticus, vouloient le faire inscrire sur les tables fatales. Atticus avoit, en effet, prouvé à Fulvie que le changement de fortune étoit incapable d'altérer ses affections, et que son amitié pour elle étoit à l'épreuve des évènements. Pendant que le sénat étoit en guerre ouverte contre son mari, et qu'on le traitoit en ennemi de la patrie, Fulvie avoit trouvé dans Atticus tous les secours de l'amitié la plus constante et la plus désintéressée. Antoine ne fut donc pas plutôt informé de la retraite d'Atticus, qu'il lui écrivit un billet de sa propre main, pour lui annoncer qu'il n'avoit rien à craindre, ni pour lui, ni pour Gellius son ami; il l'invita à se rendre sur-le-champ auprès de lui,

NOTES. 277

et afin d'écarter de lui toute apparence de danger, il eut l'attention de lui envoyer une escorte pour lui servir de sauvegarde. Nous devons tous ces détails à Cornélius Népos, *Vie de Pomponius Atticus*, qui les termine par une réflexion bien judicieuse. « Si l'on admire, dit-il, l'habileté d'un pi-
« lote qui conserve son vaisseau au milieu des écueils et des
« tempêtes, pourquoi n'admireroit-on pas la prudence de ce-
« lui qui sait se sauver de la fureur des orages, au milieu
« des guerres civiles ? »

(8) Cicéron étoit dans sa maison de campagne, à Tusculum, avec son frère et son neveu, lorsqu'il reçut la première nouvelle de sa proscription. Ils partirent sur-le-champ tous trois ensemble, et se rendirent dans une autre maison de campagne qu'il avoit à Asturum, dans le voisinage. Cicéron espéroit de trouver là un vaisseau, et de se soustraire, en s'embarquant, aux satellites des triumvirs. Il s'embarqua en effet; mais les vents contraires et la tourmente l'obligèrent de prendre terre auprès du mont Circeum, à deux lieues environ de l'endroit d'où il étoit parti. Son frère Quintus et son neveu avoient pris le chemin de Rome, pour y aller chercher de quoi vivre dans le fond de quelque province. Cicéron passa la nuit auprès du mont Circeum, en proie aux perplexités inséparables de sa situation. Après avoir délibéré s'il iroit chercher un asile en Asie auprès de Brutus et de Cassius, ou en Sicile auprès de Sextus Pompée, il aima mieux se résigner à mourir. *Cremutius Codrus ait, Ciceroni, cùm cogitâsset, utrumne Brutum an Cassium an S. Pompeium peteret, omnia displicuisse præter mortem.* Senec. Suàsor. 6. Plutarque rapporte, *Vie de Cicéron*, 59, que la fantaisie lui prit de se rendre à Rome, et de s'y poignarder dans la maison même d'Octave, afin de le livrer en proie aux furies qui viendroient lui reprocher son ingratitude; mais la crainte d'être découvert, et immolé avant que d'avoir pu exécuter son dessein, l'y fit renoncer. Ses domestiques lui persuadèrent de se laisser conduire à Caïète, dans une maison qu'il y avoit; et ce fut là que les satellites des triumvirs l'atteignirent.

(9) Tel est l'attrait attaché aux lieux devenus célèbres par leur relation avec la mémoire des grands hommes. Ce n'est pas seulement de leur vivant que les grands génies excitent une curiosité pareille à celle de ce citoyen de Cadix, qui, sur le bruit de la réputation de Tite-Live, entreprit un voyage en Italie, passa les Pyrénées et les Alpes, pour avoir le plaisir de voir, de ses propres yeux, le premier historien du monde; c'est encore après leur mort. On aime à se transporter dans les lieux qui les ont vu naître, dans ceux qui les ont vu mourir. C'est par le motif de ce genre de volupté, qu'à diverses époques, j'ai fait un voyage au Carla, petite ville du département de l'Arriège, pour y voir la maison où étoit né, et la chambre où avoit fait ses premières études l'illustre Pierre Bayle, à la famille duquel je m'honore d'appartenir par les liens du sang; et à Ermenonville, pour y verser quelques larmes au pied du monument qui recéloit les restes de l'illustre J. J. Rousseau.

(10) Il paroît qu'Appien s'est trompé sur le nom de cette ville, ainsi que Plutarque. Amyot avoit observé que quelques critiques lisoient Caïète dans le texte de ce dernier historien, et les annotateurs de l'abbé de Bellozane ont pensé que cette leçon étoit la plus vraisemblable. Elle est en effet confirmée par le texte de Valère Maxime, liv. V, chap. 3, *Popilius Lenas impetratis detestabilis ministerii partibus, gaudio exultans, Caïetam cucurrit.*

(11) Le récit d'Appien, au sujet de ces corbeaux, est le même dans Plutarque, *Vie de Cicéron*, 60.

(12) Plutarque impute cette atrocité à un affranchi de Quintus, frère de Cicéron. Il le nomme Philologus, et il prétend que Cicéron lui enseigna les belles-lettres et les arts libéraux. Il ajoute que cette conduite parut si atroce à Antoine, tout avide qu'il étoit de la mort de Cicéron, qu'il fit livrer Philologus à Pomponia, la sœur de Pomponius Atticus, et femme de Quintus, frère de Cicéron; et que Pomponia fit mourir ce monstre au milieu des plus horribles tourments. *Vie de Cicéron*, 61.

NOTES.

(13) Son vrai nom étoit Popilius Lénas. Il étoit capitaine de mille hommes. Cicéron avoit autrefois plaidé pour lui dans une accusation de parricide et l'avoit sauvé, malgré les dangers qu'avoit présentés son affaire. *M. Cicero Popilium Lenatem Picenæ regionis, rogatu M. Celii, non minore curâ quàm eloquentiâ defendit, eumque causâ admodùm dubiâ fluctuantem, salvum ad penates suos remisit.* Croiroit-on que ce misérable demanda lui-même à Antoine d'être chargé d'aller chercher la tête de Cicéron, de celui qui lui avoit conservé la sienne. *Hic Popilius posteà, nec re, nec verbo, à Cicerone læsus, ultrò M. Antonium rogavit, ut ad illum proscriptum persequendum, et jugulandum, mitteretur.* Applaudissons à cette touchante réflexion de Valère Maxime. « Pour répandre sur la mémoire de ce « monstre toute l'ignominie qu'il mérite, l'éloquence ne « feroit que de vains efforts ; et pour déplorer la triste ca-« tastrophe de Cicéron avec l'accent et le ton convenable, « il faudroit tous les talents oratoires d'un nouveau Cicéron. » *Invalidæ ad hoc monstrum suggillandum litteræ. Quoniam qui talem Ciceronis casum satis dignè deplorare posset, alius Cicero non extat.* Lib. V, cap. 3.

(14) S'il faut en croire un fragment de Tite-Live (*in M. Senecæ Suasoriarum sextâ*), il est constant, au contraire, que ses esclaves s'étant disposés à faire une vigoureuse résistance, Cicéron leur donna l'ordre de faire arrêter sa litière, et de lui laisser subir son sort, sans en venir aux mains avec les satellites qui le poursuivoient. *Satis constat servos fortiter fideliterque paratos ad dimicandum, ipsum deponi lecticam, et quietos pati quod sors iniqua cogeret, jussisse.* D'un autre fragment d'Aufidius Bassus, historien romain, il résulte que non seulement Cicéron reçut la mort avec courage, mais encore qu'il alla au-devant de ses assassins ; et qu'ayant écarté le voile de sa litière, il se mit à dire : « Je « m'arrête ici ; et toi, vétéran, approche, et si tu peux me « faire sauter la tête avec dextérité, la voilà. » *Aufidius Bassus et ipse nihil de animo Ciceronis dubitavit, quin for-*

titer se morti non præbuerit tantùm sed obtulerit; et remoto velo, postquàm armatos vidit, Ego verò consisto, ait, accede, veterane, et si hoc saltem rectè potes facere, incide cervicem. Le même auteur ajoute que Cicéron voyant hésiter et trembler le centurion qui s'étoit avancé pour le décoler, il lui dit : « Que feriez-vous donc, si j'étois le premier « dont vous eussiez à couper la tête. » *Trementi deindè dubitantique ; Quid si ad me, inquit, primum venissetis?*

(15) Ni Valère Maxime, ni Dion Cassius ne disent qu'on ait coupé les deux mains à Cicéron après lui avoir tranché la tête. Mais Plutarque, et le fragment de Tite-Live mis en œuvre par Sénèque, s'accordent sur ce fait avec Appien. « Et luy fust la tête couppée, dit Plutarque, par le comman- « dement d'Antonius, avec les deux mains desquelles il « avoit escrit les oraisons Philippiques contre luy. » Vie de Cicéron, 60. *Nec satis stolidæ crudelitati militum fuit,* dit Sénèque, *manus quoque scripsisse in Antonium aliquid exprobrantes præciderunt. In M. Senec. Suasor.* 6.

(16) « Quand on apporta ces pauvres membres tronçon- « nez à Rome, Antonius étoit d'aventure occupé à l'élection « de quelques magistrats. » Plut. *Vie de Cicéron*, 61. Voyez ci-dessous, note 20.

(17) Les prétendus puristes, qui ne savent, pour juger un ouvrage, qu'en éplucher la diction pour y trouver quelque locution, quelque expression à laquelle ils puissent déclarer la guerre, me reprocheront que le verbe *brandir* que j'emploie ici est *vieux*. Je leur répondrai que je le sais aussi bien qu'eux, et j'ajouterai que, comme lorsqu'on se sert d'un mot qui n'est point encore reçu dans le Dictionnaire de l'Académie, ils sont prompts à crier au *néologisme*, je crois, ne leur en déplaise, pouvoir employer un mot, quoique déjà vieux, jusqu'à ce qu'on en ait consacré, pour rendre la même idée et pour peindre la même image, un autre qui aitle mérite de la nouveauté.

(18) Aux horreurs que Valère Maxime a reprochées à Popilius Lénas (voyez ci-dessus, note 13), il faut joindre

la plus épouvantable peut-être de toutes, que Dion Cassius nous a transmise ; c'est que ce brigand de Popilius, peu satisfait de passer *verbalement* pour l'assassin de Cicéron, voulut que tous les regards fussent *physiquement* frappés de ce témoignage ; et, à cet effet, il se fit peindre la tête couronnée de lauriers, et fit placer au-dessus de la tête de Cicéron son tableau, avec une inscription qui portoit son nom et qui instruisoit de son crime. Καὶ ἵνα γε μὴ ἀκουόμενος μόνον, ἀλλὰ καὶ ὁρώμενος πίστιν τοῦ πεφονευκέναι αὐτὸν λάβῃ, εἰκόνα ἑαυτοῦ πλησίον τῆς ἐκείνου κεφαλῆς ἐστεφανωμένην ἔθηκε καὶ τὸ ὄνομα καὶ τὸ ἔργον αὐτοῦ ἐπιγεγραμμένον ἔχουσαν. Lib. XLVII, n. 11. Le même historien rapporte qu'Antoine applaudit de si bon cœur à cette gentillesse de Popilius, qu'il lui donna une récompense plus forte que celle qu'il lui avoit promise.

(19) L'interprète latin traduit, un million de sesterces, *decies centena millia HS.*

(20) D'après la narration de Dion Cassius, le triumvir étoit chez lui, et non pas au Forum, lorsque la tête de Cicéron lui fut apportée. Antoine apostropha cette tête et lui vomit mille invectives. Fulvie, sa femme, la prit entre ses mains, la plaça sur ses genoux, en fit sortir la langue, et la piqua, à plusieurs reprises, avec son aiguille à cheveux, en vomissant, comme son mari, toutes sortes d'infamies contre Cicéron. Toutes ces abominations eurent lieu chez Antoine, selon cet historien, avant que la tête de Cicéron ne fût emportée pour être attachée aux rostres, πρὶν ἀποκομισθῆναι, Dio. Cass. lib. XLVII, n. 2.

(21) Il n'y eut en effet qu'un cri sur ce point, de la part de tous ses contemporains, et ce cri a retenti et retentira dans la postérité avec la même gloire, tant que les lettres seront en honneur parmi les mortels. Entre les divers passages que nous pourrions citer à ce sujet, nous nous contenterons de celui de Paterculus, *liv. II, c.* 66, que je me garderai d'affoiblir en le traduisant : *Nihil tam indignum illo tempore fuit, quàm quòd aut Cæsar aliquem proscribere coactus est,*

aut ab illo Cicero proscriptus est; abscissaque scelere Antonii vox publica est, cùm ejus salutem nemo defendisset, qui per tot annos et publicam civitatis et privatam civium defenderat. Nihil tamen egisti, M. Antoni (cogit enim excedere propositi formam operis erumpens animō ac pectore indignatio); nihil, inquam, egisti, mercedem cœlestissimi oris et clarissimi capitis abscissi numerando, auctoramentoque funebri ad conservatoris quondam reipub. tantique consulis inritando necem. Rapuisti tu M. Ciceroni lucem sollicitam, et ætatem senilem, et vitam miseriorem te principe, quàm sub te triumviro mortem : famam verò gloriamque factorum atque dictorum adeò non abstulisti, ut auxeris. Vivit, vivetque, per omnium sæculorum memoriam. Dùmque hoc, vel fortè, vel Providentiâ, vel utcumque constitutum rerum naturæ corpus, quod ille penè solus Romanorum animo vidit, ingenio complexus est, eloquentiâ inluminavit, manebit incolume, comitem ævi sui laudem Ciceronis trahet, omnisque posteritas illius in te scripta mirabitur, tuum in eum factum execrabitur, citiùsque in mundo genus hominum quàm nomen ejus cadet. La mémoire de Cicéron étoit, comme on voit, en grand honneur, même du temps de Tibère, puisque Paterculus, soigneux de saisir les occasions de flatter ce tyran, et par conséquent d'éviter celles de lui déplaire, osa s'exprimer en ces termes sur le compte du plus intrépide défenseur de la république et de la liberté de Rome. Octave, lui-même, cet Octave qui l'avoit si perfidement, si lâchement, si ignominieusement abandonné, ne put jamais lui refuser son estime ; car Plutarque rapporte qu'un des petits-fils de cet assassin étoit un jour à lire un des ouvrages de Cicéron, lorsque son grand-père arriva. Le jeune homme de cacher le livre sous sa robe, de peur que son grand-père ne fût irrité de lui voir lire les ouvrages de celui dans le sang duquel il avoit trempé ses mains. Octave s'aperçut que son petit-fils cachoit un livre ; il voulut le voir, en lut un assez long passage, et le rendant ensuite à son petit-fils, il lui dit : « C'étoit un savant

« homme, mon ami, que Cicéron, et qui aimoit beaucoup
« son pays. » O vertu ! ô patriotisme ! quel est donc ton as‑
cendant, quel est donc ton empire, puisque tu arraches ainsi
l'hommage des tyrans même qui ne règnent que sur tes
ruines !

(22) Ceci doit s'entendre de la soldatesque effrénée et de
la canaille de Rome, qui étoient les vils instruments des fu‑
reurs sanguinaires des triumvirs. Tout le reste des citoyens
romains porta le deuil de Cicéron. L'aspect de sa tête et de
ses mains clouées à la tribune aux harangues excita beau‑
coup de gémissements, fit couler beaucoup de larmes ;
et tandis que la mort des autres proscrits ne produisit guère
que des regrets particuliers et des douleurs domestiques,
celle de Cicéron fut le sujet d'une douleur publique et
d'une affliction générale. *Præcipuè tamen solvit pectora
omnium in lacrymas gemitusque, visa ad caput ejus deli‑
gata manus dextera, divinæ eloquentiæ ministra ; cætero‑
rumque cædes privatos luctus excitaverunt, illa una commu‑
nem.* Senec. Suasor. VI.

(23) Le mot grec ἴπνος est susceptible de plus d'une ac‑
ception. Il signifie généralement un lieu couvert qu'on échauffe
par un grand feu. Le traducteur latin l'a rendu ici par
fumarium, qui signifie proprement ces espèces de fours, à
l'aide desquels les anciens avoient une manière artificielle
de vieillir leurs vins. Voyez Calepin, *verbo*, *Fumarium*.
Les Scholies d'Aristophane, qui a souvent employé ce mot-là,
ne laissent rien à désirer sur ses diverses significations.

(24) Voici un troisième Ligarius, car au commencement
de la section précédente, Appien en a mentionné deux au‑
tres qu'il a dit être frères. Ces trois Ligarius seroient-ils
les trois frères de ce nom mentionnés par Cicéron, dans son
Oraison pour Ligarius, chap. XII, et dans la treizième de
ses Epîtres familières, liv. VI ? Je répondrai à cette ques‑
tion de la même manière que Schweighæuser répond à des
questions du même genre, *doctiores viderint*.

(25) Le trait précédent de la femme d'Arruntius, qui se

laissa mourir de faim après la mort de son mari, et après avoir reçu la nouvelle que son fils avoit péri dans un naufrage, est le même à peu près que celui de la femme de Ligarius. Voy. ci-dessus, sect. XXI à la fin.

(26) Son vrai nom étoit Vettius Salussus. Valère Maxime parle de lui, et, au sujet de l'infernale perfidie dont il fut la victime, il propose une question qui n'est point difficile à résoudre. *Quem latentem uxor interficiendum, quid dicam tradidit, an ipsa jugulavit? Quanto enim levius est Scelus, cui tantummodo manus abest?* Lib. IX, cap 11, n. 7.

(27) C'étoit mourir en vrai Samnite. Il est rare de conserver toute l'énergie de son ame, toute la dignité de son caractère, jusque dans un âge aussi avancé?

(28) Quoique le texte ne donne point ce léger développement, il est clair que le sens le réclame; car si c'eût été en Sicile que Vétulinus eût livré les combats postérieurs dont il est question, comment, décidé à périr, auroit-il embarqué son fils et ceux des proscrits qui le secondoient, pour Messine? Je suis étonné que cette disparate ait échappé à la sagacité de Schweighæuser.

(29) Il est probable que tous ceux des Romains d'alors, que l'intérêt n'attachoit point au parti des triumvirs, et qui conservoient encore quelques germes de cette énergie qui avoit donné tant de grandeur aux citoyens de Rome dignes de ce nom, lorsqu'ils entendoient raconter les traits de courage du brave Vétulinus, disoient au fond de leur ame ce que Perse a dit depuis dans un de ses vers;

Hæc fierent si testiculi vena ulla paterni
Viveret in nobis.

(30) *Quem in deliciis habuerat.* Cette expression s'entend assez; elle n'a pas besoin de commentaire.

(31) L'interprète latin ne me paroît pas avoir assez rendu ici la lettre du texte. *Lucius duobus fidissimis libertis aurum dedit deferendum ad mare.* Je suis étonné que le docte Schweighæuser ait laissé passer cette inadvertance sans la

relever. Seyssel, dans son vieux français, a été plus littéral. « Lucius ayant baillé son argent à porter à deux de ses li- « bertins dont il se fioit le plus, s'en alloit devant contre la « mer. » Braccio a traduit, *Lucio lasciato in guardia il thesoro a due suoi fidatissimi liberti, prese la volta del mare.*

(32) C'est le même Labiénus mentionné par Macrobe, au premier livre de ses Saturnales, dans le chapitre XI, où il plaide avec autant de vérité que de philosophie en faveur des esclaves. Après avoir rapporté le trait d'un affranchi auquel les plus cruelles tortures n'avoient pu arracher le secret d'un adultère commis par son patron Démosthène avec une femme nommée Julie, Macrobe, pour prouver que ce n'est pas seulement par un seul dépositaire qu'un secret peut être gardé, raconte le trait des affranchis de Labiénus qui, quoiqu'en nombre, ne purent être contraints, quelques tourments qu'on leur fît éprouver, à révéler la retraite de Labiénus leur patron, inscrit sur les tables de proscription. *Labienum ope libertorum latentem ut indicarent liberti nullo tormentorum genere compulsi sunt.* Schweighæuser remarque très judicieusement à ce sujet, qu'Appien a dû dire des affranchis de Labiénus, ce qu'en dit Macrobe, parceque dans cette partie de sa narration, il raconte les traits de fidélité des esclaves, mais que les manuscrits ont été altérés par la négligence des copistes.

(33) D'Asinius Pollion.

(34) Asinius Pollion n'étoit pas alors consul, c'étoient Lépidus et L. Munatius Plancus. Le triumvirat fut formé à la fin de novembre de l'an 710 de Rome. L'époque de l'assassinat de Cicéron a été fixée au 7 décembre de cette même année. Les calendes de janvier suivantes, les deux consuls, L. Munatius Plancus et Lépidus, entrèrent en fonctions. Il est donc probable que ce fut sous le commencement de ce dernier consulat que s'exécutèrent le plus grand nombre des proscriptions. Plus haut, sect. XII, Appien a parlé de ce beau-père d'Asinius Pollion sous le nom de

Quintus. Il est donc probable que son vrai nom étoit Quintus Lucius.

(35) Plutarque, dans la Vie de M. Brutus, 33, donne le nom de *Publius Silicius* à un citoyen romain, qui, entendant proclamer par les hérauts la sommation à comparoître adressée à M. Brutus, laissa visiblement couler ses larmes, et fut par cette raison mis quelque temps après sur la liste des proscrits; mais ce Publius Silicius est-il le même que Silicius Coronas dont Dion Cassius fait mention, et qui, mis par Octave au nombre des douze commissaires chargés de prononcer judiciairement contre les assassins de César, eut le courage de voter ostensiblement pour leur absolution; ce qui fut cause qu'on le plaça ultérieurement sur les listes de proscription? c'est un point de critique qu'il importe assez peu d'éclaircir.

(36) C'est un mot d'étymologie grecque qui signifie *porteur de morts*, celui qui porte les morts en terre. Si les puristes me chicanent encore sur cette expression et me reprochent le néologisme, je leur demanderai s'ils auroient mieux aimé que je me fusse servi de la hideuse dénomination de *croque-morts* que l'usage du jour paroît en train de consacrer.

CHAPITRE V.

Proscription de quelques adolescents non encore revêtus de la robe virile. Quatorze cents dames romaines sont inscrites sur un tableau, et condamnées à des contributions arbitraires. Démarches de ces dames romaines. Discours énergique de l'une d'entre elles, Hortensia, fille du célèbre orateur Hortensius; elle parle du haut de la tribune aux harangues, en présence du peuple et des triumvirs. Effet de son discours. Désordres de tout genre, commis par les troupes, à la faveur des proscriptions.

XXX. Ces horreurs atteignirent aussi les orphelins dont on voulut envahir le patrimoine. Un jeune homme fut égorgé avec son conducteur (1) pendant qu'il se rendoit à l'école. Ce dernier fut immolé, parceque, embrassant son jeune homme pour le défendre, il ne voulut point lâcher prise. Atilius venoit de prendre la robe virile. Il se rendoit au temple, selon l'usage, accompagné d'un nombreux cortège d'amis, pour faire les sacrifices accoutumés. Son nom ayant été subitement inscrit sur les tables de proscription, ses amis et ses esclaves prirent la fuite. Abandonné de tous ceux qui composoient son brillant cortège, et demeuré seul, il courut auprès de sa mère. Saisie de terreur, sa mère refusa de le recevoir. Sans songer à chercher auprès de tout

Ans de Rome.
711.

autre un secours que sa mère lui avoit refusé, il gagna les montagnes. La faim l'obligea de descendre dans les plaines; il fut enlevé par un brigand qui faisoit métier de se saisir des passants et de les garrotter chez lui pour les faire servir à quelque travail. Ce jeune homme, élevé dans le luxe, ne put point résister aux travaux pénibles qui lui étoient imposés; il prit la fuite par un grand chemin avec ses chaînes; il se fit connoître à des satellites des triumvirs qu'il rencontra, et il leur présenta sa tête.

XXXI. Au milieu de ces évènements, Lépidus reçut les honneurs du triomphe au sujet de ses succès en Ibérie. La proclamation qui fut publiée à cette occasion étoit ainsi conçue : « Sous le bon « plaisir des Dieux, on fait savoir à tout le monde, « hommes et femmes (2), de célébrer la présente « journée par des sacrifices et par des festins. Qui- « conque sera convaincu de désobéissance sera ins- « crit sur les tables de proscription. » Lépidus parcourut ainsi les temples en triomphe, accompagné de tous les citoyens qui le suivoient avec une gaieté extérieure, mais avec l'indignation dans l'ame. Cependant les maisons des proscrits étoient abandonnées au pillage; mais il ne se présentoit pas beaucoup d'acheteurs pour acquérir leurs immeubles, soit par égard pour des infortunés dont on ne vouloit pas aggraver le malheur, soit parcequ'on regardoit comme sinistre l'acquisition de leurs propriétés, soit parcequ'on croyoit périlleux de paroître avoir de l'or ou de l'argent, soit parcequ'on réfléchissoit qu'il n'étoit pas prudent d'ajouter à ses propriétés dans un temps où celles qu'on avoit déjà suffisoient pour compromettre. Il n'y eut que les plus intrépides qui, se présentant seuls, acquirent à très bas prix. Il en résulta que les triumvirs, qui avoient espéré que le produit de ces ventes suffiroit pour les besoins de la guerre à laquelle ils se préparoient, virent qu'il leur manquoit vingt millions de drachmes attiques.

XXXII. Ils en rendirent compte au peuple assemblé, et ils firent passer un décret contenant les noms de quatorze cents femmes, les plus distinguées par leur fortune, en vertu duquel elles étoient obligées de fournir la déclaration de leurs biens, et de contribuer pour les besoins de la guerre, selon la cotisation que les triumvirs leur imposeroient à chacune. Le décret portoit en outre que celles qui dissimuleroient leur fortune, ou qui en feroient une frauduleuse évaluation, seroient punies de certaines peines; d'un autre côté, des récompenses furent assignées à ceux, soit de condition libre, soit esclaves, qui révèleroient une de ces fraudes quelconque. Les femmes comprises dans cette loi jugèrent convenable d'implorer le secours des femmes qui appartenoient aux familles des triumvirs. Elles furent fort bien accueillies par la sœur d'Octave et par la mère d'Antoine; mais Fulvie, sa femme, leur fit ignominieusement fermer sa porte, injure qui les souleva d'indignation. Elles se rendirent au Forum, et fendant la presse du peuple, écartant les gardes, elles vinrent se placer auprès de la tribune aux harangues. Hortensia (3), qui avoit été choisie pour porter la parole, prononça le discours qui suit; elle s'adressa aux triumvirs: « Nous avons d'abord suivi « la marche qui convenoit à des femmes de notre « rang. Nous nous sommes rendues auprès de vos « propres femmes pour implorer leur secours; mais « ayant éprouvé de la part de Fulvie le plus indé- « cent accueil, c'est elle qui nous force à venir ré- « clamer justice en plein Forum. Déjà vous nous « avez enlevé nos pères, nos enfants, nos époux, nos « frères (4), sous prétexte qu'ils vous avoient traités « en ennemis. Si vous nous enlevez actuellement « nos biens, vous nous réduirez à une situation in- « digne de notre rang, de nos mœurs, de notre « sexe. Si vous nous accusez d'avoir, comme nos « pères, comme nos enfants, comme nos époux, « comme nos frères, agi avec hostilité contre vous, « inscrivez-nous sur vos tables de proscription, « ainsi que vous les y avez inscrits eux-mêmes. Mais « si, femmes que nous sommes, nous ne vous avons « déclarés, par aucun décret, ennemis de la patrie, « si nous n'avons saccagé la maison d'aucun de vous, « si nous n'avons tâché de séduire aucune de vos « légions, si nous n'en avons mis aucune sur pied « pour vous combattre, si nous ne vous avons em- « pêché d'arriver à aucune magistrature, ni d'ob- « tenir des honneurs, pourquoi nous faites-vous « porter la peine commune du châtiment, lorsque « nous n'avons pris aucune part aux injures qui ont « provoqué vos vengeances? »

XXXIII. « Pourquoi voulez-vous nous mettre à

« contribution, lorsque nous ne participons ni aux
« magistratures, ni aux honneurs, ni aux comman-
« demens de province, ni à ces fonctions quelcon-
« ques du gouvernement que vous vous disputez
« entre vous au prix de tant de calamités? Parceque
« vous avez, dites-vous, à faire la guerre? Et quels
« ont été les temps où la république n'a pas eu
« d'ennemis à combattre? Et à l'occasion de quelle
« guerre les femmes ont-elles été mises à contribu-
« tion? elles, que leur sexe sépare des hommes
« sous les rapports politiques. Une fois seulement
« nos mères, s'élevant au-dessus d'elles-mêmes,
« contribuèrent aux besoins publics, lorsque, ré-
« duits à l'extrémité par les Carthaginois, vous cou-
« rûtes les plus grands dangers pour tous les pays
« de votre domination, et pour Rome même; mais
« elles n'offrirent alors qu'une contribution spon-
« tanée et volontaire; mais ce ne fut ni aux dépens
« de leurs terres, ni aux dépens de leurs domaines,
« ni aux dépens de leurs dots, ni aux depens de
« leurs maisons; toutes choses sans lesquelles des
« femmes de condition libre ne sauroient subsister.
« Ce ne fut qu'aux dépens de leurs ornemens do-
« mestiques, sans appréciation préalable, sans
« avoir à crandre ni délateurs ni accusateurs,
« sans avoir à redouter ni contrainte ni violence;
« ce ne fut que d'après l'impulsion de leur bon
« plaisir. Or, avez-vous aujourd'hui de quoi vous
« alarmer sur le compte de l'Empire romain ou de
« la patrie? Ayez à combattre ou les Gaulois ou les
« Parthes, et vous verrez que, dans l'intérêt du salut

« commun, nous ne le cèderons point à nos mères.
« Mais aux Dieux ne plaise que pour une guerre
« civile nous nous mettions à contribution, que
« nous vous fournissions aucun secours lorsque
« vous allez vous faire la guerre les uns aux autres !
« Nous n'en avons fourni aucun, ni à César, ni à
« Pompée. Marius ne nous en imposa pas la néces-
« sité. Cinna ne songea point à nous y contraindre.
« Ni même Sylla, qui fut le tyran de la patrie, tan-
« dis que vous prétendez n'avoir pour but que d'y
« rétablir le bon ordre (5). »

XXXIV. A ce discours d'Hortensia, les triumvirs frémirent d'indignation, par les conséquences
que pouvoit avoir l'exemple donné par des femmes,
qui, tandis que les citoyens gardoient le silence le
plus profond, avoient le courage de se réunir, de
paroître dans les comices, et de soumettre à leur
examen la conduite des chefs du gouvernement ; et
qui, tandis que des citoyens alloient payer de leur
personne dans les combats, refuseroient de contribuer de leur bourse. Ils donnèrent donc ordre à
leurs licteurs d'éloigner ces femmes de la tribune,
et de les chasser. Mais une grande rumeur s'étant
élevée de tous les côtés de l'assemblée, les licteurs
n'exécutèrent point l'ordre des triumvirs, qui se
levèrent, ajournant le peuple au lendemain. Le
jour suivant, le nombre des femmes qui devoient
fournir la déclaration de leurs biens fut réduit de
quatorze cents à quatre cents. On avoit ajouté au
décret, que tout citoyen qui avoit plus de cent mille
drachmes attiques, soit habitant de Rome, soit

étranger, soit affranchi, soit membre du collège des pontifes; que tout individu, sans nulle exception, sous les mêmes peines déjà portées par ce décret contre les fraudes, et avec les mêmes récompenses promises aux dénonciateurs, prêteroient sur-le-champ, à titre d'emprunt, la cinquantième partie de leur bien, et verseroient, à titre de contribution, leur revenu d'une année.

XXXV. Telles étoient les calamités auxquelles les Romains étoient en butte par la tyrannie des triumvirs; encore étoient-elles aggravées par l'insolence des soldats. Car, comme ils sentoient qu'au milieu de tant d'horreurs c'étoit sur eux seuls que la sécurité des triumvirs reposoit, les uns leur demandoient, sur les biens confisqués, tantôt une maison, tantôt un champ, tantôt une maison de campagne, tantôt un patrimoine entier; les autres demandoient d'être adoptés par certains citoyens; d'autres commettoient des attentats de leur autorité privée; ils égorgeoient des citoyens qui n'étoient point sur la liste des proscrits, et pilloient les maisons de ceux qui n'avoient rien à leur charge (6), de manière que les triumvirs furent obligés d'inviter, par une proclamation, l'un des consuls à mettre un frein à tout ce qui étoit exécuté au-delà de ce qui étoit ordonné. Le consul craignit de sévir contre les soldats, de peur de les exciter contre lui-même; mais il fit saisir quelques esclaves, qui, sous des vêtements de soldats, étoient les compagnons de leur brigandage, et il les fit punir du dernier supplice.

NOTES.

(1) J'aurois dû traduire ici avec son *pédagogue*, comme je l'ai fait dans ma traduction du dialogue de Platon, intitulé *le Lysis*, vers la fin ; « mais les deux *pédagogues* de « Menexène et de Lysis se présentèrent à l'instant comme « des dieux de théâtre, ayant leurs frères avec eux, et ils les « invitèrent, d'un ton d'autorité, à rentrer à la maison. » Dans les maisons riches de l'antiquité, les esclaves y avoient chacun son emploi, sa fonction déterminée. Il y en avoit entre autres qui étoient à peu près uniquement chargés de conduire les enfants lorsqu'ils sortoient de la maison, pour aller à l'école, à la promenade ou ailleurs, et il est évident que c'est de cet esclave-là qu'il est question dans ce passage d'Appien.

(2) J'ai cru devoir ajouter ces deux mots pour rendre la lettre du texte qui parle en effet au masculin et au féminin πᾶσι καὶ πάσαις.

(3) Je crois me rappeler avoir vu quelque part, que cette Ortésie, dont le nom latin est Hortensia, étoit fille d'Hortensius, ce célèbre orateur de Rome, qui tenoit au barreau le premier rang, lorsque Cicéron y parut. Q. Hortensius, fils de cet orateur, et frère par conséquent de cette Hortensia dont il est ici question, étoit un des lieutenants de M. Brutus. Il avoit été laissé à Dyrrachium après la bataille de Modène pendant que Brutus s'avança dans la Macédoine ; et ce fut à lui que Brutus envoya l'ordre de donner la mort à C. Antonius, son prisonnier, aussitôt qu'il fut informé que Dolabella avoit fait trancher la tête à Trébonius en Asie. Q. Hortensius servoit sous les ordres de Brutus. Il n'en fallut pas davantage pour le faire inscrire sur les tables de proscription. Il est probable que ce fut par cette raison qu'Hortensia, sa sœur, se trouva comprise dans la liste des dames romaines sur lesquelles les triumvirs vouloient exer-

cer les vexations dont il s'agit en cet endroit. *Voyez* Desbrosses, Histoire de la république.

(4) Voyez la note précédente.

(5) Dion Cassius parle bien de cette mesure pécuniaire des triumvirs; il dit même que les femmes, ainsi que les hommes, furent inscrites sur ces tables d'une proscription d'un nouveau genre ; mais il ne fait aucune mention d'Hortensia, ni de la vigoureuse harangue qu'elle prononça du haut de la tribune, en présence du peuple et des triumvirs. A ces détails, dont nous sommes redevables à Appien, Dion Cassius en a substitué d'autres qu'Appien ne nous donne pas. Il nous apprend que, par des décrets antérieurs, tous les citoyens, riches ou pauvres, sénateurs, chevaliers, affranchis ou autres, étoient tenus de contribuer à concurrence de la dixième partie de leurs biens ; que par ce nouveau décret, les triumvirs exigèrent un nouveau dixième, que par les procédés de fiscalité employés pour la perception, il ne restoit pas au contribuable la dixième partie de ce qu'il avoit, et qu'à la faveur d'une prétendue fausseté dans les déclarations, on se ménageoit le moyen de spolier en entier ceux que l'on vouloit réduire à la misère. *Liv. XLVII, n.* 14.

(6) Le tableau raccourci de toutes ces abominations se trouve aussi dans Dion Cassius. Il y ajoute ce trait vraiment remarquable ; c'est que la mère d'Octave, Attia, étant venue à décéder, et ayant obtenu, en considération de son fils le triumvir, les honneurs publics de la sépulture, les soldats ne laissèrent pas d'avoir l'insolence de demander à Octave lui-même que ses biens leur fussent abandonnés. *Adeoque avaritiæ impudentiæque progressi jam erant, ut quidem Attiæ, quæ Cæsaris mater tùm diem clauserat, publicâque sepulturâ honorata fuerat, ab ipso Cæsari bona poscerent.* Lib. XLVII, n. 17. Version latine de Reimar.

CHAPITRE VI.

De quelques proscrits qui se sauvèrent, et qui parvinrent ensuite aux plus hautes magistratures. Exemples notables d'amour conjugal, de piété filiale, de fidélité domestique. Femmes qui sauvent leurs maris. Enfants qui sauvent leurs pères. Esclaves qui sauvent leurs maîtres.

Ans de Rome. 711.

XXXVI. Voilà les principaux détails des maux et de la fin tragique de ceux qui furent inscrits sur les tables de proscription. Il m'est bien plus agréable de raconter, et il sera bien plus utile à ceux qui me liront d'apprendre comment quelques uns d'entre eux furent sauvés par des circonstances extraordinaires, et parvinrent même depuis aux dignités. On en recueillera cette leçon, qu'au comble du malheur même, on doit conserver toujours quelque espérance (1). Ceux donc qui purent se sauver par la fuite se rendirent, ou auprès de Brutus, ou auprès de Cassius, ou en Libye auprès de Cornificius, qui tenoit aussi pour le parti de la république. Le plus grand nombre se réfugia dans la Sicile, voisine de l'Italie, et où Pompée leur faisoit le plus affectueux accueil; car il montra dans ces circonstances l'intérêt le plus éclatant en faveur des infortunés proscrits. Il envoya de toutes parts des hérauts pour les inviter à venir auprès de lui, et pour proclamer qu'il donneroit à quiconque, soit homme de condition libre, soit esclave, sauveroit un de ces malheureux, le double de ce que les triumvirs promettoient à quiconque leur en apporteroit la tête. Ses barques, ses vaisseaux de transport alloient au-devant de ceux qui naviguoient, et ses trirèmes longeoient les côtes, faisant des signaux à ceux qui erroient sur les rivages, et sauvant tous ceux qui se présentoient. Lui-même il venoit à la rencontre de ceux qui étoient débarqués, et sur-le-champ il leur faisoit distribuer des vêtements, et tout ce qui leur étoit nécessaire. Il employoit dans ses troupes de terre ou de mer tous les grands personnages; et dans la suite, lorsqu'il traita avec les triumvirs, le premier article de la négociation eut pour objet le salut de ceux des proscrits qui s'étoient réfugiés auprès de lui. Ce fut ainsi que Pompée rendit les plus grands services à la patrie au fort de ses calamités, et il en recueillit une renommée qui lui fut personnelle, indépendamment de celle de son père, et qui ne fut point inférieure à cette dernière. D'autres proscrits qui s'étoient sauvés ailleurs, ou qui étoient demeurés cachés, les uns dans des cavernes, les autres dans des tombeaux, les autres dans Rome même, vécurent dans les plus déplorables angoisses, jusqu'à ce qu'on donnât quelque trève à tant d'horreurs. On vit des exemples extraordinaires de dévonement de la part de quelques femmes envers leurs époux, de la part de quelques enfants envers leurs pères, de la part de quelques esclaves envers leurs maîtres. J'en raconterai les plus remarquables.

XXXVII. Paulus, le frère de Lépidus, ayant été épargné par les centurions, comme frère du triumvir, il prit le parti, afin de n'avoir plus rien à craindre, de s'embarquer pour aller joindre Brutus, et d'auprès de Brutus il se rendit à Milet, d'où il ne voulut point retourner à Rome, lorsque, la paix ultérieurement faite, on le rappela. La mère d'Antoine reçut chez elle Lucius César, son frère, sans prendre soin de le faire cacher. Les centurions la respectèrent longtemps, en sa qualité de mère d'un des triumvirs; mais ces assassins ayant finalement tenté les voies de la force pour avoir la tête de son frère, elle se rendit au Forum, et s'adressant à son fils qui étoit sur son tribunal avec ses collègues, elle lui dit : « Triumvir, je viens me dénoncer moi-« même comme coupable d'avoir donné asile à « Lucius César que j'ai chez moi, et que j'y gar-« derai jusqu'à ce que vous ayez donné l'ordre de « m'égorger en même temps que lui; car vos tables « de proscription portent contre ceux qui recueil-« lent un proscrit la même peine que contre le « proscrit lui-même. » Antoine lui reprocha de montrer trop de respect pour la piété fraternelle, lorsqu'elle en avoit montré si peu pour la piété maternelle; « Car vous deviez, ajouta-t-il, non pas « donner un asile à Lucius César dans ces circons-« tances, mais l'empêcher de concourir par son « suffrage à déclarer votre fils ennemi de la patrie. » Néanmoins il engagea le consul Plancus à proposer un décret pour le rappel de Lucius César.

XXXVIII. Messala, jeune homme d'une famille

illustre (2), s'enfuit auprès de Brutus. Les triumvirs, qui craignirent l'influence de son grand caractère, rendirent un décret portant : « Puisque les parents de « Messala nous ont évidemment prouvé qu'il n'étoit « même point à Rome à l'époque de l'assassinat de « César, son nom demeure retranché des tables de « proscription. » Messala ne voulut point profiter de la grace qu'on lui accorda. Mais après la catastrophe de Brutus et de Cassius, en Thrace, lorsque les troupes encore nombreuses des armées de ces deux chefs, auxquelles il restoit encore des vaisseaux, de l'argent, et de non médiocres espérances, voulurent le mettre à leur tête, il refusa le commandement, et leur persuada de céder à la fortune et de passer sous les ordres d'Antoine. Cet évènement lui donna beaucoup de crédit auprès de ce dernier, et il lui demeura attaché, jusqu'à ce que Cléopâtre ayant pris sur Antoine le plus grand ascendant, il lui reprocha courageusement cette lâche conduite, et embrassa le parti d'Octave. Celui-ci le fit nommer consul à la place d'Antoine même, dont la destitution consulaire fut prononcée lorsqu'il fut déclaré, pour la seconde fois, ennemi de la patrie. Après la bataille d'Actium, où Messala commandoit une flotte contre Antoine, Octave lui donna le commandement des Gaules, où des défections avoient éclaté ; et, après les succès qu'il obtint dans cette province, il lui accorda les honneurs du triomphe. La proscription de L. Bibulus fut révoquée en même temps que celle de Messala. Antoine lui donna le commandement d'une de ses flottes, et il fut chargé de faire plusieurs trajets pour apporter à Octave, de la part d'Antoine, des propositions d'accommodement. Antoine lui donna depuis le commandement de la Syrie, où il mourut pendant qu'il y étoit encore en fonctions.

XXXIX. Acilius se sauvoit clandestinement de Rome, lorsqu'un de ses esclaves le fit reconnoître à des satellites des triumvirs. Il leur demanda la vie, en leur promettant plus d'argent que ne leur en vaudroit sa tête, et il les engagea à se détacher quelques uns d'entre eux, et à se rendre chez sa femme avec une indication qu'il leur donneroit pour faire connoître qu'ils venoient de sa part. La femme d'Acilius livra aux soldats qui se présentèrent tous ses bijoux, en leur disant qu'elle les leur donnoit à condition qu'ils rempliroient de leur côté la promesse qu'ils avoient faite, quoiqu'elle n'eût aucune certitude de leur fidélité à l'accomplir. Elle ne fut point trompée dans sa sollicitude conjugale; car les soldats louèrent un vaisseau pour Acilius, avec lequel ils le conduisirent eux-mêmes en Sicile. La femme de Lentulus étoit décidée à prendre la fuite avec lui; dans cette vue elle épioit tous ses mouvements; mais son mari ne voulut point lui faire partager ses périls, et se dérobant à ses regards, il se sauva en Sicile. Pompée lui donna le commandement de quelques troupes. Lentulus fit savoir à sa femme qu'il s'étoit sauvé, et que Pompée l'employoit. Aussitôt qu'elle fut instruite dans quel lieu de la terre son époux s'étoit réfugié, elle se déroba elle-même aux regards de sa mère qui la surveilloit, et, suivie de deux esclaves, elle voyagea de la manière la plus pénible et la plus misérable, déguisée elle-même en esclave, jusqu'à ce que, arrivée à Rheggium, elle s'embarqua pour Messine. Elle n'eut aucune peine à se faire indiquer le lieu où commandoit son mari (3), et elle trouva Lentulus dans sa tente, non dans l'appareil digne d'un préteur, mais étendu sur un grabat, la tête hideuse, ne se nourrissant que des aliments les plus grossiers, parcequ'il étoit profondément affligé de se voir séparé de son épouse.

Ans de Rome, 711.

XL. La femme d'Apuléius le menaça de le déceler s'il prenoit la fuite sans elle. Il fut obligé de l'emmener avec lui. Si sa fuite n'eut rien de suspect, ce fut parcequ'il voyageoit à découvert avec sa femme et ses esclaves des deux sexes. L'épouse d'Antius l'enveloppa dans ses propres hardes, et le fit porter ainsi, par des porte faix, de chez elle au bord de la mer, où il fit voile pour la Sicile. La femme de Rhéginus le descendit de nuit dans un cloaque, où, le jour suivant, les satellites des triumvirs n'osèrent point descendre à cause de l'infection qui s'en exhaloit. La nuit suivante elle déguisa son mari en charbonnier, et lui donna un âne chargé de charbon à conduire; elle marchoit devant lui à une petite distance, portée dans sa litière. Quelqu'un des soldats qui gardoient la porte de Rome, soupçonnant quelque chose de suspect dans cette litière se mit en devoir d'en faire l'inspection. Rhéginus doubla le pas, et, tout en passant son chemin, il invita le soldat à ménager un peu les femmes, et, pendant que le soldat ripostoit avec colère à celui qu'il croyoit un charbonnier, il le reconnut, car il avoit jadis servi sous ses ordres dans la Syrie, et il lui dit : « Passez votre chemin sans malencontre (4), « mon général; car il est de mon devoir de vous « appeler encore de ce nom. » Scoponius dut son salut aux faveurs que sa femme, chaste jusqu'alors, fut obligée d'accorder à Antoine auquel elle vint demander sa grace. Ce fut porter un remède à un malheur par un autre (5).

XLI. Le fils de Géta fit semblant de brûler dans la cour de sa maison les restes de son père, comme s'il s'étoit étranglé lui-même. Il le conduisit ensuite clandestinement dans un bien de campagne récemment acquis, où il le laissa. Le vieux Géta se métamorphosa sous un costume rustique, et s'appliqua un emplâtre sur l'un de ses yeux. Lorsque la fureur des proscriptions fut passée, il ôta son emplâtre; mais son œil s'étoit perdu par le défaut d'activité. Oppius, accablé par le poids des ans, étoit résolu à ne pas prendre la fuite; son fils le porta sur ses épaules jusqu'au-delà des portes de Rome, et il acheva de le conduire en Sicile, tantôt en le chargeant sur son dos, tantôt en l'aidant à marcher, sans éveiller par cette conduite les soupçons ni la férocité de personne. Ce fut ainsi que le pieux Énée s'attira les respects de ses ennemis mêmes, en sauvant son père. Le peuple romain, rempli d'admiration pour cet exemple de piété filiale, décerna bientôt après au jeune Oppius les fonctions d'édile (6); et comme, par l'effet de la confiscation des biens de son père, il n'avoit pas de quoi fournir aux dépenses qu'exigeoit sa nomination à cette magistrature, les ouvriers firent gratuitement tous les travaux, et chacun des spectateurs jeta dans l'orchestre de l'argent à sa volonté, au point qu'il recouvra sa fortune. En exécution du testament d'Arrien, on avoit gravé sur sa colonne sépulcrale : « Le fils de celui qui gît « sous cette pierre ne fut point inscrit sur les tables « de proscription ; mais il sauva son père qui étoit « du nombre des proscrits, en lui aidant à se cacher « et en l'accompagnant dans sa fuite. »

XLII. Il y avoit deux Métellus, le père et le fils. Le père fut un des lieutenants d'Antoine à la bataille d'Actium. Il fut fait prisonnier, mais on ne le reconnut point. Le fils servoit dans l'armée d'Octave, et se trouva également à la journée d'Actium. A Samos, où Octave fit la revue de ses prisonniers de guerre, le jeune Métellus étoit placé à côté de lui. Le vieux Métellus étoit parmi les prisonniers qu'on amena ; il étoit tout défiguré par la longueur de sa barbe, par ses chagrins, par l'aspect hideux de son extérieur. Lorsque son nom eut été prononcé à son tour par le héraut dans la liste des prisonniers, le jeune Métellus, s'élançant de sa place, accourut, et n'eut pas plutôt reconnu son père qu'il l'embrassa en versant des larmes. Mais reprenant aussitôt l'empire sur sa douleur, il dit à Octave : « Mon père « fut au nombre de vos ennemis, et moi je combats « sous vos ordres ; il doit être puni par vous ; mais « moi, vous devez des récompenses à ma conduite. « Je vous demande donc de deux choses l'une, ou

« que vous sauviez la vie à mon père par égard
« pour moi, ou que vous me fassiez subir la mort
« comme lui, à cause de lui. » Cette scène ayant
excité de l'attendrissement et une commisération
profonde dans l'ame de tous les spectateurs, Octave
accorda au fils la grace du père, quoique celui-ci
eût été un de ses plus intrépides ennemis, et qu'il eût
plusieurs fois repoussé les propositions mercenaires
qui lui avoient été faites pour l'engager à se détacher
du parti d'Antoine (7).

XLIII. Les esclaves de Marcus le gardèrent dans
l'intérieur de sa maison avec un zèle infatigable et
avec succès, pendant tout le temps que durèrent les
proscriptions. Lorsqu'il n'y eut plus rien à craindre
Marcus se remontra comme un exilé de retour. Hirtius
s'enfuit de Rome avec ses esclaves. Il parcourut l'Italie,
délivrant ceux qui étoient en prison, et recrutant
tous ceux qui prenoient la fuite. Il commença par
piller de petites villes ; il en attaqua bientôt de
plus grandes ; jusqu'à ce que, se trouvant à la tête
de forces assez nombreuses, il se rendit maître du
pays des Brutiens (8). Mais on mit une armée en
campagne contre lui, et il fut obligé de s'embarquer avec tous les siens, et d'aller joindre Pompée.
Restion croyoit avoir pris la fuite sans être vu de
personne ; mais il étoit suivi, sans qu'il s'en doutât,
par un esclave qui avoit été nourri dans sa maison,
sur lequel il avoit antérieurement répandu beaucoup de bienfaits, mais contre lequel il avoit été
obligé de sévir à cause de son inconduite. Cet esclave vint s'offrir aux regards de Restion, pendant

qu'il prenoit du repos dans un lieu marécageux. Son aspect glaça Restion d'effroi. L'esclave le rassura en lui disant qu'il avoit bien moins conservé le souvenir des châtiments qu'il lui avoit fait subir, que la mémoire de ses premiers bienfaits. Il le cacha dans une caverne, et soit par son travail, soit par son industrie, il pourvut de son mieux à sa nourriture. Des satellites des triumvirs, qui rôdoient dans les environs, soupçonnoient qu'il y avoit quelqu'un dans la caverne où Restion étoit en effet, et ils en prirent la route. L'esclave, qui devina leur projet, se mit à les suivre, et ayant rencontré sur son chemin un vieillard, il se jeta sur lui, le tua et lui coupa la tête, au grand étonnement des soldats qui se saisirent de lui comme d'un assassin qui venoit d'égorger un voyageur. « C'est, leur dit-il, « Restion, mon maître, à qui je viens de donner la « mort pour me venger des stigmates (9) dont vous « voyez que je suis couvert. » Les soldats s'emparèrent de cette tête, à cause du salaire qui y étoit attaché, et se hâtèrent, mais en vain, de l'apporter à Rome. L'esclave de son côté se dépêcha de retirer son maître de la caverne, et de l'embarquer pour la Sicile (10).

XLIV. Panopion (11) étoit caché dans sa propre maison de campagne. On vit venir un centurion avec son escorte. Un esclave de Panopion se couvrit de ses vêtements, et s'étant couché dans un lit comme s'il eût été lui-même Panopion, il se laissa égorger à la place de son maître qui étoit présent en habit d'esclave. Des satellites des triumvirs avoient cerné la maison de Ménénius; un de ses esclaves se plaça dans sa litière, et se faisoit emporter par d'autres esclaves, lorsqu'il se laissa spontanément égorger sous le nom de Ménénius, qui se sauva ensuite en Sicile. Junius avoit un affranchi nommé Philopœmen (12) qui possédoit une maison magnifique. Cet affranchi le cacha au beau milieu de sa maison dans une de ces espèces de coffres de fer où l'on serroit de l'argent ou des livres, et chaque nuit il lui apporta des aliments, jusqu'à ce que les proscriptions furent arrivées à leur terme. Un autre affranchi qui gardoit son ancien maître dans un sépulcre enferma et garda dans le même asile le fils de ce dernier qui fut ultérieurement inscrit sur les tables de proscription. Lucrétius, après avoir mené, avec deux esclaves fidèles, une vie errante et vagabonde, n'ayant plus de quoi vivre, prit le parti d'aller retrouver sa femme; et il se faisoit porter en litière par ses deux esclaves, comme un malade qui venoit à Rome. L'un de ces esclaves se cassa la jambe; il se mit à marcher à pied, le bras appuyé sur l'autre esclave. Comme il s'approchoit des portes de Rome, et d'un endroit où il se rappela que son père, proscrit par Sylla, avoit été reconnu et égorgé, il vit une cohorte qui venoit à lui. Effrayé de la coïncidence de sa situation personnelle et du lieu, il se cacha dans un sépulcre avec son esclave. Il survint de ces brigands qui faisoient métier de spolier les tombeaux. L'esclave s'abandonna à leur rapacité pour donner le temps à Lucrétius de se sauver du côté des portes. Lucrétius l'ayant attendu là, et ayant pris la moitié de ses vêtements, arriva auprès de sa femme, et fut caché par elle dans l'intermédiaire d'un double plancher, jusqu'à ce que, par le crédit de quelques amis, on obtint que son nom fût rayé des tables de proscription. Après le retour de la paix, ce Lucrétius fut élevé à la dignité consulaire (13).

XLV. Sergius se tint caché dans la maison d'Antoine, jusqu'à ce que ce triumvir engagea Plancus, arrivé au consulat, à faire passer un décret d'amnistie en sa faveur. Depuis on vit ce Sergius, au milieu des dissensions civiles entre Antoine et Octave, lorsqu'il fut question dans le sénat de déclarer Antoine ennemi de la patrie, avoir le courage, quoique seul, de voter ouvertement en sa faveur. Ce fut ainsi que se sauvèrent les proscrits dont je viens de parler. Quant à Pomponius, après avoir pris lui-même le costume d'un préteur, et avoir déguisé en appariteurs ses esclaves, il sortit de Rome, semblable à un préteur que ses licteurs entouroient; et, en effet, ceux de Pomponius se tenoient pressés auprès de lui pour empêcher qu'on ne vînt à le reconnoître. Arrivé aux portes de Rome, il monta dans une des voitures publiques, et traversa l'Italie, accueilli et escorté par-tout sur son passage comme un préteur que les triumvirs envoyoient auprès de Pompée pour négocier. Il s'embarqua enfin sur une trirème, et fit voile vers la Sicile (14).

XLVI. Apuléius et Arruntius (15) s'habillèrent en centurions; ils habillèrent leurs esclaves en soldats, et sortirent de Rome comme des centurions chargés d'aller chercher quelque tête. Ayant ensuite pris chacun une route différente, ils se mirent à délivrer ceux qui étoient dans les prisons, et à recueillir des fugitifs. Bientôt ils furent à la tête de forces suffisantes pour arborer des enseignes, pour battre la campagne en armes, et pour avoir tout l'air d'une armée. Ils gagnèrent l'un et l'autre les bords de la mer, et vinrent prendre poste auprès d'un tertre, où ils se firent l'un à l'autre, par cette rencontre, une horrible peur. Au point du jour, étant montés tour à tour sur le tertre, pour s'observer réciproquement, ils crurent, chacun de son côté, avoir affaire à des troupes envoyées pour le combattre, et ils en vinrent en effet aux mains, jusqu'à ce que s'étant reconnus, ils mirent bas les armes, gémirent sur leur erreur, et accusèrent la fortune qui se plaisoit à les accabler de ses rigueurs. Ils firent voile, l'un pour aller joindre Brutus, l'autre pour aller joindre Pompée. Celui-ci fut compris dans la négociation de Pompée avec les triumvirs; l'autre commanda en Bithynie sous les ordres de Brutus, et après la mort de ce dernier, il livra cette province à Antoine qui provoqua son rappel. Au moment où Ventidius fut mis au nombre des proscrits, un de ses affranchis le fit garrotter, comme décidé à le livrer aux bourreaux des triumvirs. Mais la nuit suivante, il fit entrer ses esclaves dans son projet; il les habilla en soldats, et fit prendre à Ventidius un costume de centurion, et à la faveur de ce déguisement il le fit sortir de Rome. Ils traversèrent ainsi toute l'Italie, en suivant la route de la Sicile, sur laquelle ils rencontrèrent plusieurs fois des centurions qui étoient à la recherche de Ventidius (16).

XLVII. Un autre affranchi avoit caché son ancien maître dans un sépulcre. Celui-ci n'ayant pu supporter l'aspect de ce lieu, fut transféré par son affranchi dans une misérable habitation qu'il loua à cet effet; mais un soldat étoit logé à côté de lui. Ce voisinage lui inspira d'un autre côté une terreur insupportable, qui le fit passer de la crainte à une audace étonnante. Il se fit raser, et ouvrit au milieu même de Rome une école où il enseigna publiquement jusqu'à la fin des proscriptions. Volusius l'édile fut proscrit. Il avoit pour ami un prêtre (17) d'Isis; il le pria de lui prêter son costume sacerdotal, et ajoutant à ce costume le capuchon à tête de chien, et pratiquant les jongleries isiaques, il se sauva dans cet équipage en Sicile, auprès de Pompée. Les citoyens de Calène (18) s'armèrent pour la défense de Sittius, leur concitoyen, qui répandoit sur eux les bienfaits de son opulence. Ils lui firent un rempart de leur corps, effrayant ses esclaves par des menaces, et empêchant les centurions d'approcher de leurs murailles. Lorsque la chaleur des proscriptions se fut un peu amortie, les Caléniens envoyèrent une députation aux triumvirs, et ils obtinrent que Sittius se tiendroit renfermé dans l'enceinte de leurs murs, sans aller en nul autre lieu d'Italie, de manière que Sittius fut le premier et peut-être le seul des mortels qui ait été exilé dans sa patrie comme dans une terre étrangère (19).

Varron étoit un philosophe et un historien à la fois (20), qui s'étoit distingué dans les armées, où il avoit été chargé de quelques expéditions. Peut-être fut-ce par cette raison qu'il fut proscrit, comme présumé ennemi du gouvernement monarchique. Ses amis disputèrent entre eux à l'envi à qui lui donneroit un asile. Ce fut Calénus (21) qui l'emporta, et qui le garda dans une maison de campagne où Antoine venoit prendre l'hospitalité lorsqu'il sortoit de Rome. Aucun des esclaves ni de Varron ni de Calénus ne trahirent le secret de leurs maîtres.

XLVIII. Virginius, homme d'un grand talent oratoire, remontra à ses esclaves qu'en lui donnant la mort, ils n'en recueilleroient qu'une petite somme d'argent, sur laquelle même ils ne pouvoient pas trop compter; mais qu'en même temps ils seroient bourrelés par les remords de leur crime, et assiégés désormais de profondes terreurs : au lieu que s'ils le sauvoient, il leur en reviendroit beaucoup de gloire, beaucoup d'espérance, et surtout une somme d'argent plus considérable, et qu'ils recevroient à coup sûr. Ils prirent donc la fuite avec lui, après qu'il se fut déguisé en esclave. Mais ayant été reconnu par des satellites des triumvirs, qu'il rencontra sur la route, ses esclaves leur livrèrent une bataille, par l'issue de laquelle il tomba entre les mains des soldats. Il se mit alors à les haranguer aussi. Il leur représenta que ce n'étoit point par inimitié contre sa personne qu'ils en vouloient à sa tête, que c'étoit uniquement par

l'appât de l'argent qui en devoit être le prix. « Eh
« bien ! suivez-moi, leur dit-il, jusqu'au bord de la
« mer, et là vous recevrez de l'argent bien mieux
« acquis et en plus grande quantité : ma femme
« m'attend là avec un vaisseau, où j'ai une grosse
« somme. » Les soldats se laissèrent persuader, et
le conduisirent au bord de la mer. Sa femme y étoit
en effet arrivée ainsi que cela avoit été arrangé.
Mais voyant que Virginius tardoit à paroître, elle
avoit pensé qu'il avoit pris les devants, en s'embarquant pour aller joindre Pompée; et elle venoit de
partir elle-même, après avoir néanmoins laissé sur
le rivage un esclave pour instruire son époux du
parti qu'elle avoit pris. Aussitôt que l'esclave aperçut
Virginius, il courut à lui comme vers son maître, il
lui montra le vaisseau qu'on voyoit encore; il lui
parla de sa femme, de l'argent qu'elle apportoit, et
du motif pour lequel elle l'avoit laissé sur le rivage.
Les soldats ajoutèrent foi à tout cela. Virginius leur
demanda alors, ou de l'attendre jusqu'à ce qu'il eût
appelé sa femme, et qu'il l'eût invitée à rétrograder,
ou bien de se mettre avec lui à sa poursuite, pour
qu'il pût leur donner son argent. Les soldats s'embarquèrent en effet avec lui dans un esquif, et le
conduisirent en Sicile à force de rames. Ils reçurent
là ce qui leur avoit été promis, et ils demeurèrent auprès de lui à son service jusqu'à la fin des proscriptions.
Un marchand qui naviguoit avoit reçu à son bord Rébulus (22) pour le conduire en Sicile. Il lui demanda
tout son argent, en le menaçant, en cas de refus,
de le livrer aux satellites des triumvirs. Rébulus,

à l'exemple de ce que fit Thémistocle en pareille rencontre (23), le menaça de son côté qu'il déclareroit que ce n'étoit que pour son argent qu'il l'avoit reçu dans son vaisseau. Cette réponse effraya le navigateur, qui conduisit Rébulus en Sicile.

XLIX. Marcus, un des lieutenants de Brutus, fut inscrit par cela même sur les tables de proscription. Après la défaite de Brutus, ayant été arrêté, il fit semblant d'être un esclave, et Barbulas l'acheta comme tel. Il lui trouva de l'habileté, et en conséquence il le chargea de commander aux autres esclaves, et de gouverner ses revenus. Ayant remarqué qu'en toutes choses il avoit une intelligence et une capacité supérieure à celle d'un esclave, il eut des soupçons; et il lui fit espérer, s'il étoit du nombre des proscrits, de le sauver, pourvu qu'il le lui avouât. L'esclave s'en défendit fortement; il se donna un faux nom, une fausse origine, il cita de faux noms de maîtres qu'il avoit servis antérieurement; Barbulas le mena à Rome, espérant qu'il en redouteroit l'approche, s'il étoit, en effet, du nombre des proscrits; mais son esclave ne laissa pas de l'y suivre. Un des amis de Barbulas, qui vint à sa rencontre aux portes de Rome, et qui reconnut Marcus auprès de lui, en habit d'esclave, confia secrètement à Barbulas qui il étoit. Celui-ci fit solliciter sa grace auprès d'Octave, par l'intermédiaire d'Agrippa. Marcus fut rayé de la liste des proscrits, et devint depuis l'ami d'Octave. Peu de temps après, il combattit pour sa cause contre Antoine, à la journée d'Actium. Barbulas combattoit pour Antoine à cette même journée, et la fortune se fit un jeu de changer leurs premiers rôles; Car Barbulas, après la déroute d'Antoine, fut fait prisonnier. Il se donna pour un esclave, et ce fut Marcus qui l'acheta, sans faire semblant de le reconnoître; mais il vint en rendre compte à Octave; il lui demanda la grace de son esclave, il l'obtint, et fit pour Barbulas, dans cette occasion, ce que Barbulas avoit fait pour lui-même dans une autre. Ce ne fut pas, au reste, la seule circonstance où ces deux citoyens se rencontrèrent dans la même situation; car depuis ils remplirent à Rome les fonctions consulaires et en même temps (24).

L. Balbinus avoit pris la fuite. Son rappel avoit été prononcé avec celui de Pompée. Il étoit devenu consul (25); et Lépidus, dépouillé peu de temps après par Octave de son titre de triumvir, et réduit à rentrer dans la condition d'homme privé, se trouva envers Balbinus dans la même situation où Barbulas se trouva envers Marcus. Mécène accusa le fils de Lépidus d'avoir conspiré contre Octave (26), et il enveloppa dans l'accusation la mère du jeune Lépidus, comme sa complice (27). Lépidus étoit alors dans un tel état d'impuissance, que Mécène le méprisa au point de ne pas l'impliquer dans cette affaire. Mécène fit conduire Lépidus le fils à Octave, qui étoit alors à Actium. Quant à la mère, à laquelle il voulut épargner, par égard pour son sexe, les désagréments du voyage, il lui demanda qu'elle présentât au consul une caution qui garantiroit qu'elle se rendroit auprès d'Octave, s'il y avoit lieu. Personne ne s'offrant pour ce cautionnement, Lépidus assiégea plusieurs fois, mais sans succès, la porte du consul Balbinus. Il s'approcha de lui pendant qu'il étoit sur son tribunal, et tandis que ses licteurs le tourmentoient pour le faire écarter, il eut beaucoup de peine à lui dire : « Les accusateurs de mon épouse « et de mon fils rendent un hommage éclatant à mon « innocence, puisqu'ils ne m'accusent pas moi-même « comme leur complice. Ce n'étoit pas moi, non plus, « qui avois fait inscrire votre nom sur les tables de « proscription, moi qui dans ce moment suis au-« dessous de ceux qui furent proscrits. Mais, jetez « un coup-d'œil sur les vicissitudes humaines ; et « lorsque je suis devant vous, et que je m'engage à « représenter ma femme sur l'ordre d'Octave, dai-« gnez accepter mon cautionnement, ou bien faites-« moi transférer avec elle chargé de chaînes. » Lépidus parloit encore, lorsque Balbinus, ému par le spectacle de cet étrange changement de fortune, dispensa la femme de Lépidus de bailler caution (28).

LI. Le jeune Cicéron avoit été envoyé en Grèce par son père, avant les proscriptions qu'il avoit prévues. De la Grèce, il se rendit auprès de Brutus; et après la mort de ce dernier, qui l'avoit honorablement employé dans son armée, il se réfugia auprès de Pompée qui lui donna aussi de l'emploi. Ensuite Octave, pour se justifier d'avoir lâchement abandonné Cicéron le père, fit appeler le fils aux fonctions d'augure. Peu de temps après il le fit nommer consul, et lui donna le commandement de la Syrie. Octave lui annonça personnellement par un message direct la nouvelle du gain de la bataille d'Actium, et Cicéron vint communiquer cette nouvelle au peuple du haut de cette même tribune où peu de temps auparavant la tête de son père étoit attachée (29). Appion distribua entre ses esclaves tout ce qu'il put emporter, et alla s'embarquer avec eux pour la Sicile. Une tempête s'éleva, et les esclaves d'Appion, qui convoitoient son argent, mirent leur maître dans une petite barque, sous prétexte qu'il auroit plus d'espoir de se sauver. Il avint en effet, contre toutes les apparences, qu'Appion arriva à bon port, au lieu que ses esclaves firent naufrage. Publius (30) remplissoit les fonctions de questeur auprès de Brutus. Les émissaires d'Antoine s'efforcèrent de le pousser à la trahison; mais Publius résista à toutes leurs instances, et sa fidélité au parti de Brutus fut cause qu'il fut inscrit sur les tables de proscription. Ayant dans la suite obtenu son rappel, il devint l'ami d'Octave. Un jour qu'Octave vint le voir dans sa maison, il lui montra des statues de Brutus, et Octave donna des éloges à l'attachement de Publius pour Brutus, son ancien ami. Tels furent les principaux évènements, entre beaucoup d'autres que je laisse de côté, auxquels quelques uns des proscrits furent redevables, ou de leur salut au milieu de leurs dangers, ou auxquels ils durent leur fin tragique.

NOTES.

(1) *Sententia haud obscura*, dit Schweighæuser ; *sed miror an emendata satis et integra verba sint*. Il a raison. Je pense, comme lui, que le texte de ce passage a souffert quelque altération. D'ailleurs, voilà une de ces maximes morales dont il faut avoir la sagesse toujours présente dans les temps de troubles et de guerre civile. Horace, apostrophant la fortune dans une de ses Odes (*liv. I, Od. 35*), peint d'un seul trait la rapidité des vicissitudes humaines :

> *O diva, gratum quæ regis Antium,*
> *Præsens vel imo tollere de gradu*
> *Mortale corpus, vel superbos*
> *Vertere funeribus triumphos,*

Ailleurs le même poëte s'exprime ainsi :

> *Sperat infestis, metuit secundis,*
> *Alteram sortem bene præparatum*
> *Pectus. Informes hyemes reducit*
> *Jupiter, idem*
> *Summovet. Non si male nunc et olim*
> *Sic erit.* Lib. II, Od. X.

Pindare renchérit encore sur cette matière, dans les dernières paroles de sa septième Olympique :

> Ἐν δὲ μιᾷ μοίρᾳ χρόνου.
> Ἄλλοτ' ἀλλοῖαι διαιθύσσουσιν
> αὖραι.

(2) C'est Publius Valérius Messala Corvinus dont Cicéron parle, et dont il fait l'éloge dans le début d'une de ses lettres à M. Brutus. Tous les historiens le représentent comme un des premiers orateurs de son temps. Il avoit été le disciple de Cicéron, et l'on a même prétendu qu'il y avoit plus de douceur, plus d'aménité dans le caractère de son éloquence,

et même que son style étoit plus étudié : tel est le langage de l'auteur, quel qu'il soit, du dialogue des orateurs illustres. *Cicerone mitior Corvinus et dulcior, et in verbis magis elaboratus.* De orat. illust. dialog. C. XVIII. Quintilien parle honorablement de lui dans plusieurs endroits de ses Institutions oratoires. Dans le chapitre I de son livre IV, il le loue de l'attention qu'il avoit, dans ses exordes, de se présenter avec modestie et d'avouer son infériorité envers ses antagonistes : *Ita quædam in his quoque commendatio tacita si nos infirmos et impares ingeniis contra agentium dixerimus qualia sunt pleraque Messalæ proemia* : ailleurs, où il dessine d'un seul trait le genre d'éloquence des orateurs contemporains de Cicéron, il dit que la dignité caractérisoit celui de Messala, *dignitatem Messalæ.* Lib. XII, cap. 10. C'est de ce même Messala qu'Horace a dit, dans l'art poétique,

Abest virtute diserti
Messalæ, nec scit quantùm Cascellius Aulus.

c'est à lui que Tibulle a adressé celui de ses opuscules intitulé *Panegyricus*, qui commence par ces mots, *Te, Messala, canam*, etc.

(3) Le texte porte littéralement *la tente prétorienne*, τὴν στρατηγίδα σκηνήν.

(4) Ce mot est vieux, je le sais, mais il m'a paru technique ici, et sur-tout dans la bouche d'un soldat. Au surplus, je saisis cette occasion de faire remarquer que le mot grec αὐτοκράτωρ, que j'ai presque constamment rendu par le mot *général* ou *général en chef*, toutes les fois que je l'ai rencontré, n'a pas, et ne peut pas avoir dans Appien l'acception qu'on lui assigne, pour les temps de l'histoire romaine postérieurs aux guerres civiles. Le mot αὐτοκράτωρ et le mot *imperator*, qui lui correspond dans le latin, ne devinrent le titre du chef suprême de l'Empire romain que sur la fin du règne d'Auguste, si même il est constant que ce mot ait réellement eu ce sens-là sur sa tête et dans sa personne.

Un des scholiastes d'Aristophane a bien fixé le sens étymologique de ce mot-là : Αυτοκράτωρ λέγεται ὁ πάντα ἀνυπεύθυνος, ὁ τῶν δογμάτων κρατῶν, ὃς πάντα κινεῖ ὅπου βούλεται, καὶ πάντα οἰκεῖται κατὰ νοῦν. « *L'autocrate* est celui qui n'est « soumis à aucune responsabilité, qui dispose du pouvoir « de faire des lois, qui fait tout ce qu'il veut dans le corps « politique, qui gouverne à sa fantaisie. » Arist. p. 899, Ed. 1608, Allob.

(5) Ce trait de la femme de Scoponius rappelle celui de cette autre femme qui, dans des temps non moins horribles que ceux du triumvirat à Rome, fut réduite à employer le même moyen pour sauver son père, avec cette différence que le triumvir romain respecta son impudique marché, au lieu que l'autre, surpassant Antoine en scélératesse et en férocité, fit conduire au même supplice et périr sur le même échafaud, le père et la fille. Ce fut bien là ce qu'on peut appeler le *nec plus ultrà* du crime.

(6) Dion Cassius rapporte ce même trait de piété filiale de la part d'Oppius, et ce même trait d'émulation de bénéficence publique qui le mit en état d'accepter les fonctions d'édile. Cet historien ajoute que ce ne fut pas seulement pendant sa vie qu'Oppius reçut des témoignages éclatants de la bienveillance du peuple; ces témoignages l'accompagnèrent au-delà du trépas. Lorsqu'il fut décédé, le peuple s'empara de son corps, le porta dans le Champ-de-Mars, et après l'y avoir solennellement brûlé, il y inhuma ses reliques. Croiroit-on que le sénat, qui prodiguoit à Octave et à Antoine, les bourreaux du peuple romain, les honneurs les plus honteux et les plus serviles, fit ourdir une intrigue auprès des pontifes pour faire exhumer du Champ-de-Mars les cendres d'Oppius, sous prétexte qu'avant que de lui décerner cet hommage, les formalités requises n'avoient point été observées. *Dion Cassius, liv. XLVIII, à la fin.*

(7) Octave, comme on le sent bien, fut forcé de faire de nécessité vertu, et sa clémence pour Métellus fut l'ouvrage de sa politique. Refuser un fils qui, par sa valeur, avoit

concouru à sa victoire, auroit été d'une cruauté propre à soulever d'indignation toute l'armée que cette scène avoit dû singulièrement attendrir.

(8) C'étoit cette partie de l'Italie qu'on appelle aujourd'hui la Calabre, et qui est baignée, en forme de péninsule, par la mer de Sicile. On donna le nom de Brutiens à ce peuple à cause de la grossièreté et de l'obscurité de ses mœurs. Consentia fut pendant quelque temps leur métropole. Selon Strabon, liv. VI, cette région portoit autrefois le nom d'OEnotrie. La ville de Rhéggium étoit sur les frontières de ce pays du côté de Messine.

(9) Quoique le mot *stigmates* paroisse exclusivement affecté à l'histoire ecclésiastique, et que le Dictionnaire de l'Académie dise qu'on se sert rarement de cette expression, j'ai cru pouvoir l'employer ici comme mot technique. Je témoignerai par occasion mon étonnement que dans le Dictionnaire de l'Académie, dernière édition, on l'ait imprimé par un y, contre la loi de son étymologie. Ce mot est d'origine grecque, et dans son orthographe, il ne présente pas d'upsilon.

(10) C'est le même Antius Restion dont Macrobe parle dans le chapitre XI du premier livre de ses Saturnales. Son récit s'accorde avec celui d'Appien dans presque toutes ses circonstances. *Antium enim Restionem proscriptum, solumque nocte fugientem, diripientibus bona ejus aliis, servus compeditus inscriptâ fronte, cùm post damnationem domini alienâ esset misericordiâ solutus, fugientem prosecutus est; hortatusque ne se timeret scientem contumeliam suam fortunæ imputandam esse non domino, abditumque ministerio suo aluit. Cùm deindè persequentes adesse sensisset, senem quem casus obtulit jugulavit, et in constructam pyram conjecit: quâ accensâ occurrit eis qui Restionem quærebant, dicens damnatum sibi pœnas luisse, multò acriùs à se vexatum, quàm ipse vexaverat; et fide habitâ, Restio liberatus est.* Le même Macrobe nous apprend, liv. III, c. 17, que cet Antius Restion avoit proposé une loi somp-

tuaire pendant qu'il étoit tribun du peuple, qu'un des articles de cette loi prohiboit de manger hors de sa maison, *foris non cœnare*, et qu'ayant fait de vains efforts pour la faire adopter, il ne laissa pas de l'exécuter lui-même en ce qui le concernoit pendant tout le cours de sa vie, *quoad vixit*. On trouve dans Valère Maxime, liv. VI, chap. 8, n. 7, les mêmes détails touchant la conduite de l'esclave de Restion.

(11) Le nom propre de ce proscrit a été évidemment altéré. D'abord Candidus, le premier interprète latin d'Appien, doit avoir lu en grec Ἀππίονα, puisqu'il a traduit *Appionem*. Braccio, le traducteur italien, doit avoir trouvé le même mot dans son manuscrit, puisqu'il a traduit *Appione; essendo Appione ascoso in una stalla*. Ensuite, il est évident, par les détails, que ce trait est le même que celui qui est rapporté par Valère Maxime, liv. VI, chap. 8, n. 6; et la même preuve atteste que le citoyen romain que Valère Maxime nomme *Panopion*, au lieu d'*Appion*, est le même individu que celui que Macrobe, Saturn. liv. I, c. 11, nomme *Urbinus*, et que par conséquent, au lieu de lire dans le texte de Valère Maxime *Urbani Panopionis*, il faut lire *Urbini Panopionis*. On voit, en effet, très communément que les historiens, en parlant des Romains, les désignent les uns par une partie de leur dénomination, les autres par une autre partie. Il est donc constant que le nom du proscrit dont il est ici question étoit Urbinus Panopion ou Panopion Urbinus. Voici le texte de Macrobe : *Primus tibi Urbinus occurrat, qui cùm jussus occidi in Reatino lateret, latebris proditis, unus ex servis annulo ejus et veste insignitus in cubiculo ad quod irruebant qui persequebantur, pro domino jacuit; militibusque ingredientibus cervicem præbuit, et ictum tanquam Urbinus excepit.* Voici celui de Valère Maxime, *Quid Urbini Panopionis servus quàm admirabilis fidei? qui cùm ad dominum proscriptum occidendum domesticorum indicio certiores factos milites in Reatinam villam venisse cognosceret, commutatâ cum eo veste, permutato etiam annulo, illum postico clàm*

emisit, se autem in cubiculum ac lectulum recepit; et ut Panopionem occidi se (au lieu d'*occidisse*) *passus est.* Macrobe et Valère Maxime s'accordent d'ailleurs sur un fait sur lequel Appien a gardé le silence. C'est que lorsque Urbinus Panopion eut été rappelé, il érigea un beau monument à la mémoire de son esclave, avec une inscription qui mentionnoit son dévouement héroïque. *Urbinus postea restitus monumentum ei fecit, titulo scriptionis qui tantum meritum loqueretur adjecto.*

(12) Le texte a été altéré en cet endroit, et quoi qu'en ait pensé Schweighæuser, je crois que la meilleure leçon est celle que Casaubon indique, ΟΥἶνιος δὲ ἀπελεύθερος αὐτοῦ ΟΥἶνιος Φιλοποίμην. Il est évident que c'est ici le même trait mentionné par Suétone, *Vie d'Octave*, chap. 27, ainsi que l'observe Casaubon dans sa note sur ce passage de l'historien des Césars. *Postea T. Junium Philopœmenem quòd patronum suum proscriptum celâsse olim diceretur, equestri dignitate decoravit.* Dion Cassius le mentionne également, avec cette différence que ce fut Tanusia, la femme du proscrit, qui cacha T. Vinius, son mari, chez son affranchi Philopœmen, dans un coffre, et répandit ensuite le bruit de sa mort. Le récit de Dion Cassius et celui de Suétone diffèrent dans une autre circonstance, c'est que, selon Suétone, ce ne fut qu'après que les proscriptions furent terminées, qu'après que Lépidus eut proclamé le retour de la clémence, qu'après qu'Octave eut déclaré à ce sujet qu'il proscriroit, lui, jusqu'à ce qu'il n'auroit plus d'ennemis à craindre, que, honteux de cette féroce déclaration, et pour en témoigner son repentir, il inscrivit Philopœmen dans la liste des chevaliers romains, pour le récompenser d'avoir sauvé son patron. Tel est le récit de Suétone qui s'accorde avec ce qu'il avoit dit plus haut, que, pendant que les proscriptions étoient flagrantes, Octave étoit le seul qui avoit refusé de faire grace à qui que ce fût. *Solus magnoperè contendit ne cui parceretur.* Mais Dion Cassius, jaloux de la réputation d'Octave, et qui fait tout ce qu'il peut pour concilier dans son héros

les horreurs des proscriptions avec les sentiments de l'humanité et de la clémence, place cet évènement au milieu même d'une célébration de jeux publics, et après l'avoir présenté sous le point de vue le plus propre à faire ressortir le bon cœur d'Octave, il donne un démenti formel à Suétone, en disant qu'Octave sauva, non seulement ce proscrit, mais encore plusieurs autres, autant qu'il fut possible, ἐκείνος μὲν οὖν πολλοὺς, ὅσους γε καὶ ἐδυνήθη, διεσώσατο. Mais ce dernier historien a beau faire. Malheureusement pour Octave, ce juge inaccessible à toute prévention, à toute prédilection, à toute acception de personne; ce juge incorruptible dont il n'est pas plus aisé de fasciner les yeux que de séduire les oreilles; ce juge, devant le tribunal duquel il est impossible aux usurpateurs et aux tyrans d'en imposer, quel que soit le masque imposteur dont la flatterie les ait couverts: malheureusement pour Octave, la postérité a prononcé entre Dion Cassius et Suétone, et elle a reconnu qu'autant le premier devoit être tenu pour suspect, lorsqu'il est question du destructeur de la république romaine, autant l'autre devoit être regardé comme véridique. *Voyez* Freinshem. CXX. 44.

(13) C'est apparemment ce L. Lucrétius Q. F. Vispalio qu'on trouve dans les fastes consulaires de Dion Cassius, en l'an de Rome 735. C'est l'opinion de Schweighæuser.

(14) Je soupçonne qu'il y a erreur dans le nom propre du proscrit dont il est ici question; car Valère Maxime liv. VII, chap. 3, attribue ce même trait à un proscrit qu'il nomme *Saturninus Vétulion*.

(15) Plus haut, sect. XXVI, on trouve un proscrit du même nom qui fut égorgé.

(16) Il ne faut pas confondre ce Ventidius avec le lieutenant d'Antoine, qui portoit le même nom, et qui quelque temps après reçut les honneurs du triomphe pour avoir taillé les Parthes en pièces.

(17) A mesure que les étrangers de diverses nations venoient s'établir à Rome, il étoit dans l'ordre que ces nou-

veaux venus pratiquassent à leur manière leur culte religieux, et quoiqu'il paroisse, d'après un discours que Tite-Live met dans la bouche du consul Posthumius (*liv. XXXIX*), qu'il avoit été fait plusieurs lois pour empêcher que les cultes étrangers ne fussent célébrés à Rome, ces lois avoient été impuissantes, puisqu'on voit que, déjà sous le triumvirat, il existoit à Rome un temple en l'honneur d'Isis, bâti sans doute par les Égyptiens qui étoient venus se fixer dans la capitale du monde. On connoit le trait de cette dame romaine, *Paulina*, qui, éperdument aimée d'un chevalier romain nommé *Mundus*, dont les prêtres d'Isis, gagnés avec de l'argent, servirent l'intrigue, reçut son amant dans ses bras sous la figure du dieu Anubis. Josèphe nous a conservé tous les détails de cette sacrilège aventure, dans le troisième chapitre du dix-huitième livre des *Antiquités Judaïques*. On voit que si ces prêtres savoient faire de bonnes actions en sauvant des proscrits, ils savoient aussi se prêter à des infamies. Au reste, ce fut aussi sous le costume d'un de ces prêtres d'Isis que Domitien, avant que d'arriver à l'Empire, se sauva dans une circonstance assez périlleuse. *Ac manè Isiaci celatus habitu inter sacrificulos vanœ superstitionis*, etc. Ce sont les expressions de Suétone, au commencement de l'histoire de Domitien. Voyez d'ailleurs, pour ce qui concerne le trait de Volusius, ce qu'en dit Valère Maxime, liv. VII, chap. 3, n. 6.

(18) C'étoit une colonie romaine dans la Campanie. Elle s'appeloit en latin *Cales*. Voyez *Cluver. Ital. Ant.* liv. *IV*, et Cell. Geogr. Ant. liv. II, n. 80.

(19) C'est en effet une chose assez remarquable que d'être exilé dans sa propre patrie; mais qu'auriez-vous dit, Appien, si, vivant de nos jours, vous aviez vu, sous le règne d'un décemvirat non moins féroce, non moins sanguinaire que le triumvirat de Rome, des milliers de citoyens constitués prisonniers dans l'intérieur de leurs maisons, au sein de leurs lares, dans l'affreuse attente de voir arriver chaque jour, chaque moment, les satellites des décemvirs pour les

traîner à la mort? Il est difficile, lorsqu'on a été du nombre de ces derniers, de ne pas laisser échapper, quand l'occasion s'en présente, quelques élans d'indignation contre des factieux qui surpassèrent quelquefois Antoine et Octave, comme Octave et Antoine avoient surpassé Marius et Sylla.

(20) « Il n'est pas étonnant, dit Schweighæuser, que ce « Varron, le plus savant des Romains, ait été proscrit. Il « devoit être singulièrement suspect aux triumvirs, car, à « l'époque du premier triumvirat de César, de Crassus et « de Pompée, il s'étoit permis d'écrire à ce sujet une sorte « de satire qu'il avoit intitulée *Tricarenon*, c'est-à-dire, « *monstre à trois têtes*. » Voyez en effet ci-dessus, livre second, sect. IX. Voyez aussi Aulu-Gelle, liv. III, chap. 10.

(21) Calénus devoit en effet obtenir la préférence. C'étoit ce Fufius Calénus, partisan déclaré d'Antoine, qui le défendoit au milieu du sénat dans toutes les occasions, avant le siége de Modène, et qui, invité constamment à porter la premier la parole dans les délibérations par les consuls Hirtius et Pansa, ouvroit toujours les opinions les plus favorables aux intérêts d'Antoine, et les plus contraires à celles de Cicéron. On voit, sur ce pied-là, que Varron ne pouvoit pas choisir un plus sûr asile.

(22) Freinshémius, liv. CXX. 97; le nomme Rébilus, au lieu de Rébulus.

(23) Ce fut exactement par la même ruse que Thémistocle se sauva, prêt à tomber entre les mains d'une flotte d'Athéniens qui assiégeoient l'île de Naxe. Voyez ce trait dans Thucydide, liv. I.

(24) On ne les trouve cependant ni l'un ni l'autre dans les fastes consulaires. Il faut donc qu'ils soient entrés dans le consulat en remplacement de quelques consuls décédés ou démissionnaires, à moins que ceci ne doive s'entendre de ce consulat subalterne qui fut établi, ainsi que le marque Dion Cassius, sous le règne des triumvirs. *Licet vero*

νυμων ἀρχὴν dicat Appianus, non tamen necessariò intelligi debet majores fuisse consules, sed potuerunt inter suffectos esse quorum nomina tacuerunt tabulæ. Note de Schweighœuser. *Voy.* Freinshem. liv. CXXXIII, 17, 18.

(25) Freinshem, liv. CXXXIII. 74.

(26) Appien n'est pas le seul qui parle de cette conspiration du fils de Lépidus le triumvir contre Octave. L'Epitome de Tite-Live en fait mention au liv. CXXXIII ; *M. Lepidus, Lepidi qui triumvir fuerat filius, conjuratione contra Cæsarem factâ bellum moliens, oppressus et occisus est.* On voit dans ce peu de mots ce qu'on ne trouve pas dans Paterculus, qui parle aussi de cette conspiration ; c'est qu'il s'agissoit, non d'un assassinat, mais d'un soulèvement à force armée, que le fils de Lépidus vouloit opérer ; mais l'activité de Mécène ne lui en donna pas le temps. *Voyez* Paterculus, liv. II, chap. 88.

(27) La mère de ce jeune conspirateur, et par conséquent la femme de Lépidus, se nommoit *Junia*. Elle étoit fille de Servilie, la sœur de Caton, et sœur, par conséquent, de M. Brutus, l'assassin de César. Nièce de Caton d'Utique, et sœur de M. Brutus, elle avoit, comme on voit, des titres plus que suffisants pour que Mécène la regardât, sinon comme l'auteur, du moins comme la complice des projets de son fils.

(28) Appien ne dit pas, comme on voit, ce que devint Lépidus le fils entre les mains d'Octave, à qui Mécène l'avoit envoyé ; mais l'Epitome de Tite-Live le dit en deux mots : *Oppressus et occisus est*. C'étoit tout simple. Les mains d'Octave fumoient encore du sang des proscriptions ; et il avoit déclaré d'ailleurs lui-même en plein sénat, en contredisant Lépidus le père, circonstance assez remarquable, que, quant à lui, il ne cesseroit de proscrire que lorsqu'il n'auroit plus d'ennemis : *Ita modum se proscribendi statuisse, ut omnia sibi reliquerit libera*, Sueton. Oct. Cæs. 27. Lépidus le fils étoit neveu de Mar. Brutus, et petit-neveu de Caton. Il ne seroit pas difficile de deviner ce qu'il devint entre les

mains d'Octave, quand même l'Epitome de Tite-Live auroit là-dessus gardé le silence.

(29) Cicéron le fils étoit en effet consul et collègue d'Octave, la même année de la conquête de l'Egypte et de la mort d'Antoine. Il prit part, en cette qualité, aux honneurs qui furent décernés à cette occasion à celui des triumvirs qui restoit, par cet évènement, seul maître du monde. Il paroît qu'il concourut au décret que le sénat rendit à cette occasion pour faire détruire et anéantir tous les monuments érigés en l'honneur d'Antoine, pour faire déclarer *néfaste* le jour de son anniversaire, et pour défendre qu'à l'avenir aucun des descendants de sa race prît le surnom de Marcus. « Quelques personnes, remarque Dion Cassius, pensèrent « que c'étoit par une disposition spéciale de la providence « des Dieux que la catastrophe d'Antoine coïncidoit avec « l'époque du consulat de celui du père duquel il avoit été « le principal assassin. » ἠγγέλθη δὲ τοῦτο, Κικέρωνος τοῦ Κικέρωνος παιδὸς, ἐν μέρει τοῦ ἔτους, ὑπατεύοντος· τοῦτό τέ τινες οὐκ ἀθεεὶ δὴ συμβᾶν ἐλάμβανον, ἐπειδήπερ ὁ πατὴρ αὐτοῦ ὑπὸ τοῦ Ἀντωνίου ὅτι μάλιστα ἐτεθνήκει. Dion Cassius *lib. LI*. Selon Schweighæuser ce consulat de Cicéron le fils eut lieu l'an de Rome 724, et ce fut en remplacement d'Octave, ce qui est probable ; car Octave étoit alors en Égypte. *Cicero fil. consul suffectus Cæsari, A. U.* 724.

(30) C'est le même individu auquel Dion Cassius, liv. LIII, n. 32, donne le nom de Lucius Sestius. A propos de quelques règlements politiques d'Octave, devenu chef du pouvoir suprême, lesquels lui valurent les éloges du sénat, l'historien ajoute : « On le loua également de ce que, « en abdiquant le consulat, il s'étoit fait remplacer dans « cette magistrature par Lucius Sestius, qui étoit resté cons- « tamment fidèle au parti de Brutus, qui avoit servi sous « ses ordres dans toutes ses campagnes, qui conservoit en- « core beaucoup de respect pour sa mémoire, qui en avoit « les bustes dans sa maison, et qui, même à cette époque, « ne parloit encore de lui qu'avec éloge. » S'il est vrai,

comme le rapporte Dion Cassius, que ce fut cette conduite qui détermina le sénat à lui conférer la puissance tribunitienne pour toute sa vie, καὶ διὰ ταῦτα ἡ γερουσία δήμαρχόν τε αὐτὸν διὰ βίου εἶναι ἐψηφίσατο, cela prouve que l'an 731 de Rome, c'est-à-dire, dix-neuf ans après la bataille de Philippes, il y avoit encore des sénateurs aux yeux desquels la mémoire de Brutus étoit en quelque recommandation.

CHAPITRE VII.

Guerre en Libye entre Sextius, lieutenant des triumvirs, et Cornificius qui défend le parti de Pompée et de la république. Sextius, secondé par Arabion, un des rois du pays, défait en bataille rangée Cornificius, Lælius, et Ventidius, chefs du parti républicain, et soumet la Libye aux triumvirs.

LII. PENDANT que tout cela se passoit à Rome, l'esprit de sédition portoit au-dehors, de tous les côtés, les fureurs de la guerre, et c'étoit principalement en Libye, entre Cornificius et Sextius, en Syrie, entre Cassius et Dolabella. Dans la Sicile, les triumvirs avoient à combattre Pompée. Plusieurs villes qui furent prises à force ouverte éprouvèrent tous les genres de calamités. Pour ne pas parler des plus petites, je ne citerai que celles qui étoient les plus considérables par leur importance et leur éclat; telles que Laodicée, Tarses, Rhodes, Patara, et Xanthe. Je vais raconter sommairement ce qu'eut de particulier la prise de chacune de ces villes.

LIII. Les Romains donnent encore à cette partie de la Libye qu'ils conquirent sur les Carthaginois le nom d'*ancienne Libye*. Celle que possédoit le roi Juba, et que Caïus César ajouta à l'Empire romain, ils l'appellent par cette raison la *nouvelle Libye*. On pourroit également la distinguer par l'épithète de *Numidique*. Sextius donc, qui tenoit de César le commandement de (1) la nouvelle Libye, avoit sommé Cornificius de sortir de l'ancienne, sous prétexte que, par l'acte du triumvirat, toute la Libye étoit comprise dans le commandement d'Octave. Cornificius lui avoit répondu qu'il ne reconnoissoit point l'acte en vertu duquel les triumvirs s'étoient arrogé une autorité suprême; et qu'au surplus, ayant reçu cette province de la part du sénat, il ne la remettroit en d'autres mains qu'en vertu d'un sénatus-consulte. En conséquence, ils se déclarèrent la guerre. Cornificius avoit une armée nombreuse, composée de grosses troupes. Celle de Sextius, composée de troupes légères, étoit inférieure en nombre; cet avantage lui donna la facilité de parcourir les plates campagnes de Cornificius, et d'en porter les habitants à la défection (2). Assiégé par Ventidius, un des lieutenants de Cornificius, avec des forces supérieures, il se défendit et le repoussa vigoureusement (3). Sur ces entrefaites, Lælius, un autre des lieutenants de Cornificius, ravagea la Libye de Sextius, et vint mettre le siège devant Cirta (4).

LIV. Les deux chefs, Cornificius et Sextius, députèrent vers Arabion, un des rois de cette contrée, et vers ceux qu'on appeloit les Sittiens. Voici de quelles circonstances ces derniers avoient tiré leur nom. Sittius (5), citoyen romain, pour se soustraire à une action criminelle qu'on avoit intentée à Rome contre lui, prit la fuite. Il leva des troupes en Italie et en Ibérie, et passa ensuite en Libye. Là il servit tour à tour d'auxiliaire aux rois du pays qui se fai-

Ans
de
Rome.
711.

soient la guerre les uns aux autres; et comme la victoire restoit toujours du côté où il combattoit (6), il s'acquit une grande réputation, et son armée se rendit chaque jour plus redoutable en se perfectionnant dans le métier des armes. Il se rangea du parti de César, lorsque celui-ci vint attaquer, en Libye, les partisans de Pompée; et il fit périr Saburra, un des illustres lieutenants de Juba. César lui donna pour récompense les possessions de Massinissa, non pas en entier, mais la partie la plus importante; car ce Massinissa, qui étoit le père d'Arabion, étoit un des alliés de Juba; et voilà pourquoi César partagea ses états entre Sittius et Bocchus, roi de la Mauritanie. Sittius distribua à ses soldats une partie du territoire dont César lui avoit transmis la propriété. A cette époque, Arabion s'étoit réfugié en Ibérie, auprès des enfants de Pompée. Mais après l'assassinat de César, il retourna en Libye, d'où il faisoit passer continuellement en Ibérie de jeunes Libyens pour apprendre le métier de la guerre, qui revenoient lorsqu'ils étoient suffisamment exercés. Par-là, il se mit en mesure de recouvrer la partie de ses états qui étoit entre les mains de Bocchus, et de se délivrer de Sittius dans une embuscade. Tous ces motifs lui donnoient de l'affection pour le parti de Pompée. Mais voyant que la fortune ne cessoit de lui être contraire, il s'abstint toujours de se déclarer en sa faveur. Il se joignit donc à Sextius, dans la vue de se concilier par son moyen la bienveillance d'Octave, et les Sittiens en firent autant, par l'effet de l'attachement qu'ils portoient à la mémoire de son père.

LV. Fort de ces secours, Sextius sortit de la place où il étoit assiégé, et livra bataille. Ventidius fut tué, son armée prit la fuite à la débandade; et Sextius se mit à ses trousses égorgeant les uns, et faisant les autres prisonniers de guerre. Lælius, instruit de cet évènement, leva le siège de Cirta, et vint se joindre à Cornificius. Sextius, de son côté, enflé de ses succès, se dirigea vers Utique, contre Cornificius lui-même, et campa en face de lui, quoiqu'il eût beaucoup moins de troupes. Cornificius détacha Lælius avec de la cavalerie pour aller à la découverte. Sextius détacha de son côté Arabion avec de la cavalerie aussi, pour attaquer Lælius de front, et il s'avança lui-même, à la tête de ses troupes légères, pour tomber sur les flancs de la cavalerie ennemie, et cette manœuvre la mit, en effet, en désordre. Lælius, craignant qu'on ne lui coupât la retraite, quoiqu'il ne fût pas encore battu, s'empara d'une hauteur voisine, tandis qu'Arabion, qui le poursuivoit de près, lui tua beaucoup de monde, et cerna l'éminence sur laquelle il s'étoit logé. Cornificius, témoin de cet état de choses, sortit de son camp avec la plus grande partie de ses troupes pour venir au secours de Lælius. Sextius se jeta sur ses derrières, et l'atteignit; mais Cornificius fit volte-face, et parvint, après avoir beaucoup souffert, à le repousser.

LVI. Sur ces entrefaites, Arabion détacha quelques troupes accoutumées à gravir des lieux escarpés, qui pénétrèrent, sans être aperçues, dans le camp de Cornificius. Roscius, qui avoit la garde du camp, voyant l'ennemi maître des retranchements, présenta la poitrine à un des soldats qui étoient auprès de lui, et se fit égorger. Cependant Cornificius, déjà fatigué par le combat qu'il avoit soutenu contre Sextius, s'élança vers l'éminence occupée par Lælius. Il ignoroit encore que son camp étoit au pouvoir de l'ennemi. La cavalerie d'Arabion l'assaillit pendant qu'il venoit dégager Lælius, et il fut tué dans cette action (7). Lælius, témoin de cet évènement du haut de son poste, s'égorgea lui-même. Après la mort des chefs, l'armée prit la fuite, les uns d'un côté, les autres de l'autre. Tous ceux des proscrits qui étoient venus chercher un asile auprès de Cornificius s'embarquèrent comme ils purent, les uns pour la Sicile, les autres pour toute autre destination. Sextius abandonna la majeure partie des dépouilles de l'ennemi à Arabion et aux Sittiens; il attira toutes les villes dans le parti d'Octave, en leur pardonnant à toutes. Ce fut ainsi que se termina en Libye, entre Sextius et Cornificius, une guerre que la rapidité des opérations militaires rendit très courte (8).

NOTES.

(1) C'est dans ce sens que Schweighæuser a pensé que le texte devoit être entendu, et je l'ai pensé comme lui. Au surplus, ce docte annotateur a judicieusement relevé ici une erreur de Dion Cassius. Cet historien a fait de Cornificius un des lieutenants d'Octave, et de Sextius un des lieutenants d'Antoine, tandis qu'il est constant, d'après le récit d'Appien, que ce Cornificius, le même républicain qui étoit en commerce de lettres avec Cicéron, avant le triumvirat, et qui montroit beaucoup d'attachement à la cause de la liberté, demeura fidèle à ses principes, et ne voulut reconnoître que l'autorité du sénat. Ce qui auroit dû faire tenir Dion Cassius sur ses gardes, c'est que, peu de lignes avant que de parler de ce proconsul d'Afrique comme d'un lieutenant d'Octave, il avoit dit que Q. Cornificius avoit envoyé d'Afrique en Sicile des renforts à Pompée, afin de faciliter son établissement dans cette province. Or, on sent que si Q. Cornificius, commandant en Afrique, n'eût pas été, comme Sextus Pompée, du parti du sénat, de la république et de la liberté, et qu'au contraire, il eût été le lieutenant d'Octave, il n'auroit point fait passer des secours en hommes à l'ennemi des triumvirs. Καὶ ςρατιώτας τε ἀπ᾽ αὐτῶν πλείους καὶ Κύιντος Κορνουφίκιος ἐκ τῆς Ἀφρικῆς ἔπεμψε. Quelle apparence, d'ailleurs, que Q. Cornificius et Sextius, s'ils eussent été les lieutenants, l'un d'Octave, l'autre d'Antoine, se fussent déclaré la guerre en Afrique, dans un temps où les deux triumvirs en question vivoient encore en bonne intelligence.

(2) Dion Cassius dit en effet que Sextius commença les hostilités, en entrant comme ennemi dans la partie de la Libye soumise à Cornificius, et qu'il s'empara d'Adrumète et de beaucoup d'autres villes qui ne s'attendoient pas à être attaquées. *Liv. XLVIII*, n. 21.

(3) Ceci ne paroît pas s'accorder avec le récit de Dion Cassius, qui rapporte que Sextius, enflé par le succès de sa facile invasion dans la province de Cornificius, négligea de se tenir sur ses gardes, et fit beau jeu par-là au questeur de Cornificius, qui lui tomba dessus, détruisit la plus grande partie de son armée, et le força de reprendre le chemin de la Numidie. Il ajoute que Cornificius envahit à son tour la Libye soumise à Sextius, qu'il vint mettre le siège devant Cirtha, que sa cavalerie obtint quelques succès contre les troupes de l'ennemi, et que ce ne fut que lorsque Sextius eut reçu des renforts, que la fortune repassa du côté de son armée. *Liv. XLVIII, n. 21.*

(4) Cirta, ou plus correctement Cirtha, étoit une des plus fortes places de la Numidie. *Voyez Strabon liv. dernier.*

(5) Dion Cassius donne à peu près les mêmes détails sur le compte de ce Sittius, au commencement de son livre XLIII, si ce n'est qu'il ne va point jusqu'à parler des récompenses que César lui accorda pour les services qu'il lui avoit rendus.

(6) Strabon, dans son quatorzième livre, fait le même éloge de la cavalerie de la ville de Colophon : si bien qu'on disoit en commun proverbe τὸν Κολοφῶνα ἐπιτιθέναι, pour dire, déterminer le succès d'une chose, y mettre la dernière main.

(7) Dion Cassius prétend que Sextius dut sa victoire à une ruse de guerre qui ne paroît guère vraisemblable. Il suppose que Sextius tenoit Lælius assiégé, que Cornificius s'avançoit en grande hâte pour délivrer son lieutenant, mais que, trompé par la fausse nouvelle que lui fit donner Sextius, que Lælius étoit déjà forcé et prisonnier de guerre, il perdit toute espérance, et que dans son désespoir il fut vaincu et tué sur le champ de bataille. *Liv. XLVIII, n. 21.*

(8) Ces détails d'Appien valent mieux que ceux de Dion Cassius. Il est vrai qu'il ne nous a pas régalés, ainsi que Dion Cassius, du récit des deux prodiges qui pronostiquèrent à Sextius ses succès. Ce fut d'abord un bœuf qui, lui adres-

sant la parole avec une voix humaine, lui ordonna d'exécuter son entreprise : ce fut ensuite un taureau qui lui apparut en songe, qui lui apprit que son corps étoit enterré dans la ville de Tuca, et qui lui dit d'aller l'exhumer, d'enlever sa tête, et de la promener au milieu du champ de bataille comme un gage infaillible de sa victoire. Καὶ προσεπαρθεὶς ὑπό τε βοὸς φθεγξαμένης ὡς φασιν, ἀνθρωπίνῃ φωνῇ, καὶ κελευσάσης αὐτῷ τῶν προκειμένων ἔχεσθαι, καὶ ἐξ ἐνυπνίου δι' οὗ ταῦρός τις κατορωρυγμένος ἐν τῇ πόλει Τούκῃ παρηνεκέναι οἱ ἔδοξε τὴν κεφαλὴν αὐτοῦ ἀμελεῖσθαι, καὶ ἐπὶ καμάκος, ὡς καὶ ἐκ τούτου νικήσοντι περιφέρειν. Lib. XLVIII, n. 21. Est-il concevable que des ouvrages destinés à instruire les hommes de tous les pays et de tous les âges soient déparés par des puérilités aussi dégoûtantes ? Dion Cassius et ses pareils s'imaginoient sans doute que leur siècle étoit le *maximum* des lumières, que les destins de l'espèce humaine seroient perpétuellement réglés par la superstition des prodiges, et qu'il importoit au maintien de ce genre de religion que l'histoire en consacrât les phénomènes.

CHAPITRE VIII.

Dolabella est aux prises avec Cassius. Battu, il se retire dans Laodicée, où Cassius vient l'assiéger par mer et par terre. Cassius entre dans Laodicée. Dolabella se donne la mort, afin d'éviter de tomber vivant entre les mains du vainqueur. Marcus Octavius, son lieutenant, imite son exemple. Cassius se dispos' à porter la guerre en Égypte contre Cléopâtre. Mais un message de Brutus l'oblige de renoncer à ce projet. Un corps de troupes de Cassius surprend le roi de Cappadoce dans une embuscade. On lui enlève ses trésors. Conduite de Cassius envers la ville de Tarse.

Ans de Rome. 711.

LVII. Pour entrer en matière touchant Brutus et Cassius, je rappellerai, en peu de mots, quelques uns des détails antérieurs. Après l'assassinat de César, les conjurés s'emparèrent du Capitole, et ils en descendirent, après qu'une amnistie en leur faveur eut été décrétée par le sénat. Le peuple, dont l'aspect du corps de César, au milieu de sa pompe funèbre, excita l'attendrissement et la commisération, courut de tous les côtés pour rechercher ses assassins. Ceux-ci repoussèrent d'abord la multitude, en se défendant du haut de leurs maisons; mais ceux d'entre eux à qui César lui-même avoit décerné des commandements de province, se hâtèrent de sortir de Rome, pour en aller prendre possession. Cependant Cassius et Brutus étoient encore attachés à Rome à leurs fonctions de préteurs; mais en sortant de ces fonctions, ils devoient aller commander aussi en vertu de la délégation de César, Cassius dans la Syrie, et Brutus dans la Macédoine. Comme ils ne pouvoient point entrer en fonctions de ce commandement avant le terme prescrit, et que, d'un autre côté, il y avoit tout à craindre pour eux à rester à Rome, ils en sortirent avant que leur préture fût expirée. Le sénat, pour dissimuler leur évasion, les chargea du soin de l'approvisionnement de Rome, et, par cette tournure, leur éloignement, pendant le temps intermédiaire entre leur préture et leur commandement de province, n'eut pas l'air d'une fuite. Après leur départ on leur ôta ces commandements, et on les fit passer entre les mains d'Antoine, et de Dolabella, au grand mécontentement du sénat. Néanmoins, on leur donna en remplacement Cyrène et la Crète, provinces qu'ils méprisèrent, comme beaucoup trop médiocres. En conséquence, ils se mirent à lever des troupes, et à ramasser de l'argent, pour recouvrer la Macédoine et la Syrie à force ouverte.

LVIII. Pendant qu'ils étoient occupés de ces mesures, Dolabella fit égorger Trébonius en Asie, et Antoine assiégea Décimus Brutus dans la Gaule. Furieux de ces attentats, le sénat déclara solennellement Dolabella et Antoine ennemis de la patrie. Il rendit à M. Brutus et à Cassius les provinces qui leur avoient d'abord été assignées, en ajoutant l'Illyrie au commandement de M. Brutus; et il ordonna à tous ceux qui commandoient des provinces ou des légions au nom du peuple romain, depuis la mer Ionienne jusqu'à la Syrie, d'obéir aux ordres de Brutus et de Cassius. En vertu de ces décrets, Cassius entra dans la Syrie avant Dolabella. Il arbora les signes extérieurs de son autorité, et se trouva tout d'un coup à la tête de douze légions de l'armée de César, aguerries de longue main et très expérimentées. César, déjà préoccupé de son expédition contre les Parthes, avoit laissé une de ces légions dans cette province; cette légion avoit été confiée à Cécilius Bassus (1). Mais l'honneur du commandement, le titre de chef reposoit sur la tête d'un jeune homme, parent de César, nommé Sextus Julius. Ce jeune homme menoit une vie fort déréglée. Il respectoit assez peu ses troupes pour s'en faire escorter au milieu de ses débauches. Bassus se permit de lui faire à ce sujet quelques remontrances. Sextus Julius lui répondit par des outrages. Quelque temps après ayant fait appeler Bassus, comme il tardoit à arriver, il donna ordre qu'on le traînât devant lui. Cet ordre excita un tumulte au milieu duquel Bassus reçut des blessures, dont l'aspect excita l'indignation des soldats, qui tuèrent de concert Sextus Julius à coups de flèches. Le repentir et la crainte de la vengeance de César suivirent de près. Ces soldats s'engagèrent donc par serment, les uns envers les autres, de se battre jusqu'à la dernière goutte de leur sang, si cet attentat ne leur étoit point sérieusement pardonné; et ils forcèrent Bassus à prendre la même résolution. En conséquence

Bassus leva une légion nouvelle, et toutes les deux s'exercèrent à l'envi. César fit marcher contre lui Statius Murcus (2) à la tête de trois légions, mais il le repoussa vigoureusement. Marcius Crispus eut ordre de venir de la Bithynie avec trois légions donner du renfort à Murcus, et ces six légions réunies bloquèrent Bassus.

LIX. Cassius parut tout à coup au milieu de ces opérations militaires, et toute l'armée de Bassus passa spontanément sous ses ordres. Les légions commandées par Murcus et par Marcius suivirent cet exemple, soit attachement personnel pour Cassius, soit soumission entière au décret du sénat. Sur ces entrefaites, Alliénus, que Dolabella avoit envoyé en Égypte, ramenoit de ce pays-là quatre légions, formées des débris de l'armée de Pompée après sa défaite, ou des troupes romaines que César avoient laissées à Cléopâtre. Cassius vint le surprendre dans la Palestine, avant qu'il eût aucune connoissance de l'état des choses, et il le força de se joindre à lui et de lui livrer son armée, dans la crainte d'avoir à combattre avec quatre légions seulement contre huit. De cette manière, Cassius se trouva tout d'un coup, et au moment où il étoit loin de s'y attendre, à la tête de douze des meilleures légions. Quelques archers à cheval vinrent de chez les Parthes lui offrir leurs services, par un effet de la bonne réputation qu'il s'étoit acquise chez ce peuple, à l'époque où, questeur de Crassus, il avoit paru avoir plus de prudence et de sagesse que ce dernier (3).

LX. Cependant Dolabella, qui s'étoit arrêté en Ionie, y avoit fait égorger Trébonius, y avoit mis les villes à contribution, et s'étoit fait, avec de l'argent et par les soins de Lucius Figulus, une armée navale composée de Rhodiens, de Lyciens, de Pamphyliens, et de Ciliciens. Après ces préparatifs il se dirigea vers la Syrie, lui par terre, avec deux légions, et Figulus par mer. Instruit des forces qui étoient sous les ordres de Cassius, il alla s'enfermer dans Laodicée (4), ville qui tenoit pour lui, et qui, placée dans une presqu'île, bien fortifiée du côté de terre, et ayant une bonne rade du côté de la mer, lui fourniroit le moyen de ne pas manquer de subsistances, et de s'embarquer quand il voudroit avec une pleine sécurité. Aussitôt que Cassius fut informé de cette marche de Dolabella, il craignit qu'il ne lui échappât. Il forma au travers de l'isthme, sur une longueur de deux stades, une ligne de circonvallation avec les pierres et les matériaux de tout genre que lui fournit la démolition des maisons de campagne, des faubourgs de la ville, et même des tombeaux, et il envoya en Phénicie, en Lydie, et à Rhodes, chercher des trirèmes.

LXI. Tout le monde lui en refusa, excepté les citoyens de Sidon. Cassius ne laissa pas d'engager une bataille navale, où périrent assez de vaisseaux de part et d'autre, et où Dolabella prit cinq vaisseaux ennemis avec leurs équipages. Sur-le-champ Cassius envoya de nouveau vers les peuples qui lui avoient d'abord refusé leurs secours. Il s'adressa en même temps à Cléopâtre, reine d'Égypte, et à Sérapion, qui commandoit pour elle dans l'île de Cypre. Les Tyriens, les Aradiens, et Sérapion, sans avoir préalablement reçu aucun ordre de la part de Cléopâtre, envoyèrent à Cassius tout ce qu'ils eurent de vaisseaux disponibles. La reine d'Égypte allégua (5) à l'égard de Cassius, que dans ce moment ses États étoient en proie à la peste et à la famine; d'ailleurs, elle tenoit pour Dolabella, à cause de ses liaisons avec César, et c'étoit la raison pourquoi elle avoit livré d'avance pour lui les quatre légions qu'Alliénus lui amenoit. Elle avoit préparé une autre flotte pour lui apporter d'autres secours; mais cette flotte avoit été retenue par les vents. Les Rhodiens et les Lyciens répondirent qu'ils ne deviendroient les auxiliaires, ni de Brutus, ni de Cassius, dans une guerre civile; et que s'ils avoient donné des vaisseaux à Dolabella, ce n'avoit été que pour faire une traversée, et qu'ils ignoroient qu'il dût les employer à un service militaire.

LXII. Cassius ayant donc fait ses dispositions avec les vaisseaux qui lui étoient arrivés, engagea une seconde bataille contre la flotte de Dolabella. Dans une première action, le succès fut balancé des deux côtés; mais dans une seconde, Dolabella finit par être vaincu. Aussitôt que Cassius fut maître des retranchements du côté du port, il commença à battre les murailles de la ville; il tenta de corrompre Marcus, qui commandoit aux portes pendant la nuit. Ces tentatives furent inutiles; mais il gagna pendant le jour les centurions qui étoient sous les ordres de Marcus (6); et tandis que ce dernier prenoit un peu de repos, Cassius pénétra dans la ville en plein jour, au travers de plusieurs petites portes qu'on lui ouvrit successivement. Lorsque Dolabella vit la ville prise, il présenta sa tête au chef de ses gardes, et lui ordonna de l'apporter à Cassius, après la lui avoir coupée, afin de se sauver lui-même par ce moyen. Mais celui-ci après avoir en effet tranché la tête à Dolabella, se poignarda lui-même. Marcus se donna également la mort (7). Cassius reçut le serment de l'armée de Dolabella; il saccagea les temples; il pilla le trésor public de Laodicée; il fit mettre à mort ses citoyens les plus illustres; il imposa aux autres de très onéreuses contributions, de manière qu'il mit cette ville dans l'état le plus déplorable (8).

LXIII. Après le sac de Laodicée, Cassius informé que Cléopâtre se disposoit à envoyer une flotte nombreuse au secours d'Antoine et d'Octave, prit le parti de marcher contre l'Égypte, dans la vue d'empêcher le départ de cette flotte, et de punir cette reine de ses intentions. Il songeoit d'ailleurs que les circonstances étoient favorables, puisque l'Égypte étoit en proie à la famine, et qu'elle avoit peu de troupes étrangères depuis qu'Alliénus les avoit récemment pour la plupart emmenées. Pendant qu'il méditoit cette expédition, en fondant l'espoir du succès sur la faveur des conjectures, Brutus lui manda de venir le joindre en diligence, attendu qu'Antoine et Octave passoient déjà la mer Ionienne. Cassius renonça à regret à ses espérances contre l'Égypte. Après avoir bien récompensé les archers à cheval qui lui étoient venus de chez les Parthes, il les renvoya, et en même temps il fit partir des députés pour aller demander à leur roi de plus grands secours. Ces auxiliaires n'arrivèrent qu'après la bataille de Philippes; et après avoir ravagé la Syrie, et le pays de plusieurs peuples jusqu'à l'Ionie, ils se retirèrent. Cassius laissa son neveu en Syrie avec une seule légion, et fit prendre les devants, par la Cappadoce, à sa cavalerie qui tomba à l'improviste sur Ariobarzane, sous prétexte qu'il conspiroit contre Cassius. On s'empara de tous ses trésors, et de toutes ses autres munitions de guerre.

LXIV. Les citoyens de Tarse s'étoient divisés en deux partis. Les uns avoient d'abord couronné Cassius, qui étoit arrivé le premier dans cette ville; les autres avoient couronné Dolabella, qui étoit venu après lui. Chacun des deux partis avoit donné un caractère d'autorité publique à cette démarche; et en décernant alternativement des honneurs, tantôt à l'un, tantôt à l'autre, ils firent chacun le malheur d'une ville si versatile dans ses affections. En effet, Cassius, après avoir vaincu Dolabella, leur imposa une contribution de quinze cents talents. Ne sachant d'où la payer, et pressés par des soldats qui se permettoient contre eux toute sortes de violences, ils vendirent en entier leurs propriétés publiques. Après cela, ils enlevèrent de leurs temples tout ce qu'ils y avoient en riches ornements pour la pompe extérieure de leurs céré-

Ans de Rome. 711.

monies, ou en précieuses offrandes, et le monnoyèrent. Tout cela ne suffisant pas encore, les magistrats firent vendre des personnes de condition libre (9), d'abord des enfants des deux sexes, et ensuite des femmes et des vieillards, spectacle déchirant! qui furent vendus à très bas prix, ensuite des jeunes gens dont le plus grand nombre se donnoient la mort. Touché enfin de cette affreuse calamité, Cassius à son départ de Syrie se contenta de ce qu'on avoit déjà payé. Telles furent les horreurs commises à Tarse et à Laodicée (10).

NOTES.

(1) APPIEN s'est un peu étendu plus haut sur les détails relatifs à Cécilius Bassus. On peut consulter là-dessus le récit de Dion Cassius, *liv. XLVII, n. 26.*

(2) D'après le récit de Dion Cassius, à l'endroit cité, le premier des lieutenants de César qui marcha contre Bassus fut C. Antistius, qui vint l'assiéger, et qui, après quelques actions où les succès furent partagés, fit avec lui une trêve, dans l'intervalle de laquelle Antistius reçut des renforts d'Italie, de la part de César, et Bassus s'assura pour auxiliaire d'un chef arabe qui avoit antérieurement traité avec Lucullus contre l'ennemi de Rome, et depuis avec les Parthes contre Crassus ; et ce ne fut qu'après les avantages que Bassus obtint contre C. Antistius, que Statius Murcus et Marcius Crispus eurent ordre de marcher en même temps contre lui.

(3) Dion Cassius dit que ce fut à la gloire que C. Cassius s'étoit acquise dans ces régions pendant qu'il fut questeur de Crassus, qu'il dut l'empressement avec lequel les villes et les légions se déclarèrent pour lui dans ces circonstances. Ὁ Κάσσιος ἐπελθὼν τὰς τε πόλεις πάσας εὐθὺς πρός τε τὴν δόξαν ὧν ἐν τῇ ταμιείᾳ ἐπεποιήκει καὶ πρὸς τὴν λοιπὴν εὔκλειαν ᾠκειώσατο, καὶ τὰ ςρατόπεδα τά τε τοῦ Βάσσου, καὶ τὰ τῶν ἑτέρων οὐδὲν ἐπιπονήσας προσέθετο. Ces mots καὶ τὴν λοιπὴν εὔκλειαν, qui signifient « et d'ailleurs à sa bonne renommée », peuvent faire penser que sa réputation de patriotisme et d'amour pour la république contribua pour sa part à sa rapide élévation.

(4) Dion Cassius place ici une bataille entre Cassius et Dolabella, qui fut battu, et qui fit sa retraite sur Laodicée. Dion dit également qu'avant cette action, Dolabella avoit voulu occuper Antioche, ville forte de la Syrie, mais que la garnison lui en avoit vigoureusement défendu les portes, et

ce fut dans son trajet d'Antioche à Laodicée qu'il fut rencontré et battu par les troupes de Cassius. On trouve la confirmation de ces détails dans une lettre du proquesteur P. Lentulus à Cicéron, qui est la quatorzième du liv. XII des Familières. *Dolabella in Syriâ est, et ut tu divinâ tuâ mente prospexisti et prædicasti, dùm isti (consules) veniunt, Cassius eum opprimet. Exclusus enim ab Antiochiâ, et in oppugnando malè acceptus, nullâ aliâ confisus urbe, Laodiceam quæ est in Syriâ ad mare se contulit.*

(5) Appien et Dion Cassius sont en contradiction sur ce point; car ce dernier historien dit formellement que Cassius avoit dans ses forces navales des vaisseaux Égyptiens que Cléopâtre lui avoit envoyés : ταῖς δὲ δὴ ναυσὶ ταῖς τε Ἀσιαναῖς καὶ ταῖς Αἰγυπτίαις ἃς ἡ Κλεοπάτρα αὐτῷ ἔπεμψε. Il faudroit croire que Dion Cassius avoit des lubies, s'il n'étoit plus décent et plus raisonnable de supposer que son texte a été altéré, car quelques lignes plus bas on lit que les triumvirs, pour récompenser Cléopâtre des secours qu'elle avoit envoyés à Dolabella, nommèrent roi d'Égypte son fils Ptolémée, auquel elle avoit donné le surnom de Césarion, comme l'ayant eu de César. Ἥτε Κλεοπάτρα διὰ τὴν συμμαχίαν ἥν τῷ Δολοβέλλα ἔπεμψεν, εὕρετο τὸν υἱον, ὃν Πτολεμαῖον μὲν ὠνόμαζεν, ἐπλάττετο δὲ ἐκ τοῦ Καίσαρος τετοκέναι, καὶ κατὰ τοῦτο Καισαρίωνα προσηγόρευε, βασιλέα τῆς Αἰγύπτου κληθῆναι.

(6) C'est apparemment le Marcus Octavius dont parle Dion, qui se tua lui-même après la mort de Dolabella. C'est donc à tort qu'on lit Marsus dans le texte d'Appien.

(7) Dion ajoute deux traits qui honorent également la mémoire de Cassius. C'est que, quoique Dolabella eût livré aux chiens ou aux vautours les restes de Trébonius, Cassius lui fit rendre, à lui et à M. Octavius, son lieutenant, les derniers honneurs, et qu'il fit grace en même temps à tous les Romains qui servoient sous les ordres du proconsul déclaré ennemi de la patrie, quoiqu'ils eussent été déclarés tels avec lui. Καὶ οἱ μὲν ταφῆ, ὑπὸ Κασσίου, καίπερ τὸν Τρεβώνιον ἄταφον ῥίψαντες, ἠξιώθησαν. Dion; comparez ce trait de Cas-

sius avec celui d'Octave, qui, maître de Péruse, comme nous le verrons bientôt, fait amener trois cents citoyens prisonniers de guerre pour être égorgés à Rome au pied de la statue de César, et répond aux supplications de ces malheureux demandant qu'on leur fît grace de la vie, ce mot d'une atrocité empruntée de Marius, « il faut mourir. » *Perusiá captá, in plurimos animadvertit, orare veniam vel excusare se conantibus uná voce occurrens, moriendum esse.* Suet. Oct. Cæs. n. 15.

(8) C'étoient les affreux résultats du droit de la guerre : Laodicée avoit été prise à force ouverte, et ses habitants n'étoient, ni citoyens romains, ni alliés. Au lieu qu'Octave n'entra dans Péruse qu'à la faveur d'une capitulation, au mépris de laquelle il envoya trois cents individus, citoyens romains, ou alliés, à la mort.

(9) L'esclavage, si généralement répandu dans l'ordre politique des anciens, n'avoit pas une autre origine. Du droit qu'avoit le plus fort d'égorger le plus foible dans l'état de guerre, on avoit conclu, qu'en lui conservant la vie, on pouvoit le traiter comme un quadrupède et en faire sa propriété. Citons à ce sujet le langage d'un des scholiastes d'Aristophane sur le septième vers de la comédie de Plutus : « Ce n'est point la nature, c'est le droit des nations qui fit « les esclaves. C'est la fortune des armes qui fait que les « hommes deviennent les esclaves les uns des autres. Har« ménopule dit en effet, dans sa définition du mot *esclavage*, « l'esclavage est une institution du droit des gens, par la« quelle un individu est soumis à la suprême puissance d'un « autre contre la loi de la nature ; car la nature fait tous les « hommes libres. Mais dans les chances des combats, la vic« toire inventa la servitude. La loi de la guerre veut en effet « que le vaincu devienne la propriété du vainqueur. » Οὐ μέντοι ἡ φύσις, ἀλλ' ὁ τῶν ἐθνῶν νόμος, καὶ ἡ τύχη τοὺς ἀνθρώπους τοῖς ἀνθρώποις δούλους ποιεῖ. Καὶ ̔ ̓ ̔, ὥς φησιν Ἁρμενόπουλος ἐν τῷ τῆς δουλείας ὅρῳ, Δουλι   ἐθνικοῦ νόμου διατύπωσις ἐξ ἧς τις ὑποβάλλεται τῇ ἑτέρου δεσποτείᾳ, ὑπεναντίον τοῦ φυ-

σικοῦ νόμου. ἢ γὰρ φύσις ἐλευθέρους πάντας προήγαγεν. ἡ δὲ τῶν πολεμίων ἐπίνοια τὴν δουλείαν ἐφεῦρεν. ὁ γὰρ τοῦ πολέμου νόμος κτῆμα τῶν κρατούντων νενικημένους εἶναι θέλει.

(10) Dion a fait une version différente au sujet de la ville de Tarse. Selon lui, Tullius Cimber, un des assassins de César, qui commandoit dans la Bithynie, s'avançoit par le mont Taurus, pour faire sa jonction avec Cassius, lorsque les citoyens de Tarse s'avisèrent de lui fermer les défilés de ces montagnes. Craignant d'être forcés de céder à la supériorité du nombre, ils traitèrent avec Cimber et le laissèrent passer ; mais quand ils virent son peu de monde, ils ne voulurent, ni le recevoir dans leurs murs, ni lui fournir des vivres. Cimber, plus pressé de marcher au secours de Cassius que de punir la ville de Tarse, se contenta de laisser quelques troupes dans un fort, et il gagna la Syrie. Les citoyens de Tarse s'emparèrent de ce fort, marchèrent contre la ville d'Adana, leur voisine et leur implacable ennemie, et l'attaquèrent sous prétexte qu'elle étoit du parti de Cassius. Instruit de cet évènement, Cassius détacha L. Rufus avec quelques forces, quoique Dolabella ne fût point encore abattu. Il vint ensuite lui-même renforcer Rufus, et respectant le traité que les habitants de Tarse avoient fait avec son lieutenant, il se contenta de leur enlever toutes leurs richesses publiques et privées, sans leur faire d'ailleurs aucun mal. *Liv. XLVII, n. 31.* C'étoit peut-être de la part de Cassius en agir avec assez de modération envers une ville qui, par honneur pour la mémoire de César, et par affection pour Octave, avoit par décret public changé son nom de *Tarse* en celui de *Juliopolis.* Οὕτω γὰρ προσφιλῶς τῷ Καίσαρι τῷ προτέρῳ καὶ δι᾽ ἐκεῖνον καὶ τῷ δευτέρῳ οἱ Ταρσεῖς εἶχον, ὥστε καὶ Ἰουλιόπολιν σφᾶς ἀπ᾽ αὐτοῦ μετονομάσαι. *Ibid.* n. 26.

CHAPITRE IX.

Conférence de Brutus et de Cassius. Ce dernier marche contre les Rhodiens. Il se rend maître de Rhodes. Il y fait un grand butin. Vengeance qu'il exerce contre les principaux citoyens de cette ville.

LXV. Cassius et Brutus s'étant réunis (1), et délibérant sur leur plan de campagne, Brutus fut d'avis de commencer par réunir leurs deux armées, et d'établir le théâtre principal de la guerre en Macédoine, sous prétexte que l'ennemi avoit une armée forte de quarante légions, et que déjà huit de ces légions avoient passé la mer Ionienne. Cassius pensa au contraire qu'on pouvoit encore mépriser l'ennemi, qui devoit périr nécessairement de lui-même faute de vivres, à cause de la multitude de ses troupes; qu'il falloit saccager les Rhodiens et les Lyciens dévoués aux triumvirs, et qui avoient une marine imposante, afin qu'ils ne vinssent point se jeter sur leurs derrières pendant qu'ils seroient en pleine campagne. Ces dispositions ainsi arrêtées, Brutus prit la route de la Lycie, et Cassius celle de Rhodes, où il avoit été élevé et où il avoit appris les lettres grecques; et comme il avoit à combattre un ennemi supérieur en forces navales, il équipa parfaitement ses vaisseaux, il les remplit de troupes, et se rendit à Myndes pour les exercer à la manœuvre.

LXVI. Ceux des citoyens de Rhodes qui tenoient

Ans de Rome. 711.

le premier rang étoient effrayés du danger de combattre contre des Romains; le peuple au contraire, qui se rappeloit ses anciens succès contre des troupes (2) qui n'étoient pas des légions romaines, avoit une grande confiance. On fit préparer les meilleurs vaisseaux qu'on avoit, au nombre de trente-trois; et, malgré ces dispositions, on députa à Myndes vers Cassius, pour lui représenter qu'il ne devoit pas se flatter de vaincre si facilement les Rhodiens, qui avoient constamment repoussé ceux qui avoient eu la témérité de venir les attaquer dans leur île; pour l'inviter également à respecter les traités qui existoient entre eux et les Romains, traités d'après lesquels ils ne devoient point porter les armes les uns contre les autres; et dans le cas où il se plaindroit de leur refus de lui fournir des secours, pour lui déclarer qu'on s'en rapporteroit à ce qui seroit décidé par le sénat de Rome, et que sur son ordre on lui donneroit des auxiliaires. Telle fut la substance du discours que les députés de Rhodes lui adressèrent. Cassius leur répondit que le premier point seroit réglé par le glaive, et non point par de vaines paroles; que pour ce qui concernoit les traités, ils disoient en effet que les deux peuples ne porteroient point les armes l'un contre l'autre. Mais Cassius observoit que les Rhodiens avoient violé ces traités envers lui, en fournissant des secours à Dolabella. Il ajouta que les mêmes traités portoient que les deux peuples se donneroient réciproquement assistance, et que c'étoit une dérision, lorsqu'il demandoit l'exécution de cet article, d'invoquer le sénat de Rome dans un moment où ses membres fugitifs étoient actuellement sous la tyrannie des oppresseurs de la patrie, dont il ne tarderoit point à punir les attentats, ainsi que l'insolence des Rhodiens qui embrassoient leur parti de préférence, à moins qu'ils ne s'empressassent d'exécuter ce qui leur étoit commandé. Telle fut la réponse de Cassius aux députés des Rhodiens. Elle redoubla les alarmes de ceux de ces insulaires qui avoient le plus de prudence. Mais un certain Alexandre et un certain Mnaséas excitoient, échauffoient la multitude, en lui rappelant que Mithridate étoit venu les attaquer vainement (3) avec de plus grandes forces navales que celles qu'avoit Cassius, et que Démétrius avoit tenté vainement la même entreprise avant Mithridate. En conséquence le peuple élut Alexandre pour remplir les fonctions de Prytane, nom d'une magistrature chez les Rhodiens à laquelle un pouvoir suprême étoit attaché; et ce fut à Mnaséas que l'on décerna le commandement des forces navales.

LXVII. Néanmoins on envoya encore en députation auprès de Cassius, Archélaüs, qui avoit été à Rhodes son maître pour les lettres grecques. On le chargea d'employer auprès de lui les plus instantes supplications. Archélaüs lui prit donc la main d'un air familier, et lui adressa le discours suivant: « Ami « des Grecs, renoncez au projet de détruire une « ville grecque : ami de la liberté, respectez Rhodes « et ne méditez point sa ruine. Respectez cette île, « monument de la gloire des Doriens, qui jusqu'ici

« n'a reçu aucune atteinte. Rappelez-vous les beaux
« détails d'une histoire que vous avez apprise à
« Rhodes et à Rome; n'oubliez point ce que les
« Rhodiens ont fait contre plusieurs peuples, contre
« plusieurs rois, de ceux même qui passoient pour
« les plus grands capitaines, tels que Mithridate et
« Démétrius, lorsqu'ils ont eu à combattre pour
« cette liberté pour laquelle vous prétendez que
« vous combattez vous-même : n'oubliez pas les ser-
« vices que nous avons rendus au peuple romain
« contre ses ennemis, et notamment contre Antio-
« chus le Grand (4); services dont l'airain conserve
« l'honorable mémoire sur des monuments élevés au
« milieu de vous. Romains, je n'en dirai pas davan-
« tage touchant notre origine, touchant notre di-
« gnité personnelle, touchant les faveurs de la for-
« tune, qui jusqu'à ce moment a secondé nos efforts
« pour repousser toute servitude, touchant ce que nous
« avons fait pour vous, les armes à la main, et l'af-
« fection que nous vous avons constamment portée. »

LXVIII. « Quant à vous, Cassius, vous devez
« aussi montrer quelque respect pour une ville où
« vous avez été nourri, où vous avez reçu votre
« éducation, où vous avez recouvré la santé pendant
« que vous étiez malade, où vous avez eu pendant
« quelque temps vos lares; vous devez montrer
« quelque respect pour les leçons que vous avez
« reçues de moi, quelque respect pour moi-même,
« qui avois espéré que vous vous honoreriez un jour
« d'en faire un autre usage, au lieu de les employer
« contre ma patrie, au lieu de la réduire à la né-

« cessité de prendre les armes contre vous, son
« disciple et son nourrisson, et de la placer dans
« l'inévitable alternative, ou de périr par les mains
« de Cassius, ou de le vaincre. Je joindrai à mes
« supplications le conseil que je vous donne de faire
« présider continuellement le respect pour les
« dieux à tous les détails de la grande entreprise que
« vous avez formée pour l'intérêt de la liberté du
« peuple romain. Les Romains ont juré (5) par les
« dieux, lorsqu'ils ont dernièrement traité avec nous
« par l'intermédiaire de César: des libations solen-
« nelles se sont jointes à la sainteté des serments; ils
« nous ont tendu les mains, signe de fidélité non
« moins obligatoire entre ennemis qu'entre amis et
« entre parents. Au respect pour les dieux, joignez
« aussi le respect pour l'opinion des hommes, en
« considérant qu'il n'existe point de pire attentat
« que la violation des traités. Car ceux qui s'en
« rendent coupables perdent le droit d'inspirer de
« la confiance à leurs amis et à leurs ennemis en
« même temps. »

LXIX. Après ce discours, le vieux Archélaüs ne quitta pas la main de Cassius, mais il l'arrosa de ses larmes, afin de le faire rougir de ce spectacle, et d'exciter en lui quelque sentiment de pudeur. Cependant Cassius retira insensiblement sa main et lui répondit: « Si vous n'avez point conseillé aux
« Rhodiens de s'abstenir à mon égard de toute in-
« justice, vous avez vous-même des torts envers
« moi: mais si vous leur avez donné ce conseil sans
« succès, c'est à moi de vous venger. Or il est évi-

« dent que j'ai à me plaindre d'eux. Et d'abord
« lorsque je leur ai fait demander des secours, ils ne
« m'ont répondu que par des mépris, quoiqu'ils
« aient été dans ma jeunesse mes instituteurs et mes
« maîtres. Ultérieurement ils m'ont préféré Dola-
« bella qui n'avoit point reçu son éducation chez
« eux, qui n'avoit point été élevé à leur école ; et ce
« qui est le plus scandaleux dans cette conduite,
« citoyens de Rhodes, c'est que Brutus, c'est que
« Cassius, c'est que tous les illustres Romains,
« membres du sénat, que vous avez ici sous vos
« yeux, fuient la tyrannie et travaillent à rendre
« leur patrie à la liberté ; au lieu que Dolabella tra-
« vailloit à la rendre esclave des tyrans, pour le
« parti desquels vous penchez vous-mêmes ; tout
« en faisant semblant de ne vouloir prendre aucune
« part à la guerre civile. Sans doute la guerre actuelle
« seroit une guerre civile si nous aussi nous combat-
« tions pour nous arroger le pouvoir suprême. Mais
« jusqu'ici les évènements attestent d'une manière
« évidente que ce n'est qu'un combat entre la dé-
« mocratie et la monarchie (6) ; et vous, qui venez
« m'inviter à respecter la liberté politique dont vous
« jouissez, vous laissez sans secours ceux qui dé-
« fendent la cause de leur gouvernement populaire.
« Vous me vantez votre amitié pour les Romains, et
« vous êtes sans commisération pour des Romains
« infortunés, condamnés à mort sans jugement
« préalable, et dépouillés de leurs biens par une
« suite de leur proscription. Vous faites semblant
« de vouloir consulter le sénat de Rome, lorsque

« vous savez qu'il souffre tous ces attentats, sans
« pouvoir rien faire pour s'en défendre lui-même.
« Mais le sénat vous a répondu d'avance dans le
« décret qui porte que tous les peuples de l'Orient
« fourniront au besoin, à Brutus et à Cassius, les
« secours qui leur seront nécessaires. »

LXX. « Et vous, Archélaüs, qui me rappelez
« les services que Rhodes a pu rendre au peuple
« romain, dans des circonstances où il s'agissoit
« d'agrandir son empire, services dont les Rho-
« diens ont été amplement récompensés, pourquoi
« dissimulez-vous que Rhodes refuse de venir à
« notre secours lorsque nous repoussons les attentats
« commis contre notre liberté, contre nos personnes,
« tandis que son devoir étoit, puisqu'elle s'honore
« de tirer son origine des Doriens, de prendre les
« armes en faveur du parti républicain de Rome,
« quand même il n'existeroit entre elle et nous au-
« cune sorte de liaison, et que ce seroit aujourd'hui
« à commencer. Au lieu de manifester ces principes,
« au lieu de tenir cette conduite, on nous oppose
« des traités, qui sont eux-mêmes l'ouvrage de César,
« le premier artisan de la servitude monarchique
« qui nous menace; traités qui ne laissent point de
« porter en propres termes que les Rhodiens et les
« Romains se donneront réciproquement des se-
« cours au besoin (7). Secourez donc les Romains
« au milieu de leurs plus grands dangers. C'est
« Cassius qui réclame l'exécution de ce traité. C'est
« Cassius qui vous somme de vous joindre à lui
« comme auxiliaire; c'est un citoyen romain; c'est le

« chef suprême des Romains, pour employer les « termes propres du décret du sénat, auquel ce « même décret ordonne à tous les alliés du peuple « romain, au-delà de la mer Ionienne, d'obéir. « C'est ce même décret que vous présentent, pour « que vous l'exécutiez, et Brutus et Pompée, à qui « le sénat a mis entre les mains l'empire des mers. « A ce décret se joignent les supplications de tous « ces sénateurs fugitifs qui se sont réfugiés auprès « de Brutus, auprès de moi, auprès de Pompée. Or « l'article du traité porte que les Rhodiens vien- « dront au secours des Romains, quand même ce « secours ne seroit réclamé que par un individu « unique. Mais si vous ne nous regardez plus ni comme « chefs d'armées romaines, ni même comme ci- « toyens romains, mais seulement comme des bannis, « comme des étrangers, ou comme des condamnés, « ainsi que nous appellent les auteurs de notre pros- « cription, les traités que vous invoquez, Rhodiens, « n'ont plus rien de commun entre vous et nous; ils « ne regardent exclusivement que les Romains. Les « traités en question nous étant donc absolument « étrangers, nous irons vous combattre, si vous « n'exécutez en tout point ce que nous exigeons de « vous. » Après cette réponse qui se termina par une ironie, Cassius renvoya Archélaüs à Rhodes.

LXXI. En conséquence Alexandre et Mnaséas, que les Rhodiens s'étoient donnés pour chefs, mirent en mer avec leurs trente-trois vaisseaux, et vinrent attaquer Cassius à Myndes, se flattant de l'épouvanter d'avance par cette démarche. Ils fondèrent trop légèrement leurs espérances, sur ce qu'ayant pris le même parti de venir combattre Mithridate à Myndes, ils avoient eu le bonheur de terminer ainsi, en peu de temps, leur guerre avec lui. Déployant donc leur supériorité à manier la rame, le premier jour ils stationnèrent à Gnide. Le lendemain Cassius les aperçut de loin sur les flots. Étonné, il vint à leur rencontre, et l'action s'engagea des deux côtés avec autant d'impétuosité que de vigueur. Les Rhodiens, par l'agilité de leurs vaisseaux, commencèrent par couper rapidement la ligne ennemie, par tourner quelques bâtiments, par aller et venir à leur aise. Les Romains, dont les vaisseaux étoient beaucoup plus grands, lorsqu'ils pouvoient prendre part à l'action, faisoient éprouver à l'ennemi la supériorité de leur force, ainsi que dans un combat de terre. Cassius ayant enveloppé l'ennemi par la supériorité du nombre de ses vaisseaux (8), les Rhodiens ne purent plus exécuter leurs évolutions; et lorsqu'il ne leur fut plus possible que d'attaquer l'ennemi de front et de reculer, toute leur habileté navale ne servit à rien dans le cercle étroit où ils se trouvèrent renfermés. Lorsque d'une certaine distance ils s'élançoient pour venir frapper les flancs des vaisseaux romains du bec de leurs p ucs (9), ces chocs ne faisoient que blanchir; et la même manœuvre des vaisseaux romains contre les vaisseaux rhodiens faisoit grand mal à ces derniers. Il en résulta que ceux-ci perdirent trois de leurs vaisseaux, qui furent pris avec leurs équipages, qu'ils en perdirent deux autres qui furent coulés bas, et que le reste de leur flotte très endommagée fut forcé de reprendre le chemin de Rhodes. Tous les vaisseaux romains retournèrent à Myndes (10), où Cassius fit radouber le plus grand nombre, parcequ'ils avoient souffert.

LXXII. Telle fut à Myndes l'issue de la bataille navale que les Rhodiens vinrent livrer aux Romains. Cassius, placé sur le haut d'une montagne, en avoit été le témoin. Aussitôt qu'il eut fait radouber ses vaisseaux, il fit voile pour Loryme (11), petite forteresse des Rhodiens, en face de Rhodes; et son armée de terre, il lui fit prendre, sur des vaisseaux de transport, le chemin de Rhodes même, sous les ordres de Fannius et de Lentulus (12). Lui-même il s'embarqua, menant avec lui quatre-vingts gros vaisseaux, afin d'inspirer la plus profonde terreur. Arrivé à Rhodes, avec ses forces de terre et de mer, il resta quelque temps dans l'inaction, dans l'espérance que les Rhodiens céderoient à l'aspect du danger; mais ils vinrent l'attaquer avec une nouvelle audace, et après avoir perdu encore deux de leurs vaisseaux, leur flotte fut complètement cernée. Alors ils accoururent à leurs murailles, ils les couvrirent de troupes en armes, et se défendirent avec avantage, et contre Fannius qui les attaquoit par terre, et contre Cassius qui avoit fait approcher du rivage et de la ville ses forces de mer abondamment pourvues de toutes les machines nécessaires pour battre des remparts. Comme il s'étoit attendu à ce qui arriva, il avoit apporté *des tours pliantes* (13), qu'il mit dès ce moment en jeu. Rhodes, après avoir perdu deux batailles navales, se vit ainsi assiégée par mer et par terre, sans avoir fait aucun préparatif à cet égard, ce qui a lieu communément dans les conjectures subites et inopinées. Il étoit donc évident qu'elle seroit bientôt ou prise par la force des armes, ou réduite par la famine. Les plus sages des Rhôdiens, éclairés sur cette situation, entrèrent en pourparler avec Fannius et Lentulus.

LXXIII. Tandis que l'on parlementoit, Cassius se montra tout à coup au milieu de Rhodes avec l'élite de ses troupes, sans paroître avoir été obligé d'employer la force, ni d'escalader les murailles. On présuma généralement, ce qui étoit vraisemblable, que ceux des citoyens de Rhodes qui lui étoient dévoués lui avoient clandestinement ouvert les petites portes par commisération pour les habitants et pour les soustraire à la famine (14). Ce fut ainsi que Rhodes fut prise. Cassius s'y entoura de tout l'appareil du pouvoir dont il étoit armé, et fit planter devant son tribunal une lance qui indiquoit que la ville avoit été prise à force ouverte. Il ordonna à ses troupes de se maintenir rigoureusement dans le bon ordre, et il fit proclamer qu'il puniroit de mort le moindre pillage, le plus léger attentat. D'un autre côté, il fit citer devant lui, par leur nom, cinquante des citoyens de Rhodes, et fit égorger ceux qui lui furent amenés. Les autres, au nombre environ de vingt-cinq qui ne furent point trouvés, il les condamna à l'exil. Tout ce qui existoit en or, ou en argent, soit dans les temples, soit dans le trésor public, il s'en empara; et il ordonna à tous les gens riches de lui apporter, à jour marqué, tout ce qu'ils avoient en particulier dans leurs coffres. Il publia qu'il feroit mettre à mort tous ceux qui cacheroient leur or ou leur argent; qu'il donneroit à ceux qui dénonceroient des coupables la dixième partie de ce qui leur seroit trouvé, et que de plus il affranchiroit les esclaves. Plusieurs Rhodiens, qui crurent que cette menace ne seroit point réellement mise à exécution, cachèrent d'abord ce qu'ils avoient; mais quand ils virent que Cassius faisoit sérieusement mettre à mort ceux qui étoient décelés, et qu'il accordoit aux dénonciateurs la récompense promise, ils commencèrent à craindre; et ayant demandé une prorogation de délai, ils retirèrent, les uns de dessous terre, les autres, du fond des puits, ou du sein des tombeaux, ce qu'ils y avoient caché, et lui apportèrent plus qu'ils ne lui avoient apporté auparavant.

LXXIV. Telles étoient les calamités auxquelles les habitants de Rhodes étoient en proie (15), lorsque Cassius les laissa sous les ordres de Lucius Varus avec quelques troupes. Plein de satisfaction d'ailleurs de la rapidité de ses succès à Rhodes, et de la grande quantité d'argent qu'il y avoit ramassée, il ne laissa pas de donner ordre à tous les autres peuples de l'Asie de lui apporter leurs tributs de dix années; ordre qui fut rigoureusement exécuté. Sur ces entrefaites, on lui annonça que Cléopatre étoit sur le point de s'embarquer avec une flotte nombreuse, et beaucoup de munitions de guerre, pour aller joindre Octave et Antoine; car ayant incliné jusque-là pour le parti des triumvirs, à cause de son attachement pour César, la terreur que Cassius lui inspiroit lui en faisoit un motif de plus. Cependant Cassius détacha Murcus avec une de ses meilleures légions, et quelques archers, sur une flotte de soixante vaisseaux couverts, pour aller croiser auprès du promontoire du Ténare, à la hauteur du Péloponnèse, avec ordre de faire dans cette dernière contrée tout le butin qu'il pourroit (16).

Ans de Rome. 711.

NOTES.

(1) Selon l'Epitome de Tite-Live, liv. CXXII, ce fut à Smyrne que Cassius et Brutus se réunirent pour concerter leurs opérations. *Omnibusque transmarinis provinciis exercitibusque in potestatem ejus et C. Cassii redactis, coierunt Smyrnæ uterque ad ordinanda belli futuri consilia.*

(2) On verra tout à l'heure qu'Appien fait allusion ici aux succès des Rhodiens contre Mithridate.

(3) On trouve les détails de ce siège de Rhodes par Mithridate, et des revers que ce prince fameux y éprouva, malgré la supériorité de ses forces navales, dans l'histoire que notre auteur a écrite des guerres de Mithridate contre les Romains, sect. XXI, XXV, XXVI et XXVII.

(4) Les Rhodiens étoient en effet venus à Chio grossir de vingt-sept vaisseaux la flotte romaine, après le succès de la première bataille navale des Romains contre Antiochus. Ce furent eux qui interceptèrent un convoi qu'Annibal amenoit de la Phénicie et de la Cilicie pour renforcer la flotte du roi vaincu, qui forcèrent Annibal de se sauver du côté de la Pamphylie, et qui, après lui avoir pris quelques vaisseaux, tinrent les autres bloqués. Mais peu de temps après, Pansimachus, le chef de leur flotte, donna dans un piège qui lui fut adroitement tendu par Polyxénidas, commandant pour Antiochus, quoiqu'il fût Rhodien lui-même, et les suites de cette faute de Pansimachus entraînèrent la perte de presque tous ses vaisseaux. *Voy.* Appien, Histoire des Romains dans la Syrie, sect. XXII et suivantes.

(5) Le pluriel du texte, que l'interprète latin a fort bien rendu par le pluriel, indique évidemment que c'est des Romains que parle ici l'ambassadeur des Rhodiens, et non pas de Cassius.

(6) C'est en effet un point sur lequel tous les historiens sont d'accord. C'est un hommage unanime qu'ils n'ont pu

s'empêcher de rendre à la mémoire de Cassius et de Brutus. Nulle vue de domination, nul intérêt d'ambition personnelle ne leur mit les armes à la main. Impatients du joug d'un maître quel qu'il fût, ils n'assassinèrent César, ils n'arborèrent l'étendard de la guerre, que pour ramener, s'il avoit été possible, ces beaux jours de la république où l'autorité des lois s'élevoit au-dessus de toutes les têtes, et où Rome ne distinguoit ses citoyens que par leurs vertus, par leurs talents et par les services rendus à la patrie. Brutus nous a donc lui-même transmis le secret de son ame à cet égard, dans ce beau passage d'une de ses lettres à Cicéron. *Cæterùm nequicquam perierit ille, cujus interitu quid gavisi sumus, si mortuo nihilominùs servituri eramus? Nulla cura adhibeatur; sed mihi priùs omnia Dei Deæque eripuerint, quàm illud judicium quo non modo hæredi ejus quem occidi non concesserim, quòd in illo non tuli, sed ne patri quidem meo si reviviscat, ut, patiente me, plus legibus ac senatu possit.* On le voit : Brutus ne vouloit pas souffrir dans son père lui-même un pouvoir au-dessus des lois. On ne peut pas sans doute pousser plus loin l'enthousiasme du patriotisme, le noble héroisme de l'amour de la patrie. Voyez Plutarque, *Vie de M. Brutus*, 36.

(7) Ce traité entre les citoyens de Rhodes et le peuple romain est mentionné dans une lettre que P. Lentulus adressa au sénat, *quarto nonas junias*, *Pergæ*. On trouve cette lettre dans le douzième livre des Familières de Cicéron. C'est la dixième. On y voit que le traité en question étoit un ancien traité qui avoit été renouvelé par M. Marcellus, et Ser. Sulpicius. Il portoit que les Rhodiens auroient les mêmes ennemis que le peuple romain. *Fœdere quoque quod cum his (Rhodiis) M. Marcello, Ser. Sulpicio renovatum erat; quo juraverant Rhodii eosdem hosteis se habituros quos S. P. Q. R.* Lentulus rend compte au sénat, dans cette lettre, des mauvaises dispositions pour le parti de la république où il a trouvé les citoyens de Rhodes, après avoir été introduit dans leur sénat. Ces insulaires penchoient pour Dolabella;

et même, après l'atroce conduite de ce proconsul envers Trébonius, ils lui avoient envoyé deux députations contre l'avis de ceux qui tenoient à Rhodes le timon des affaires. Ils s'excusèrent fort mal au sujet de ces démarches. Ils ne voulurent accorder absolument aucun secours à Lentulus. Il paroît même qu'ils commirent, à son égard, une perfidie. Les magistrats l'amusèrent jusqu'à ce qu'ils eussent informé les chefs de la flotte de Dolabella de son arrivée à Rhodes. *Nonnullis etiam ipsi magistratus veniebant in suspicionem detinuisse nos et demorati esse, dùm classis Dolabellæ certior fieret de adventu nostro.*

(8) Ce fut en effet à la supériorité du nombre qu'il dut ses succès; car les Rhodiens l'emportoient par l'expérience maritime et l'habileté de la manœuvre. Témoin le langage de Dion Cassius à cet égard. Τῷ τε πλήθει καὶ τῷ μεγέθει τῶν νεῶν τὴν ἐμπειρίαν σφῶν κρατήσας, ἐνίκησε.

(9) Nous devons la connoissance de cette manœuvre de la tactique navale des anciens au scholiaste de Thucydide, *ad lib. IV. 25*, sur le mot ἀποσιμωσάντων. Schweighæuser a transcrit, dans une note sur ce passage d'Appien, le propre texte du scholiaste en question.

(10) Dion Cassius dit, comme Appien, que ce fut à Myndes que les Rhodiens vinrent livrer à Cassius la première bataille navale. Selon Pline et Ptolémée, Myndes étoit une ville maritime de la Carie, au pied du mont Phœnix, en face de l'île de Cô. Dion Cassius ajoute une fanfaronnade assez remarquable de la part des Rhodiens. Ils avoient tant de confiance dans leur supériorité navale, en faisant voile contre les Romains, qu'ils eurent l'insolence de porter avec eux des chaînes destinées à attacher les prisonniers de guerre qu'ils devoient faire, et à les présenter aux regards de l'ennemi avant que d'engager l'action. Καί τοι τοσοῦτον ἐπὶ τῷ ναυτικῷ φρονοῦντας, ὥςτε ἐς τε τὴν ἤπειρον ἐπ᾽ αὐτὸν προδιαπλεῦσαι, καὶ τὰς πέδας ἃς ἐκόμιζον ὡς καὶ πολλοὺς ζῶντας αἱρήσοντες, ἐπιδεικνύναι σφίσι. Dio. Cass. *lib. XLVII.*

(11) Etienne de Byzance dit que c'étoit le nom d'une des

villes de la Carie, et il ajoute que l'île de Rhodes avoit un port de ce nom. Sur ce texte Berkélius remarque, *portus in Cariâ à scriptoribus hoc nomine agnoscitur; sed de portu Rhodiensi altum silentium. Censeo itaque unum eundem esse locum quem noster geminavit.* Berkélius paroît avoir raison, d'après un passage qu'il cite de Constantin Porphyrogénète, dans le premier livre de ses *Thèmes.* Calepin est de l'avis de Berkélius. Selon Pline qu'il cite, liv. V, chap. 28, et Strabon, liv. IV. *Loryma locus est Cariæ è regione Rhodi insulæ.*

(12) C'est ce même P. Lentulus dont nous avons fait mention ci-dessus, note 7, et qui étoit venu quelque temps auparavant solliciter les secours des Rhodiens en faveur de Cassius, ainsi que nous l'avons appris dans la lettre de ce P. Lentulus au sénat romain, qui nous a été conservée parmi les Familières de Cicéron.

(13) *Plicatiles turres*, dit l'interprète latin.

(14) Le texte porte προμηθεία τροφῶν, et je ne sais pourquoi cette leçon a paru suspecte à Schweighæuser. Le mot προμηθεία se trouve employé dans le même sens, dans une des tragédies d'Euripide, et dans les lois de Platon. On lit dans Hésychius προμηθεία, προνοία, ἐπιμελεία. Il me paroît évident que, dans ce passage d'Appien, il donne à entendre que ceux des citoyens de Rhodes qui ouvrirent les portes à Cassius, le firent, entre autres motifs, pour rétablir l'arrivage des comestibles, et empêcher les habitants de mourir de faim. En général, ce mot προμηθεία ou προμηθία, se prend pour tout ce qui appartient à la prudence : c'est dans ce sens-là que Dion Cassius l'a employé dans son quarante-deuxième livre, n. 5. προμηθείας τε γὰρ οὐδὲν ἐλλείπων, à propos de toutes les précautions de prudence que Pompée étoit en possession de prendre communément, et qu'il négligea en se livrant aux bourreaux qui l'égorgèrent. Il est, je pense, inutile de prévenir que le substantif ἡ προμηθεία ne doit pas être confondu avec le neutre pluriel τὰ προμήθεια, qui est le nom de certaines fêtes célébrées par les Grecs en l'honneur

de Prométhée. *Voy.* le Lysias de Reiske, tom. I, p. 699, 7, et le scholiaste d'Aristophane, à la fin de la scène II, de l'acte quatrième de la comédie des *Grenouilles.*

(15) S'il faut en croire Dion Cassius, les choses se passèrent à Rhodes avec beaucoup moins de cruauté. D'abord cet historien dit qu'après les mauvais succès de leurs flottes, les Rhodiens cessèrent de faire résistance, et qu'en considération de l'attachement de Cassius pour un peuple chez lequel il avoit reçu son éducation, Cassius ne lui fit nul autre mal que de s'emparer de toutes ses richesses. Ἄλλο μὲν οὐδὲν κακὸν αὐτοὺς ἔδρασεν, οὔτε γὰρ ἀντέστησαν οἱ, καὶ εὔνοιαν αὐτῶν ἐκ τῆς διατριβῆς ἣν ἐκεῖ κατὰ παιδείαν ἐπεποίητο εἶχε. A la vérité, il fit main-basse sur tout, même sur les temples. Il n'épargna qu'un char du soleil, qu'on avoit probablement consacré dans quelque temple d'Apollon : πλὴν τοῦ ἅρματος τοῦ ἡλίου. Il seroit difficile de déterminer la cause de cette exception. *Voy.* Dion Cassius, liv. XLVII. Plutarque donne à penser que Cassius commit réellement à Rhodes les cruautés qu'Appien lui reproche ici. Il ajoute d'ailleurs que Cassius ayant été salué à Rhodes et appelé par ceux qui le saluoient, *seigneur et roi*, il répondit qu'il n'étoit ni l'un ni l'autre, et qu'il avoit donné la mort à celui qui avoit voulu se revêtir de ces deux titres. *Vie de M. Brutus*, 37.

(16) Appien ne dit rien ici, comme on voit, de cet Ariobarzane qui refusa d'embrasser le parti de Cassius, contre lequel Cassius marcha, après la réduction de Rhodes, et qu'il fit égorger après s'être rendu maître de sa personne. C'étoit avec ce peu de façons que les généraux romains se permettoient de traiter les rois des peuples qu'ils regardoient comme des barbares. D'un autre côté, il entroit peut-être dans le caractère des mœurs républicaines du peuple romain de marchander peu avec des despotes qui exerçoient leur autorité sous un titre généralement exécré des Romains. *Voy.* Dion Cassius, *ibid.*

CHAPITRE X.

Brutus amasse beaucoup d'argent en Asie. Il marche contre les Xanthiens, assiège leur ville, et y entre à force ouverte. Les Xanthiens, voyant l'ennemi maître de leur ville, se donnent spontanément la mort. La ville de Patara et les habitants de la Lycie se soumettent à Brutus, qui les met à contribution. Murcus, avec de grandes forces navales, vient bloquer Brindes, pour empécher Antoine et Octave de passer la mer Ionienne.

LXXV. Passons actuellement à ce que faisoit Brutus dans la Lycie. En voici le détail, en reprenant les choses d'un peu haut, pour en rappeler la mémoire. Après qu'il eut fait passer sous ses ordres quelques troupes qui étoient commandées par Apuléius, et qu'il eut ramassé, chez divers peuples tributaires, seize mille talents à peu près, il prit la route de la Béotie. Le commandement de cette province lui avoit été déféré par un décret du sénat. Le même décret l'autorisoit à se servir de l'argent, produit des tributs, selon les circonstances. Un autre décret lui avoit décerné la Macédoine et l'Illyrie. Il prit donc le commandement de trois légions qui étoient dans cette dernière province, lequel commandement lui fut cédé par Vatinius (1), qui en étoit précédemment investi. Il en enleva une autre dans la Macédoine à Caïus Antonius, frère du triumvir.

Ans de Rome. 712.

Il en forma quatre de son chef, et par-là il se vit à la tête de huit légions, dont la plupart des soldats avoient fait la guerre sous les ordres de César. Il joignit à ces forces beaucoup de cavalerie, des troupes légères, des archers; il s'affectionna les Macédoniens en leur donnant des éloges, et les fit exercer selon les règles de la tactique des Romains. Comme il continuoit à lever des troupes et de l'argent, voici un évènement heureux qui lui arriva dans la Thrace. Polémocratie, femme d'un des rois du pays qui venoit d'être assassiné par ses ennemis, et qui craignoit pour son fils encore enfant, amena son fils à Brutus et le lui remit entre les mains. Elle lui remit en même temps le trésor de son mari. Brutus confia cet enfant aux habitants de Cysique (2), pour en avoir soin, jusqu'à ce que les circonstances permissent de le replacer sur le trône de son père. Il trouva dans le trésor qui lui fut remis une quantité extraordinaire d'or et d'argent, qu'il fit monnoyer.

LXXVI. Lorsqu'après son entrevue avec Cassius il eut été résolu de commencer par soumettre les Lyciens et les Rhodiens, Xanthe fut la première des villes de la Lycie contre laquelle Brutus dirigea sa marche. Les habitants de Xanthe détruisirent eux-mêmes leurs faubourgs, afin que Brutus ne pût ni s'y loger, ni en employer les matériaux à son profit. Ils entourèrent leur ville d'un retranchement, auquel ils donnèrent plus de cinquante pieds de profondeur et une largeur proportionnée. Placés sur une espèce de terrasse, ils s'efforçoient de repousser, à coups de traits et de flèches, l'ennemi dont ils étoient séparés comme par un fleuve impossible à traverser. Brutus, de son côté, fit tous ses efforts pour combler le fossé. Il couvrit ses travailleurs avec les machines destinées à cet usage (3). Il distribua son armée en deux corps, l'un pour travailler le jour, l'autre pour travailler la nuit. Il fit transporter de loin les matériaux nécessaires avec une célérité accompagnée des vociférations usitées au milieu des batailles, pressant les travaux avec une diligence infatigable : si bien qu'il acheva dans peu de jours une entreprise dont l'ennemi espéroit qu'il ne viendroit jamais à bout, à force de l'inquiéter, ou qu'il ne parviendroit à consommer qu'après plusieurs mois.

LXXVII. Les Xanthiens furent alors forcés de se renfermer dans l'enceinte de leurs murailles, où ils furent vigoureusement assaillis. Brutus employa une partie de ses troupes à battre les murs avec ses machines, tandis qu'avec une autre partie de ses cohortes, qu'il renouveloit continuellement, il attaqua les portes de la ville. Les assiégés, qui s'excédèrent de fatigue à lutter contre des troupes fraîches qui leur étoient toujours opposées, étoient déjà tous blessés, et néanmoins ils soutenoient encore le choc de l'ennemi, tant que les appuis de leurs murailles résistèrent. Mais lorsque la brèche fut faite, lorsque les tours furent tombées en ruine, Brutus, qui prévit ce qui en résulteroit, ordonna aux cohortes qui assiégeoient les portes de se retirer. Les Xanthiens, qui s'imaginèrent que cette retraite étoit un défaut de surveillance de la part de l'ennemi, sortirent de nuit avec des torches pour mettre le feu aux machines; mais les cohortes romaines ayant fondu sur eux en bon ordre, ils reprirent, en fuyant, le chemin de leurs portes, qui furent fermées avant qu'ils fussent rentrés par ceux qui les gardoient, parcequ'ils craignirent que l'ennemi n'entrât avec eux; de manière qu'un très grand nombre fut massacré.

LXXVIII. Peu de temps après, les assiégés firent une nouvelle sortie, vers le midi, pendant que les assiégeants s'étoient encore retirés, et ils incendièrent toutes les machines de guerre en même temps. On leur ouvrit les portes à leur retour, afin de prévenir l'accident qui étoit arrivé la première fois, et deux mille Romains environ entrèrent avec eux. Tandis qu'un plus grand nombre s'efforçoit d'entrer à leur suite, les herses descendirent tout à coup, soit par le fait de quelqu'un des assiégés, soit parceque les cordes qui les soutenoient se cassèrent d'elles-mêmes; de manière que quelques uns des Romains furent écrasés par cet évènement, et que ceux qui avoient pénétré dans la ville se trouvèrent pris, par l'impossibilité de relever les herses, faute de cordes pour les remonter. Assaillis dans les rues par les Xanthiens, du haut de leurs maisons, ils s'efforcèrent de se frayer un passage, et ils eurent beaucoup de peine à arriver à une place publique qui étoit voisine. Là, ils combattirent avec succès ceux qui se présentèrent pour les attaquer; mais accablés de coups de flèches, tandis qu'ils n'avoient, eux, ni arc, ni javelot, ils allèrent se réfugier dans le temple de Sarpédon, pour éviter d'être enveloppés. Cependant, au-dehors, les Romains frémissoient du sort de leurs compagnons d'armes qui étoient enfermés dans la ville. Brutus faisoit le tour des murailles, et tentoit tous les moyens, faute de pouvoir briser les herses qui étoient garnies de fer, faute de pouvoir escalader les murailles, ses échelles et ses tours ayant été la proie des flammes. Des soldats faisoient des échelles de tout ce qui se présentoit ; d'autres appuyoient contre les murailles des troncs d'arbres fourchus (4) et s'en servoient en guise d'échelles ; d'autres attachoient des chevilles de fer à de longues cordes, ils lançoient ces chevilles de fer par-dessus les murs, et lorsqu'elles s'y attachoient, ils escaladoient le long des cordes.

LXXIX. Les OEnodiens, voisins des Xanthiens, dont ils étoient les ennemis, et qui s'étoient rendus les auxiliaires de Brutus, gravirent des hauteurs escarpées qui défendoient un des côtés de la ville. Les Romains, témoins de cette manœuvre, l'imitèrent malgré sa difficulté, et plusieurs d'entre eux roulèrent du haut en bas; d'autres arrivèrent sur les murailles, et allèrent ouvrir une petite porte que les assiégés avoient munie d'une très forte palissade. Ils aidèrent aux plus intrépides à franchir cette espèce de retranchement. Devenus assez nombreux, ils coururent briser les herses qui n'étoient pas garnies de fer en dedans comme en dehors, et ils furent secondés par les troupes extérieures, qui travailloient de toute leur force à s'ouvrir le passage. En attendant, les Xanthiens, qui avoient cerné le temple de Sarpédon, menaçoient à grands cris les Romains qui y étoient renfermés, et les Romains, qui, tant dans l'intérieur qu'à l'extérieur, travailloient à briser les portes, alarmés sur le compte de leurs camarades, accéléroient leur ouvrage avec une sorte de fureur; ils y parvirent enfin vers le coucher du soleil, et ils poussèrent de grands cris de joie, afin d'avertir leurs camarades, par ce signal, que l'on étoit entré dans la ville.

LXXX. Quand les Xanthiens virent leur ville prise, ils coururent chacun dans sa maison; ils égorgèrent tout ce qu'ils avoient de plus cher, et qui s'offrit volontairement au glaive. Les accents de la douleur, et les cris du désespoir s'étant fait entendre, Brutus crut que ses soldats mettoient la ville au pillage, et il en fit proclamer la défense par ses hérauts. Lorsqu'il fut informé de ce qui en étoit, le récit de ce dévouement intrépide, produit par l'amour de la liberté, excita sa commisération, et il fit faire des propositions de paix; mais les Xanthiens repoussèrent à coups de flèches ceux qui furent chargés de ce message; et après avoir égorgé chacun toute sa famille, ils en placèrent les cadavres sur des bûchers qu'ils avoient préparés d'avance dans leurs maisons, et après y avoir mis le feu, ils s'égorgèrent eux-mêmes. Brutus sauva les temples autant qu'il lui fut possible. Il ne resta de toute la population de Xanthe que les esclaves, quelques femmes de condition libre, et moins de cent cinquante citoyens en tout (5). Ce fut la troisième fois que les Xanthiens s'immolèrent eux-mêmes, par zèle pour leur liberté. Car attaqués par Harpagus, le Mède, un des lieutenants de Cyrus le Grand, ils préférèrent se donner ainsi la mort que d'être asservis, et Harpagus ne fit rien pour arrêter le progrès des flammes d'une ville sous les ruines de laquelle les Xanthiens périrent ensevelis (6). On dit qu'ils se sacrifièrent avec la même intrépidité pour échapper au joug d'Alexandre, fils de Philippe, dont ils ne voulurent point, avec un si grand nombre d'autres peuples, reconnoître l'empire.

LXXXI. De Xanthe (7), Brutus marcha contre Patara, ville qui avoit l'air de n'être que le port de la première (8). Après l'avoir entourée avec ses légions, il la fit sommer d'exécuter tout ce qui lui seroit ordonné, sous peine de subir le même sort que Xanthe. Il fit entrer en même temps des Xanthiens dans la ville pour y faire connoître les déplorables résultats de leur résistance, et pour exhorter les citoyens de Patara à se conduire avec plus de sagesse. Ceux-ci ne firent d'abord aucune réponse aux Xanthiens. Brutus leur donna tout le reste de la journée pour délibérer, et fit éloigner ses troupes. Le lendemain, au point du jour, il les fit avancer de nouveau ; et alors les habitants de Patara s'écrièrent, du haut de leurs murailles, qu'ils se soumettoient à tout ce qu'il exigeroit d'eux, et lui firent ouvrir leurs portes (9). Brutus, étant entré dans la ville, n'y condamna personne ni à la mort ni à l'exil. Il s'empara de tout l'or et de tout l'argent qui s'y trouva, et il ordonna à tous les particuliers de lui apporter chacun ce qu'il avoit, et cela en effrayant la désobéissance par des menaces, et en encourageant la dénonciation par des récompenses, ainsi que Cassius l'avoit fait à Rhodes. Les citoyens de Patara obéirent. Mais un esclave dénonça son maître pour avoir caché de l'or, et un centurion ayant été envoyé, l'or fut trouvé sur l'indication de l'esclave. Celui-ci et son maître ayant été amenés devant Brutus, le maître garda un profond silence. Sa mère, qui l'avoit suivi pour le sauver, dit que c'étoit elle-même qui avoit caché l'or de son fils. L'esclave, sans attendre qu'on l'interpellât, accusa la mère de dire un mensonge, et le fils, d'avoir lui-même caché son or. Brutus admira également et le silence du jeune homme et la tendresse de sa mère. Il les renvoya l'un et l'autre, sans leur faire aucun mal, et leur permit de reprendre leur or. Quant à l'esclave, il le fit mettre en croix, sous prétexte qu'en conspirant la perte de son maître il étoit allé au-delà de ce qui lui étoit prescrit.

LXXXII. A la même époque, Lentulus, qui avoit été envoyé à Andriaque (10), port des Myréens, rompit la chaîne qui en barroit l'entrée, et se rendit à Myra (11). Les Myréens se soumirent à tout ce qu'il leur ordonna, et Lentulus, après s'être fait apporter leur argent, alla rejoindre Brutus. Sur ces entrefaites, la république des Lyciens en corps envoya des députés à Brutus, pour s'engager à servir sous ses ordres, et pour lui promettre tous les secours qui seroient en son pouvoir. Brutus lui imposa des contributions; il permit aux Xanthiens de condition libre, de retourner dans leurs foyers; il donna ordre aux forces navales des Lyciens, unies à ses autres vaisseaux, de se rendre à Abyde (12), où il alloit conduire ses troupes de terre, pour y attendre Cassius retournant de l'Ionie, pour y passer la mer avec lui, et pour se rendre ensemble à Sestos (13). Murcus, qui croisoit à la hauteur du Péloponèse, ne fut pas plutôt informé que Cléopâtre avoit été jetée, par une tempête, sur les côtes de la Libye, il n'eut pas plutôt vu les débris de son naufrage portés jusque dans les flots de la Laconie, et n'eut pas plutôt appris la nouvelle qu'elle avoit repris, dans sa détresse, le chemin de ses états, que, pour ne pas demeurer sans rien faire avec une si nombreuse flotte, il fit voile pour Brindes; et s'étant emparé de l'île qui en couvre le port, il se mit en mesure d'empêcher l'ennemi de faire passer en Macédoine le reste de ses troupes et ses subsistances. Toutes les fois qu'Antoine vouloit assurer le passage de quelques détachements, il s'assuroit d'un bon vent de terre pour ses vaisseaux de transport; et afin qu'ils ne tombassent pas entre les mains de Murcus, il opéroit une diversion en le faisant attaquer lui-même par le petit nombre de trirèmes qu'il avoit à sa disposition, et avec les tours qu'il construisoit à la hâte; mais, battu par Murcus, il appela à son secours Octave, qui étoit occupé en Sicile à disputer, à force de batailles navales, l'empire de cette province à S. Pompée.

Ans de Rome. 712.

NOTES.

(1) Après que César, prêt à partir pour sa grande expédition contre les Gètes et les Parthes, eut traité avec les peuples de l'Illyrie, il envoya chez ces peuples Vatinius à la tête de trois légions et d'une forte cavalerie, pour recevoir les tributs et les otages qui avoient été promis au peuple romain. César ne fut pas plutôt immolé, que les peuples de l'Illyrie coururent aux armes, tuèrent cinq cohortes à Vatinius, et le forcèrent d'aller chercher un asile à Epidamne. Appien dit ici que Vatinius céda volontairement à Brutus le commandement de son armée; il ne fit en cela qu'obéir au décret du sénat dont Appien parle dans son Histoire des guerres d'Illyrie, sect. XIII. Sur ce pied-là, Paterculus a eu tort de reprocher ici une voie de fait à Brutus; *Vatinioque circa Dyrrachium volentes legiones extorserat*. D'ailleurs, cet historien fait de ce Vatinius un si hideux portrait, qu'abstraction faite de l'autorité du sénat, il n'auroit pas été difficile à Brutus de le supplanter. *Cùm et Brutus cuilibet ducum præferendus videretur, et Vatinius nulli nomini non esset postferendus; in quo deformitas corporis cum turpitudine certabat ingenii, adeò ut animus ejus dignissimo domicilio inclusus videretur.* Lib II, cap. 69.

(2) C'étoit une ville située dans une île de la Propontide. Etienne de Byzance la place sur une péninsule, ἐπὶ χερρονήσῳ. Mais Berkélius, dans ses doctes Commentaires sur ce géographe, démontre, à l'aide d'un passage du douzième livre de Strabon, que, « dans la Propontide, étoit une île nom-
« mée *Cyzique*, ayant une ville du même nom, d'environ
« cinquante stades de périmètre, et attachée au continent
« voisin par deux ponts. » Un passage du scholiaste d'Apollonius Rhodius cité par Berkélius semble néanmoins attester que Cyzique, qui avoit été d'abord une île, avoit fini,

par le laps du temps, par être unie au continent. Διὰ τὸ πρότερον αὐτὴν οὖσαν νῆσον, ὕςερον συνῆφθαι τῇ ἠπείρῳ.

(3) Le lecteur curieux de détails sur la forme et la nature de ces machines peut consulter le traité du savant Juste-Lipse intitulé *Poliorketiccon*, lib. I, Dialog. 7.

(4) Voyez sur ce mot du texte l'annotation de Schweighæuser.

(5) Plutarque raconte à peu près les mêmes détails touchant le siège de Xanthe. Il rapporte entre autres le trait d'une femme que l'on trouva pendue avec un cordeau, tenant d'une main un enfant qu'elle avoit étranglé, et de l'autre une torche avec laquelle elle avoit mis le feu à sa maison : spectacle vraiment horrible, que Brutus refusa de voir, et qui fit couler ses larmes. *Vie de Brutus*, 39.

(6) On trouve les détails de cet évènement dans le premier livre d'Hérodote. Plutarque en fait mention, *Vie de Brutus*, 39 ; mais il est difficile de connoître la source où Appien a puisé le trait qu'il rapporte des Xanthiens envers Alexandre, fils de Philippe. Je n'en ai trouvé aucune mention dans Quinte-Curce.

(7) Dans le compte que Dion Cassius rend du siège de Xanthe, il paroît que Brutus y courut un très grand danger, et qu'il dut son salut à l'intrépidité avec laquelle ses soldats s'élancèrent au milieu de la ville en flammes. *Dion. Cass. liv. XLVII.*

(8) Patara étoit donc, à l'égard de Xanthe, à peu près ce que le Pirée étoit à l'égard d'Athènes.

(9) Plutarque donne là-dessus d'autres détails. Brutus avoit fait prisonnières quelques femmes qui appartenoient aux citoyens de Patara qui occupoient le premier rang. Il les renvoya sans rançon. Ce trait de générosité engagea les parents de ces femmes à parler de capitulation, et ce fut bientôt l'avis unanime de toute la ville. Dion Cassius fait une autre version. Après avoir fait entrer les prisonniers de Xanthe dans Patara, pour engager cette dernière ville à se soumettre, Brutus voyant que cette démarche de sa part

n'avoit rien produit, fit vendre comme esclaves, sous les murs mêmes des citoyens de Patara, les plus considérables d'entre les Xanthiens ses prisonniers. Ce spectacle ne produisit pas davantage, et alors il prit le parti de rendre la liberté aux autres. Plus puissante que la rigueur, cette généreuse magnanimité de Brutus fit une heureuse impression sur l'ame des citoyens de Patara, qui s'empressèrent de négocier avec lui. *Voy.* Plutarque, *Vie de Brutus*, 40. Dion Cassius, *liv. XLVII.*

(10) C'étoit une des villes de la Lycie. Ptolémée en fait mention.

(11) Selon Strabon, liv. XIV, c'étoit une des plus grandes villes de la Lycie.

(12) Ville de l'Hellespont, du côté de l'Asie, fameuse par l'expédition de Xerxès, et par le pont de bateaux qu'il y fit construire.

(13) Elle étoit située sur l'Hellespont, du côté de l'Europe, en face d'Abyde. Notons ici que ce fut dans le cours de son expédition contre les peuples de la Lycie que Brutus eut occasion de venger la mort du grand Pompée, sur la personne du rhéteur Théodotus, qui avoit donné, dans le conseil du jeune Ptolémée, l'avis d'égorger cet illustre Romain. Ce misérable s'étoit sauvé de l'Egypte, lorsqu'il avoit vu César faire traîner au supplice les autres assassins de son rival, au lieu de les récompenser de ce meurtre, ainsi qu'ils s'y attendoient. Théodotus avoit mené une vie errante et ignominieuse dans cette partie de l'Asie où il s'étoit réfugié, et ce fut Brutus, entre les mains duquel il fut livré, qui lui fit subir le juste châtiment dû à son crime. *Voyez* Plutarque, *Vie de Brutus*, 41.

Notons encore que ce fut dans les environs d'Abyde, ou à Abyde même, que Brutus eut la fameuse vision dont parle Plutarque dans sa vie, 44. « Sur le poinct doncques qu'il
« devoit passer en Europe, une nuict bien tard, tout le monde
« estant endormi dedans son camp en grand silence, ainsi
« qu'il estoit en son pavillon avec un peu de lumière, pen-

« sant et discourant profondément quelque chose en son en-
« tendement, il luy fut advis qu'il ouït entrer quelqu'un,
« et jetant sa veue à l'entrée de son pavillon, aperceut une
« merveilleuse et monstrueuse figure d'un corps estrange et
« horrible, lequel s'alla présenter devant luy sans dire mot :
« si eut bien l'assurance de lui demander qui il estoit et s'il
« estoit dieu ou homme, et quelle occasion le menoit là.
« Le fantasme lui répondit, je suis ton mauvais ange, Bru-
« tus, et tu me verras près la ville de Philippes. Brutus,
« sans autrement se troubler, lui répliqua : Eh bien ! je t'y
« verray donc. Le fantasme incontinent se disparut, et Bru-
« tus appela ses domestiques qui lui dirent n'avoir ouy voix,
« ne veu vision quelconque. » Je le crois bien, que ses domestiques n'avoit rien vu. Brutus étoit sûrement endormi
dans sa tente. Au milieu de son sommeil un songe lui avoit
présenté cette vision bizarre, et l'histoire a répété ce que la
superstition dénatura.

CHAPITRE XI.

Sextus Pompée, maître de la Sicile, y consolide sa puissance. Il attaque sur mer les forces navales des triumvirs, et les bat. Murcus et Domitius Ænobarbus viennent, avec une nombreuse flotte, prendre poste auprès de Brindes, pour garder le passage de la mer d'Ionie. Décidius et Norbanus, lieutenants des triumvirs, s'emparent, dans la Thrace, des défilés qui communiquent d'Europe en Asie. Brutus et Cassius arrivent avec leur armée auprès du golfe Mélan. État de leurs forces.

Ans de Rome. 709.

LXXXIII. Voici quelques détails relatifs à la personne de ce dernier. C'étoit le plus jeune des enfants du grand Pompée, et par cette raison César avoit d'abord dédaigné de le poursuivre en Ibérie, comme incapable, à cause de sa jeunesse et de son inexpérience, de rien entreprendre d'important. Il commença, en effet, par s'élancer sur l'Océan, et par faire, avec peu de compagnons, le métier de pirate, laissant ignorer qu'il fût le fils de Pompée. Bientôt beaucoup d'aventuriers, avides de pirater, vinrent se joindre à lui. Déjà il étoit entouré de forces imposantes, et alors il se fit connoître. Dès ce moment, tous ceux qui avoient porté les armes sous les ordres de son père ou de son frère, et qui erroient à l'aventure, vinrent vers lui comme vers leur propre chef. Arabion accourut de la Libye, après avoir été dépouillé des états qu'il avoit reçus de son père, ainsi que je l'ai raconté plus haut. Lorsque S. Pompée se vit à la tête de grandes forces, il cessa de se conduire en pirate. Ses expéditions eurent un caractère plus relevé. Son nom se répandit, sur les ailes de la renommée, par toute l'Ibérie, province très étendue, et qui étoit partagée entre plusieurs peuples ; mais il fut d'abord assez prudent pour s'abstenir d'en venir aux mains avec les chefs qui y commandoient sous l'autorité de César. Celui-ci informé de ses progrès, envoya Carinas avec une forte armée pour le détruire. Mais Pompée dont les troupes étoient beaucoup plus lestes que celles de son ennemi, se montrant à l'instant, et disparoissant comme un éclair, harcela Carinas, et commença à soumettre des villes de toute grandeur.

LXXXIV. César envoya Asinius Pollion pour succéder à Carinas dans la conduite de cette guerre, qui continua d'aller le même train jusqu'à l'assassinat de César, et jusqu'à ce que le sénat prononça le rappel de Pompée. Après ce décret, Pompée se rendit à Marseille pour y observer pendant quelque temps ce qui se passeroit à Rome. Quoiqu'on lui eût décerné le commandement des forces navales, tel qu'il avoit été déféré à son père (1), il ne laissa pas de croire prudent de ne pas retourner à Rome. Il rassembla tous les vaisseaux épars en différents ports, et mit en mer avec ces forces réunies à celles qu'il avoit amenées de l'Ibérie. Après la formation du triumvirat, il fit voile pour la Sicile ; et Bithynicus, qui y commandoit, ayant refusé de lui céder le commandement, il agit hostilement contre lui, jusqu'à ce que Hirtius et Fannius, qui avoient été mis au nombre des proscrits, et qui, de Rome, vinrent se réfugier en Sicile, persuadèrent à Bithynicus de reconnoître l'autorité de Pompée.

LXXXV. Ce fut ainsi que ce dernier se rendit maître de la Sicile. Il avoit de grandes forces navales; il occupoit une île adjacente à l'Italie; il étoit à la tête de nombreuses forces de terre, celles qu'il avoit d'abord, augmentées de celles que lui avoient amenées les proscrits, soit en hommes libres, soit en esclaves, et de celles que lui avoient envoyées les villes d'Italie, dont les triumvirs avoient promis le territoire pour récompense à leurs soldats; car ces villes conspiroient par leurs vœux contre les triumvirs; elles désiroient leur défaite, et faisoient clandestinement tout ce qu'elles pouvoient pour leur nuire. Ceux qui avoient été en état de se sauver d'une patrie qu'ils ne regardoient plus comme telle, s'étoient réfugiés auprès de Pompée, dont ils étoient très voisins, et qui étoit alors celui de tous les chefs opposés aux triumvirs pour lequel on avoit le plus d'affection. Il avoit en outre des marins de la Libye et de l'Ibérie, très versés dans les connoissances nautiques; de manière que, soit en hommes capables de commander, soit en forces de terre et de mer, soit en argent, Pompée étoit dans une situation dont il sentoit tous les avantages. Octave, instruit de tout cela, envoya Salvidiénus avec une flotte pour détruire Pompée, comme en passant; tant il croyoit cette expédition facile. Il s'avança lui-même par terre vers Rheggium, pour soutenir Salvidiénus. Mais Pompée vint avec de grandes forces à la rencontre de ce dernier. Une bataille navale fut engagée à l'entrée du détroit, à la hauteur du promontoire de Scylla. La flotte de Pompée, composée de vaisseaux plus lestes, et montée par des marins plus expérimentés, dut la victoire à la célérité de ses manœuvres, et à l'expérience de ses chefs. Les vaisseaux de Salvidiénus, plus grands et plus lourds, furent maltraités par cela même. Au moment où l'espèce de tourmente périodique dans ces parages se manifesta, et que le flux et reflux des vagues commença de s'établir, les vaisseaux de Pompée qui avoient l'habitude de ce phénomène en souffrirent beaucoup moins que les vaisseaux de Salvidiénus, qui, n'y étant pas accoutumés, ne purent plus ni faire jouer les rames, ni diriger le gouvernail, et se choquèrent les uns les autres. Ce désordre força Salvidiénus à donner le premier le signal de la retraite: vers le coucher du soleil Pompée se retira de son côté. Il périt un nombre égal de vaisseaux de part et d'autre. Salvidiénus ramena le reste des siens, singulièrement fatigués et endommagés, dans le port de Balarum en face du détroit (2).

Ans de Rome. 712.

LXXXVI. Octave étant arrivé dans le voisinage de Rheggium et d'Hippone (3), promit solennellement aux citoyens de ces deux villes, qu'il les effaceroit de la liste de celles dont le territoire devoit être distribué à ses soldats à titre de récompense. Il les redoutoit beaucoup à cause de leur situation maritime. Là-dessus, Antoine lui ayant mandé de venir le joindre en diligence, il s'embarqua pour Brindes (4), laissant la Sicile et Pompée à sa gauche, et remettant cette expédition à un autre temps. Murcus, pour ne pas se trouver à l'arrivée d'Octave entre deux ennemis (5), s'éloigna un peu de Brindes, et surveilla le trajet des vaisseaux de transport qui devoient faire passer l'armée de Brindes dans la Macédoine. Ceux-ci furent escortés par des trirèmes; mais heureusement il se leva un vent extrêmement favorable qui leur fit faire la traversée sans avoir nul besoin des trirèmes qui les protégeoient. Murcus, très mécontent, guetta néanmoins les vaisseaux à leur retour, croyant les surprendre à vide; mais ils repassèrent avec le même bonheur, et firent ensuite d'autres traversées non moins heureuses, jusqu'à ce que toute l'armée et les deux chefs, Octave et Antoine, après elle, eurent fait le trajet. Quoique Murcus vît dans toutes ces contrariétés l'influence ennemie de quelqu'un des Dieux, il tint ferme dans sa station, espérant d'intercepter les convois de munitions, de vivres, ou de troupes supplémentaires que l'Italie devoit envoyer aux triumvirs, et de leur nuire autant qu'il pourroit. L'importance de cette opération fit que Cassius envoya, pour le renforcer, Domitius Ænobarbus avec autres cinquante vaisseaux, une autre légion, et des gens de trait. Comme l'armée d'Octave ne pouvoit point tirer ses subsistances d'ailleurs que de l'Italie, il falloit lui en fermer les passages. Aussi Murcus et Domitius Ænobarbus, avec leurs cent trente grands vaisseaux, et un plus grand nombre de petits, sur lesquels ils avoient beaucoup de troupes, firent, dans leur croisière, beaucoup de mal à l'ennemi.

LXXXVII. Cependant Décidius (6) et Norbanus, qu'Octave et Antoine avoient envoyés en avant dans la Macédoine avec huit légions, gagnèrent la Thrace en suivant les montagnes, et s'éloignèrent de quinze cents stades de la Macédoine, jusqu'à ce qu'après avoir dépassé la ville de Philippes, ils s'emparèrent des gorges des Corpiliens (7) et des Sapéens (8), états dépendants de la domination de Rhascupolis, et qui étoient la seule route connue pour passer d'Asie en Europe. Ce fut un premier évènement fâcheux pour Brutus et pour Cassius, qui avoient déjà fait le trajet d'Abyde à Sestos. Rhascupolis et Rhascus étoient deux frères issus d'un roi de Thrace. Ils régnoient dans le même pays, mais il y avoit entre eux, dans les circonstances présentes, cette différence que Rhascus avoit embrassé le parti d'Antoine, et Rhascupolis celui de Cassius. Ils étoient l'un et l'autre à la tête de trois mille chevaux. Cassius ayant fait prendre des renseignements auprès de Rhascupolis, touchant la route qu'il devoit suivre, ce prince lui répondit, que la route par Ænum et Maronée étoit la plus courte, la plus fréquentée, la plus commode, et qu'elle conduisoit aux défilés des Sapéens; mais que l'ennemi, s'étant rendu maître de ces défilés (9), il seroit impossible de passer; et que, faire un circuit, ce seroit tripler la distance par des chemins difficiles.

LXXXVIII. Mais Brutus et Cassius ayant jugé que c'étoit moins pour leur barrer le passage, que l'ennemi s'étoit porté de la Macédoine dans la Thrace, que par l'embarras de se procurer à lui-même des subsistances, ils marchèrent sur Ænum (10) et sur Maronée (11), en quittant Lysimachie (12) et Cardie (13), qui étoient comme les deux clefs de l'isthme de la Chersonèse de Thrace. Le lendemain ils arrivèrent au golfe Mélan (14). Là, ils firent la revue de leurs troupes. Elles étoient au nombre de dix-neuf légions en tout ; savoir, huit de Brutus, neuf de Cassius, dont aucune, à la vérité, n'étoit au complet ; mais il y avoit en outre deux légions auxquelles il ne manquoit pas un seul homme ; ce qui formoit, à peu près, un total de quatre-vingt mille fantassins. Ils avoient, en cavalerie, savoir, Brutus, quatre mille Gaulois ou Lusitaniens, trois mille Thraces ou Illyriens, deux mille Parthéniens ou Thessaliens ; et Cassius, deux mille tant Ibériens que Gaulois, et quatre mille archers à cheval, soit Arabes, soit Mèdes, soit Parthes. A ces forces étoient joints, comme auxiliaires, les rois et les tétrarques de la Gallogrèce (15), qui avoient amené beaucoup de troupes de pied, et au-dessus de cinq mille chevaux.

NOTES.

(1) On a vu en effet plus haut que le sénat avoit rendu un décret à ce sujet, sur la proposition d'Antoine.

(2) Pour juger à quel point d'enfance étoit encore la navigation à cette époque, il faut voir dans Dion Cassius avec quelle espèce de vaisseaux Salvidiénus avoit d'abord songé à se mettre en mer pour aller attaquer Pompée. Il eut beau se raviser, il n'en fut pas moins battu. Ce premier succès fit tourner la tête à Pompée, qui célébra des jeux en l'honneur de sa victoire, et qui eut la puérilité de venir braver les vaincus dans les eaux de Rheggium, avec des vaisseaux qui étoient la ridicule caricature de ceux de Salvidiénus. *Dion Cass. liv. XLVIII.* Schweighæuser remarque que nul autre auteur qu'Appien n'a parlé de ce port de Balarum, et que Cluverius, dans son *Italia Antiqua*, pag. 83, dit, *quærendum an idem sit qui portus Abalat vocatur ab Appiano*, lib. V, pag. 857, 35.

(3) C'étoit une ville des Locriens dans le pays des Bruttiens, en face de la Sicile. Lorsque les Romains se furent emparés de cette ville, ils en changèrent le nom, et l'appelèrent Vibone-Valentia. Témoin Strabon, liv. VI, et Pline, liv. III, chap. 5. Il est donc singulier qu'Appien, dans son texte, lui ait donné son ancien nom.

(4) Avant que de partir pour Brindes, Octave établit de fortes garnisons sur les côtes de l'Italie, soit pour les défendre contre les incursions de Pompée, soit pour profiter des circonstances qui pourroient rendre la Sicile elle-même susceptible d'une invasion. *Dion Cass. liv. XLVIII.*

(5) C'est-à-dire entre Antoine, qui étoit déjà en Epire, et Octave qui se rendoit à Brindes pour passer la mer. Desmares est tombé dans une lourde bévue, en parlant ici des vaisseaux de Pompée, comme si Murcus eût eu à les craindre. Murcus commandoit pour Brutus et pour Cassius. Il n'avoit

donc rien à redouter des forces navales de Pompée, qui défendoit la même cause.

(6) C'est Décidius Saxa, celui qui succéda à L. Bibulus dans le gouvernement de Syrie. *Voyez* Appien, dans son livre des Guerres des Romains en Syrie, sect. LI. La plupart des manuscrits d'Appien le nomment Cécidius; mais c'est évidemment une bévue des copistes que Schweighæuser a très judicieusement fait disparoître. L'Epitome de Tite-Live, liv. CXXVII, confirme cette leçon.

(7) Voyez Étienne de Byzance et Berkélius. Solinus mentionne les Corpiles, *Corpilos*, dans la nomenclature des peuples de Thrace, dont le territoire étoit arrosé par les eaux de l'Hèbre. *Solin. Polyhist. cap.* 16.

(8) Pline fait mention des Sapéens, peuple de Thrace, dans son livre IV, chap. 11. Il dit qu'il habitoit les bords du Nestus. Il étoit donc du nombre de ces peuplades que Solin désigne dans cette phrase de son chap. 16. *Bessorum quoque multa nomina, ad usquè Nestum amnem qui radices Pangei circumfluit.*

(9) Dion Cassius nomme les deux montagnes dont la proximité formoit ces défilés. L'une, c'est le mont Pangée, qui étoit une des frontières de la Macédoine et de la Thrace; l'autre le mont Symbole, auquel les Grecs avoient donné ce nom, καθ' ὃ τὸ ὄρος ἐκεῖνο ἑτέρῳ τινὶ ἐς μεσογέιαν ἀνατείνοντι συμβάλλει, parcequ'il avoit comme l'air de donner la main à un autre mont qui s'étendoit dans les terres. Cet historien reconnoît, comme Appien, l'importance de ce poste, et il dit, comme lui, que Brutus et Cassius sentirent qu'ils tenteroient vainement de le forcer. *Liv. XLVII*, n. 35.

(10) AEnum, ville de Thrace, dont Étienne de Byzance fait mention. C'étoit, dit Pline, liv. IV, chap. 11, une ville libre; elle possédoit le tombeau de Polydore. *Oppidum Thraciæ liberum cum Polydori tumulo.* Il paroît que Virgile a pensé qu'elle avoit été fondée par Énée, et que c'étoit de

lui qu'elle avoit reçu son nom, témoin ces paroles du troisième chant de l'Énéide, seizième vers :

. . . . *Feror huc et littore curvo*
Mœnia prima loco, fatis ingressus iniquis
Æneadasque meo nomen de nomine fingo.

mais Servius fait remarquer dans son Commentaire, que Virgile ne nomme pas Ænum la ville dont il est ici question, *ecce nec Virgilius Ænum dicit;* et que, d'un autre côté, Homère ayant dit que cette ville avoit envoyé des secours aux Troyens contre les Grecs, il en résulte évidemment qu'elle existoit avant qu'Énée se mît à courir le monde, après la ruine d'Ilium.

(11) Maronée étoit une autre ville de Thrace, dont Étienne de Byzance fait mention également. Elle étoit dans le pays des Cicons, *Ciconum civitas*. On y recueilloit du vin excellent, s'il faut en juger par ce vers de Tibulle, dans son panégyrique de Messala :

Victu Maronæo fœdatus lumina Baccho.

(12) C'étoit une ville dans la Chersonèse de Thrace, non loin de l'Hellespont. Selon Pline, dans son livre IV, chap. 2, un tremblement de terre la fit déserter.

(13) Elle étoit voisine du golfe Mélan. Pline prétend, liv. IV, chap. 2, qu'on lui avoit donné le nom de Cardie, parcequ'elle avoit par sa situation la forme d'un cœur, et qu'en grec le nom du cœur est καρδία. *Melanem sinum insignit Cardia, quod in cordis faciem sita est, dicta Cardia est.* Solin. Polyhist. cap. 16.

(14) Melan est une épithète grecque qui signifie noir.

(15) La Gallogrèce étoit une région de l'Asie mineure, limitrophe de la Cappadoce, de la Bithynie et de la Pamphilie. On l'appeloit autrement Galatie, *Galatia*; et les habitants portoient communément le nom de *Galates*. C'est au peuple de cette contrée que l'apôtre saint Paul adressa une de ses Épîtres.

CHAPITRE XII.

Joie, espoir, et confiance des troupes de Brutus et de Cassius, à l'aspect de leur nombre, de l'avantage de leur situation, et de l'abondance de leurs munitions. Harangue de Cassius à son armée.

Ans de Rome. 712.

LXXXIX. Telle étoit la force de l'armée de Brutus et de Cassius, lorsqu'ils en passèrent la revue, sur les bords du golfe Mélan. Ce fut avec ces nombreuses troupes qu'ils se préparèrent à la bataille; ils avoient laissé le reste de leurs soldats dans les différents postes qu'ils avoient d'ailleurs besoin de garder. Ils firent purifier l'armée avec des eaux lustrales, selon les cérémonies d'usage. Ils acquittèrent les libéralités promises à ceux à qui il pouvoit en être encore dû. Ils avoient fait d'abondantes provisions d'argent, afin de s'affectionner les troupes par des largesses, et sur-tout le grand nombre de vétérans qui avoient servi sous César, de peur qu'à l'approche et à l'aspect de celui qui portoit son nom, l'esprit de défection ne s'emparât d'eux. Par la même raison, ils crurent également nécessaire de haranguer l'armée. En conséquence, une grande tribune fut élevée. Les deux chefs y montèrent, uniquement suivis des membres du sénat qui étoient avec eux. Toute l'armée, soit troupes romaines, soit alliés, se plaça tout à l'entour. Le spectacle d'un aussi grand nombre de combattants leur inspira aux uns et autres une joie qui prenoit sa source dans la confiance. Les deux généraux sur-tout, qui se voyoient à la tête d'une armée aussi formidable, en conçurent un grand courage et de solides espérances. Ce fut même là le premier de tous les motifs qui donnèrent du dévouement à l'armée, et de l'attachement à la cause de ses deux chefs; car c'est dans les espérances communes que s'engendrent l'affection et la bienveillance. Comme il régnoit, ainsi que de raison, un certain tumulte au milieu de cette énorme multitude, les hérauts et les trompettes commandèrent le silence; et lorsqu'il fut établi, Cassius (car il étoit le plus âgé) se mit un peu en avant de ceux qui l'environnoient, et parla ainsi :

Ans. de Rome. 712.

XC. « Compagnons d'armes, le danger commun
« est ici pour vous le premier garant de la confiance
« commune. L'exactitude avec laquelle nous vous
« avons donné tout ce que nous vous avions promis
« forme entre nous un lien de plus : elle est un gage
« solide de la fidélité avec laquelle nous vous don-
« nerons ce que nous vous promettons encore. Toutes
« nos espérances reposent sur notre courage commun,
« sur celui de vous tous qui portez les armes, sur
« celui de nous tous, personnages illustres, mem-
« bres du sénat, que vous voyez en si grand nombre
« dans cette tribune. Nous abondons, comme vous
« le savez, en munitions de guerre, en vivres, en
« armes, en argent, en vaisseaux, en alliés, soit na-
« tions, soit princes. Qu'avons-nous donc besoin
« d'employer les discours à enflammer la valeur, et
« à exciter à l'union et à la concorde ceux que la

« même chance et le même intérêt unissent d'ail-
« leurs. Quant aux griefs que nous imputent nos
« deux ennemis, vous les connoissez dans le plus
« grand détail; et c'est par cette raison que vous vous
« êtes attachés avec ardeur à notre fortune. Je crois
« néanmoins convenable d'en retracer ici le tableau.
« Ce sera démontrer, en même temps, que si nous
« avons les armes à la main, c'est pour la plus belle,
« pour la plus légitime des causes.

XCI. « C'étoit nous qui, compagnons de César
« dans toutes ses guerres, et combattant sous ses
« ordres, l'avions élevé à un très haut degré de gran-
« deur. Nous étions ses plus intimes amis. On ne
« doit donc pas penser que ce fût par inimitié que
« nous conspirâmes contre sa personne (1). En effet,
« après qu'il eut rendu la paix à la république, il
« devint coupable, non pas envers nous ses amis,
« car nous jouissions du premier crédit auprès de
« lui; mais envers les lois, mais envers la forme de
« notre gouvernement. Il n'y existoit plus rien d'a-
« ristocratique, rien de populaire, rien de cette au-
« torité du sénat et du peuple que nos pères avoient
« harmoniquement organisée, et dont ils avoient juré
« le maintien lorsqu'ils chassèrent les rois, et qu'ils
« s'engagèrent, par les serments les plus formidables,
« à ne jamais recevoir à l'avenir un semblable joug.
« Ce fut par respect pour les serments, ce fut pour
« éloigner de nous les sinistres résultats des exécra-
« tions qui les avoient consacrés, que nous, les des-
« cendants de ceux qui les prononcèrent, ne souffrî-
« mes pas plus long-temps (quelque attachement que

« nous lui portassions d'ailleurs, quelques bienfaits
« qu'il eût répandus sur nous) celui qui s'étoit em-
« paré à lui seul du trésor public, du commandement
« des légions, de la nomination aux magistratures
« au mépris de l'autorité des comices, et de la dis-
« pensation des commandements des provinces au
« mépris de l'autorité du sénat; et qui, avide de tout
« subjuguer, substituoit sa volonté à la place des
« lois, sa puissance à la place de celle du peuple, son
« pouvoir suprême à la place de celui du sénat.

XCII. « Peut-être ces considérations n'avoient
« point jusqu'ici frappé vos regards; vous n'aviez
« envisagé que la gloire militaire que César s'étoit
« acquise; mais maintenant il vous sera facile de les
« apprécier, ces considérations, en réfléchissant seule-
« ment sur ce qui vous concerne. Vous, plébéiens,
« à la guerre et sous les drapeaux, vous obéissez en
« tout à vos généraux comme à vos maîtres; mais en
« temps de paix, cette autorité souveraine vous la
« reprenez sur nous. Le sénat a l'initiative de cer-
« taines lois pour prévenir toute surprise, toute er-
« reur de votre part. Mais vous confirmez ses décrets
« par vos suffrages dans vos comices, soit par tri-
« bus, soit par centuries; comices dans lesquels vous
« nommez également vos consuls, vos tribuns, vos
« préteurs. Outre ces élections, votre juridiction s'é-
« tend sur les affaires les plus importantes, soit pour
« punir, soit pour récompenser, lorsque dans les
« fonctions que vous nous avez confiées, nous avons
« fait quelque chose digne de châtiment ou de ré-
« munération. C'est cette alternative de pouvoir,

« Citoyens, qui a élevé l'empire romain au point de
« grandeur où vous le voyez; c'est ainsi que les ma-
« gistratures ont été conférées à ceux qui en étoient
« les plus dignes, et que ceux que vous avez ho-
« norés de vos suffrages vous en ont témoigné leur
« reconnoissance. Ce fut en vertu de ce pouvoir que
« vous élevâtes Scipion à la dignité consulaire,
« lorsque vous récompensâtes, par cet hommage, les
« grandes actions qu'il avoit faites en Afrique; c'est
« en vertu de ce pouvoir que vous avez nommé,
« chaque année, qui vous avez voulu pour tribun,
« afin de défendre vos intérêts contre nous, lorsque
« les circonstances le demandoient. Mais qu'ai-je
« besoin de vous entretenir si longuement de ce que
« vous savez si bien ?

XCIII. « Au contraire, depuis que César s'étoit
« emparé du pouvoir suprême, vous n'avez plus
« disposé d'aucune magistrature; vous n'avez plus
« nommé ni préteur, ni consul, ni tribun; vous
« n'avez pu rendre hommage au mérite de personne,
« ou, en lui rendant hommage, vous n'avez pu lui
« rien décerner à titre de récompense. Pour tout dire
« en peu de mots, personne ne vous a dû de la recon-
« noissance, ou pour l'avoir élu à quelque fonction
« publique, ou pour lui avoir déféré quelque com-
« mandement de province, ou pour avoir approuvé
« le compte de son administration, ou pour l'avoir
« acquitté d'une action criminelle. Ce qui excita le
« comble de la commisération, ce fut de vous voir
« réduits à l'impossibilité de venir au secours de
« vos tribuns insultés, outragés, de ces magistrats

« qui avoient été institués pour maintenir vos pro-
« pres (2) droits, et dont la personne avoit été
« rendue sacrée et inviolable. Et néanmoins vous
« avez vu ces magistrats, malgré l'inviolabilité de
« leur personne, malgré le caractère sacré de leurs
« fonctions, malgré la sainteté de leur costume,
« traités avec la dernière indignité, condamnés à
« l'exil sans être jugés, sans être entendus, sans
« autre formalité qu'un ordre arbitraire; et cela
« parcequ'ils avoient cru qu'il étoit de leur devoir
« pour vos intérêts de sévir contre ceux qui osoient,
« en saluant César, lui donner le titre de roi (3).
« Cette atrocité souleva l'indignation du sénat par
« égard pour vous; car c'étoit pour vous, et non
« pour le sénat, qu'existoient les tribuns du peuple.
« Mais il lui fut impossible d'attaquer César ouver-
« tement, et de le traduire en justice à cause de la
« force de ses armées, qui jusqu'alors avoient été
« les armées de la république, et qu'il avoit trouvé
« le moyen de s'approprier. Il eut donc recours au
« seul expédient qui lui restoit pour écarter la ty-
« rannie. Ce fut de conspirer contre la personne du
« tyran.

XCIV. « Or il falloit que la conspiration fût le
« vœu des plus gens de bien, et que l'exécution en
« fût confiée à un petit nombre d'individus. Aussi-
« tôt après le succès, le sénat manifesta générale-
« ment son opinion, et bien à découvert, puisqu'il
« fut question de décerner aux conjurés les récom-
« penses assignées aux meurtriers d'un tyran. Mais
« Antoine empêcha l'adoption de cette mesure, sous

An
de
Rome.
712.

« le prétexte hypocrite de maintenir le bon ordre ;
« et nous-mêmes, nous désirâmes paroître avoir été
« animés non par l'appât des récompenses, mais par
« l'unique ambition de venir au secours de la patrie.
« Si l'on n'alla pas jusqu'à nous rendre cette justice,
« c'est parceque, satisfait de se voir délivré de la
« tyrannie de César, le sénat ne voulut point
« insulter à sa mémoire ; en conséquence, on décréta
« une amnistie générale, et il fut spécialement réglé
« qu'il ne seroit intenté aucune poursuite contre
« les conjurés. Peu de temps après, Antoine ayant
« par ses intrigues soulevé la multitude contre nous,
« le sénat nous décerna d'importants gouverne-
« ments de province, des commandements de
« troupes, et étendit notre autorité sur toutes les
« contrées, depuis la mer Ionienne jusqu'à la Syrie.
« En nous revêtant ainsi de la pourpre sacrée, en
« nous décorant de haches et de faisceaux, le sénat
« a-t-il entendu nous traiter en coupables, ou nous
« illustrer comme les meurtriers d'un tyran? Il a eu
« en cela le même motif que lorsqu'il a décrété le
« rappel du jeune Pompée, qui n'avoit point coopé-
« ré au succès de la conspiration, mais auquel il a
« rendu, par le même sénatus-consulte, tout le
« patrimoine de son père, aux dépens des deniers
« publics, auquel il a conféré le commandement de
« toutes les forces navales de la république, unique-
« ment parcequ'il étoit le fils du grand Pompée, qui
« avoit combattu le premier pour le salut de la
« république, et que lui-même agissoit en Ibérie
« clandestinement en sens contraire de la tyrannie,

« quoiqu'il ne fît que peu de chose, afin qu'ami du
« parti républicain, il eût aussi un commande-
« ment. Or quels signes plus éloquents, quels actes
« plus manifestes pourriez-vous désirer encore
« pour être assurés que la conspiration avoit l'as-
« sentiment du sénat, à moins que lui-même pre-
« nant la parole, il ne vous le déclarât en propres
« termes? Mais il vous le dira et vous le déclarera
« lui-même, et en vous le déclarant, il vous com-
« blera de ses largesses lorsqu'il pourra faire l'un
« et l'autre.

XCV. « Vous savez quelle est sa situation ac-
« tuelle. On proscrit ses membres sans aucune forme
« de procès; on confisque leurs biens; on les fait
« égorger sans condamnation préalable, dans leurs
« maisons, dans les rues, dans les temples, par des
« soldats, par des esclaves, par leurs ennemis per-
« sonnels. On les arrache des lieux où ils étoient
« cachés, on les poursuit de toutes parts, quoique
« les lois permettent de se dérober à la mort par
« un exil volontaire (4). Dans le Forum, où la tête
« d'un ennemi du peuple romain n'a jamais été
« apportée, et où l'on n'a uniquement suspendu
« que les armes des ennemis et les rostres de leurs
« vaisseaux, nobles fruits de la victoire, on y voit
« les têtes des citoyens romains qui étoient naguères
« ou consuls, ou préteurs, ou tribuns du peuple,
« ou édiles, ou chevaliers. Un salaire est assigné à
« ces horribles attentats. Car on a renouvelé toutes
« les horreurs dont le temps commençoit à faire
« oublier la mémoire; un citoyen est saisi et égorgé

« au moment où il s'y attend le moins. On voit des
« femmes, des enfants, des affranchis, des esclaves
« commettre des crimes épouvantables; tant sont
« atroces les forfaits dont Rome est en ce moment
« le théâtre! A la tête des brigands, instruments de
« toutes ces fureurs, sont ces triumvirs qui ont com-
« mencé par inscrire sur leurs tables de proscription
« leurs propres frères, leurs propres oncles, leurs
« propres tuteurs (5). On raconte que Rome devint
« autrefois la proie des plus féroces barbares. Mais
« les Gaulois ne firent couper la tête à personne; ils
« ne se permirent nulle avanie contre les cadavres;
« ils ne sévirent même pas contre ceux qui se ca-
« choient, ou qui prenoient la fuite pour les com-
« battre encore. Nous-mêmes, dans aucune ville que
« nous ayons prise d'assaut, nous n'avons jamais
« commis des abominations pareilles; nous n'avons
« jamais appris que chez nul autre peuple la scélé-
« ratesse ait été poussée au point où elle l'a été
« dans une ville qui n'est pas une cité isolée, mais
« qui est la maîtresse d'un vaste Empire, de la part
« de ceux qui se prétendent élus pour y rétablir le
« bon ordre, et y ramener l'ancienne forme du
« gouvernement. Avoit-il porté les excès jusqu'à ce
« degré, ce Tarquin qui, à raison d'un simple at-
« tentat à la pudeur d'une femme, effet d'un em-
« portement amoureux, fut chassé de Rome, tout
« roi qu'il étoit? L'indignation de cet attentat uni-
« que fit abolir à jamais la royauté.

XCVI. « C'est néanmoins tandis qu'ils se livrent
« à ces monstrueuses atrocités que les triumvirs

« nous traitent de coupables. Ils disent que tous ces
« brigandages ont pour objet de venger César, et
« ils proscrivent ceux qui étoient même absents de
« Rome lorsque César fut immolé. De ce nombre
« sont cette multitude de proscrits qui sont en ce
« moment devant vous, et qui n'ont été dévoués à
« la mort qu'à cause de leurs grands biens, de
« l'éclat de leur race, ou de leur attachement aux
« principes républicains. C'est ainsi qu'a été pros-
« crit Pompée en même temps que nous, quoiqu'il
« fût en Ibérie, bien loin de Rome, à l'époque où
« César tomba sous nos coups. Or le véritable motif
« de sa proscription, c'est d'être le fils d'un père
« ami du gouvernement républicain, c'est d'avoir
« été rappelé par le sénat en considération de son
« amour pour la même cause, c'est d'avoir été in-
« vesti du commandement de toutes nos forces
« navales. Et quelle part avoient prise à la conspi-
« ration ces femmes romaines que les triumvirs ont
« soumises à des contributions vexatoires ? Quelle
« part y avoient prise tous ces citoyens de l'ordre
« des plébéiens auxquels on a imposé des tributs
« d'un genre nouveau, lorsque leur fortune excède
« cent mille drachmes attiques, en les livrant à
« toutes sortes d'inquisitions, et en les menaçant
« de peines graves ? Malgré toutes ces exactions, ils
« n'ont point acquitté les libéralités promises aux
« troupes qui servent sous leurs drapeaux. Et nous,
« dont les mains sont pures de tout attentat, de
« toute impiété, nous vous avons donné tout ce que
« nous vous avions promis, et nous sommes prêts à

Ans
de
Rome.

712.

« vous donner encore davantage en récompense
« de plus grands services. C'est ainsi qu'en nous
« conduisant avec justice, nous avons les Dieux de
« notre côté.

XCVII. « Si, après avoir considéré la faveur que
« les Dieux nous accordent, vous voulez porter vos
« regards sur l'opinion qu'ont les hommes de la
« cause que nous soutenons, contemplez ceux de
« vos concitoyens qui sont ici sous vos yeux, qui
« ont souvent été vos chefs pendant la guerre, vos
« consuls pendant la paix, et toujours dignes de
« vos éloges. Vous les voyez autour de nous, at-
« tachés au parti le plus juste; ils se sont réfugiés
« auprès de nous pour défendre les droits de la ré-
« publique; ils ont embrassé notre cause; ils font
« des vœux pour le succès de ce qui nous reste à
« faire, et ils sont prêts à nous seconder; car c'est
« avec bien plus de justice que nous avons promis
« des récompenses à ceux qui les sauveront, que ne
« l'ont fait les triumvirs à ceux qui les égorgeroient.
« Ils savent qu'après avoir immolé César parcequ'il
« prétendit s'emparer seul de l'autorité suprême,
« nous ne sommes pas disposés à supporter ceux
« qui se constituent les héritiers de cette autorité
« de César, et que nous ne prétendons point nous
« en emparer nous-mêmes, mais que nous voulons
« rétablir au profit du peuple l'ancienne forme du
« gouvernement de notre patrie. Du moment que
« l'objet et le but de la guerre est différent des
« deux côtés, et que, tandis que les triumvirs com-
« battent pour l'intérêt d'un despotisme et d'une ty-

DE LA RÉP. ROM. LIV. IV, CHAP. XII.

« rannie dont ils viennent de nous montrer les
« essais dans leurs proscriptions; nous ne combat-
« tons, nous au contraire, dans nulle autre vue
« que de rentrer dans une condition privée, et d'y
« vivre sous les auspices des lois, après avoir rendu
« la liberté à la patrie; c'est avec raison que tous ces
« illustres personnages, c'est avec raison que les
« Dieux avant eux se sont déclarés pour nous. Or,
« c'est un grand motif d'espérance, dans la guerre,
« que d'avoir la justice de son côté. »

XCVIII. « Que nul d'entre vous ne songe donc au-
« jourd'hui qu'il a servi sous les ordres de César; car
« alors même nous n'étions pas les soldats de César,
« nous étions les soldats de la patrie. Les libéralités,
« les largesses que César a répandues, il ne les a ré-
« pandues qu'aux dépens du trésor public. Et dans
« ce moment vous n'êtes pas l'armée de Brutus,
« l'armée de Cassius; mais vous êtes l'armée du
« peuple romain. Et nous, qui sommes à la tête
« d'une armée romaine, nous ne sommes que vos
« compagnons d'armes, que les chefs d'une armée
« composée de soldats romains. Si nos ennemis
« étoient pénétrés comme nous de ces sentiments,
« chacun de nous mettroit bas les armes sans aucun
« danger; nous rendrions à la république toutes
« ses armées, et nous laisserions Rome régler elle-
« même ses destins. S'ils veulent prendre ce parti,
« nous les y invitons; mais puisqu'ils ne sauroient
« l'embrasser (car comment l'embrasseroient-ils,
« après les proscriptions et tant d'autres crimes
« dont ils ont souillé leurs mains (6)), allons,

« braves compagnons, allons combattre de bonne
« foi et de bon cœur pour la liberté, sous les
« uniques auspices et pour l'unique intérêt du sé-
« nat et du peuple romain. »

XCIX. A ce discours, toute l'armée répondit:
« Marchons », et demanda qu'on la menât sur-le-
champ à l'ennemi. Joyeux de cet empressement, de
cette ardeur, Cassius fit proclamer de nouveau le
silence par ses hérauts, et reprit ainsi : « Puissent
« les Dieux qui président aux guerres justes vous
« récompenser, braves compagnons, du dévouement
« et du zèle que vous venez de manifester. Ap-
« prenez maintenant tous les détails qui appartien-
« nent à la prudence de vos chefs, et d'abord sachez
« que nos moyens militaires sont bien plus étendus,
« que nos ressources sont bien plus assurées que
« ne le sont les moyens et les ressources de l'ennemi.
« Nous avons en infanterie autant de troupes que
« lui, sans compter le grand nombre de celles que
« nous avons laissées en différents postes pour di-
« vers besoins. Mais nous lui sommes très su-
« périeurs en cavalerie, en forces navales, en alliés
« parmi lesquels nous avons les rois et les peuples,
« jusqu'aux Mèdes et aux Parthes même. Nous,
« nous n'avons l'ennemi qu'en face; l'ennemi a
« derrière lui Pompée, dans la Sicile, qui est de
« notre parti; il a derrière lui Murcus dans la mer
« Ionienne, ainsi qu'Ænobarbus, qui, à la tête
« d'une flotte nombreuse et de beaucoup de vais-
« seaux de service, ayant à bord deux légions et
« des archers, le harcèlent continuellement en le

« suivant de près; tandis que sur nos derrières
« nous avons également pour nous la terre et les
« mers; de l'argent, que l'on regarde comme le
« nerf de la guerre (7), l'ennemi n'en a pas; car il
« n'a point encore acquitté ce qu'il a promis à ses
« légions. Les biens des proscrits n'ont point pro-
« duit ce qu'il en attendoit, parcequ'aucun citoyen
« honnête n'a voulu acheter des héritages dont la
« possession devoit être si odieuse; il ne peut point
« s'en procurer d'ailleurs, parceque l'Italie entière
« est épuisée par les séditions, par les contributions
« vexatoires, par les proscriptions. Nous, au con-
« traire, grace à notre activité et à notre prudence,
« nous avons en abondance l'argent qu'il nous faut
« pour le moment; et lorsqu'il nous en faudra da-
« vantage, les peuples qui sont derrière nous
« s'empresseront de nous en fournir et de nous en
« apporter. »

C. « Les vivres, qu'on a tant de peine à se pro-
« curer pour une nombreuse armée, l'ennemi ne
« peut s'en procurer que de la Macédoine, pays de
« montagnes, ou de la Thessalie, pays peu étendu;
« encore ne peut-il les faire voiturer que par terre,
« avec beaucoup de fatigues et d'embarras. S'il
« songeoit à en faire venir d'Afrique, de la Lu-
« canie, de la Japygie, ses convois seroient inter-
« ceptés par Pompée, par Murcus, par Ænobar-
« bus. Quant à nous, les subsistances nous arrivent
« chaque jour par mer avec la plus grande facilité,
« de toutes les îles et de tous les pays du continent
« qui s'étendent depuis la Thrace jusqu'à l'Eu-

« phrate ; elles n'éprouvent aucun obstacle, parce-
« que nous n'avons derrière nous aucun ennemi,
« de manière qu'il dépendra de nous de traîner la
« guerre en longueur, et, sans coup férir, de ré-
« duire l'ennemi à la famine. Tels sont, braves
« compagnons, les avantages que la prudence hu-
« maine nous a ménagés. C'est à vous, c'est aux
« Dieux à consommer les efforts de cette prudence,
« à faire le reste. Quant à nous, après avoir exacte-
« ment accompli les promesses que nous vous
« avions faites au sujet de vos exploits antérieurs,
« après avoir récompensé par d'amples largesses la
« fidélité que vous nous avez montrée jusqu'à ce
« moment, nous récompenserons, sous les auspices
« des Dieux, la victoire plus importante encore
« qu'il vous reste à remporter d'une manière digne
« d'elle; et tout à l'heure, en reconnoissance des
« cris d'impatience et d'ardeur que vous avez fait
« entendre pour voler au combat, nous allons vous
« faire toucher, en descendant de cette tribune, à
« chaque soldat quinze cents drachmes italiques, à
« chaque centurion le quintuple, à chaque chi-
« liarque à proportion (8). »

CI. Après avoir ainsi parlé, après avoir ainsi disposé les troupes par des libéralités effectives, par
ses discours, par de nouvelles libéralités promises,
Cassius congédia l'assemblée; mais l'armée resta
réunie encore un moment, se répandant en longs
éloges sur Brutus et sur Cassius, et promettant de son
côté de faire tout ce qui dépendroit d'elle. A l'instant Cassius et Brutus distribuèrent l'argent qu'ils

venoient de prometttre, et grossirent même les parts envers les plus braves sous divers prétextes. A mesure que cette distribution eut lieu, ils firent prendre successivement aux troupes la route de Doriscum (9), et ils allèrent les y joindre peu de temps après. Sur ces entrefaites deux aigles descendirent du haut des airs sur deux aigles d'argent qui surmontoient deux enseignes. Quelques auteurs prétendent qu'ils les mutilèrent à coups de bec, d'autres au contraire qu'ils les couvrirent de leurs ailes, qu'ils se laissèrent prendre, que les deux chefs de l'armée les firent nourrir aux dépens des deniers publics jusqu'à la veille du jour de la bataille, qu'ils s'envolèrent (10). Après avoir mis deux jours à faire le circuit du golfe Mélan, les deux chefs arrivèrent à Ænum. D'Ænum ils se portèrent sur Doriscum, et ils occupèrent tous les rivages de la mer jusqu'au promontoire de Serrhium (11).

NOTES.

(1) S'IL faut en croire Plutarque, *Vie de Brutus*, 36, Antoine déclara plusieurs fois publiquement qu'il pensoit que de tous ceux qui avoient levé la main sur César, Brutus étoit le seul qui se fût porté à cet attentat par des motifs de vertu, par zèle pour la liberté, par amour pour la patrie ; mais pourquoi ce qui étoit vrai de Brutus, de l'aveu même d'Antoine, ne l'auroit-il pas été de Cassius, de Décimus Brutus, de Pontius Aquila, de Trébonius, de Tillius Cimber, et de tant d'autres, qui, comblés des libéralités de César, devoient lui être attachés par tous les liens de l'intérêt personnel ?

(2) Le texte porte ici ἀΐδιον, qui est évidemment une erreur de copiste, ainsi que l'ont remarqué Geslen et Schweighæuser. La dernière lettre du mot précédent τινα, aura fait illusion au copiste, qui, par inadvertance, l'aura répétée à la tête de l'adjectif ἴδιον. Les hellénistes savent que ces sortes de fautes sont très fréquentes dans les manuscrits.

(3) Ceci fait allusion à la conduite de César, envers les deux tribuns du peuple, Cæsétius et Marullus, dont il a été question à la fin du second livre.

(4) Une pareille loi existoit dans la république d'Athènes. On la trouve dans la précieuse collection des *Lois Attiques* de Samuel Petit. Il est probable que cette loi étoit du nombre de celles qui avoient été apportées d'Athènes à Rome par les décemvirs.

(5) Nous avons vu ci-devant en effet que les deux premiers noms inscrits sur les tables fatales étoient celui de L. César, oncle maternel d'Antoine, celui de Paulus, le propre frère de Lépidus, et quelques lignes plus bas, celui de Toranius le propre tuteur d'Octave.

(6) Ce fut en effet la crainte de la vengeance publique qui empêcha César de suivre l'intention qui lui vint d'abdiquer la dictature, et de rétablir la république, comme ce

fut le même motif qui lui fit passer le Rubicon. On se rappelle que, promenant ses regards sur le champ de bataille à Pharsale, il dit en présence d'Asinius Pollion « Ils l'ont « voulu, ils m'auroient traduit devant les tribunaux et m'au- « roient fait condamner, malgré tout ce que j'ai fait, si je ne « m'étois pas mis sous la sauvegarde de mes légions. *Hoc* « *voluerunt, tantis rebus gestis C. Cæsar condemnatus* « *essem, nisi ab exercitu auxilium petiissem.* » Suet. Jul. Cæs. 30. Ce fut le même motif qui retint Antoine et Octave, et sur-tout ce dernier, lorsqu'il fut demeuré seul. C'est sur cette considération qu'insista Mécène dans la délibération qui eut lieu entre Octave, Agrippa et lui, sur cette question importante. On trouve dans le cinquante-deuxième livre de Dion Cassius le discours de Mécène à Octave à ce sujet. Sylla est le seul homme qui ait osé donner un exemple qu'on n'a jamais imité depuis.

(7) Il y a long-temps, comme on voit, que l'argent a cette réputation de passer pour être le nerf de la guerre. Aussi le maréchal de Trivulce avoit-il grande raison de dire à François premier, que, pour avoir des succès à la guerre, il falloit trois choses ; *la première, de l'argent ; la seconde, de l'argent, et la troisième, de l'argent.*

(8) Il n'est guère apparent que ce soit au moment dont parle ici Appien, que Cassius ait harangué son armée. Il est plus probable que ce fut au moment où les deux armées ennemies furent en présence, comme le rapporte Dion Cassius, liv. XLVII, n. 42, et sur le point de se combattre. Ce dernier historien ne nous a transmis aucun des discours qui furent prononcés dans ces circonstances majeures où alloit se décider la grande cause de la liberté ou de la servitude du peuple romain. « Quoique dans d'autres batailles, dit-il, les « Romains se soient battus ultérieurement contre des Ro- « mains, la question a été alors de savoir quel seroit le maître « auquel ils devroient obéir. Ici, au contraire, les uns vou- « loient soumettre le peuple romain à leur domination per- « sonnelle, et les autres n'avoient d'autre but que de lui

« rendre sa liberté et son indépendance, » *ibid.* n. 39. Mais Dion Cassius nous en a transmis la substance. « Lors-
« que les deux armées furent en présence l'une de l'autre,
« les chefs, les lieutenants, les officiers inférieurs, des deux
« côtés, adressèrent à leurs soldats des harangues et des ex-
« hortations analogues à leurs circonstances respectives. Ces
« harangues, ces exhortations roulèrent sur les dangers
« présents, sur les évènements à venir : c'étoit en effet le
« langage qu'on devoit tenir à deux armées qui alloient en
« venir aux mains pour décider du sort de leur condition
« future. Il y eut, dans ces harangues, beaucoup de choses
« identiques, parceque des deux côtés étoit une armée com-
« posée de citoyens romains et de leurs alliés ; mais elles
« différèrent aussi à beaucoup d'égards. Du côté de Brutus,
« on parla de liberté, de démocratie ; on fit le tableau d'un
« ordre politique de choses où l'on n'avoit à craindre, ni les
« fureurs d'un tyran, ni les caprices d'un despote; on fit
« valoir les avantages de l'*isonomie* ou égalité de droits, et
« les inconvénients de la monarchie, choses dont on con-
« noissoit l'importance par son expérience personnelle, et
« par tradition. On insistoit sur chacun de ces détails en
« particulier; on supplioit les troupes de s'attacher, de
« s'affectionner avec zèle à la liberté civile et à tous les
« avantages qui en résultent; et à détester la domination
« d'un seul, à ne pas souffrir qu'elle s'établît. Du côté d'An-
« toine on exhorta les soldats à se venger des parricides,
« à envahir les biens de tous les factieux du parti contraire,
« et à désirer de conquérir le droit de commander à ses
« propres concitoyens. » *Liv. XLVII*, n. 42.

(9) Doriscum étoit, à ce qu'il paroît, une petite ville de Thrace, sur les bords de la mer, vis-à-vis de l'île de Samothrace. On prétend que Xerxès, lors de son expédition contre la Grèce, passa par cette ville, et calcula même le nombre de ses troupes par les dimensions de son enceinte. Voyez Pline, liv. IV, chap. 11 ; Hérodote, liv. VII. Solinus s'exprime ainsi : *Locum Doriscon illustrem reddidit Xerxis ad-*

ventus, quòd ibi recoluit militis sui numerum. Solin. Polyhist. cap. 16.

(10) Plutarque mentionne également ce prodige. *Vie de M. Brutus*, 46.

(11) Etienne de Byzance et Pline, livre IV, chap. 11, font mention d'une montagne de Thrace qui portoit ce nom-là. Solinus parle de ce promontoire, et il paroît, par ce qu'il en dit, que ce promontoire fut le théâtre des célèbres merveilles opérées par les chants d'Orphée. *Quem (Orpheum) sive sacrorum, sive cantuum secreta in Serrio promontorio agitâsse tradunt.* Solin. Polyhist. cap. 16. *Voyez* Pomponius Mela, liv. II, chap. 2.

CHAPITRE XIII.

Les lieutenants des triumvirs étant maîtres des défilés par où l'on passe d'Asie en Europe, Brutus et Cassius, guidés par Rhascupolis, prince du pays, se frayent une route difficile et pénible au travers des montagnes, et viennent camper auprès de la ville de Philippes.

Ans de Rome. 712.

CII. C<small>E</small> promontoire s'avance beaucoup dans la mer. Brutus et Cassius gagnèrent l'intérieur des terres, et détachèrent Tillius Cimber avec sa flotte, une légion de grosses troupes et quelques archers, pour qu'il doublât ce promontoire en longeant les côtes, qui, quoique d'un sol fertile, étoient entièrement désertes autrefois, parceque les Thraces n'étoient point navigateurs, et qu'ils n'habitoient point les contrées maritimes par la crainte des pirates. Mais des Grecs et des Chalcidéens (1) entre autres, peuples accoutumés à la mer, s'y étant établis, ils y faisoient fleurir le commerce et l'agriculture, ce que les Thraces voyoient avec plaisir, par la commodité qu'ils avoient de faire avec eux des échanges de denrées. Mais Philippe, fils d'Amyntas, chassa ces Grecs et ces Chalcidéens de cette colonie, de manière qu'on n'y en voyoit plus d'autres vestiges que les fondements de leurs temples. Tillius Cimber parcourant cette côte, devenue de nouveau déserte, selon l'ordre que Brutus et Cassius lui en avoient donné, prit les dimensions et la description topographique des lieux propres au campement, et continua de pousser en avant par degrés avec ses vaisseaux, afin de forcer Norbanus à quitter les gorges qu'il occupoit, en lui faisant penser qu'il étoit inutile de les garder plus longtemps. Et en effet, l'évènement justifia cette attente. A l'aspect de la flotte de Tillius Cimber, Norbanus, qui tenoit les gorges des Sapéens, prit l'épouvante. Il manda à Décidius de quitter celles des Korpiles, et de venir vite à son secours. Décidius y accourut, et aussitôt que ce poste eut été abandonné, une partie de l'armée de Brutus franchit le passage.

CIII. Instruits du succès de cette ruse, Norbanus et Décidius se retranchèrent, avec encore plus de forces, dans les gorges des Sapéens; et alors Brutus et Cassius se trouvèrent dans un nouvel embarras. Ils commencèrent même à se décourager par la crainte d'être forcés de prendre le détour qu'ils avoient d'abord voulu éviter, et de revenir sur leurs pas, tandis qu'ils étoient pressés par le temps et par la saison. Au milieu de ces perplexités, Rhascupolis leur apprit que l'on pouvoit faire un circuit autour des montagnes mêmes des Sapéens; que c'étoit l'affaire de trois jours de marche; qu'à la vérité, ce chemin n'étoit actuellement nullement fréquenté, à cause des précipices, du défaut d'eau, et de l'épaisseur des forêts; mais il ajouta que, si les soldats vouloient porter leur eau avec eux, et disposer seulement un sentier étroit suffisant pour le passage, l'épaisseur des bois déroberoit leur marche aux oiseaux mêmes; que le qua-

Ans de Rome. 712.

trième jour ils arriveroient sur les bords de l'Harpessus (2), qui se jette dans l'Hèbre (3), d'où, en un jour de plus, ils se rendroient à Philippes, poste dans lequel ils se trouveroient avoir tourné l'ennemi, de manière qu'ils l'auroient complètement cerné sans qu'il eût aucun moyen de s'échapper. Brutus et Cassius adoptèrent ce parti, soit par les difficultés que présentoit l'autre, soit par l'espérance d'envelopper un si grand nombre d'ennemis.

CIV. En conséquence, ils détachèrent un corps de troupes, sous les ordres de Lucius Bibulus, accompagné de Rhascupolis. Ce détachement eut beaucoup de peine à former le sentier, mais il y parvint à force de zèle et d'activité : ce zèle et cette activité redoublèrent lorsque quelques éclaireurs qui s'étoient portés en avant, rebroussèrent pour annoncer que, d'un lieu élevé, ils avoient aperçu le fleuve ; mais le quatrième jour, excédés de fatigue et de soif, les travailleurs se relâchèrent ; car l'eau qu'ils avoient apportée avec eux commençoit à s'épuiser. Ils se rappeloient qu'on leur avoit dit qu'ils ne manqueroient d'eau que pendant trois jours, et ils se laissoient aller à la terreur panique de quelque embuscade. Ce n'est pas qu'ils se défiassent de ceux qui, envoyés à la découverte, avoient annoncé avoir vu le fleuve ; mais ils craignoient qu'on ne leur fît tenir une fausse direction. De là du découragement, de là des clameurs, de là les outrages qu'ils vomissoient, les coups de pierres qu'ils lançoient contre Rhascupolis, lorsqu'ils le voyoient venir à eux pour les exhorter, et les exciter à la besogne. Cependant Bibulus les supplioit d'achever le reste de l'ouvrage, employant avec eux le langage le plus (4) propre à les calmer, lorsque, vers le soir, ceux des travailleurs qui étoient les chefs de file aperçurent le fleuve. A cet aspect, ils firent, comme de raison, de grands cris de joie. Ces cris étant répétés de proche en proche par ceux qui étoient en arrière, arrivèrent jusqu'au dernier corps de l'armée. Aussitôt que Brutus et Cassius apprirent par ces acclamations que le sentier étoit tracé, ils se hâtèrent de faire passer en diligence toute l'armée; mais ce passage, ils ne le consommèrent pas en entier à l'insçu de l'ennemi, et en conséquence, ils ne le surprirent point; car Rhascus, le frère de Rhascupolis, se doutant par les acclamations qu'il avoit entendues de ce qui étoit arrivé, alla à la découverte; et voyant qu'en effet Brutus et Cassius avoient franchi la montagne, il s'étonna qu'une armée aussi nombreuse eût fait, sans avoir de l'eau, un chemin qu'il ne pensoit pas qu'aucune bête féroce eût pu faire au travers d'une aussi épaisse forêt. Il courut en apporter la nouvelle à Norbanus, qui profita de la nuit pour faire sa retraite des gorges des Sapéens sur Amphipolis. On ne parloit dans les deux armées que de ces deux Thraces, dont l'un avoit fait filer une armée entière par un chemin inconnu, et dont l'autre avoit découvert le secret de cette marche.

CV. Ce fut avec cette audace extraordinaire que l'armée de Cassius et de Brutus parvint à gagner la ville de Philippes. Tillius Cimber s'en approcha de son côté avec sa flotte, et toutes leurs forces se trouvèrent ainsi réunies. Philippes est une cité qui portoit anciennement le nom de *Datos*, et avant celui-ci, le nom de *Crénidès*, à cause du grand nombre de sources d'eau vive (Κρῆναι) qui sortent de l'éminence sur laquelle elle est élevée. Philippe (roi de Macédoine), qui la regarda comme un poste avantageux contre les Thraces, la fortifia, et lui fit prendre son nom. Elle est située sur un tertre assez escarpé, et sa grandeur est exactement celle du sommet de ce tertre. Du côté du nord, elle est couverte par les bois au travers desquels Rhascupolis fit avancer les troupes de Cassius et de Brutus. Du côté du midi est un marais qui règne jusqu'à la mer. A l'orient, elle a les gorges des Sapéens et des Corpiles. A l'occident, une plaine qui s'étend jusqu'à Murcinum (5) et Drabiscum (6), et jusqu'au fleuve Strymon, sur un espace de trois cent cinquante stades, et sur un terrain fécond et d'un beau coup-d'œil. On prétend que c'étoit dans cette plaine que Proserpine cueilloit des fleurs lorsqu'elle fut enlevée par Pluton (7). Dans cette plaine est aussi le fleuve Zugactès (8), dans le trajet duquel on raconte également que le char de Pluton fut fracassé; circonstance d'où le fleuve tira son nom. Au reste, cette plaine va en pente, de manière à favoriser ceux qui descendroient de Philippes vers Amphipolis, et à contrarier ceux qui voudroient monter d'Amphipolis à Philippes.

CVI. Non loin de Philippes est encore une autre éminence qu'on appelle l'éminence de Bacchus. Là sont des mines d'or connues sous le nom d'*Asyles*.

A dix stades en avant de Philippes, sont encore deux autres éminences éloignées chacune de Philippes d'à peu près dix-huit stades, et éloignées l'une de l'autre de huit stades environ. Ce fut sur ces deux éminences que vinrent camper Brutus et Cassius ; savoir, Cassius sur celle qui étoit au midi, et Brutus sur celle qui étoit au nord. Le corps à la tête duquel étoit Norbanus s'étant battu en retraite, ils n'allèrent pas plus avant, parcequ'ils apprirent qu'Antoine s'avançoit, après avoir laissé Octave malade à Épidamne. Autant la plaine étoit propre pour livrer une bataille, autant les tertres convenoient à l'assiette d'un camp; car d'un côté étoient des étangs et des marais qui s'étendoient jusqu'au fleuve Strymon, de l'autre étoient des gorges infréquentées et impraticables. L'espace intermédiaire des deux tertres, sur une longueur de huit stades, étoit comme une espèce de porte qui servoit de passage d'Europe en Asie. Sur cette longueur, ils élevèrent un mur d'un camp à l'autre, et afin que les deux n'en fissent qu'un, ils pratiquèrent des portes au milieu de ce mur. Au-delà de ce mur étoit une rivière que les uns appellent *Ganga*, les autres *Gangitès* (9). Sur leurs derrières, ils avoient la mer, où étoient en sûreté leurs munitions et leurs vaisseaux. Ils établirent leurs magasins dans l'île de Thase, qui étoit à une distance de cent stades. Leur flotte fut mise à la rade à Néapolis, à soixante-dix stades de distance. Satisfaits d'une si avantageuse position, Brutus et Cassius s'occupèrent à fortifier leurs camps.

NOTES.

(1) Les anciens avoient plusieurs villes qui portoient le nom de Chalcis. *Voyez* Etienne de Byzance. La plus connue étoit celle d'Eubée, qui avoit été une des colonies d'Athènes.

(2) *Harpessus fluvius nemini, quod sciam, præter Appianum memoratus. Nimiùm à Philippis abesse videtur quàm ut huc trahi possit,* Ἀρτισκὸς, *vel* Ἀρτησκὸς, *per Odrysas fluens, Herodoto* IV, 92. *memoratus; quem eundem esse cum* Ἀρδησκῳ *Hesiodi theogoniæ,* 345, *suspicatus est Wesseling.* Note de Schweighæuser.

(3) L'Hèbre, fleuve de Thrace, avoit sa source dans le pays des Odryses, et il traversoit le territoire de plusieurs peuples dont Solin nous a conservé les noms. *Hebrum Odrysarum solum fundit qui fluvius excurrit inter Briantas, Dolancas, Thunos, Corpillos, aliosque barbaros tangit, et Ciconas.* Solin. Polyhist. cap. 16.

(4) Le texte porte μετ' εὐφημίας, que l'interprète latin a rendu par *bonis avibus*. J'avoue que je n'ai point vu quel rapport pouvoit avoir l'expression du texte avec l'expression latine. Il m'a paru évident que le mot εὐφημία du texte devoit être entendu ici dans le sens marqué par Hésychius, Εὔφημα, καλὰ, ἐπαινετὰ, Εὐφημεῖ, καλὰ λαλεῖ, ἢ ἐπαινεῖ. Appien a employé ce même mot à peu près dans le même sens, dans la section LXII du livre de la guerre contre Mithridate, καὶ τῆς φιλτάτης Ῥωμαίοις εὐφημίας οὕνεκα, en considération du bien que les Romains aiment qu'on dise d'eux. Diodore de Sicile a donné à ce mot, dans la seconde page de son premier livre, une acception encore plus noble et plus relevée : καλὸν δ' οἶμαι τοῖς εὖ φρονοῦσι θνητῶν πόνων ἀντικαταλλάξασθαι τὴν ἀθάνατον εὐφημίαν, « ils font bien, les « Sages, à mon avis, d'échanger quelques travaux mortels « contre une gloire immortelle. »

NOTES.

(5) Je n'ai trouvé nulle part le nom de cette ville.

(6) Thucydide, qui fait mention de cette même ville, liv. I, n. 100, la nomme Δραβῆσκος, et c'est sous ce nom-là qu'on la trouve dans Etienne de Byzance.

(7) Schweighæuser s'étonne, avec quelque raison, qu'aucun des auteurs qui ont parlé des détails de l'enlèvement de Proserpine, ne paroisse avoir eu aucune connoissance de ce passage d'Appien.

(8) Schweighæuser remarque, au sujet de ce fleuve, qu'il ne l'a trouvé mentionné dans aucun autre écrivain. Appien le nomme une seconde fois ci-dessous, sect. CXXVIII.

(9) Schweighæuser a soupçonné que cette rivière étoit la même que le Zugactès. La différence de la dénomination paroît résister à cette conjecture. Du reste, il est probable que le Zugactès et le Ganga n'étoient que des rivières très médiocres, puisqu'elles n'ont pas fixé l'attention des géographes.

CHAPITRE XIV.

Antoine et Octave accourent. Ils viennent camper auprès de Brutus et de Cassius. Ouvrages de fortification exécutés de part et d'autre. L'audace d'Antoine engage une bataille, contre le gré de Brutus et de Cassius. L'aile commandée par Brutus enfonce l'aile commandée par Octave, et s'empare de son camp. L'aile commandée par Antoine culbute l'aile cammandée par Cassius, et se rend maîtresse de son camp.

Ans de Rome. 712.

CVII. Cependant Antoine s'avançoit à grandes journées avec toutes ses forces, se dirigeant sur Amphipolis, où il vouloit établir le théâtre de la guerre. Il fut très content de la trouver toute fortifiée par les soins de Norbanus; il y plaça tous ses bagages, sous la surveillance d'une légion, dont il donna le commandement à Pinarius; et se portant audacieusement en avant, il vint camper dans la plaine, à huit stades seulement de distance de Cassius et de Brutus. Cette position d'Antoine rendit sensible sur-le-champ la supériorité du campement de l'ennemi, et l'infériorité du sien; car l'ennemi étoit sur des hauteurs, il étoit, lui, dans la plaine; l'ennemi tiroit son bois des montagnes, lui, il ne pouvoit en prendre que dans des marais; l'ennemi puisoit son eau dans un fleuve, et lui, dans des puits qu'il avoit creusés à la hâte; l'ennemi faisoit venir ses vivres de très près, de l'île de Thase, et lui, faisoit voiturer les siens d'Amphipolis, par une distance de trois cent cinquante stades. D'ailleurs ce fut pour Antoine une affaire de nécessité. Il n'y avoit point d'autre élévation dans ce voisinage, et l'autre partie de la plaine, étant plus basse que celle qu'il occupoit, étoit exposée aux inondations du fleuve; ce qui étoit cause que, dans les puits qu'il fit creuser, on trouva d'abondantes sources d'eau douce. Au surplus, cette audace, commandée par la nécessité, ne laissa pas d'en imposer à l'ennemi, qui le vit, dès son arrivée, planter, d'un air de mépris, son camp à si peu de distance de lui. Antoine se hâta d'amasser beaucoup de matériaux et de fortifier son camp de fossés, de palissades, de retranchements. Brutus et Cassius fortifièrent, de leur côté, tout ce qui n'étoit point encore en état de défense. Cassius, qui regardoit comme une folie la témérité d'Antoine, fortifia tout l'espace qui étoit entre son camp et les marais, et qu'il avoit négligé jusqu'alors à cause de son peu de largeur : de manière qu'il n'y eut plus aucun côté qui ne fût défendu, à l'exception des flancs du camp de Brutus, qui l'étoient par l'escarpement du terrain, et des flancs de celui de Cassius, qui l'étoient par les marais et par la mer. Tout ce qui étoit au-devant d'eux étoit couvert par des fossés, par des retranchements, par des murs percés de portes.

CVIII. Pendant qu'ils se fortifioient ainsi chacun de son côté, ils se tâtoient respectivement par de simples escarmouches de cavalerie. Au moment où ils eurent mis la dernière main aux travaux de fortification, Octave arriva (1); il n'étoit pas encore assez bien portant pour prendre part à la bataille. Il ne pouvoit que parcourir les rangs de l'armée en litière. Aussitôt l'armée d'Antoine et d'Octave se disposa à combattre. Brutus et Cassius s'y disposèrent aussi du haut de leur position, mais sans faire un pas pour descendre ; car leur intention étoit de ne pas se presser d'en venir aux mains, dans l'espoir qu'ils avoient de réduire l'ennemi par la famine. Chacune des deux armées étoit forte de dix-neuf légions, avec cette seule différence qu'aucune des légions de Brutus et de Cassius n'étoit au complet, et que toutes celles d'Antoine et d'Octave avoient de l'excédant. En cavalerie, en y comprenant les Thraces que chacun avoit de son côté, ils avoient, Antoine et Octave, treize mille hommes, Brutus et Cassius vingt mille. Ces deux armées offroient un brillant coup-d'œil, soit par le nombre des combattants, soit par l'audace ou le courage des chefs qui les commandoient, soit par la variété de leurs armes, soit par leur attirail militaire. Néanmoins plusieurs jours se passèrent dans l'inaction. Brutus et Cassius ne vouloient point tenter le sort des armes ; ils vouloient plutôt épuiser l'ennemi par le défaut de subsistances. Ils avoient derrière eux l'Asie qui les approvisionnoit, et ils recevoient leurs vivres, par mer, d'une île voisine ; au lieu que l'ennemi n'avoit rien en abondance, ni aucune ressource sur laquelle il pût compter ; car il ne pouvoit rien recevoir d'Égypte, par la voie des marchands, attendu que ce pays étoit en proie à la famine. Pompée lui coupoit toute communication avec l'Ibérie et l'Afrique ;

Murcus et Domitius Ænobarbus le séparoient de l'Italie. La Macédoine et la Thessalie, seuls pays qui pussent lui fournir des vivres, n'étoient pas capables de lui en fournir long-temps (2).

Ans de Rome. 712.

CIX. Ces motifs déterminoient Brutus et Cassius à traîner la guerre en longueur. Par la même raison, Antoine étoit dans l'intention de forcer ses deux ennemis à livrer bataille. En attendant, il songea à se frayer clandestinement un passage au travers des marais, s'il étoit possible, afin de se porter sur les derrières de l'ennemi à son insçu, et de lui enlever la communication qu'il avoit pour ses subsistances avec l'île de Thase. Il rangea donc quelques jours de suite toute son armée en bataille, enseignes déployées, de manière à faire croire à l'ennemi que l'armée entière étoit en effet devant lui. Mais il employa nuit et jour une partie de ses troupes à former un passage étroit au milieu des marais, en coupant les roseaux, en faisant une chaussée, en la soutenant de chaque côté avec un revêtement en pierre, afin que la digue ne se rompît point, en faisant piloter dans les bas-fonds, et jeter des ponts, le tout avec le moins de bruit possible. Les roseaux qui étoient encore en vigueur, à l'endroit où se faisoit le chemin, dérobèrent à l'ennemi la vue de cette manœuvre. Après dix jours de travail, Antoine fit subitement passer, de nuit, à la file, des cohortes qui occupèrent tout ce qu'elles trouvèrent de terrain libre, et y firent plusieurs redoutes à la fois. Cassius fut étonné de cette entreprise, et du mystère avec lequel elle avoit été conduite. Il forma le projet, de son côté, de couper la communication d'Antoine avec ses redoutes; en conséquence, il fit construire une autre digue, en sens oblique, dans toute la longueur du marais, depuis son camp jusqu'à la mer, pilotant également, jetant des ponts, consolidant sa digue par des revêtements, interceptant par ce moyen le chemin pratiqué par Antoine; de manière que ceux des siens qui avoient traversé le marais ne pouvoient plus le rejoindre, tandis que, de son côté, il ne pouvoit plus leur donner aucun secours.

CX. A l'aspect de cette manœuvre de Cassius, Antoine, qui avoit son armée rangée en bataille sous divers points, marcha sur le midi, plein d'impétuosité et de colère contre la digue de Cassius, vers le point qui étoit entre le marais et son camp, faisant porter par ses soldats des instruments de fer et des échelles, comme pour détruire la digue, et se frayer en même temps le chemin du camp ennemi. Comme il s'avançoit ainsi avec audace, en montant en ligne oblique, dans l'espace qui séparoit les deux armées, les soldats de Brutus s'indignèrent de cette insolence, que l'ennemi osât passer ainsi devant eux pendant qu'ils étoient sous les armes. Ils fondirent donc sur eux, de leur propre mouvement, avant qu'aucun de leurs chefs leur en eût donné l'ordre (3); ils les prirent en flanc, et tuèrent tous ceux qu'ils purent atteindre. L'action une fois commencée, ces mêmes soldats se jetèrent sur le corps d'armée d'Octave, qui se trouvoit rangé en bataille vis-à-vis d'eux, et l'ayant fait plier, ils le poursuivirent jusqu'à ce qu'ils se furent emparés du camp qui étoit commun à

Octave et à Antoine. Octave n'étoit point au camp dans ce moment. Il avoit été averti, en songe, de veiller sur lui ce jour-là, ainsi qu'il l'a écrit lui-même dans ses mémoires. (4).

CXI. Antoine voyant la bataille déjà vivement engagée, se réjouit que l'ennemi lui eût fait une nécessité de combattre; car il étoit en grande sollicitude au sujet des subsistances. Il ne jugea point à propos de regagner la plaine de peur de porter, en rétrogradant, la confusion dans son ordre de bataille. Il continua de marcher avec impétuosité, comme il avoit commencé, et monta vers l'ennemi quoique avec peine, et accablé de traits, jusqu'à ce qu'il se trouva en présence du corps de bataille de Cassius, qui gardoit ses rangs, et qui s'étonnoit de cette audace extraordinaire. Il enfonça ce corps de bataille avec intrépidité, et se dirigea vers la partie du retranchement qui séparoit le camp du marais. Il en détruisit le revêtement, il en combla le fossé, il renversa la muraille, et massacra ceux qui en défendoient les portes, et tout cela en bravant la grêle de traits dont il étoit assailli, jusqu'à ce qu'il se fût élancé lui-même au travers des portes, tandis que ses soldats pénétroient, les uns par les brèches, les autres en franchissant la muraille, en se servant pour cela de ses débris. Il mit tant de célérité dans ces opérations, qu'après avoir forcé ce retranchement, il marcha contre ceux qui étoient venus protéger ceux qui travailloient dans le marais. Il les culbuta également avec impétuosité, et les poussa dans le marais même; et tandis que le gros des deux armées se battoit hors des retranchements, Antoine, suivi de ceux de ses braves qui avoient franchi les ouvrages de l'ennemi, se porta vers le camp de Cassius.

CXII. Comme ce camp étoit fort d'assiette, il n'étoit gardé que par peu de monde. Il en résulta qu'Antoine n'eut pas beaucoup de peine à s'en rendre maître. Déjà au-dehors les troupes de Cassius commençoient à plier, et lorsqu'elles virent que le camp étoit au pouvoir de l'ennemi, elles se débandèrent en désordre. L'issue de cette journée fut exactement la même des deux côtés (5). Brutus avoit mis en déroute l'aile gauche de l'ennemi, et s'étoit emparé de son camp (6). Antoine, vainqueur de Cassius, étoit arrivé dans le camp ennemi à force d'audace (7). Il y eut beaucoup de sang répandu de part et d'autre; mais l'étendue de la plaine, et l'énormité de la poussière furent cause qu'on ignora des deux côtés ce qui s'étoit passé, jusqu'à ce qu'on en eût reçu les détails. Chacun alors rappela les siens. Ceux qui revenoient de la bataille ressembloient plutôt à des porte-faix qu'à des soldats. Ils ne pouvoient ni se regarder, ni se reconnoître les uns les autres; car ils auroient alternativement jeté le butin dont ils étoient chargés, pour attaquer avec vigueur les ennemis qu'ils auroient vus chargés eux-mêmes de butin, se retirer ainsi sans aucun ordre. On conjectura que le nombre des morts s'étoit élevé, du côté de Cassius, à huit mille, en y comprenant les esclaves qui avoient combattu; et du côté d'Antoine et d'Octave, à seize mille.

NOTES.

(1) Après avoir fait la traversée de Brindes vers les côtes de l'Epire, il étoit resté malade à Dyrrachium. Il y étoit encore, à ce qu'il paroît d'après le récit de Dion Cassius, lorsqu'il apprit qu'Antoine, arrivé à Philippes, avoit débuté par un échec contre un détachement de l'armée de Cassius. Sur-le-champ il se rendit à l'armée, pressé par un double motif de crainte. Il avoit à craindre en effet que son absence, désavantageuse à Antoine, ne le fît battre, ce qui auroit rendu sa position plus critique à l'égard de Cassius et de Brutus ; mais il étoit encore plus dangereux pour lui qu'Antoine vainquît en son absence. Cet évènement auroit donné à Antoine, vis-à-vis de lui, une supériorité, une prépondérance dont il lui importoit sur-tout de ne pas lui laisser l'avantage. *Liv. XLVII*, n. 37.

(2) A ces motifs, Dion Cassius en joint un autre dont il est étonnant qu'Appien ne parle pas. « Brutus et Cassius, « dit-il, tâchoient d'obtenir la victoire sans rien compromet-« tre et sans effusion de sang. Ils étoient pleins d'affection « pour les Romains, leurs concitoyens ; c'étoit contre eux « qu'ils avoient à combattre. En conséquence, ils n'avoient « pas de moindres sollicitudes pour les troupes de l'ennemi « que pour les leurs propres, car ils désiroient à la fois le « salut et la liberté des uns et des autres. » ἐνεβάλλοντο εἴ πως ἄνευ κινδύνου καὶ φθόρου τινῶν ἐπικρατήσειαν, ἅτε γὰρ δημεράσαι τε ἀκριβῶς ὄντες, καὶ πρὸς πολίτας ἀγωνιζώμενοι, ἐκείνων τε οὐδὲν ἧττον ἢ τῶν συνόντων σφίσι διεσκόπουν, καὶ ἐπεθύμουν ἑκατέροις ὁμοίως καὶ τὴν σωτηρίαν, καὶ τὴν ἐλευθερίαν παρασχεῖν. *Lib. XLVII*, n. 38.

(3) D'après ce récit d'Appien, il paroît que la bataille fut engagée par un évènement à peu près fortuit. Néanmoins Dion Cassius dit formellement que Brutus et Cassius eurent

la main forcée par la crainte de quelque défection de la part de leurs troupes, qui les menacèrent d'abandonner leurs drapeaux, ou de passer du côté de l'ennemi, s'ils différoient plus long-temps. Plutarque ajoute à ce récit de Dion Cassius, que déjà ils avoient eu des transfuges, et qu'ils craignoient que cet exemple ne se propageât. Il y a plus; c'est que, selon cet historien, les deux chefs n'étoient pas d'accord, et que, tandis que Cassius étoit d'avis de gagner du temps, Brutus pensoit, au contraire, qu'il falloit précipiter la bataille. Plut. *Vie de Brutus*, 48.

(4) Ce n'étoit pas Octave qui avoit eu le songe auquel il fut redevable de son salut. C'étoit, selon Dion Cassius, Artorius, son médecin, dont Paterculus et Plutarque nous ont transmis le nom. Ce médecin avoit été averti par Minerve, pendant son sommeil, de faire sortir Octave de sa tente, quelque malade qu'il fût, et de le faire placer dans les rangs; ce qui le sauva. Ὁ δ᾽ ἰατρὸς ὁ συνὼν τῷ Καίσαρι ἐνόμισεν οἱ τὴν Ἀθηνᾶν προστάσσειν ἔκ τε τῆς σκηνῆς αὐτὸν καίτοι καὶ τότε ἔτι κακῶς ἀῤῥωςοῦντα, ἐξαγαγεῖν, καὶ ἐς τὴν παράταξιν κατατῆσαι, ὑφ᾽ οὗπερ καὶ ἐσώθη. *Lib. XLVII*, n. 41.

(5) Dion Cassius a mis une sorte de complaisance à faire la description de cette bataille. Son imagination s'est mise en frais. On voit qu'il a voulu trancher du poëte; mais au milieu des détails où il est entré, j'avoue que je n'ai pu comprendre comment deux champions qui se tenoient embrassés, et si étroitement qu'ils étoient dans l'impossibilité de se blesser l'un l'autre avec leurs armes, périssoient néanmoins par le seul entrelacement de leurs glaives et de leurs corps, à moins de se serrer réciproquement au point de s'étouffer: συμπλεκόμενοι τε τινές τὸ μὲν παίειν ἀλλήλους ἀφῃροῦντο, τῇ δὲ συμμίξει καὶ τῶν ξιφῶν καὶ τῶν σωμάτων διώλλυντο. *Lib. XLVII*, n. 44.

(6) Tous les historiens, Paterculus, Florus, Suétone, Dion Cassius, Plutarque, l'Epitome de Tite-Live, sont unanimes sur ce résultat de la première bataille de Philippes: *Capta sunt hinc Cæsaris castra, indè Cassii*. Mais Plutarque

est le seul qui dise, sur la foi de Messala, qui commandoit une légion à cette journée, que la victoire resta du côté de Brutus et de Cassius, car ils enlevèrent trois aigles et beaucoup d'autres enseignes à l'ennemi, sans en perdre une seule. *Vie de Brutus*, 52.

(7) Le texte porte littéralement *ravageoit le camp ennemi avec une audace à laquelle rien ne résistoit*. D'ailleurs, s'il faut s'en rapporter à Dion Cassius, l'on se battit de part et d'autre avec beaucoup d'acharnement, et l'action dura une assez bonne partie de la journée; ἐφόνευον, ἐφονεύοντο μέχρι πόῤῥω τῆς ἡμέρας. Il paroît, au surplus, d'après cet historien, que toutes les troupes des deux armées ne donnèrent pas; mais sur quel fondement Dion Cassius affirme-t-il, que si toutes les troupes avoient donné, et que de plus, si Brutus eût été opposé à Antoine, et Cassius à Octave, il n'y auroit eu de victoire d'aucun côté, ἰσοπαλεῖς ἂν ἐγεγόνεσαν. Une assertion de cette nature valoit bien la peine d'en donner quelque raison, et Dion Cassius n'en donne aucune. Liv. XLVII, n. 45.

CHAPITRE XV.

Cassius, ignorant que Brutus a vaincu de son côté, trompé d'ailleurs par l'approche d'un corps de cavalerie, se fait donner la mort. Brutus lui fait rendre les honneurs funèbres et prend le commandement de ses troupes. Les deux armées se montrent en bataille sans en venir aux mains. Le même jour de la première bataille, Murcus et Domitius Ænobarbus remportent sur la mer d'Ionie une grande victoire contre Domitius Calvinus qui amenoit des renforts aux triumvirs.

Ans de Rome. 712.

CXIII. Lorsque Cassius se vit chassé de ses retranchements, et qu'il n'eut plus aucun moyen de rentrer dans son camp, il fit sa retraite sur les hauteurs de Philippes (1), d'où il chercha à reconnoître les résultats de la bataille ; mais il lui fut impossible d'en juger avec exactitude, à cause de l'excès de la poussière, et de la distance qui l'empêchoient de tout voir (2). Il ne vit que son camp au pouvoir de l'ennemi; en conséquence, il donna ordre à Pindarus, son affranchi (3), de s'armer d'un glaive et de lui donner la mort. Pendant que Pindarus hésitoit, un messager vint annoncer à Cassius que Brutus avoit vaincu de son côté, et qu'il étoit maître du camp d'Antoine et d'Octave. Cassius répondit à ce messager : « Dites à Brutus que je lui souhaite une « victoire complète »; et se tournant du côté de

Pindarus, « Qu'attends-tu, lui dit-il, pourquoi ne
« me délivres-tu pas de ma honte? » A ces mots
Pindarus obéit, et donna la mort à Cassius qui lui
presenta sa gorge (4). Tel est le récit que font quelques auteurs de la mort de Cassius. D'autres racontent qu'ayant vu venir à lui un détachement de cavalerie, que Brutus lui envoyoit pour lui annoncer sa victoire, il chargea Titinius d'aller observer ce détachement qu'il prit pour des ennemis; et que cette cavalerie ayant entouré Titinius avec des démonstrations de joie, comme ami de Cassius, et ayant fait à ce sujet de grandes exclamations, Cassius avoit cru que Titinius étoit tombé lui-même entre les mains de l'ennemi, qu'il s'étoit écrié : « N'ai-
« je donc tant attendu que pour me voir arracher
« mon ami » ? et qu'à ces mots, il étoit entré dans une tente avec Pindarus, qui depuis ne reparut plus, d'où l'on tira la conséquence qu'il avoit égorgé son patron sans en avoir reçu l'ordre (5). Au reste, Cassius mourut le jour même de son anniversaire, avec lequel le hasard fit ainsi coïncider celui de la bataille. Titinius, qui regarda sa mort comme l'effet de sa lenteur à venir lui rendre compte, se tua lui-même (6).

CXIV. Brutus, en déplorant la fin tragique de Cassius, l'appela *le dernier des Romains*, donnant à entendre par-là que désormais nul Romain ne montreroit autant de vertu (7). Il lui reprocha de s'être trop hâté, d'avoir agi avec trop de précipitation. Mais « je l'estime heureux, dit-il, de s'être
« délivré de tous les soucis, de toutes les sollicitudes

Ans
de
Rome.

712.

« qui vont me conduire à je ne sais quels résultats. » Il engagea ses amis à lui rendre clandestinement les honneurs funèbres, de peur que ce spectacle n'excitât les larmes de toute l'armée. Il passa toute la nuit suivante, sans sommeil et sans nourriture, à rassembler les débris de l'armée de Cassius. Dès le point du jour l'ennemi rangea son armée en bataille afin de paroître n'avoir pas été vaincu. Brutus, pénétrant cette ruse, « et nous aussi, s'écria-t-il, pre-
« nons les armes, et donnons-nous l'air de n'avoir
« point perdu la bataille. » Aussitôt que Brutus se fut mis en mesure de recevoir l'ennemi, celui-ci rentra dans son camp. Brutus le raillant alors de cette fanfaronnde, dit à ses amis : «Après nous avoir
« provoqués parcequ'ils nous croyoient fatigués, ils
« n'on osé rien entreprendre. »

CXV. Le même jour que cette bataille se donnoit dans les champs de Philippes, une grande bataille navale se donnoit aussi dans la mer Ionienne. Domitius Calvinus amenoit à Octave deux légions de renforts; et l'une des deux étoit cette *légion de Mars*, ainsi nommée à cause de sa bravoure et de son intrépidité. Il amenoit, en même temps, une cohorte prétorienne d'environ deux mille hommes, quatre corps de cavalerie, et d'autres troupes d'élite; mais il n'avoit en trirèmes qu'une foible escorte. Murcus et Ænobarbus vinrent à sa rencontre avec cent trente grands vaisseaux. Ceux des vaisseaux de transport qui étoient à la tête du convoi se sauvèrent en petit nombre à force de voiles; mais le vent s'étant abattu tout à coup, les autres vaisseaux saisis par le calme, et errant à l'aventure au milieu des flots, furent livrés à l'ennemi comme par la main des Dieux. L'ennemi, en effet, se jetoit sur chacun d'eux avec sécurité, et les fracassoit. Les trirèmes qui formoient l'escorte ne purent leur donner aucun secours, parcequ'elles furent enveloppées à cause de leur petit nombre. Cependant les vaisseaux du convoi mirent tout en œuvre pour échapper au danger : tantôt, avec leurs vergues et leurs cordages on se hâtoit de les attacher les uns aux autres, afin que l'ennemi ne pût point couper leur ligne ; tantôt, lorsqu'après cette manœuvre Murcus leur lança des matières inflammables, ils se détachoient rapidement pour s'éloigner les uns des autres et éviter la communication de l'incendie, et demeuroient ainsi de nouveau exposés à se voir cerner et assaillir par les trirèmes de l'ennemi.

Ans de Rome. 712.

CXVI. Les soldats qui étoient à bord des vaisseaux écumoient de rage, et sur-tout ceux de la légion de Mars, qui, malgré la supériorité de courage dont ils se sentoient animés, se voyoient détruire sans coup férir. Les uns se tuèrent eux-mêmes, avant que de périr par les flammes. Les autres s'élancèrent au milieu des trirèmes de l'ennemi, où ils périrent également, mais non pas du moins sans vendre leur vie. Des vaisseaux à demi-brûlés furent long-temps la proie des vagues; les hommes qui en formoient les équipages y périrent, ou par le feu, ou par la faim, ou par la soif. Quelques uns, qui flottoient attachés à des mâts, ou à des bancs de rameurs, furent jetés contre des roches, ou sur des plages désertes. Il y en eut quelques autres qui eurent le singulier bonheur de se sauver. Il y en eut même qui luttèrent cinq jours entiers contre la mort, en suçant la poix, en mâchant les voiles et les cordages, jusqu'à ce qu'ils furent portés à terre par les ondulations de la mer; mais la plupart, vaincus par le malheur, se rendirent prisonniers de guerre. Dix-sept des trirèmes ennemies se rendirent aussi. Murcus reçut le serment qu'il se fit prêter par les équipages. Quant au chef de la flotte des triumvirs, Domitius Calvinus, il arriva le cinquième jour avec son vaisseau, à Brindes, où le bruit s'étoit répandu qu'il avoit péri. Tel fut cet évènement qui eut lieu sur la mer Ionienne le même jour que la bataille de Philippes, soit qu'il faille lui donner le nom de bataille navale, soit qu'il convienne mieux de le regarder comme un naufrage. Lorsque l'on fut informé de cette étrange coïncidence, tous les esprits en furent frappés d'étonnement.

NOTES.

(1) *Id autem cornu in quo Cassius fuerat fugatum ac malè multatum in altiora sereceperat loca.* Paterculus, lib. II, cap. 70.

(2) Voyez Plutarque, *Vie de Brutus*, 54.

(3) Le mot *écuyer*, technique dans notre ancienne chevalerie, quoiqu'il n'eût pas été ici le mot propre, auroit pu rendre le mot grec ὑπασπιςής; car si l'interprète latin l'a rendu par *armiger*, désignant par-là celui qui avoit pour fonction de porter les armes des généraux romains, pourquoi ne pas me permettre la même métonymie? Mais j'ai craint que les puristes ne me reprochassent de pécher contre le costume, et de commettre ce qu'ils appellent un anachronisme d'expression.

(4) On prétend qu'il fut égorgé avec le même glaive dont il s'étoit servi le jour de l'assassinat de César. Plutarque, *Vie de César*, 87. Ce fut ainsi que Callippus, l'auteur de la conspiration qui fit périr Dion à Syracuse, fut égorgé à Rheggium avec le même poignard qui avoit donné la mort à Dion. Plutarq. *Vie de Dion*, 73.

(5) Il est évident que si Appien n'a point ici copié Plutarque, il a pris cette variante sur la mort de Cassius dans les mêmes monuments où Plutarque a puisé sa relation. Plut. *Vie de Brutus*, 54.

(6) Plutarque rapporte le même fait, *Vie de Brutus*, 55.

(7) Brutus fit ensevelir le corps de Cassius, et le fit transporter dans l'île de Thase, de peur que le spectacle de sa pompe funèbre ne devînt le sujet de quelque désordre au milieu de l'armée: et l'un des esclaves de Cassius vint au milieu de la nuit dans le camp d'Antoine, lui apporter les vêtements dans lesquels il avoit été tué, et en même temps son glaive. Plut. *Vie de Brutus*, 55.

CHAPITRE XVI.

Brutus harangue son armée. Il lui représente que, sans courir la chance des armes, il est sûr de vaincre l'ennemi par la détresse où il est réduit. Nonobstant ces représentations, Brutus est contraint par ses troupes de livrer bataille. Il est battu, et son armée se débande.

Ans de Rome. 712.
CXVII. Ce fut au milieu de ces évènements que Brutus assembla son armée, et lui adressa le discours suivant. «Braves compagnons d'armes, dans la bataille
« que nous avons livrée hier, il n'est rien en quoi nous
« n'ayons vaincu l'ennemi. Vous avez commencé la
« charge avec ardeur, sans en attendre l'ordre; et vous
« avez exterminé en entier la quatrième légion qu'on
« avoit placée dans l'aile de l'armée ennemie qui vous
« faisoit face, à cause de sa réputation de valeur. Vous
« avez mis en déroute tout le corps d'armée qui la sou-
« tenoit, vous l'avez poursuivi jusque dans son camp;
« vous avez ensuite pénétré dans le camp même,
« et vous l'avez mis au pillage; de manière que votre
« victoire est bien supérieure à l'échec que nous avons
« éprouvé sur notre aile gauche. Il dépendoit de
« vous de rendre vos succès totalement décisifs, mais
« vous avez mieux aimé piller les vaincus que leur
« donner la mort; car la plupart d'entre vous lais-
« soient les vaincus de côté, pour aller s'emparer de
« leur bagage. Or, notre supériorité consiste en ce

« que, de nos deux camps, l'ennemi ne s'est rendu
« maître que d'un seul; au lieu qu'en nous emparant
« du sien, nous l'avons dépouillé en entier; ce qui
« fait que nous avons gagné le double de ce que
« nous avons perdu. Voilà quels sont pour nous les
« avantages effectifs de cette journée. Quant à ceux
« que nous avons d'ailleurs sur lui, vous pouvez vous
« en informer avec nos prisonniers de guerre. Ils
« vous diront combien il est en peine pour ses sub-
« sistances, combien il les paye cher, avec quelles
« difficultés il se les procure, et à quel point il est
« évidemment près d'en manquer; car il ne peut en
« recevoir ni de la Sicile, ni de la Sardaigne, ni de
« l'Afrique, ni de l'Ibérie, parceque Pompée, Mur-
« cus, et Domitius Ænobarbus, à la tête de deux
« cent soixante trirèmes, lui ferment les mers. Il a
« déjà épuisé la Macédoine. Il n'a plus d'autre res-
« source que la Thessalie. Or, jusqu'à quand la
« Thessalie lui suffira-t-elle? »

CXVIII. « Lors donc que vous verrez l'ennemi
« empressé de combattre, pensez que, réduit à la
« famine, c'est qu'il aime mieux mourir par la voie
« des armes. Quant à nous, nous devons tout mettre
« en œuvre pour le combattre d'abord par la faim,
« de manière que, lorsque le moment de l'attaquer
« à force ouverte sera arrivé, nous le trouvions af-
« foibli et exténué. Ne nous laissons donc point em-
« porter par notre ardeur, avant le moment favo-
« rable. Ne pensons pas que la lenteur prouve ici
« moins d'habileté et d'expérience que la célérité.
« Jetons nos regards sur la mer qui est derrière nous,

« En nous fournissant, comme elle le fait, et nos
« ressources militaires et nos subsistances, elle nous
« garantit une victoire exempte de tous dangers,
« si nous savons prendre patience, et nous bien
« convaincre, quelques provocations, quelques fan-
« faronnades que se permette l'ennemi, non pas
« qu'il soit plus brave que nous, car la journée
« d'hier a prouvé le contraire; mais qu'il cherche à
« échapper à un péril par un autre. Toute l'ardeur,
« tout le zèle, auxquels je vous invite à commander
« en ce moment, vous les déploierez à la fois, lorsque
« je vous les demanderai. Quant aux récompenses
« de la victoire, vous les recevrez en entier, sous le
« bon plaisir des Dieux, lorsque la victoire sera
« consommée. Aujourd'hui, en reconnoissance de la
« valeur que vous avez montrée hier, je donne à
« chaque soldat mille drachmes, et aux chefs en
« proportion. » A ces mots, il distribua cette libéralité de légion en légion. Quelques écrivains rapportent qu'il promit en outre à ses troupes le pillage
de Lacédémone et de Thessalonique (1).

CXIX. Octave et Antoine, qui se doutoient que
Brutus n'engageroit point spontanément une nouvelle
bataille, convoquèrent leur armée, et Antoine parla
ainsi : « Braves soldats, je suis informé que l'ennemi
« se vante d'avoir remporté hier la victoire, parce-
« qu'il a mis en déroute une partie de nos troupes,
« et qu'il s'est emparé de notre camp; mais en effet
« sa conduite prouve que tout l'avantage a été de
« notre côté; car je vous assure, que ni demain, ni
« les jours suivants, il ne nous présentera pas vo-

« lontairement la bataille : ce qui est une preuve
« manifeste qu'il sent avoir été vaincu hier, qu'il
« craint de combattre encore, semblable à ces ath-
« lètes qui, ne pouvant se dissimuler leur infério-
« rité, n'osent se remontrer dans l'arène. Car, après
« avoir conduit en Thrace une si nombreuse armée,
« il ne s'y est pas si formidablement retranché pour
« s'établir dans un pays désert. Mais c'est lorsqu'il a
« appris que vous approchiez, que la crainte lui a
« fait construire tous ces ouvrages de défense. Main-
« tenant que nous sommes en présence, il se tient
« enfermé dans son camp, dans le sentiment de
« l'échec qu'hier il a éprouvé, et dont l'importance
« ayant réduit au désespoir celui des deux chefs qui
« étoit le plus âgé et qui avoit le plus d'expérience,
« l'a porté à se donner la mort ; ce qui est le signe
« le plus certain qu'il s'est regardé comme perdu.
« Lors donc que vous voyez que l'ennemi ne répond
« point à nos provocations, qu'il ne descend point
« des hauteurs sur lesquelles il s'est posté, et qu'il
« a plus de confiance dans la force de sa position
« que dans ses armes, allons, braves compagnons,
« avec une audace digne de soldats romains, for-
« çons-le, encore une fois, à combattre, ainsi que
« nous l'y avons forcé hier. Regardons comme une
« infamie de nous montrer moins valeureux qu'un
« ennemi qui nous craint, de ne point attaquer celui
« qui redoute l'attaque ; et, soldats que nous sommes,
« de ne pas nous croire capables de forcer des retran-
« chements. Car nous ne sommes point venus ici,
« non plus nous-mêmes, pour passer notre temps

« en plate campagne; et temporiser, c'est nous ex-
« poser à manquer de tout. La prudence commande
« d'agir à la guerre avec la plus grande activité,
« comme de maintenir la paix, une fois faite, aussi
« long-temps qu'il est possible ».

CXX. « Quant à nous, qui avons dirigé hier votre
« impétuosité et vos succès, de manière à ne pas en-
« courir vos reproches, nous mettrons tout en œuvre
« pour que vous profitiez des circonstances, et que
« vous exécutiez ce qu'elles rendront praticable.
« Vous, de votre côté, vous répondrez à vos chefs
« par votre valeur et votre courage, lorsqu'ils vous y
« inviteront. N'ayez pas d'ailleurs le moindre regret
« à ce que la journée d'hier vous a fait perdre; car
« ce n'est point en ce que nous possédons que con-
« siste notre richesse. C'est dans la victoire que nous
« avons à remporter par notre courage, victoire qui
« nous rendra tout ce qui nous a été enlevé hier,
« et que l'ennemi a encore intact entre ses mains;
« victoire qui fera tomber en outre en notre pou-
« voir tout ce qui est à lui. Si nous voulons donc
« nous hâter de recouvrer ce qui est à nous, et de
« dépouiller l'ennemi, nous nous hâterons de com-
« battre. Hier même, ce que nous avons pris a suf-
« fisamment compensé ce que nous avons perdu;
« peut-être même avons-nous gagné: car tout ce
« que nous avons enlevé à l'ennemi étoit le fruit de
« ses exactions en Asie. Quant à vous, qui venez de
« votre patrie, vous avez laissé dans vos foyers do-
« mestiques ce que vous possédez de plus précieux,
« pour ne prendre avec vous que ce qui vous étoit

« nécessaire. Si, d'ailleurs, il y avoit dans notre camp
« quelque chose de prix, ce n'étoit que ce qui nous
« appartenoit à nous, vos chefs, qui étions prêts à
« vous le faire distribuer en entier, en récompense
« de votre victoire; ce qui n'empêchera point qu'à
« ce titre vous ne receviez, chaque soldat cinq cents
« drachmes, chaque centurion cinq fois autant, et
« chaque tribun le double des centurions. »

CXXI. Après ce discours, Antoine et Octave présentèrent le lendemain une seconde fois la bataille; mais l'ennemi continua de rester dans l'inaction. Antoine, furieux, continua de son côté de se ranger chaque jour en bataille. Brutus se tenoit aussi en mesure de recevoir l'ennemi avec une partie de ses troupes en cas de nécessité, et avec l'autre partie, il occupoit les chemins qui devoient assurer ses convois. Dans le voisinage du camp de Cassius étoit une éminence très difficile à occuper, à cause que, par sa proximité, elle étoit à la portée du trait. Cassius n'avoit pas laissé d'y élever des fortifications, pour la mettre à l'abri d'un coup de main, que l'ennemi dans son audace auroit pu tenter, quoiqu'on ne dût pas s'y attendre. Cette éminence avoit été abandonnée par Brutus, et les troupes d'Octave s'en étoient emparées durant la nuit; quatre légions s'y étoient logées, munies de tous les instruments nécessaires pour faire des travaux qui les défendissent du trait. Lorsque ces quatre légions furent établies dans ce poste, Antoine et Octave firent changer de place à dix autres de leurs légions, et les campèrent à plus de cinq stades de distance, en gagnant du côté de la mer. A quatre stades encore plus avant, ils en campèrent deux autres, afin que de cette manière, soit par leur proximité de la mer, soit à la faveur des marais, soit par toute autre circonstance, ils pussent inquiéter l'ennemi, et même lui couper les vivres. Brutus leur fit face sur tous les points, et se retrancha à l'opposite de chacun de leurs camps.

CXXII. Cependant le besoin de combattre devenoit très urgent pour Antoine et Octave; il étoit évident qu'ils alloient manquer de vivres. Chaque jour la pénurie devenoit plus grande et plus alarmante; car la Thessalie ne pouvoit plus en fournir en suffisante quantité. Ils ne pouvoient rien espérer du côté de la mer, dont les vaisseaux de l'ennemi étoient entièrement les maîtres. Déjà le bruit de la bataille récemment donnée dans la mer Ionienne se répandoit dans les deux camps. Les triumvirs redoutoient les suites de cette défaite, et d'ailleurs le terrain boueux sur lequel ils étoient campés leur rendoit l'approche de l'hiver encore plus redoutable. Sur ces entrefaites, ils envoyèrent une légion en détachement, dans l'Achaïe, pour y ramasser tout ce qui s'y trouveroit de vivres, et le leur transmettre en diligence. Mais le besoin et le danger devenant chaque jour plus pressant, et voyant que toutes leurs autres manœuvres n'amenoient aucun résultat, ils ne se présentèrent plus en bataille dans la plaine; mais se portant avec de grands cris vers les retranchements de Brutus, ils le provoquèrent au combat, par des sarcasmes, des invectives, décidés moins à le forcer dans ses lignes, qu'à le contraindre par leur furibonde impétuosité à en venir aux mains malgré lui.

CXXIII. Mais Brutus, en ce qui le concernoit personnellement, demeuroit ferme dans sa première résolution. Il y persévéroit d'autant plus, qu'instruit de la détresse de l'ennemi du côté de la famine, et ayant reçu la nouvelle des succès de sa flotte dans la mer d'Ionie (2), il voyoit l'ennemi réduit par toutes ces circonstances au désespoir. Il aimoit mieux être assiégé dans son camp, et supporter toutes les autres agresions de l'ennemi, que d'en venir aux mains (3) avec des troupes réduites à la famine, qui avoient perdu toute espérance, et à qui il ne restoit d'autre ressource que la chance d'une bataille (4); mais malheureusement son imprudente armée ne partageoit point ces dispositions. Ses soldats supportoient impatiemment de demeurer dans l'inaction et d'avoir l'air de craindre de combattre, renfermés comme des femmes dans l'enceinte de leur camp. Leurs chefs partageoient la même impatience. Ce n'est pas qu'ils ne rendissent justice aux sages vues de Brutus; mais ils se flattoient que l'ardeur que montroient les troupes leur feroit vaincre rapidement l'ennemi. L'affabilité naturelle, la bonté de caractère qui distinguoient Brutus envers tout le monde secondoient cette ardeur d'engager l'action. Il n'avoit point l'austérité de Cassius; il ne mettoit point, comme lui, le ton de l'autorité à toutes choses. Cassius étoit obéi aussitôt que ses ordres étoient donnés. Personne ne partageoit avec lui les fonctions du commandement. On

Ans de Rome. 712.

ne lui demandoit aucune raison de ses mesures ; et lors même que ses motifs étoient pénétrés, on s'abstenoit de toute remontrance. Mais Brutus avoit une si grande facilité de caractère, que ses chefs se croyoient ses associés au commandement. Les choses furent enfin poussées au point que les soldats commencèrent à s'attrouper, et à demander d'un ton séditieux : « Qu'avons-nous donc fait à notre général « pour qu'il nous punisse ainsi ? De quelle faute « récente sommes-nous coupables, nous qui avons « vaincu, nous qui avons mis l'ennemi en déroute ? « Nous, qui avons fait une boucherie de ceux « des ennemis qui nous étoient opposés, et qui nous « sommes emparés de leur camp ? » Mais Brutus dissimula toutes ces rumeurs. Il n'assembla point son armée pour la haranguer, de peur que la multitude des soldats n'eût l'insolence de porter ses excès jusqu'à compromettre sa dignité. Il craignoit principalement à cet égard ces mercenaires qui, toujours semblables à de versatiles esclaves qui changent de maîtres, espèrent de trouver leur salut en passant dans le parti opposé.

CXXIV. Cependant ses lieutenants et ses tribuns militaires le persécutoient, le pressoient avec instance de profiter de l'ardeur que l'armée faisoit paroître en ce moment, et qui sembloit être le gage de quelque brillant succès. Ils lui représentoient qu'en cas d'échec pendant la bataille on retourneroit dans le camp, et qu'on se battroit du haut des retranchements. Mais c'étoit principalement contre eux que Brutus manifestoit son indignation ;

il se plaignoit que, prenant part au commandement, et courant avec lui les mêmes dangers, ils suivissent avec tant de légèreté l'impulsion de l'armée, qui préféroit une chance rapide et douteuse à une victoire sans péril. Il finit par céder, pour leur malheur et pour le sien propre, et il leur reprocha leur opiniâtreté en disant : « Me voilà dans la même po-
« sition que le grand Pompée; je vais livrer bataille,
« non pas parceque j'en ai donné l'ordre, mais par-
« ceque je l'ai reçu. » S'il se contenta de ce peu de mots, je pense que ce fut pour dissimuler la plus sérieuse de ses craintes, savoir, que son armée ayant autrefois combattu sous les enseignes de César, ne se révoltât et ne passât du côté de l'ennemi. Car c'étoit là ce que Cassius et lui avoient le plus redouté dès le commencement, et ce qui leur avoit fait soigneusement éviter de fournir aux troupes aucun prétexte de mécontentement et de rébellion (5).

CXXV. Brutus fut donc forcé d'en venir aux mains malgré lui (6). Il rangea son armée en bataille sur le devant de ses retranchements (7). Il recommanda à ses troupes de ne pas trop s'éloigner des hauteurs, afin de pouvoir facilement se battre en retraite en cas de besoin, et repousser commodément l'ennemi à coups de flèches. D'ailleurs, dans les deux armées, les soldats s'excitoient les uns les autres. Des deux côtés on brûloit de combattre; des deux côtés on montroit une audace démesurée : les uns étoient pressés par la crainte de la famine; les autres avoient pour aiguillon la juste pudeur

qui devoit les animer pour avoir forcé la main à leur général décidé à temporiser encore, la crainte de paroître moins braves qu'ils ne l'avoient promis, la crainte de combattre avec moins d'intrépidité qu'ils n'en avoient annoncé, de s'exposer plutôt au reproche d'une inconsidérée précipitation que de ne pas mériter l'éloge d'avoir donné une impulsion salutaire. Brutus parcourant à cheval, avec un visage sévère, les rangs de son armée, lui inspiroit ce sentiment de pudeur. Il en rappeloit laconiquement les motifs à ses soldats, selon que les circonstances l'y invitoient. « C'est vous qui avez voulu
« combattre : c'est vous qui m'avez forcé, contre
« mon intention, de vous mener à la victoire. Ne
« trompez donc ni mon espérance ni la vôtre. Vous
« êtes protégés par les hauteurs, vous êtes maîtres
« de tous vos derrières; au lieu que l'ennemi est
« dans une situation critique; il est entre vous et
« la famine. » A ces mots, il continuoit son chemin. Les troupes lui répondoient avec le ton de la confiance, et par d'honorables acclamations.

CXXVI. De leur côté, Antoine et Octave parcouroient leur armée de rang en rang; ils tendoient les mains à ceux de leurs combattants dont ils étoient le plus près; ils les excitoient de la manière la plus forte et la plus sérieuse; ils ne dissimuloient plus qu'ils étoient près de mourir de faim, parceque ce motif étoit un aiguillon très propre à leur donner du courage. « Braves soldats, leur disoient-
« ils, nous avons enfin trouvé l'ennemi. Les voilà
« hors de leurs retranchements, ceux que nous cher-

« chions. Qu'aucun de vous ne démente ses provo-
« cations antérieures; qu'aucun de vous ne demeure
« au-dessous des menaces qu'il a déjà faites; qu'au-
« cun de vous ne préfère mourir de faim, danger
« terrible contre lequel nous n'avons aucune res-
« source, que de passer sur le corps de l'ennemi,
« que de forcer ses retranchements, succès promis
« à l'audace, au fer, et au désespoir. Les circons-
« tances sont pour nous tellement urgentes, que
« nous ne pouvons pas différer jusqu'à demain. Il
« faut tout décider aujourd'hui, ou par une victoire
« complète, ou par une mort généreuse. La victoire
« va vous donner dans un seul jour, dans une seule
« bataille, des subsistances, de l'argent, des vais-
« seaux, du butin, et les récompenses que nous
« vous avons promises. Nous vaincrons, si dès la
« première charge nous réfléchissons à tous les
« motifs qui nous pressent; si, après avoir rompu
« le corps de bataille de l'ennemi, nous nous hâtons
« de lui barrer le passage pour retourner dans son
« camp, et qu'ensuite nous le précipitions du haut
« des rochers, ou que nous le poursuivions dans la
« plaine, de manière à empêcher la guerre de re-
« naître, à empêcher l'ennemi de reprendre son
« plan d'inertie, dans le sentiment d'une foiblesse,
« qui, par un exemple unique, fait reposer son
« espoir, non dans les succès des batailles, mais
« dans une entière inaction. »

CXXVII. Telles étoient les considérations par lesquelles Antoine et Octave excitoient leurs troupes pendant qu'ils en parcouroient les rangs. Chacun étoit jaloux de se montrer digne de ses chefs, avide de se dérober au péril de la famine, que la perte de la bataille navale dans la mer d'Ionie rendoit extraordinairement urgent; chacun aimoit mieux périr, s'il le falloit, dans un combat qui offroit une chance d'espoir, que de se laisser accabler par un danger inévitable. Les esprits étant dans ces dispositions, chacun faisoit part de ses réflexions à son voisin; il en résulta que les courages s'exaltèrent singulièrement, et que tous les cœurs se remplirent d'une audace invincible. Ils ne se ressouvinrent plus pour le moment qu'ils alloient combattre leurs concitoyens. Les deux armées se menaçoient réciproquement comme si elles eussent été étrangères l'une à l'autre et naturellement ennemies, tant la fureur subite qui s'empara d'elles fit délirer toutes les idées, éteignit toutes les affections! On se disoit également des deux côtés que cette journée, que cette bataille, alloit définitivement décider du sort du peuple romain; et elle en décida en effet.

CXXVIII. Les dispositions et les préparatifs s'étoient prolongés jusqu'à la neuvième heure, lorsque deux aigles parurent dans l'espace qui séparoit les deux armées, et se battirent. Ce spectacle fit régner le plus profond silence; mais l'aigle qui étoit du côté de l'armée de Brutus ayant pris la fuite (8), de grandes acclamations s'élevèrent du côté de l'armée d'Antoine et d'Octave. Les deux armées dressèrent leurs enseignes. Le choc fut imposant et terrible. On ne fit pas grand usage des dards, des flèches, des pierres, ni des autres moyens de la tactique militaire communément employés dans les combats; mais ils fondirent les uns sur les autres, le glaive à la main, frappant à tort et à travers, s'efforçant réciproquement de se culbuter. Les uns étoient animés plutôt par le désir de se sauver que par celui de la victoire; les autres avoient pour objet de vaincre et de se justifier aux yeux de leur chef, qu'ils avoient contraint à donner la bataille. On fit un carnage horrible. On enlevoit les morts, et d'autres combattants venoient de suite des rangs voisins prendre leurs places. Les chefs couroient de tous les côtés, surveillant leurs soldats, les excitant par leur impétuosité, exhortant ceux qui étoient fatigués de combattre à combattre encore, faisant remplacer ceux qui étoient rendus de lassitude, afin que sur le front de la bataille le courage eût toujours une ardeur nouvelle. Enfin les troupes d'Octave, soit aiguillon de la faim, soit bonheur de la part de ce triumvir (car les soldats de Brutus n'eurent aucun reproche à se faire), ébranlèrent le corps de bataille qui leur étoit opposé. On eût dit d'une machine énorme qui étoit mise en mouvement; ils plièrent d'abord lentement pied à pied, et se battant encore avec courage; mais lorsque leur ordre de bataille commença d'être rompu, ils lâchèrent le pied plus vite, et lorsque le second et le troisième rang, qui soutenoient le premier, plièrent aussi, le désordre se répandit au milieu d'eux, ils se culbutèrent eux-mêmes en même temps qu'ils furent culbutés par l'ennemi, qui les serra de près sans relâche, jusqu'à ce qu'ils prirent la fuite à la débandade. Les soldats d'Octave, qui se rappelèrent de la marche qui leur avoit été tracée, vinrent s'emparer des portes du camp, en bravant tous les dangers, car ils étoient accablés du haut des retranchements de traits qui leur venoient de front; ils en défendirent l'entrée à un grand nombre d'ennemis qui venoient s'y réfugier, et qui prirent la fuite du côté de la mer, ou du côté des montagnes, le long du fleuve Zugactès (9).

CXXIX. Après cette déroute, les deux chefs, Antoine et Octave, se distribuèrent la suite des opérations. Octave fut chargé de tomber sur ceux qui, enfermés dans le camp, chercheroient à se sauver, et de veiller sur le camp même. Antoine se chargea de tout le reste; il se jeta tour à tour et sur les fuyards et sur ceux qui résistoient encore, et sur les autres campements de l'ennemi, faisant tout céder à son extrême impétuosité. Il craignit que les divers chefs de l'ennemi, qui parviendroient à se sauver, ne réunissent encore une armée. Il donna ordre en conséquence à plusieurs détachements de cavalerie de parcourir les chemins par toutes les issues du champ de bataille, et de massacrer les fuyards. Ces détachements se dirigèrent sur divers points, et ceux qui gagnèrent les montagnes prirent pour guide Rhascupolis, prince de Thrace, qui en connoissoit tous les détours. Ils environnèrent tous les endroits, ou retranchés, ou escarpés, donnant la chasse, comme à des bêtes, à ceux qui cherchoient à se sauver, et tenant enveloppés ceux qui occupoient ces postes. Une partie de cette cavalerie se mit aux trousses de Brutus. Lucilius voyant ces ennemis acharnés à le poursuivre en grande hâte, se présenta à eux, comme si lui-même eût été Brutus, et les pria de le conduire vers Antoine plutôt que vers Octave. Cette précaution qu'il prit de ne point se laisser mener vers un irréconciliable ennemi aida principalement à faire croire qu'il étoit réellement Brutus. Antoine instruit qu'on le lui amenoit, s'empressa d'aller à sa rencontre, et réfléchissant sur le revers, sur la dignité, sur la vertu d'un tel personnage, il songeoit à l'accueil qu'il devoit lui faire, lorsque Lucilius l'ayant vu s'approcher, lui dit d'un ton d'assurance et d'audace : « Ce « n'est pas Brutus qui a été pris. La vertu ne tom- « bera jamais au pouvoir du crime. C'est moi qui « ai donné le change à tes soldats, et qui suis ici « entre tes mains. » Antoine voyant ses cavaliers couverts de honte, les consola. « Cette capture n'est « pas moins importante, leur dit-il; elle l'est même « plus que vous ne pensez, car un ami est bien au- « dessus d'un ennemi. » Antoine déposa en effet Lucilius entre les mains d'un de ses familiers, pour le traiter avec distinction, et depuis il le mit au nombre de ses amis même, et l'employa dans des fonctions de confiance (10).

NOTES.

(1) Plutarque le dit également, et rien n'atteste mieux la sage impartialité et la saine philosophie qui dirigeoit la plume de ce célèbre historien, que la réflexion dont il accompagne ce fait. « Brutus leur feit promesse que si en la « seconde bataille ils faisoyent devoir de bien combattre, il « leur donneroit à piller et saccager deux villes, à sçavoir « Thessalonice et Lacédémone. En toute la vie de Brutus « il ne se treuve que cette seule faulte, à laquelle il n'y a « point de response, combien que Cæsar et Antoine ayent « depuis payé à leurs gens beaucoup pire loyer de la victoire, « ayant déchassé presque de toute l'Italie les naturels habi- « tants et vrais propriétaires pour donner à leurs soudards « des terres et des villes esquelles ils n'avoient rien; mais « ceulx-là ne se proposèrent jamais autre but en ceste guerre, « ny autre fin, sinon vaincre pour dominer; là où l'on avoit « si grande opinion de la vertu de Brutus, que la voix com- « mune et opinion du monde ne luy permettoit ny de « vaincre, ny de se sauver, s'il n'estoit juste et honneste. » *Vie de Brutus*, 57.

(2) Appien est ici en contradiction avec Plutarque. Selon ce dernier historien, Brutus donna la seconde bataille sans être informé de la victoire éclatante remportée par Murcus et Domitius Ænobarbus sur Domitius Calvinus. Ce fut en vain que la veille de cette seconde bataille, sur le soir, un transfuge du camp ennemi nommé Clodius donna cette nouvelle. On n'y ajouta dans le camp de Brutus aucune foi, si bien qu'on dédaigna de conduire ce Clodius à la tente prétorienne. En rapprochant cette circonstance de la fatalité qui empêcha que Brutus n'eût aucune nouvelle de ce succès, quoiqu'il s'écoulât vingt jours entre la bataille navale et la seconde bataille de Philippes, d'après le calcul de Plutarque, on ne peut s'empêcher de penser comme cet

NOTES. 451

historien philosophe, et de voir dans ce concours fortuit le doigt de cette providence, qui se joue du sort des nations et du destin des empires, et qui vouloit opérer la catastrophe de celui qui seul étoit un obstacle à ce que le décret des Dieux qui avoient creusé l'abîme de la république fût accompli.

(3) C'est la lettre de l'expression du texte grec, ἐς χεῖρας ἰέναι. C'est ainsi que dans notre langue se sont naturalisées plusieurs locutions qui appartiennent originairement à la langue grecque, sans que nous nous en doutions. Si quelque jour j'en ai le temps, j'amplifierai le petit recueil que le docte Henri Étienne nous a laissé sur cette matière.

(4) *Una salus victis nullam sperare salutem.*

(5) Quelques auteurs que Plutarque ne nomme pas avoient écrit que, la veille de cette dernière bataille, le spectre qui s'étoit montré à Brutus, au milieu de la nuit, dans sa tente, sur les bords de l'Hellespont, se remontra, et qu'il se retira sans lui rien dire ; mais Plutarque observe que Publius Volumnius, homme de lettres et philosophe, qui ne quitta point Brutus dans tout le cours de cette guerre, ne fait aucune mention de ce spectre. Il faut donc, sur la foi d'un témoin aussi recommandable que Volumnius, en tout ce qui concerne les détails de la vie de Brutus qu'il avoit consignés dans des monuments encore existants du temps de Plutarque, rejeter ce qui regarde ce spectre comme fabuleux, *Vie de Brutus*, 59.

(6) Dion Cassius ajoute d'autres circonstances qui contribuèrent à forcer la main à Brutus. Les triumvirs, impatients de tenter une seconde fois le sort des armes faisoient jeter dans le camp de Brutus des libelles par lesquels ils invitoient ses troupes à l'abandonner, et à passer de l'autre côté, ou à ne pas refuser de combattre s'il leur restoit encore quelque courage. D'un autre côté, si quelques Germains étoient passés du camp des triumvirs dans le camp de Brutus, Amyntas, qui commandoit les troupes du roi Dé-

jotarus, et Rhascupolis, le Prince Thrace, étoient passés du camp de Brutus dans le camp des triumvirs. Plutarque rapporte qu'un nommé Camulatius, un des meilleurs cavaliers que Brutus eût sous ses ordres, avoit eu l'audace de passer à l'ennemi sous ses propres yeux. La crainte de la contagion de ces exemples ne lui permit pas de différer plus long-temps d'en venir aux mains. *Dion Cass. liv. XLVIII;* Plut. *Vie de Brutus*, 59.

(7) C'est ici que nous devons placer un fait consigné dans Dion Cassius, et dont Appien ni Plutarque n'ont rien dit. Brutus avoit dans son camp un grand nombre de prisonniers de guerre. Il ne savoit, ni comment les faire surveiller pendant la bataille, ni comment s'assurer de leur foi, pour qu'ils ne commissent rien à son préjudice pendant qu'on seroit aux mains. Il prit le parti d'en faire égorger le plus grand nombre. Faut-il faire de cette action la matière d'un nouveau reproche à la vertu de Brutus ? ou peut-on l'excuser comme l'excuse Dion Cassius, sur le fondement d'une nécessité à l'empire de laquelle il ne céda que malgré lui, et sur-tout sur le fondement de cette justice de représailles consacrée par le droit de la guerre ? car les triumvirs, de leur côté, avoient fait mettre à mort tous leurs prisonniers. Καὶ ἐπειδὴ πολλοί τε αἰχμάλωτοι ἐν τῷ ϛρατοπέδῳ αὐτοῦ ἦσαν, καὶ οὐκ εἶχεν οὐδ' ὅπως διὰ φυλακῆς αὐτοὺς ἐν τῷ τῆς μάχης καιρῷ ποιήσηται, οὐδ' ὅπως πιϛεύσῃ σφίσι μηδὲν λυμαίνεσθαι, διέφθειρε τοὺς πλείους τῇ ἀνάγκῃ καὶ παρὰ γνώμην δουλεύσας, ἄλλως τε καὶ ὅτι οἱ ἐναντίοι τοὺς ζωγρηθέντας τῶν ϛρατιωτῶν αὐτοῦ ἀπεκτόνεσαν. Dion Cassius, lib. XLVII, n. 48.

(8) Plutarque raconte, sur la foi de ce même Publius Volumnius dont nous avons parlé ci-devant, que plusieurs pronostics annoncèrent du côté de Brutus le mauvais succès de cette bataille. La première des aigles de l'armée de Brutus fut toute couverte d'un essaim d'abeilles. Il prit à un de ses centurions une sueur au bras d'une matière ressemblant à de l'huile rosat, et cette sueur résista à tous les remèdes de l'art. Deux aigles descendirent du haut des airs, vinrent

se placer au milieu de l'espace qui séparoit les deux armées, et se livrèrent un combat, qui se termina par la fuite de celui des deux oiseaux qui étoit du côté de l'armée de Brutus. Au moment où l'on ouvrit la porte de son camp pour aller se ranger en bataille, le premier individu qui fut aperçu fut un Æthiopien, sur lequel les soldats se précipitèrent, et ils le mirent en pièces. *Vie de Brutus*, 59.

(9) Selon Plutarque, le début de la bataille tourna en faveur de Brutus. L'aile droite de son armée, qu'il commandoit en personne, culbuta l'aile gauche de l'ennemi qui lui étoit opposée; mais son aile gauche ayant été enfoncée, le vainqueur de ce côté-là vint soutenir ses vaincus; et cette manœuvre, jointe au désordre et à la terreur que répandirent dans l'aile droite de Brutus, en se portant en foule de ce côté-là, les fuyards de l'aile gauche, qui étoient les mêmes qui avoient plié lors de la première bataille, décida de cette journée en faveur des deux triumvirs. *Vie de Brutus*, 60.

(10) On trouve les mêmes détails dans Plutarque, *Vie de Brutus*, 61.

CHAPITRE XVII.

Brutus, se jugeant dénué de toute ressource, se fait donner la mort par un de ses officiers. Mot célèbre de Brutus à cette occasion. Tableau raccourci des qualités personnelles de Brutus et de Cassius. La plupart de leurs troupes capitulent avec les triumvirs. Les grands de Rome, attachés à la fortune de Brutus et de Cassius, se rallient autour de Messala.

Ans de Rome. 712.

CXXX. Quant à Brutus, il se réfugia sur les hauteurs, avec un assez bon nombre de troupes. Son projet étoit de profiter de la nuit pour rentrer dans son camp sans que l'ennemi s'en doutât, ou pour gagner les rivages de la mer. Mais voyant que l'ennemi avoit distribué des postes sur tous les points, il passa toute la nuit en armes au milieu de ses troupes. On rapporte qu'ayant levé les yeux vers le ciel, il s'écria : « O Jupiter ! que l'auteur de tant de « maux (1) ne se dérobe point à ta vengeance ! » Exclamation dans laquelle Antoine étoit désigné. On dit que dans la suite Antoine s'étoit rappelé cette exclamation au milieu de ses propres dangers, et qu'il s'étoit repenti de ce qu'au lieu de s'associer à Brutus et à Cassius, comme il le pouvoit, il s'étoit rendu l'instrument des projets et de l'ambition d'Octave. Cependant Antoine passa également de son côté la nuit sous les armes, pour défendre ses postes contre toute entreprise de la part de Brutus; il se fit une espèce de retranchement avec des cadavres et des effets pris sur l'ennemi. Quant à Octave, après avoir gardé son poste jusqu'au milieu de la nuit, il se retira à cause de son état de maladie, et confia à Norbanus le soin de veiller sur le camp de Brutus.

CXXXI. Brutus vit le lendemain que l'ennemi continuoit à se tenir sur ses gardes. Les troupes qui l'avoient suivi ne s'élevoient pas au-dessus de quatre légions. Il n'osa point s'adresser directement à elles; il s'adressa aux tribuns qui les commandoient, qui étoient tout honteux des tristes résultats de leur imprudence, et qui se repentoient d'avoir fait donner la bataille; il les chargea de les pressentir, et de savoir si elles voudroient tenter de forcer les postes de l'ennemi, et de recouvrer ce qui leur appartenoit, qui étoit sous la garde de ceux de leurs compagnons d'armes à qui la défense du camp avoit été confiée. Mais ces soldats, qu'une ardeur inconsidérée avoit poussés au combat, et qui long-temps dans la mêlée avoient fait des prodiges de valeur, éprouvant alors l'impulsion de quelque puissance supérieure, eurent l'indignité de faire répondre à leur chef : « Qu'il songeât à pourvoir à ce qui le concer« noit lui-même; que, quant à eux, ils avoient « déjà assez souvent tenté la fortune, et qu'ils ne « vouloient point laisser échapper la dernière oc« casion de faire la paix qui se présentoit à eux. » Brutus se tournant alors du côté de ses amis, leur dit : « Puisque les troupes sont dans ces disposi« tions, je n'ai donc plus d'espérance d'être utile à

« la patrie. » A ces mots il appela Straton l'Épirote, un de ses amis, et il le pria de lui donner la mort. Straton l'invita à ne pas précipiter cette détermination. Brutus appela sur-le-champ un de ses esclaves. Alors Straton s'écria : « Non, Brutus, si « ton parti est déjà pris, tu ne trouveras pas pour « exécuter ton dernier ordre, moins de zèle dans « ton ami que dans tes esclaves (2). » Et en prononçant ces paroles il enfonça son glaive dans les flancs de Brutus, qui ne fit aucun mouvement pour aller au-devant du coup, ni pour l'éviter (3).

CXXXII. Telle fut la fin tragique de Cassius et de Brutus, ces deux citoyens romains, illustres par leur origine, illustres par leurs grandes actions, plus illustres encore par des vertus qui n'eurent qu'une seule tache (4). Quoiqu'ils eussent embrassé le parti du grand Pompée, quoiqu'ils eussent été les ennemis de César et ses antagonistes, César les avoit admis au nombre de ses favoris, et les avoit traités depuis comme ses enfants. Le sénat eut constamment pour eux un attachement distingué, et, au milieu de leurs infortunes, il leur porta le plus vif intérêt. En considération de ces deux conjurés, il avoit étendu son amnistie sur tous les autres; et lorsqu'ils furent obligés de prendre la fuite, il leur décerna des commandements de province, afin qu'ils n'eussent point un air d'exilés. Ce n'est pas que le sénat ne prît également intérêt à César, qu'il n'eût vu sa mort avec quelque peine; car il avoit admiré de son vivant, et l'éclat de ses talents militaires, et la splendeur de sa fortune; et à sa mort il lui avoit décerné des honneurs funèbres aux dépens des deniers publics; il avoit ratifié tous les actes de son administration; il avoit, pendant long-temps, suivi pour la dispensation des magistratures et des gouvernements de province, les désignations qui avoient été trouvées écrites dans ses registres, comme si le sénat eût pensé ne pouvoir rien faire de mieux que ce que César avoit fait d'avance. Mais l'attachement et l'affection dont il étoit animé pour ces deux citoyens, les sollicitudes que l'intérêt de leur salut lui fit éprouver, le porta, à braver toutes les considérations, à se mettre au-dessus de tous les discours: tant Brutus et Cassius étoient honorés de tous ses membres ! Les plus illustres des proscrits préférèrent, dans leur fuite, se rendre auprès d'eux qu'auprès de Pompée, quoique ce dernier fût plus voisin de Rome, et qu'il ne fût pas l'irréconciliable ennemi des triumvirs; tandis que Brutus et Cassius étoient beaucoup plus éloignés, et qu'entre eux et les triumvirs nul rapprochement n'étoit praticable.

CXXXIII. Lorsqu'ils eurent besoin de se mettre en mesure de se défendre, en moins de deux ans ils se trouvèrent avoir à leur disposition une armée forte de plus de vingt légions d'infanterie et de vingt mille hommes de cavalerie, plus de deux cents grands vaisseaux, les ressources nécessaires sur terre et sur mer les plus imposantes, et de l'argent en abondance qu'ils avoient ramassé, moitié par les voies de la bonne volonté, moitié par les voies de la violence (5). Ils avoient fait la guerre contre des peuples, contre des cités, contre des chefs du parti des eaux lustrales, son licteur lui présenta la couronne à contre-sens (13). Une autre fois, une statue d'or représentant la victoire, dont il avoit fait hommage dans un temple, tomba d'elle-même (14). Plusieurs fois, des oiseaux qui servoient aux augures s'arrêtèrent au-dessus de son camp sans pousser le moindre cri (15). Il fut souvent assailli par des essaims d'abeilles (16). Quant à Brutus, on rapporte que, pendant qu'il célébroit à Samos la fête de son anniversaire, il s'étoit machinalement écrié au milieu de la gaieté du festin, quoique d'ailleurs il ne fût rien moins que sujet à se laisser aller à de semblables transports en pareille occurrence : « Un sort « cruel, de concert avec le fils de Latone, a causé « ma perte. » On rapporte encore qu'étant sur le point de passer d'Asie en Europe, à la tête de son armée, une nuit, pendant qu'il veilloit, la lumière de sa lampe s'obscurcit, et qu'il vit devant lui un spectre d'une forme extraordinaire; qu'il demanda avec fermeté à ce spectre qui il étoit, d'entre les hommes ou d'entre les Dieux; que ce spectre lui avoit répondu : « Je suis, Brutus, ton mauvais « Démon; nous nous reverrons à Philippes. » Et qu'en effet il l'avoit revu la veille de sa dernière bataille (17). On dit également qu'au moment où il sortoit de son camp pour aller disposer son armée au combat, un Æthiopien étoit venu à sa rencontre, et que sur-le-champ cet Æthiopien, dont la présence paroissoit de mauvais augure, fut mis en pièces par les soldats (18). Ce fut sans doute par l'effet de cette même influence de la part des Dieux que Cassius se regarda sans motif comme dénué de toute espérance, après une bataille dont le succès n'étoit qu'équivoque; que Brutus se laissa forcer à renoncer au sage plan de temporisation qu'il avoit adopté, à en venir aux mains avec des troupes en proie à la famine, tandis qu'il avoit des vivres avec abondance et qu'il étoit maître de la mer; ce fut par l'effet de cette influence que la contrainte exercée contre lui fut moins l'ouvrage de l'ennemi que celui de ses propres troupes. Quoique Cassius et lui eussent plusieurs fois chargé personnellement l'ennemi à la tête de leurs phalanges, ils n'avoient jamais reçu aucune blessure. Ils finirent l'un et l'autre par se donner la mort à eux-mêmes (19), ainsi qu'ils l'avoient donnée à César. Ce fut ainsi que Cassius et Brutus expièrent cet attentat.

CXXXV. Aussitôt qu'Antoine eut en son pouvoir le corps de Brutus, il le fit envelopper d'une brillante robe de pourpre, il le fit brûler, et il envoya ses cendres à sa mère Servilie (20). L'armée de Brutus ne fut pas plutôt instruite qu'il s'étoit donné la mort, qu'elle envoya des députés vers Antoine et vers Octave, qui la reçurent à composition. Ils se distribuèrent les troupes qui avoient fait cette démarche, et qui étoient au nombre de quatorze mille hommes. Les autres corps qui se trouvoient épars dans différents postes, et qui étoient assez nombreux, capitulèrent également. Les divers postes et le camp ennemi furent abandonnés au pillage des troupes d'Antoine et d'Octave. Des illustres Romains qui avoient suivi la fortune de Cassius et de Brutus, les uns périrent au milieu même des champs de bataille, d'autres se donnèrent eux-mêmes la mort, à l'exemple de Cassius et de Brutus, d'autres se défendirent obstinément jusqu'à la dernière extrémité. De ce nombre furent Lucius Cassius, le neveu de Cassius, et Caton, le fils de Caton d'Utique. Ce dernier avoit plusieurs fois chargé l'ennemi, et voyant ses troupes lâcher le pied, il se découvrit la tête, soit afin de se faire mieux reconnoître, soit afin de se faire tuer plus facilement, soit pour l'un ou pour l'autre de ces motifs. Labéon, illustre par sa réputation de philosophe, aïeul de ce Labéon qui occupe encore aujourd'hui un rang distingué parmi les jurisconsultes, fit creuser dans sa tente une fosse tout juste de la grandeur de son corps, donna ses derniers ordres à ses esclaves, écrivit à sa femme et à ses enfants ses dernières volontés, et chargea ses esclaves de leur remettre ses lettres. Cela fait, il prit par la main celui de ses esclaves qui lui étoit le plus affidé, il lui fit faire une pirouette, selon la coutume pratiquée chez les Romains envers ceux de leurs esclaves qu'ils veulent affranchir; et, après l'avoir fait pirouetter, il lui mit un glaive entre les mains, il lui présenta sa gorge, et sa propre tente lui servit de tombeau (21).

CXXXVI. Rhascus, le prince thrace ramena des montagnes beaucoup de troupes. Il demanda et reçut, pour récompense de ses services, de sauver son frère Rhascupolis; ce qui prouva que dès le commencement ces deux princes n'étoient point respectivement ennemis, mais que, voyant deux fortes armées s'avancer vers leur pays pour se combattre, afin de parer, pour leur propre intérêt, à l'incertitude des évènements, ils s'étoient partagés les rôles, afin que le vainqueur sauvât le vaincu. Porcia, la femme de Brutus, qui étoit la sœur du jeune Caton, lorsqu'elle eut appris la mort de l'un et de l'autre, se voyant très soigneusement surveillée par ses esclaves, se saisit de charbons de feu qui lui furent apportés et les avala (22). Parmi ceux des patriciens qui s'étoient réfugiés dans l'île de Thase, les uns se sauvèrent par mer, les autres, ainsi que le reste de l'armée, se mirent à la discrétion de Messala Corvinus, et de Lucius Bibulus, personnages du même rang, et leur donnèrent le pouvoir de régler pour tous ce qu'ils règleroient pour eux-mêmes. Messala (23) et Bibulus traitèrent avec Antoine, qui se rendit dans l'île de Thase, et au pouvoir duquel ils remirent tout ce qui étoit dans cette île, en argent, en armes, en vivres, et en munitions de tout genre.

CXXXVII. Ce fut ainsi qu'Octave (24) et Antoine durent à la plus périlleuse audace le succès de deux batailles, et la fin décisive d'une expédition militaire à laquelle nulle autre expédition antérieure ne se pouvoit comparer; car jamais auparavant deux armées romaines, aussi fortes, aussi nombreuses n'en étoient venues aux mains. Ce n'étoient point des troupes levées selon les règles ordinaires, c'étoient des troupes d'élite: ce n'étoient point des soldats qui n'eussent encore aucune expérience, c'étoient des vétérans qui avoient blanchi sous le harnois; et qui combattirent les uns contre les autres, et non contre des peuples étrangers ou des nations barbares. Ils parloient la même langue; ils avoient la même tactique; ils pratiquoient les mêmes manœuvres; ils avoient le même courage; circonstances qui rendoient la victoire d'autant plus difficile de chaque côté. Jamais on ne se battit avec plus d'impétuosité, avec plus de fureur que dans ces champs de bataille où l'on vit concitoyens contre concitoyens, amis contre amis, compagnons d'armes contre compagnons d'armes. La preuve, c'est que le nombre des morts, dans ces deux batailles, ne fut pas moindre du côté des vainqueurs que du côté des vaincus (25).

CXXXVIII. D'ailleurs l'armée d'Octave et d'Antoine justifia la prédiction de ses chefs. Un seul jour, une seule bataille la fit passer du danger imminent de la famine, et de la crainte d'en périr, à l'abondance de toutes choses, à un salut plein de sécurité, à une victoire éclatante. Le résultat de cette journée fut également ce que les hommes sages avoient prévu qu'il seroit pour le peuple romain. Le sort de la forme de son gouvernement fut décidé par cette bataille, et dès-lors en effet le gouvernement n'eut plus rien de populaire (26). On ne vit plus de semblables querelles, de pareilles expéditions de citoyens romains, les uns contre les autres, à l'exception de celles qui eurent lieu peu de temps après entre Antoine et Octave; mais celles-ci furent les dernières. Les évènements qui suivirent la mort de Brutus, soit de la part de Pompée, soit de la part des amis fugitifs de Brutus et de Cassius, quoiqu'ils se fussent emparés des débris considérables de leurs grandes ressources, n'eurent rien de comparable, ni pour la hardiesse des conceptions, ni pour l'affection et le dévouement des citoyens, des peuples alliés, et des armées, pour les chefs; car ni les citoyens illustres, ni le sénat, ni la gloire elle-même, ne s'intéressèrent à leur fortune, comme ils s'étoient intéressés à la fortune de Cassius et de Brutus.

Ans de Rome. 712.

NOTES.

(1) Volumnius, sur la foi duquel Plutarque rapporte le même trait, avoit écrit dans ses mémoires que Brutus avoit prononcé deux vers dans cette circonstance, et qu'il n'avoit retenu que celui que Plutarque et Appien nous ont transmis.

(2) Plutarque donne quelques détails de plus. Il donne à entendre que Brutus, décidé à périr, s'adressa à deux de ses esclaves, Clitus et Dardanus, qui lui répondirent par des larmes. Il prétend que, s'adressant ensuite à Volumnius, en langage grec, il l'invita, au nom de leur ancienne amitié fondée sur un goût pour les lettres et pour la philosophie, de lui prêter sa main pour se tuer, et que Volumnius, d'abord, et ensuite ceux de ses autres amis qui l'entouroient, auxquels il s'adressa à son défaut, lui refusèrent ce service. L'un d'eux s'étant pris à dire qu'il falloit fuir : « Oui, dit Brutus, « il faut fuir, mais c'est avec les mains et non pas avec les « pieds. » Plutarque ajoute que, touchant la main à tous ses amis, il leur dit d'un ton affectueux et avec sérénité : « Je sens en mon cœur un grand contentement de ce qu'il « s'est trouvé que pas un de mes amis ne m'a failly au be- « soin ; et ne me plains point de la fortune, sinon en tant « qu'il touche à mon païs : car, quant à moy, je me répute « plus heureux que ceulx qui ont vaincu, non seulement « pour le regard du passé, mais aussi pour le présent, at- « tendu que je laisse une gloire sempiternelle de vertu, la- « quelle nos ennemis victorieux ne sçauroient jamais, ny par « armes, ny par argent, acquérir, ne laisser à la postérité, « que l'on ne die toujours qu'eulx étant injustes et méchants, « ont desfait des gens de bien pour usurper une domination « tyrannique. » Quant au fait même de la mort de Brutus, il rapporte deux versions : la première, que Brutus prit lui-même son glaive par le manche, et que se laissant tomber

de son haut sur la pointe, il se tua ainsi ; la seconde, que Strabon, un de ses amis, de trois seulement qui étoient restés auprès de lui, s'arma du glaive, le lui tendit tournant la tête, et que Brutus se perçant lui-même de part en part au-dessous du téton gauche, tomba roide. *Vie de Brutus*, 53. Paterculus confirme le même récit. *Post paucos deindè dies Brutus conflixit cum hostibus, et victus acie, cùm in tumulum nocte ex fugâ se recepissset impetravit à Stratone AEgeate familiari suo, ut manum morituro commodaret sibi ; rejectoque lævo super caput brachio, cùm mucronem gladii ejus dexterâ tenens, sinistræ admovisset mamillæ, ad eum ipsum locum quo cor emicat, impellens se in vulnus, uno ictu transfixus exspiravit.* Lib. II, cap. 70. Dion Cassius a ajouté à tous ces détails un fait qu'on ne trouve, ni dans Appien, ni dans Plutarque. C'est que, prêt à se tuer, Brutus avoit emprunté cette exclamation d'Hercule, « O vertu ! tu n'es qu'un vain nom, tandis que je t'ai « toujours honorée comme un être réel. Ah ! tu n'es que « l'esclave de la fortune. » Florus nous a conservé la substance de ces paroles ; *sed quantò efficacior fortuna quàm virtus ! et quàm verum est quod moriens efflavit (Brutus) non in re sed in verbo tantùm esse virtutum.* Alciat, dans ses emblèmes, a rendu cette exclamation de Brutus dans un distique que voici :

> *Jamjam stricturus moribunda in pectora ferrum*
> *Audaci hos Brutus protulit ore sonos :*
> « *Infelix virtus, et solis provida verbis !*
> « *Fortunam in rebus cur sequeris dominam ?* »

Du reste, il est fort probable que c'étoit là la seconde partie de l'exclamation de Brutus, dont Volumnius avoit perdu la mémoire. (Voy. ci-dessus, note 1). Qui sait même si Volumnius, dans ses principes philosophiques, n'a pas supposé à dessein qu'il avoit oublié des paroles qui renferment une maxime vraiment désolante pour les amis de la vertu, et qu'on doit être fâché de trouver appuyée par l'autorité de

Brutus, que les historiens nous présentent comme un des hommes les plus vertueux de la terre.

(3) Quelle est donc l'étrange puissance qui a remué ma sensibilité, au moment où j'ai voulu lire ce morceau après l'avoir traduit, et qui m'a attendri au point que des larmes coulant de mes yeux en torrent, m'ont empêché d'achever... A toi ne plaise, grand Dieu, que je dise comme Brutus, que *la vertu n'est qu'un vain nom!* J'aime mieux penser que, dans les profondeurs de cette suprême sagesse dont il est impossible à l'esprit humain d'atteindre l'*idée*, le triomphe et le règne de la vertu ne sont point de ce monde ; et qu'il est pour elle une autre économie où tu sais la faire jouir du juste salaire qui lui est dû.

(4) Il est évident que cette tache dont Appien dit que la mémoire des deux grands hommes dont il fait d'ailleurs un si bel éloge, demeura souillée, c'est l'assassinat de César. Appien semble n'avoir fait ici qu'adoucir ce que Paterculus avoit dit avant lui, *corrupto animo ejus in diem quæ illi omnes virtutes unius temeritate facti abstulit.* Lib. II, cap. 72. Plutarque ne pensoit probablement là-dessus, ni comme Paterculus, ni comme Appien ; car il ne fait, à cet égard, aucun reproche à Brutus. Il lui reproche, au contraire, d'avoir épargné Antoine, d'avoir consenti à la publicité des honneurs funèbres rendus à César, (*Vie de Brutus*, 24) et ailleurs (*ibidem*, 57), il ne trouve *dans toute la vie de Brutus qu'une seule tache*, c'est d'avoir promis à son armée le pillage de Thessalonique et celui de Lacédémone, pour exciter sa bravoure.

(5) C'est cette rapidité avec laquelle Brutus et Cassius s'élevèrent au haut degré de puissance qui les mit en état de balancer la fortune des triumvirs, qui, rapprochée de la précipitation de leur catastrophe, a suggéré à Paterculus cette réflexion, *neque reperias, quos aut pronior fortuna comitata sit, aut veluti fatigata maturiùs destituerit, quàm Brutum et Cassium.* Lib. II, cap. 69.

(6) A l'exception de cet Amyntas qui commandoit le corps

NOTES. 469

de troupes du roi Déjotarus, et qui abandonna le côté de Brutus avant la seconde bataille, ainsi que le rapporte Dion Cassius, *liv. XLVII.*

(7) Appien fait évidemment allusion ici à la défection des deux légions, la légion de Mars et la quatrième, qui abandonnèrent le parti d'Antoine pour celui d'Octave, quelque temps avant le siège de Modène. Voyez ci-dessus, liv. III, sect. XLV.

(8) Appien avoit donc oublié en écrivant ceci, qu'un peu plus haut, sect. CXXXI, il avoit dit que, lorsque Brutus, après la bataille perdue, fit pressentir ses troupes par leurs centurions, pour savoir si elles vouloient faire encore un effort pour chasser l'ennemi de leur camp, les soldats lui firent répondre « qu'il songeât à ce qui le concernoit lui-même ;
« que, quant à eux, ils avoient assez souvent tenté la for-
« tune, et qu'ils ne vouloient point laisser échapper la der-
« nière occasion qui se présentoit à eux de faire la paix.

(9) Appien se déclare ici, comme on voit, indirectement en faveur de la forme de gouvernement qui prévalut sous les successeurs d'Octave ; de là l'opinion de cet historien sur Brutus et Cassius, au sujet de la mort de César. Voyez ci-dessus, note 4. Cette opinion d'Appien étoit pour lui dans l'ordre des convenances. Il avoit fait une grande fortune, il avoit joué un grand rôle, par la faveur et les bienfaits des empereurs romains. Des regrets sur le gouvernement populaire de l'ancienne Rome auroient été très messéants sous sa plume. Plutarque et Suétone ne furent, ni les courtisans, ni les procurateurs des Césars.

(10) C'est ici que je dois placer un passage de Plutarque, qui renferme ce qu'on peut regarder comme le testament de mort de ces deux illustres Romains. « Le lendemain doncques
« aussitost comme il fut jour, fut haulsé au camp de Brutus
« et de Cassius le signe de la bataille, qui estoit une cotte
« d'armes rouge ; et parlèrent les deux chefs ensemble au
« milieu de leurs deux armées, là où Cassius le premier, se
« prit à dire : *Plaise aux Dieux, Brutus, que nous puis-*

« sions cejourd'huy gaigner la bataille, et vivre désormais
« tout le reste de nostre vie l'un avec l'autre en bonne pros-
« périté : mais estant ainsi que les plus grandes et princi-
« pales choses qui soyent entre les hommes sont les plus
« incertaines, et que si l'issue de la journée d'huy est autre
« que nous ne desirons et que nous n'espérons, il ne sera
« pas aisé que nous nous puissions revoir, qu'as-tu en ce
« cas délibéré de faire ? ou de fouir, ou de mourir. Brutus
« luy respondit : *Estant encore jeune, et non assez expé-*
« *rimenté ès affaires de ce monde, je feis, ne sçay com-*
« *ment, un discours de philosophie, par lequel je repre-*
« *nois et blâmois fort Caton de s'estre desfait soy-même,*
« *comme n'estant point acte licite ny religieux, quant*
« *aux Dieux ny quant aux hommes vertueux, de ne point*
« *céder à l'ordonnance divine, et ne prendre point cons-*
« *tamment en gré tout ce qui luy plaist nous envoyer, ains*
« *faire les restif et s'en retirer. Mais maintenant me trou-*
« *vant au milieu du péril, je suis de toute autre résolution ;*
« *tellement que s'il ne plaist à Dieu que l'issue de ceste*
« *bataille soit heureuse pour nous, je ne veux plus tenter*
« *d'autre espérance, ny tascher à remetre sus de rechef autre*
« *équipage de guerre; ains me delivreray des misères de ce*
« *monde, me contentant de la fortune : car je donnay aux*
« *ides de mars ma vie à mon païs, pour laquelle j'en vivray*
« *une autre libre et glorieuse.* Cassius se prit à rire, luy
» ayant ouy dire ce propos, et en l'embrassant : *Allons*
« *doncques,* dit-il, *trouver nos ennemis pour les combattre*
« *dans ceste intention ; car, ou nous vaincrons, ou nous*
« *ne craindrons plus les vainqueurs.*

(11) Paterculus a tracé, avec son talent ordinaire, le portrait en miniature de ces deux derniers héros de la république. *Fuit autem dux Cassius melior, quantò vir Brutus : è qui' is Brutum amicum habere malles, inimicum magis timeres Cassium. In altero major vis, in altero virtus. Qui si vicissent, quantùm reipublicæ interfuit Cæsarem potiùs habere quàm Antonium principem, tantùm re-*

tulisset habere Brutum quàm Cassium. Lib. II, cap. 72.

(12) Tout ce qu'Appien dit là n'est pas péremptoire. Quoi qu'il en soit, on sent qu'aux yeux des deux Brutus, aux yeux de Cassius, de Casca, de Cimber, de Trébonius, de Pontius Aquila, et de tant d'autres Romains illustres, qui avoient le droit de tenir à Rome le même rang que César, qui croyoient à ce titre avoir à défendre le saint dépôt d'une liberté politique que leurs ancêtres leur avoient transmise depuis cinq siècles, et qui avoit été respectée par Sylla même, un des plus grands des Romains peut-être, à ne considérer que ses qualités personnelles et ses succès militaires; qui, élevés pour la plupart, et nourris dans les principes de cette philosophie qui poussoit l'amour de la vertu, le zèle de la justice, le respect pour les lois, au point de faire dégénérer ce sentiment en une sorte de fanatisme : on conçoit que les considérations détaillées par Appien devoient perdre tout leur poids. Ce fut sans doute un très grand malheur pour la république et pour le peuple romain, que ce célèbre attentat des ides de mars. Cicéron, qui applaudit à son succès lorsqu'il fut commis, ne l'auroit certainement pas laissé commettre, si les conjurés l'avoient préalablement consulté. L'esprit de sagesse et le sang-froid qu'il portoit dans la discussion de tous les grands intérêts de la patrie lui auroient montré cette téméraire entreprise sous son véritable point de vue, et il n'auroit pas été d'avis de la tenter. Les conjurés en furent tellement convaincus d'avance, que ce fut le motif pour lequel ils s'abstinrent de faire part à Cicéron du complot. Cet évènement précipita en effet la ruine de la république, que la force des choses poussoit naturellement dans l'abîme. Les conjurés ne virent pas que le mal étoit, non dans l'aveugle ambition d'un chef qui n'avoit après tout pour lui que son audace et son bonheur, mais dans les éléments organiques du corps social, tous viciés, tous corrompus, et qui tendoient à grands pas à leur dissolution. Quand même Cassius et Brutus auroient vaincu à Philippes, quand même Antoine et Octave auroient trouvé dans les

champs de bataille le sort qu'ils y trouvèrent eux-mêmes, il est probable que la république n'en auroit pas moins été dévorée plus tôt ou plus tard par les cancers politiques qu'avoit engendrés l'exemple des séditions qui avoient eu lieu depuis le tribunat des Gracques, l'exemple des divisions de Marius et de Sylla, de Sylla et de Carbon, de Crassus et de Pompée, de Pompée et de César, et sur-tout la contagion de la frénésie des richesses, déplorable résultat des conquêtes dans l'Orient. *Luxuria, incubuit, victumque ulciscitur orbem.*

(13) Dion Cassius s'est fait une sorte de point d'honneur de recueillir tous les prodiges qui, dans les temps voisins des batailles de Philippes, pronostiquèrent la destruction du gouvernement populaire, τὴν κατάλυσιν τῆς δημορκατίας, pour nous servir de son expression : le plus étonnant de ces prodiges, et le plus propre à donner, je crois, de la tablature aux physiciens, si l'on pouvoit ne pas regarder ces phénomènes comme de vrais contes, c'est qu'à Rome le disque du soleil parut quelquefois plus petit qu'à l'ordinaire, quelquefois il fut presque imperceptible, quelquefois il s'aggrandit et se montra escorté de deux autres soleils, et quelquefois il se montra au milieu de la nuit. Voici le texte de l'historien. Ἐν γὰρ τῇ ἄσει ὅ τε ἥλιος τοτὲ μὲν ἐλαττοῦτο καὶ ἐλάχιστος ἐγίγνετο, τοτὲ δὲ καὶ μέγας καὶ τρίτλος ἐξεφαίνετο, καὶ ποτὲ καὶ νυκτὸς ἐξέλαμψε. Dion Cassius n'a pas manqué de faire mention du prodige dont parle ici Appien. *Dion Cass. liv. XLVII, vers la fin.*

(14) Voyez Dion Cassius, *ibidem*.

(15) *Ibidem.*

(16) *Ibidem.*

(17) Voyez ce que nous avons dit au sujet de ce spectre, dans la note 5 du ch. XVII, ci-dessus. Nous remarquerons en passant que, quoique le silence de Publius Volumnius ait rendu ce prodige suspect à Plutarque, *Vie de Brutus*, 55, il n'a pas laissé d'y croire sérieusement, comme il paroît par ce qu'il dit dans le dernier chapitre de la Vie de César.

(18) Voyez ci-dessus, note 8, chap. XVI.

(19) On a déjà pu remarquer que, ni Cassius, ni Brutus ne s'étoient tués eux-mêmes, puisqu'au milieu des variantes des historiens, ce qui paroît le plus constant, c'est que Cassius reçut la mort de la main de Pindarus son affranchi, et Brutus de la main de Straton son ami. Florus, du moins, ne laisse aucun doute là-dessus. En parlant de Cassius, il dit: *Transactum de partibus ratus, uni de proximis auferendum præbuit caput;* et en parlant de Brutus : *Ipse quoque uni comitum suorum confodiendum præbuit latus ;* récit qu'il termine par cette réflexion : *quis sapientissimos viros non miretur ad ultimum non suis manibus usos. Nisi si hoc quoque ex persuasione defuit ne violarent manus, sed in abolitione sanctissimarum piissimarumque animarum judicio suo, scelere alieno uterentur.* Que l'on observe en passant le ton d'éloge avec lequel Florus parle des deux derniers Romains. *Flor. lib. IV, cap. 7, in fine.*

(20) Voyez Plutarque, *Vie de Brutus*, 64.

(21) Les historiens nomment plusieurs autres illustres Romains qui périrent dans les champs de Philippes. L'Epitome de Tite-Live parle de Q. Hortensius, fils du célèbre orateur de ce nom. *Inter quos Q. Hortensius occisus est.* Lib. CXXIV. Paterculus, qui le nomme également, fait mention anssi de la mort de ce Lucullus que nous avons vu figurer plus haut au siège de Rhodes. *Non aliud bellum cruentius cæde clarissimorum virorum fuit. Tum Catonis filius cecidit. Eadem Lucullum Hortensiumque eminentissimorumque civium filios fortuna abstulit.* Il parle d'un Varron qui, prêt à mourir par l'ordre d'Antoine, prophétisa, avec autant de vérité que de hardiesse, la propre catastrophe de ce triumvir. *Nam Varro ad ludibrium moriturus Antonii, digna illo ac vera de exitu ejus magnâ cum libertate ominatus est.* Le même historien mentionne un Drusus Livius, père de Julia Augusta, et Varus Quinctilius, qui, sans implorer la commisération des vainqueurs, se décidèrent à mourir. *Liv. II, c.* 71. Dion Cassius cite Favonius, l'émule de Caton d'Utique, que Suétone nomme

également. Ce dernier historien rapporte à ce sujet quelques traits de férocité de la part d'Octave. Quoique la victoire fût beaucoup moins son ouvrage que l'ouvrage d'Antoine, cet atroce vainqueur prit à tâche d'accabler les vaincus d'outrages et d'ignominies. Un de ces malheureux qu'on alloit égorger l'ayant imploré pour qu'au moins les honneurs de la sépulture lui fussent rendus, il lui répondit que les vautours y pourvoiroient ; *ut quidem uni suppliciter sepulturam precanti respondisse dicatur, jam istam in volucrum fore potestatem :* il soutint le spectacle de la mort d'un père qu'il fit égorger par son fils, et la mort du fils qui se poignarda après avoir été forcé d'égorger son père. *Alios patrem et filium pro vitâ rogantes, sortiri vel dimicare jussissent alterum concederetur, ac spectâsse utrumque morientem, cum patre, qui se obtulerat, occiso, filius quoque voluntariâ occubuisset nece.* Le même auteur avoit dit quelques lignes auparavant qu'Octave se fit apporter la tête de Brutus, et qu'il l'envoya à Rome pour être attachée à la statue de César. *Suet. Oct. Cæs.* 13. Mais Dion Cassius nous apprend que dans le trajet de Dyrrachium à Brindes, une tempête ayant assailli le vaisseau sur lequel la tête de Brutus étoit embarquée, elle fut jetée à la mer. *Dion Cass. liv. XLVII, à la fin.*

(22) Plutarque, Appien et Dion Cassius, placent à cette époque la mort de Porcia, femme de Brutus et sœur du jeune Caton, qui se fit tuer à la seconde bataille de Philippes; mais il paroît que c'est une erreur de leur part. Voyez la traduction des Lettres de Cicéron à Brutus et de Brutus à Cicéron; par l'auteur de l'Histoire de la vie de ce dernier, lettre 18, ainsi que les notes du traducteur.

(23) Cette conduite de Messala prouve à la fois son bon sens et sa sagesse. Messala, d'ailleurs, étoit trop sainement nourri des principes de la philosophie, pour se laisser toucher à l'ambition de jouer le rôle d'un chef de parti. Il céda à la fortune, et fit bien.

(24) S'il faut en croire Plutarque, Octave n'eut aucune

part au succès de la seconde bataille, « attendu, dit cet historien, que pour lors il estoit malade. » *Vie d'Antoine*, 25.

(25) Ce n'est donc pas sans raison que Paterculus a écrit : *Non aliud bellum cruentius cæde clarissimorum virorum fuit.* Lib. II, c. 61. Voyez ci-dessus, note 21.

(26) Nous terminerons les notes de ce quatrième livre par un passage de Dion Cassius. Il prétend que ce ne fut que dans les champs de Philippes que fut agitée la question de savoir si le peuple romain conserveroit sa liberté, ou s'il tomberoit sous le joug d'un maître. Ἀλλ' ἐκείνους μὲν τοὺς ἀγῶνας ὑπὲρ τοῦ τίνος ὑπακούσουσιν ἐποιήσαντο, τοτὲ δὲ οἱ μὲν ἐς δυναςείαν αὐτοὺς ἦγον, οἱ δὲ ἐς αὐτονομίαν ἐξῃροῦντο. Je crois que la même question avoit été agitée à Pharsale. Il fait remarquer ensuite que depuis les deux batailles de Philippes, c'en fut fait de la liberté, et que le peuple romain n'y éleva plus ses regards ; ὅθεν οὐδ' ἀνέκυψεν ἔτι πρὸς ἀκριβῆ παρρησίαν ὁ Δῆμος, καίπερ ὑπ' ἀλλοτρίου οὐδενὸς ἡττηθείς.... ἀλλ' αὐτὸς τε ἑαυτοῦ κρείττων τε ἅμα καὶ ἥττων γενόμενος, καὶ ἀσφηλὴν ἑαυτὸν καὶ ἐσφάλη. Κἀκ τούτου τό τε δημοκρατικὸν συμπαρανάλωσε, καὶ τὸ μοναρχικὸν ἐκράτυνε. Cela devoit être ainsi. Sous la république, il falloit des vertus et des talents pour arriver aux honneurs. Sous un despote, on ne devoit plus avoir besoin que de bassesse et de lâcheté. Or, les grands de Rome eurent bientôt pris leur parti, après que tout ce qu'il y avoit de vertueux dans cette classe eut été moissonné dans les guerres civiles. Ils préférèrent le second de ces deux marchés à l'autre. La lâcheté et la bassesse sont en effet une monnoie bien plus courante parmi les hommes, que les talents et la grandeur d'ame.

FIN DU LIVRE QUATRIÈME ET DU TOME SECOND.

1049

www.ingramcontent.com/pod-product-compliance
Lightning Source LLC
Chambersburg PA
CBHW052337230426
43664CB00041B/1961